AF397386

Auch von Wolf-Ulrich Cropp
im Verlag Expeditionen

Schwarze Trommeln

Mali und die Dschinns der Wüste

EINE TIGERFRAU

Wolf-Ulrich Cropp

Eine Tigerfrau

Spurensuche in Thailand und Myanmar

Verlag Expeditionen

Bibliografische Information der Deutschen Nationalbibliothek:
Die Deutsche Nationalbibliothek verzeichnet diese Publikation in der
Deutschen Nationalbibliografie; detaillierte bibliografische Daten sind im Internet über
http://dnb.dnb.de abrufbar.

Wolf-Ulrich Cropp
Eine Tigerfrau
Spurensuche in Thailand und Myanmar
2. aktualisierte Neuauflage
Coverfotos und Fotos im Buch: Wolf-Ulrich Cropp
Covergestaltung: Roland Luff, Dittelbrunn
Printed in Germany
Erstauflage: *Models und Mönche*, Wiesenburg Verlag 2010

ISBN: 978-3-947911-39-4

Inhalt

Prolog

Merkwürdig, wie Ereignisse bisweilen ihren unabänderlicher Lauf nehmen. Was als normaler Urlaub begann, entwickelte sich, entgegen jeder Absicht, zu einer Reise kreuz und quer ins Innere eines Landes und allmählich in die verborgenen Winkel des Egos.

Woran das liegt? In meinem Fall an gemachten Erlebnissen, am Harmoniebedürfnis, an dem Land, den Menschen. Den Tropen vielleicht?

Ich kam aus Afghanistan mit dem Gefühl von Ratlosigkeit und Leere. Bomben waren aus zornigem Himmel gefallen und ich erlebte das große Leid.

Auch zu Hause waren die Bilder von Tod und Grauen geblieben. Ja, ich hatte auf einmal das Gefühl: da gesellten sich zu den Bildern von Verwüstung und Unheil Kälte, Arroganz und Wichtigtuerei.

Ich suchte nach einem Ort, der mein Gemüt beruhigte.

Ein Freund meldete sich, als er hörte, dass das Land meiner Wahl Thailand sei: „Suche unseren verschollenen Klaus! Ich möchte wissen, wo er steckt, was er treibt, wie's ihm geht."

Oh, neue Tragik!

Klaus war in frühen Jahren unser Idol gewesen, der Beste in allem was wir machten. Aber er war auch der größte Grübler und Weltverbesserer. Einer, der alle Ungerechtigkeit persönlich nahm. Das warf ihn früh und radikal aus der Bahn, den Studenten der Philosophie. Zum Entsetzen von Eltern, Verwandten und Freunden zog er als Suchender durch die Welt... bis er schließlich in den Gossen Hamburgs, Londons, New Yorks, Kalkuttas, Bangkoks lag – als Junkie. Es hieß, Thailand sei seine Endstation. Vor vier Jahren hatten wir zum letzten Mal von ihm gehört.

Ob er überhaupt noch lebt?

„Nein, kommt nicht in Frage!", ließ ich den besorgten

Freund wissen, „ich mache mich auf keine Suche nach menschlichem Strandgut. Mein Bedarf an Elend und Scheußlichkeiten der Welt ist gedeckt. Ich sehne mich nach Erbaulichem: schönen Landschaften, freundlichen Menschen, erhabener Kultur. Will endlich mal wieder in lachende Gesichter schauen!“

Klaus Schröder hatte ich längst als Versager abgehakt. Traurig zwar, wenn ich mir ins Gedächtnis rief, was wir in den Jahren der Schulzeit und als Studenten gemeinsam erlebt hatten. Doch ich merkte, dass mich die Beschäftigung mit ihm hilflos, traurig und aggressiv zugleich machte. Sein Untergang hinterließ einen gefährlichen Sog, dem ich mich immer und auch jetzt wieder, entziehen musste.

Am Vortag meines Abfluges nach Bangkok erhielt ich einen Brief von Monika und Paul Schröder. Er bestand aus wenigen Zeilen: „Wir leiden in großer Ungewissheit. Was ist aus Klaus geworden? Unser Wunsch ist: Gewissheit haben. Bitte helfen Sie uns. Sie waren doch sein Freund.“ Unterschrieben war der Brief von Mutter und Vater Schröder.

Dem Brief war ein Foto beigelegt worden. Es zeigte einen ausgemergelten Mann mit kahlrasiertem Schädel in brauner Mönchsrobe. Ich drehte das Bild um. Auf der Rückseite stand in zierlicher Handschrift:

„Wenn ich ein Fels wäre und nicht wie eine Wolke,
würde mich mein Denken,
das wie der Wind ist,
verlassen.“   (A.P.)

Das war alles. Kein Gruß, kein Ort, kein Datum.

A.P.? Ein Aphorismus des Dichters Antonio Porchia? Oder eine buddhistische Erkenntnis?

Zweifelsfrei, das Bild zeigte Klaus, und ich war sein Freund gewesen, bis er mich in seiner Sucht betrogen hatte.

Unwirsch schob ich das Foto zur Seite ... dann steckte

ich es doch noch in die Reisetasche.

Aber eines war sicher: ich werde mich auf Thailand freuen, Sonne und Strand genießen. Die Seele baumeln lassen. Wahrscheinlich existierte der kaputte Typ ohnehin nicht mehr. Der Mensch war eine Zumutung geworden, hatte nicht nur sich selbst, sondern sein ganzes Umfeld vergiftet!

Selbst drei Fuß unter der Erde, sollte er sich dort befinden, vermochte sein böser Geist Unheil anrichten und in diesem Moment meine Vorstellung vom fernöstlichen Paradies zerstören. Das wollte und durfte ich nicht zulassen! Dachte an mein rundgelutschtes Klischee aus gleißendem Sonnenlicht, wispernden Palmen, einem azurblauen, sich wiegendem Meer und ewig lächelnden Mädchenaugen ... So leuchtete sie wieder, die Farbenpracht der Tropen und zog mich hinweg ins Land des süßen Genießens ...

Wie konnte ich ahnen, dass diese Reise nach Thailand auch eine Reise in die Abgründe menschlicher Existenzen wurde?

Das Dorf auf dem Wasser

Ein unbedachtes Stuhlrücken nur – ich läge im Ozean.

Zwischen spinnenbeinigen Mangroven und bizarren Kalkfelsen, in luftiger Höhe über der See, begann eine ganz gewöhnliche Thailandreise. Genau genommen in Ban Mai Phai, auf morschen Planken, über den Wassern des Indischen Ozeans. Eine der windschiefen Holzhütten mit Terrasse, auf ebensolchen Pfählen, bewohnte Muhammad Iqbal mit seiner Familie. Dort saß ich auf wackeligem Schemel, hatte die Füße hochgelegt, trank eine lauwarme Cola. Die Sonne des scheidenden Tages tauchte die Kulisse des Archipels in flüssiges Gold.

Und was für eine Kulisse! Überirdisch schön war dieser Teil der Andaman-See. Und diese himmlische Ruhe. Spektakel von Außenbordmotoren, Touristenhektik – alles war weggedreht worden, wie auf einer Theaterbühne.

Frauen mit Kopftüchern wuschen Wäsche. Kinder angelten vom Steg aus mit Stöckchen ... Friede auf Erden. Muhammad ließ seine Beine über dem Wasser baumeln und flickte ein Netz. Bedächtig und langsam nahm er die Maschen auf. Leben und arbeiten in Zeitlupe – welch ein Luxus!

Perfekt wäre jetzt nur noch ein kühles Bier. Doch das musste ich mir verkneifen. Alkohol ist in Ban Mai Phai bei Strafe verboten. So ergötzte ich mich an Form und Farbe der Seelandschaft, in der ich mir vorkam, wie ein Irdischer in einer außerirdischen Welt, in einem Wasserkosmos, aus dem sich gerade Saurier und Riesenechsen emporstemmten, um gemächlich heranzustampfen.

„Das Panorama vor meiner Hütte ist unvorstellbar

schön. Ich kann nicht hinsehen auf dieses Meer von Gipfeln und wildzerklüfteten Felsen, ohne Gott anzubeten", pries Charles de Foucauld einst die Sahara. Seine Worte fielen mir ein, weil sich Sand- und Wasserwüsten so ähneln.

Ich liebe Urlandschaften. Doch sie sind geschmolzen und bald nirgends mehr auffindbar. Längst hatte die Tourismuslawine auch diesen Winkel Thailands erobert. Muhammad verdanke ich die Entführung in eine stille Ecke des Nationalreservats von Phang Nga. Und ich war dankbar, den maritimen Garten Eden fast wie ein Entdecker erleben zu dürfen.

Hier, im Labyrinth zahlloser Buchten, Grotten, kleiner, weißer Strände, glasklaren Wassers, schlothoher Felsinseln, sollte meine Reise ihren Anfang nehmen, ohne besondere Vorbereitungen, ohne fadenscheinige Beweggründe. Schließlich wollte ich doch nur ausspannen.

„Wenn der Weg das Ziel ist, machst du auf Reisen die stärksten Erfahrungen, weil du empfänglich bist für alles was dich umgibt", ich glaube, Bruce Chatwin sagte das. Er musste es wissen, war er nicht stets manisch unterwegs gewesen?

Und wie gelangte ich an diesen Ort über dem Wasser?

Nun, ich hatte mich mit *Emirates* auf den Luftweg gemacht und war in Bangkok, der Hauptstadt des „Land des Lächelns" gelandet, sah aber zu, dass der brodelnde Zwölfmillionen-Menschenkessel, mit verführerischer Glamourfassade, so rasch wie möglich am Horizont entwich. Dafür ergatterte ich am Northern Busterminal Morchit einen antiken Nachtbus, der mich auf Thailands „Rüssel" durch die Dunkelheit nach Süden expedierte.

Auf der Strecke hielt das Fahrzeug in Orten, deren Namen wie das Gekreisch aufgeschreckter Tropenvögel klangen: Samut Sakton, Samut Songkhram, Chan-am, Hua Hin, Prachuap Khiri Khan...

Wann immer die Türen aufklappten, sprangen Jungs auf, die eisgekühlte Getränke und allerlei Speisen in durchsichtigen Plastiktüten anboten: Reis in brauner Soße,

Fisch und Fleisch in Marinade. Die Juniorhändler stoben gleich einer Hundemeute durch den Gang. Dabei wurde mach' süß träumender Fahrgast unsanft geweckt. Mit einem unwirschen Murrenden machten sich die Aufgeschreckten Luft.

Monotones Motorenbrummen und muffiger Geruch von Schläfrigkeit hingen in der Luft. Männer schnarchten mit offenen Mündern und hingestreckten Gliedern. Frauen kuschelten sich biegsam wie Schnecken in die engen Sitze. Auch ich versuchte zu schlafen.

Der Platz neben mir war frei. Thailänder setzen sich ungern neben einen *farang* (europäischer Ausländer, Fremder). Das mag den Anschein haben, als mögen sie uns nicht so auf Tuchfühlung – bestenfalls unser Geld. Nein, das wäre ungerecht, es ist Rücksichtnahme. Südostasiaten möchten nicht aufdringlich erscheinen.

Die Haltestelle von Hua Hin war auffallend hell erleuchtet. Wieder flogen die Türen auf.

Draußen stand eine Menschentraube mit erwartungsvollen Gesichtern, die jetzt hinein drängte. Ein Spalier Köche brutzelte an Garküchen neben dem Rinnstein. Zur feuchtheißen Luft mischte sich beißender Qualm von Holzkohle.

An Haupteslänge überragte ein aschblonder Mann die schiebende Menge. Ich tippte, dass es ein Schwede oder Amerikaner sein könnte. Thais gehen großen Menschen aus dem Weg, wie wir Abstand halten vor Wildschweinen, die sich gerade im Schlamm gesuhlt haben.

Aus der Nähe wirkte der Bursche, etwa Mitte vierzig, wie ein heruntergekommener Geschäftsmann, einer Story von Somerset Maugham entsprungen: ausgemergelt, unfrisiert, stoppelbärtig, ein heller, verfleckter Leinenanzug schlotterte um seine schlaffe Figur. Kurz, eine Vogelscheuche, die in ihren Bewegungen erstaunliche Geschmeidigkeit zeigte, mit der sie die Reisetasche über Sitzreihen hievte und mit einem tiefen Seufzer neben mir in den Sitz glitt.

Der Typ sah leidend aus und doch auf merkwürdige

Weise interessant. Lag es an einem Anflug von Verschlagenheit? Ich starrte aus dem Fenster, wir ignorierten uns vorerst.

Der Bus kam stotternd in Fahrt. Draußen zogen die letzten mondänen Häuser Hua Hins an uns vorbei. Im 20. Jahrhundert war die Stadt am Wasser der Vorreiter des Tourismus. Ein exklusiver Badeort der thailändischen Aristokratie und vom Königshaus zum Lieblingssommerdomizil erkoren. Noch heute existiert das „Railway Hotel", allerdings unter dem Namen „Hotel Sofitel Central". Prinz Purachatra, Generaldirektor der thailändischen Eisenbahn, ließ das erste Haus am Platz 1923 im viktorianischen Stil erbauen.

Hua Hin machte auch in anderer Hinsicht Geschichte: An einem denkwürdigen 23. Juni 1932 weilte König Prajadhipok wieder einmal hier in seinem Sommerpalast, der ausgerechnet Wang Klai Kangwon, „Haus fern aller Sorgen" hieß, als plötzlich ein Kurier in seine Gemächer stürzte: In Bangkok sei Prinz Boriphat, der in Abwesenheit des Rama die Staatsgeschäfte führte, verhaftet worden. Revolution?

Es stellte sich heraus, dass ein Politiker namens Pridi Banomyong hohe Militärs zum Putsch gegen das Königshaus aufgewiegelt hatte. „Möge allen klar sein, dass dies Land dem Volke ist!" lautete seine Parole. Nun sollte die Monarchie jedoch nicht gänzlich abgeschafft, sondern in eine Demokratie überführt werden, der der König nominell vorsteht.

Im beschaulichen Hua Hin erkannte der Herrscher sofort die brisante Situation und willigte zähneknirschend ein. Prajadhipok, sein Name bedeutet „Licht des Volkes", bewies mit seiner Entscheidung Weitsicht und humanistische Bildung. Hatte er gar Seneca gelesen: „Clementia est temperantia animi in potestate" (Güte ist Mäßigung der Leidenschaft in der Macht).

Putschist Pridi war perplex. In Bangkok entschuldigte er sich beim König für die Machtbeschneidung und bedankte sich für seine Einsicht. Fest steht, dass die Kontrahenten einen Bürgerkrieg und unsägliches Blutvergießen verhindert haben, was wohl besonders auf das ausgeprägte Harmoniebestreben der Thailänder zurückzuführen ist.

Plötzlich machte unser Bus auf freier Strecke eine Vollbremsung. Straßensperre! Wieder flogen die Türen auf, herein stürmten vier Bewaffnete in Uniformen. „Gepäckidentifikation, Ausweiskontrolle!“, bekam ich mit. Licht wurde angeknipst, spätestens jetzt saß auch der Verschlafenste kerzengerade im Sitz. Mein Nebenmann fummelte seinen Pass aus der Jackentasche und fluchte: „Verdammt – das ist meine dritte Kontrolle!“

„Gibt's 'nen Anlass?“, fragte ich den Weißen. Seiner Aussprache nach zu schließen konnte er nur aus Texas stammen.

„Rauschgift! Die Thai-Cops sind ganz versessen auf Smack und Smarties!“

Zwei Reihen vor uns wurde ein Jugendlicher am Kragen gepackt und unsanft zur Tür bugsiert. Nun waren wir dran. Nach eingehender Ausweismusterung glitten flinke Polizistenfinger in Taschen und Behältnisse. Ergebnislos. Wir waren sauber.

Merkwürdig? Einen Augenblick hatte ich um meinen Nebenmann gebangt. *Smack*, das ist ein Szeneausdruck für Heroin und *Smarties* nennen die Insider zum Beispiel Ecstasy. Hatte er am Ende etwas mit dem Milieu zu tun?

Endlich war der nächtliche Spuk vorüber.

„Hängt alles mit dem Tod vom Bhumipol zusammen!“, raunzte mein Nachbar.

„Was denn, der ist doch längst gestorben!“

„Gerade deshalb! Die Hysterie begann nach seinem Ableben – noch nichts vom Drogenkrieg gehört?“

„Bin erst seit 'n paar Stunden im Land.“

Er reichte mir seine schweißige Hand, machte sich mit „George“ bekannt und erklärte: „Vor einigen Wochen fragte Rama X beiläufig seinen Regierungschef, ob er das Drogenproblem im Griff habe. ‚Aber selbstverständlich, Majestät‘, war die Antwort.

Tags drauf machte der Premier seinen Innenminister

16

scharf und der die Polizeipräsidenten sämtlicher Provinzen, 73 an der Zahl. Im Nu entstand ein regelrechter Krieg zwischen Polizei, Drogenbossen, Schmugglern, Kurieren, Dealern und Usern. Die großen Bosse haben sich längst nach Burma abgesetzt. Beim Fußvolk herrscht Chaos und Verwirrung.“

„Besser man tut was sie wollen, stimmt's?“

„Kann ich nur raten!“

Nach einer Weile erkundigte ich mich nach dem Herkommen von George.

„Aus dem Nordwesten. Wollte in Mae Sot Geschäfte machen. Zur Zeit nicht möglich!“

„Unruhe?“

„Das kann man wohl sagen! Polizei und Militär sind an der Grenze total ausgeflippt!“

Wir schauten in die Nacht. Draußen glitten Palmen und schwach beleuchtete Gebäude vorüber. Weiter weg glommen flächige Feuer, die von Brandrodungen herrührten.

„Schon lange in Thailand?“, fragte ich.

Er atmete hörbar aus. „Zu lange! Daheim käme ich nicht mehr zurecht.“

„Lassen Sie mich raten, stammen Sie aus Texas?“

Der Mann grinste breit. „Falsch! El Paso, New Mexiko.“

Gar nicht so schlecht getippt, dachte ich und versuchte das Gespräch in Gang zu halten.

„Was macht man für Geschäfte in Mae Sot ?“

Nun schaute er mich aus wässrigen Augen verständnislos an, fragte sich wohl, ob er mir die direkte Frage beantworten sollte - beugte sich dann doch vor, bis ich seinen säuerlichen Atem roch und flüsterte: „Steine“, als ging es um ein Staatsgeheimnis.

„Steine?“

„Mann – Rubine, Saphire, Jade ... thailändische und burmesische Edelsteine halt.“

„Die kommen doch aus dem Osten, aus Chanthaburi.“

Dabei fiel mir meine Frau ein: „Wenn du schon allein

nach Thailand fliegst, dann bring mir wenigstens Rubine und Seide mit!"

George meinte vieldeutig: „Schon richtig, nur dort ist alles in festen Händlerhänden. Unsereins macht an der Grenze bessere Geschäfte."

„So, Sie handeln mit Edelsteinen?", fragte ich, Gleichgültigkeit vortäuschend.

„Unter anderem. Das Problem in dem Geschäft ist, dass Einzelhändlern meist das Kapital für den Ankauf guter Stücke fehlt. Thailändische Rubine der Topqualität übersteigen schon mal den Preis von Diamanten."

Ich staunte und bewunderte insgeheim die Marktkenntnis meiner Frau. Im Scherz sagte ich: „Interessant, vielleicht komme ich mal darauf zurück."

Umständlich angelte George zwei Dosen Singha aus seiner Reisetasche. Eine gab er mir. Auf unerklärliche Weise war das Bier noch kalt und schmeckte vorzüglich.

„Und was führt Sie in den Süden? Phuket? Hübsche Mädchen?" Dabei lächelte er schalkhaft.

„Was fällt Ihnen ein! Ich bin glücklich verheiratet," spielte ich konsterniert.

„Das sagen alle. Ich will mich nicht ausnehmen. In den Tropen verwischen die Konturen. Besonders im Land des Lächelns ist einem rasch alles egal. Meine Ex-Frau lebt in El Paso, eine Freundin in Surat Thani – da geht's jetzt hin. C'est la vie!"

„Ich suche ein ruhiges Plätzchen an der See, zum Entspannen. Am besten eine Insel."

„Ach ja, das kenne ich. Wollte damals auch nur entspannen, das ist jetzt acht Jahre her. In Thailand kenne ich mich besser aus als anderswo auf der Welt. Kein Winkel ist mir fremd, kein Laster unbekannt. Was glauben Sie, was sich an Strandgut unserer Rasse hier herumtreibt?"

Davon wollte ich nichts wissen. Wir hingen unseren Gedanken nach und ratterten durch die Finsternis.

„Besuchen Sie eines der Moslem-Dörfer oder Ko Phi Phi, da kommen Sie auf keine dummen Gedanken", riet

George plötzlich.

„Moslem-Dörfer?“

„Unten bei Phang-nga stehen Pfahlbauten der Seezigeuner. Was Besonderes im buddhistischen Thailand.“

„Ein guter Hinweis. Danke.“

Seezigeuner, Pfahldörfer, Moslems. Menschen, denen das Wasser vertrauter zu sein schien als das Land. Wo mochten sie herkommen? Ich begann neugierig zu werden.

Eine solche Gemeinschaft interessierte mich. Ob man bei ihnen sein durfte, um an ihrem Leben teilzuhaben? Hatte ich, kaum im Land, nun doch schon ein Ziel?

Am nächsten Vormittag erreichten wir Chumphon. Ich musste den Bus wechseln. Als ich aufstand reichte mir George seine Karte. Ein zerknittertes Stück Papier, auf dem: George Patton, Manager und seine Anschrift stand. Ich steckte die Visitenkarte ein. Man konnte ja nie wissen! Beim Aussteigen rief er mir noch zu: „Chiang Mai kann ich Ihnen auch empfehlen. Ein Ort für Lebenskünstler. – So long!“ Unsere Wege trennten sich.

Mein neuer Bus schleppte sich auf dem Isthmus von Kra Ranong gen Osten in die Berge, bis dicht an Burmas Grenze heran und stieß dann in gewohnter Richtung nach Süden. Am Isthmus, der schmalsten Stelle der malaiischen Halbinsel, begann tropischer Regenwald, der die steilen Berghänge düster begrünte.

Schon seit drei Jahrhunderten wurde immer wieder über den Durchstich diskutiert: Ein Kanal, der den Golf von Thailand mit der Andaman-See verbindet. Ein kühnes, bestechendes Projekt, das Chumphon oder Ranong zu einem einzigartigen Aufschwung verhelfen könnte. Sagen die Einen. Am Japan-, China-, Europahandel würde nicht mehr Singapur profitieren, sondern Thailand. Der Seeweg ließe sich um mehr als 1000 Kilometer abkürzen, damit kämen, je nach Wetterlage, die Schiffe zwei bis vier Tage schneller und bis zu 140000 Dollar billiger ans Ziel. Als erster träumte König Narai 1677 vom Kra-Kanal.

Das Umweltrisiko sei unkalkulierbar, außerdem seien die Baukosten von derzeit 50 Milliarden Dollar nicht finanzierbar, halten die Projektgegner dagegen. Nun, das Aufkommen von 20 000 Schiffen jährlich würde den Kanal schon rentabel machen. Wir trennen den Süden unseres Landes ab und verlieren die touristisch wichtigste Region ans muslimische Malaysia, warnen, allen voran, Polizei und Militär. Auch ein starkes Argument, denkt man an die instabile Lage an der Südgrenze und an muslimische Separatisten, die ihre Wurzeln in Malaysia nähren.

Allmählich rückte die Urlaubsinsel Phuket, überschwänglich die „Perle des Südens" genannt, ins Bewusstsein. Millionen Touristen landen alljährlich auf dem internationalen Flughafen nördlich von Phuket Stadt. Die meisten bleiben in den Resorts der Buchten: Kamala, Patong oder Kata. Ein Rest verteilt sich auf hunderte herrlicher Inselchen in der Andaman-See.

Phuket erinnert mit seinem Amüsiermilieu aus Sexshows, Bier- und Gogo-Bars an Pattaya und Bangkoks Rotlicht-Straßen. Doch das war nicht immer so. Der Wandel vollzog sich Anfang der 80er Jahre. Als die ersten Backpacker erschienen und am Strand unter freiem Himmel schliefen, lebten die Fischer vom Fischen, die Gummibarone vom Ertrag ihrer Kautschukplantagen und die Herrn der Minen vom Zinn.

Zinn und Gummi weckten bereits früh Begehrlichkeit. Indische Händler waren die ersten, die den Zinnhandel organisierten und das Metall systematisch abbauten. Im 13. Jahrhundert streckten Siams Herrscher aus dem Norden ihre Hände nach Phuket aus.

Sie erkannten den enormen Wert der Rohstoffe. Nun galt es, die „Schatzinsel" im Wettlauf mit dem Erzfeind Burma, dann England und Frankreich, einem starken Piratentum, zu gewinnen und zu verteidigen. Was auch gelang, selbst als Burma im 18. Jahrhundert kurz davor war, die damalige Inselhauptstadt Thalang zu erobern. In höchster Not mobilisierten die Schwestern Chan und

Muk einen Volkssturm, der die Streitmacht der Burmesen regelrecht hinwegfegte. Als Erinnerung an die Heldentat zeugen zwei überlebensgroße Bronze-Kriegerinnen mit gezückten Schwertern. Sie stehen auf der Verkehrsinsel Thapkassatri Road. Chan und Muk wurden vom König mit dem Adelsstand belohnt und in Thailands Geschichte unsterblich.

Angelesenes, was mir jetzt, kurz vor der Sarasin-Brücke, die das Festland mit Phuket verbindet, so durch den Kopf ging.

„Unser Land hat die Form eines Elefantenschädels", erklärte mir ein junger Thai aus Surat Thani, der auf Phuket als Koch arbeitete. Der Elefant, als omnipotentes Symbol des Landes: graue Riesen verkörperten Stärke, Kraft, Ausdauer, einst auch Wohlstand. Adlige ritten auf ihnen, Könige gar auf den Rücken weißer, heiliger Dickhäuter. Siam haben Kriegselefanten groß und mächtig gemacht. Mönche ließen sich von ihnen zur Ordination tragen. Der Mahut nutzt sie noch heute als verlässliche Lastentiere. Zwei Jahrhunderte zierten Elefanten Siams Flagge. Und immer noch gelten sie als inoffizielle Wappentiere. Selten wird einer Spezies aus dem Tierreich eine ähnliche Ehre erwiesen.

„Aber es gibt böse Leute, die vergleichen die Kontur Thailands mit der eines Hahns. Die östliche Ausbuchtung sind seine Schwanzfedern, seine Beine, die schmale Landzunge und Bangkok sein Arschloch", dabei kicherte der Thai über seinen eigenen Witz.

Der Bus durchfuhr Reisfelder, die schließlich von Bananenhainen abgelöst wurden. Gebetsfahnen in Orange umflatterten den mächtigen Stamm eines Jackfruchtbaums.

Ich beschloss, den Überlandbus in Tha Nun zu verlassen, um mit einem lokalen Transportmittel an die spektakuläre Phang Nga Bay zu gelangen – auf der Suche nach stillen, neuen Ufern. In Thailand neue Ufer entdecken wollen? Ein unmögliches Vorhaben! Doch vielleicht war die Bucht der schroffen Kalkschlote und verwunschenen

Strände, der Lebensraum der Seenomaden, meine Chance?

Überall wo es schön ist, werden Touristen hin transportiert. Der Tourismus ist auf dem besten Weg, der wichtigste Wirtschaftszweig unserer Erde zu werden. Vielleicht ist er es schon? In reichen Volkswirtschaften sind über 70 Prozent der Bevölkerung pro Jahr aktive Touristen. Davon saugt Thailand allein fast zehn Millionen an! Zahlen, die den Einzelreisenden nachdenklich stimmen, bisweilen schaudern lassen.

Kein Wunder also, dass ich mich in Tha Don, dem Tor zum maritimen Nationalpark, von Bussen der Luxusklasse, von Reisegruppen, von Fremdenführern regelrecht eingekeilt sah. Ich befand mich in einer eigentümlich melancholischen Stimmung, so allein mit einem fremden Ort fertig zu werden.

Ein Heer von Aufreißern koberte mit Handzetteln, um Tagestouren, Souvenirläden oder Lokale anzupreisen. Mir gingen die Pfahlbauten mit ihren Fischern nicht aus dem Kopf.

Wie von George empfohlen, suchte ich nach einer Möglichkeit, eine dieser Seezigeuner-Siedlungen zu erreichen.

Tha Don war mit seinem rührigen Hafen eine Zoll-Landstelle. Allerhand Wasseraktivitäten konnten an fliegenden Ständen gebucht werden. Unten am Flussufer befanden sich kleine Werften und mehrere Kais für die eigentümlichen Langschwanzboote, schlanke Nachen. Der Fluss mäanderte, von Mangroven umsäumt, gen Osten, der Andaman-See zu. In regelrechten Beschallungsschüben dröhnte die Luft vom Spektakel der Bootsdiesel. Die Steuermänner hatten einen Heidenspaß übers Wasser zu jagen und dabei den Gashebel so richtig aufzureißen – zur eigenen und zur Belustigung johlender Touristen. Leere Boote schossen in eleganten Schleifen an die Anlegestege, deren Eigner priesen lauthals den obligaten James-Bond-Felsen und das Pfahldorf Ko Pannyi an. Mit Ausflüglern vollbesetzte Schiffchen donnerten unentwegt in Richtung eben dieser Ziele.

Ich verharrte am Ufer. Ließ das Treiben auf mich wirken. Es glich in seiner ruckartigen Hektik einem Schwarm Wasserflöhe. Von Pfahldörfern abseits des Getümmels erfuhr ich von einem Werftarbeiter. Doch wie konnte ich dort hingelangen? Etwas unschlüssig ging ich am Ufer entlang und schaute den Fischern bei der Arbeit zu. Den letzten ihres Standes. Längst hatten die meisten ihre Zunft an den Nagel gehängt und sich dem lukrativen Geschäft des Touristentransports gewidmet.

Nach zähen Befragungen fand ich schließlich einen Mann, der gerade sein heruntergekommenes Langboot von schwarzem Bilgenwasser befreite. Er schien an diesem Nachmittag noch etwas vorzuhaben. Da er nicht gesprächig war, seine englischen Sprachbrocken nur zögerlich dem sonnengegerbten Mund entwichen, brauchte ich drei Anläufe, um zu erfahren, dass er Muhammad hieß und noch heute zurück nach Ban Mai Phai wollte.

Ban Mai Phai? Hatte ich ihn richtig verstanden? Von einem Ort dieses Namens hatte ich noch nie etwas gehört. Um so verlockender! Mit der uns Europäern eigenen Direktheit fragte ich nach dem Preis der Passage dorthin. Muhammad rollte ungläubig mit den Augen, dann fragte er, was ich dort wolle.

„Einfach dort sein."

Nun blinzelte er nachdenklich in die Sonne, als gelte es eine schwerwiegende Entscheidung zu treffen. Endlich meinte er: „Wir in Ban Mai Phai sind Moslems mit festen Regeln!"

„Verstehe, kein Alkohol."

Während ich ihm beim Wasserschöpfen half, wurden wir uns handelseinig. Kurz darauf tuckerte der Kahn gemächlich den Flusslauf entlang, der See zu, wo uns eine frische Brise empfing. So dem Getümmel organisierten Ferienmachens enteilend, war ich gespannt auf eine Welt, die im buddhistischen Thailand eine Ausnahme ist.

Den Fischern schien der Transport und die Betreuung von Gästen angeboren zu sein. Kaum hatten wir das Delta des Phang Nga verlassen, tauchte rechts die Felseninsel Ko Pannyi, mit dem vorgelagerten, von Moslems bewohnten Dorf auf. Hier stand es also, das von Touristen heimgesuchte Pfahldorf! Muhammad gab Gas und zog eigens eine Schleife, so dass ich die Seesiedlung von allen Seiten betrachten konnte: Die pittoreske Moschee im Schatten eines mächtigen Kalkfelsens. Der Pulk rot und grün bedachter Häuser schwebte, von Pfählen gehalten und wie am Felsen vor Anker gegangen, zwischen Wasser und Himmel. In den Lärm des gedrosselten Motors hinein, versuchte der Fischer etwas zu erklären: zweihundert Familien würden dort leben. Das Dorf zähle etwa 1800 Menschen. Es seien Fischer, die nun schon seit zehn Jahren hauptsächlich vom Tourismus lebten. Im Dorf gäbe es eine Schule, eine Klinik, einen Markt- und einen Sportplatz, alles sei auf Pfähle gebaut worden. In den Läden könne man kaufen, was das Touristenherz begehre. Besonders reichhaltig sei das Angebot an Textilimitaten exklusiver Weltmarken. Neben dem Alkoholverbot sei es auch nicht erlaubt, Hunde oder Schweine im Dorf zu halten.

Noch ein letzter Blick auf die Siedlung, in der die See für die Menschen so bedeutungsvoll war. Viele Fragen blieben offen: Seit wann lebten die Fischer hier? Wo kamen sie her? Gab es Kontakte zwischen den Pfahldorfgemeinschaften Südthailands? Welchem Volk mochten sie angehören? Ob man mir die Fragen auf Ban Mai Phai beantworten konnte?

Muhammad ließ seinen Nachen aufheulen und preschte gegen eine Wand, die wie erstarrter Kleister wirkte. Ich zuckte unwillkürlich zusammen, da ich annahm, der Fischer prallte dagegen. Doch das Boot glitt im letzten Augenblick durch einen Spalt, hinein in die Tham Lod-Höhle. Ein Gewölbe, getragen von mächtigen Stalagtaten. Säulenwälder nahmen uns auf, so verwirrend, als wären wir gefangen im Labyrinth des großen Irrgartens der amphibischen Landschaft von Phang Nga. Viele Meter glitten wir an giftgrünen, stetig in Form und Struktur

24

wechselnden Pfeifengebilden vorüber. Ein Tummelplatz für den Speläologen, ein Alptraum für den Klaustrophoben. In einem Dom flatterten Fledermäuse und von Zeit zu Zeit klatschten große, schwarze Spinnen aufs Wasser. Ein Gefühl der Beklemmung kam auf. Es war, als schob ich mich durch einen Schlangenkörper, aus dem ich durch ein Geflecht von Rippen hinausblickte.

Schon folgte die nächste Höhle, eine neue Grotte. Eilande reihten sich wie Perlen auf. Was war Festland, was Insel, was Fjord, was Fluss oder Meer? Alles schob sich ineinander, floss zusammen. Klarer wurde nur das Wasser, die Orientierung trübte sich ein, bis sie vollends entschwand...

Bis wir plötzlich in eine Bucht einschwebten, die von zwei mächtigen Felsen flankiert wurde. Steinformationen, die einander zugeneigt schienen, nachdem sie von einem zornigen Schwert getrennt worden waren. Muhammad deutete in die Bucht: „Das Liebespaar Ko Khao Ping Gun!"

Knirschend bohrte sich der Steven in ein Stück sandiges Ufer. Ich stieg aus und stand auf der spektakulärsten Insel des Archipels. Da der Abend nahte, lagen nur wenige Boote in der Bucht und die Souvenir- und Getränkeverkäufer waren im Begriff ihre Geschäfte zu schließen. Für heute war der Touristenansturm gebannt – bei guten Geschäften, wie sich an den zufriedenen Gesichtern ablesen ließ. Vor einigen Jahren war der Uferbereich der Insel durch Sandaufspülungen vergrößert worden, damit noch mehr Urlauber und noch mehr Händler Platz finden!

Den gewaltigen Trubel hatte 007 entfacht. James Bond, mit dem Film: „Der Mann mit dem goldenen Colt". Mehrere Sequenzen wurden hier gedreht und seither sonnt sich dieser Winkel in cinemastischem Ruhm. Ich stapfte durch den Sand, hinüber in die zweite Bucht und stand vor dem „James-Bond-Felsen", der eigentlich Khao Tapu, „Nagelberg" heißt. Wenn mich seine Größe etwas enttäuschte, so beeindruckte die Form: er ragte aus dem Wasser wie ein gigantischer Pflock, der von einem ebensolchen Hammer auf den Grund des Meeres getrieben worden war.

Darf man dem einen missgönnen Naturwunder zu beschauen, dem anderen verbieten die Neugierde trefflich zu vermarkten? 1974: Ein Hubschrauber kreist dröhnend um Khao Tapu. Eine Dschunke mit roten Segeln schiebt sich aus der Bucht, an Ko Pannyi vorbei, in die offene See. In eigens verbreiterter Lotterkoje beschäftigt sich 007, Roger Moore, mit einer Agentin. Doch zuvor muss noch ein hässlicher Zwerg eliminiert werden. Dann endlich hat der Held Bettpause... den gigantischen Trubel am Set konnte ich mir lebhaft vorstellen. Die Hollywood-Industrie hatte den verträumten Archipel für Wochen in ein Tollhaus verwandelt. Als die Schlussszene im Kasten war, zog der Wanderzirkus weiter.

Millionen sahen den Film, Millionen streben zu dieser Lokation, sind sie einmal im Land. Und ich musste gestehen, der Reiz der Umgebung wurde durch den vielgeschauten Streifen verstärkt! Nachdenklich watete ich durchs seichte Wasser, hinüber ans Mangrovendickicht, wo sich ganz zaghaft die ersten mutigen Lungenfische einfanden.

Vielleicht tummelte sich im tieferen Wasser auch schon wieder die eine oder andere Karettschildkröte oder der erste bunte Fischschwarm? Wirkliche Ruhe bescherten nur die Nachtstunden!

In Südthailand entstanden die meisten Kinohits, die in Ostasien spielten. Der Kultfilm „Good Morning, Vietnam" zum Beispiel wurde 1987 im Regenwald auf einer Insel vor Phuket gedreht. Für „Das Land des Lächelns (1952), „Der hässliche Amerikaner" (1963), „The Killing Fields"... schlüpfte Thailand immer wieder in die Rolle Vietnams, Chinas oder Kambodschas, mit Marlon Brando, Sylvester Stallone oder Robert De Niro und anderen Haudegen.

Thailand ist seit vielen Jahren der beste Drehort Asiens. An unkomplizierten Genehmigungsverfahren, der

guten Infrastruktur und der atemberaubenden Kulissen-
vielfalt liegt es, dass das Land pro Jahr rund 20 Millionen
Euro an der Filmerei verdient. Allein ein Sechstel des 60-
Millionen-Dollar-Budgets von „The Beach" wurde 1999
für Leistungen vor Ort gelassen. Und noch mehr Geld
bringt der Touristenstrom, den der Leinwandrenner mit
Leonardo DiCaprio an den Strand spült. Ko Phi Phi Le,
kaum 60 Seemeilen südöstlich von hier, hat sich gleich
Khao Tapu zu einem Wallfahrtsort entwickelt.

Doch merkwürdig, zwei große Filme, deren Geschichte in Thailand spielte, wurden im Ausland gedreht: 1957
„Die Brücke am Kwai", deren Holzbrücke auf Sri Lanka
in die Luft flog und für „Anna und der König" stand Ju-
die Foster in Malaysia vor der Kamera. Thailändischen
Behörden gefiel die Historienromanze zwischen einer
englischen Lehrerin und dem König von Siam ganz und
gar nicht. Der fertige Film wurde sogar wegen Majestätsbeleidigung auf den Index gesetzt und die Vorführung
verboten, wie 43 Jahre zuvor die Verfilmung desselben
Stoffs mit Yul Brynner...

Muhammad zupfte mich am Ärmel und beendete den
Ausflug in die Filmwelt, die sich, so vis-à-vis des James-
Bond-Felsens, meiner Gedanken bemächtigte. Nord-Ost
hieß der Kurs. Fast am Ende der Phuket Bay lag Ban Mai
Phai, der Ort des Fischers.

... Und so kam es, dass ich auf dem Dorf über dem
Wasser, auf Muhammads Terrasse, Sonnenuntergang und
herrliche Abendstunden genießen durfte. Siba, die Frau
des Fischers, brachte eine Schüssel mit Reis und höllisch
scharfer Soße. Dazu gabs' Stockfisch, der aussah wie
Meilen weit getragene Schuhsohlen und so schmeckte er
auch. Doch das störte mich nicht. Muhammad setzte sich
mit seinem greisen Vater zu mir.

Wir aßen gemeinsam draußen. Frauen und Mädchen
nahmen ihre Mahlzeit in den Hütten ein. Abendfriede
war eingekehrt. Was ist Glück? Ich war glücklich!
Glücklich aufgenommen worden zu sein? Hatte ich mein
Refugium gefunden? Dessen war ich sicher! Auch war

mir alles so vertraut. Obwohl das erstemal hier, fühlte ich mich in die Welt der Badjao Laut versetzt. Jenen Seenomaden, die ich vor einigen Jahren in der Sulu-See, südwestlich der Philippinen, besuchte: Der Geruch von Tang, Salz und Fisch. Die Würze nassen Sisals, die düster verschlungenen Mangroveninseln in Wurfweite. Bei Ebbe, jetzt, der fettglänzende Schlick unter mir. Selbst Geräte, Werkzeuge und Netze erinnerten mich an die Fischer im fernen Südosten.

Es kam mir vor, als wäre ich wieder angekommen in der sagenhaften Welt der Seemenschen, über die der Forscher Raymond Kennedy einmal schrieb: „Ihre Existenz ist eine fortwährende Reise. Sie reiten auf dem Busen des Ozeans, wie Vögel des Meeres."

Gab es Gemeinsamkeiten? Wurzeln, die die Seevölker über viele Quadratmeilen Ozean und eine Distanz von 4000 Kilometern verbanden? Ich ließ die Menschen des Dorfes auf mich wirken: mittelgroßer Körperbau, schmale Gesichter mit hohen Wangenknochen, hellbraune Hautfarbe, glattes, schwarzes Haar. Aber auch auffallend viele Blondköpfe gab es unter ihnen, was in der ständigen Einwirkung von Salz, Wasser und Sonne seine Erklärung findet.

Während die See-Badjao an Land einen charakteristischen Entengang hatten, konnte ich hier keinen watschelnden Fischer entdecken. Das hatte seinen Grund in der unterschiedlichen Lebensweise: Bedingt durch stundenlanges Kauern auf engem Bootsraum und der einseitigen Beinbelastung beim Paddeln, waren die Beine allmählich deformiert worden. Das Wasser ist immer noch das Element der Badjao, Boote sind ihr Zuhause. Noch sind sie echte Nomaden der See. Anders die Menschen der Pfahldörfer im Golf von Siam. Sie haben das Umherziehen aufgegeben und „Seezigeuner" ist ein Schimpfwort geworden, es drückt Rückständigkeit aus und trifft im übrigen nicht mehr zu. Das gilt auch für die Bewohner Ban Mai Phais.

Ob Muhammad mir etwas zur Vergangenheit seines

Dorfes, seiner Vorfahren sagen konnte? Er sprach etwas Englisch und hatte als einer der wenigen seiner Generation eine Schule besucht. Sein Vater, erst recht der Vater seines Vaters, gehörte einst dem Stand der Fischer an, die Land krank machte, weil sie nur auf dem Wasser heimisch waren.

Nachdenklich betrachtete ich die wettergegerbten Gesichter von Vater und Sohn. Voller Zuversicht sagte ich ins Gurgeln des auflaufenden Wassers hinein: „Fischer von weither erzählten mir, dass vor langer, langer Zeit ein Clan an einem Küstenabschnitt des heutigen Malaysia aufbrach, um ihre Prinzessin zu suchen. Sie sollte ans heimatliche Gestade zurückgebracht werden. Mit dieser Suche begann das ewige Unterwegssein der Fischer. Die Königstochter war auf einer Bootsfahrt spurlos verschwunden. Nach langen Irrfahrten durch die Archipele Südostasiens wurde die Vermisste dann doch an der Küste Celebes' (Sulawesis) gefunden. Zum Erstaunen des Clans als Gemahlin des Prinzen von Bone. Die Crew war zufrieden, kehrte aber nicht an die heimische Küste zurück, sondern hielt an ihrem unsteten Nomadendasein in der Javasee fest, ja bevölkerte allmählich das gesamte Chinesische Meer."

Muhammad hörte interessiert zu. Es musste ihn seltsam berühren, von einem Fremden die Ursprünge seines Volkes zu hören.

Aufzeichnungen der Portugiesen aus dem 15. Jahrhundert berichten von Seezigeunern, die in der Straße von Malakka vagabundierten. Und die Herkunftslegende erzählte mir Pol Katrun, ein Salzwasserwanderer, der sich für einen direkten Nachfahren der Prinzessin hielt.

Nun war ich gespannt zu erfahren, ob es in Ban Mai Phai einen ähnlichen Mythos zu den Anfängen gab. Würde das nicht die gemeinsamen Wurzeln bestätigen?

„Wir sind Moken", erklärte Muhammad, „an dieser Küste lebten wir schon immer."

„Was heißt Moken?", fragte ich.

„Die Thailänder sagen: *chao'le*, das bedeutet Volk des

Meeres. Früher waren wir die Herrn der Küste und frei wie der Wind. Wir waren reich und angesehen, auch gefürchtet. Heute sind wir arm, die Freiheit ist eingeschränkt."

Muhammad deutete an, dass die *chao'le* in den vergangenen Jahrhunderten Piraten waren, die die Gewässer des Golfs zu den unsichersten Asiens machten, wenngleich es Ethnologen gibt, die behaupten, die *chao'le* seien durch ein stärkeres Seeräubervolk in den Piratendienst gepresst worden.

„Die Behörden haben uns verboten in unseren Booten zu leben und zu handeln. Dörfer mussten der Lebensmittelpunkt werden. – Aber, das ist auch besser so, das Leben auf See wurde immer härter, die jungen Leute anspruchsvoller. Sie trennten sich von ihren Familien. Die größte Veränderung brachten Motorboote, die unsere Ruder- und Segelschiffe ersetzten. Um zu überleben, mussten wir uns an Geld gewöhnen und mit den Fremden Handel treiben. Das geht nur von festen Standorten aus."

Der Fischer lächelte bitter. „Die, die einst in die Boote sprangen, um auf dem Meer Gewitter und Unwetter abzuwarten, weil sie es an Land mit der Angst zu tun bekamen, wurden sesshaft. Pfahldörfer ihr fester Ankerplatz."

„Und wie erklären sich die *chao'le* ihren Ursprung?"

Der Fischer schien etwas verlegen zu sein. Dachte er an die Prinzessin? „Unsere Ahnen kommen aus dem Süden, aus Johore."

„Johore? Das ist doch Malaysia!"

„So ist es. Sie sind einst um die Südspitze Malaysias hier heraufgesegelt. In den weitverstreuten Küstendörfern haben wir Verwandte und Freunde, die wir oft besuchen."

Demnach haben die Seenomaden tatsächlich ihren Ursprung an der Ostküste Malaysias. Von dort aus haben sie sich in die Archipele des Ostens begeben: große aquatische Weiten erschlossen. Eine weniger spektakuläre Expansion führte um die Halbinsel herum in den Golf von Siam und in die Andaman-See. Ein Volk, das die Meere befuhr ohne zu unterwerfen, ohne zu erobern! Menschen, die immer neue Lebensräume suchten, um darin friedlich – einfach ungestört zu sein. Keine Wikinger, eher Aborigines der See. Jetzt sind sie auf dem Weg zurück in die Sesshaftigkeit. Das gilt für die Menschen hier, wie für ihre Verwandten, die Badjao Laut an den fernen Küsten Indonesiens oder der Philippinen. Irgendwie hatte sich der Kreis geschlossen, an diesem Abend, in diesem Dorf...

Die Nacht umgab uns. Eine sternklare Nacht! Hier und da leuchteten Öllampen über Haustüren. Fledermäuse flatterten durch die Luft, betrunkenen Seevögeln gleich. Bleierne Müdigkeit lähmte das Dorf, als hätte die Tageshitze alle Kräfte verzehrt.

Muhammad wies mir einen Raum in einer Hütte zu, die durch ihre Schräglage im Wasser zu versinken drohte. Ich sah es als Privileg an, in einem solchen Pfahlbau unterschlüpfen zu dürfen. Er hielt mich für einigermaßen unerschrocken. Ich richtet mein Lager ein, ähnlich einer Schwalbe, die ihr Nest an eine Hauswand klebt. Vorsichtshalber band ich meine Luftmatratze an Bodenbrettern fest. Für den Fall, dass ich später unachtsam aufstand, schlang ich mir eine Fangleine um die Brust. Das Fußende des rutschbahnartigen Raumes war offen. Ein Fehltritt konnte bedeuten, dass ich im Wasser landete.

Nach all den Sicherheitsvorkehrungen lag ich da und starrte durch die Decke. Das Palmwedeldach hatte mehrere Löcher und fast hätte ich laut aufgelacht, als ich den Himmel sah in meinem Luxushotel, mit so unzählig vielen Sternen!

Als ich erwachte, umschmeichelte die Haut laue Morgenluft wie Seide. Die Hütte stand noch und ich hing im Seil, ähnlich einem abgestürzten Bergsteiger. In meinem Viel-Sterne-Resort hatte ich gerade noch von duftendem Kaffee mit Brötchen, Eiern und Konfitüre geträumt, da huschte Siba an die Tür und stellte ein Brett mit allerlei Köstlichkeiten ab, die sich schon durch ihren Geruch auszeichneten: Fisch der rohen und getrockneten Art, sonnengetrocknete Seegurken, würziger Tang, Tee und Reis. Den Anflug von Brechreiz bekämpfte ich mit Rousseaus Aufruf: Zurück zur Natur! Und Sushi ist doch auch bei uns en vogue.

Morgentoilette, einschließlich Zähneputzen, verrichtet der echte chao'le mit Salzwasser. Das führt alsbald zu einer besonderen Patina bei markantem Odeur.

Gedankenvertieft schritt Muhammad an meiner Hütte vorbei. Er kam vom Morgengebet. Über dem Arm trug er den kleinen Gebets- teppich, den er zuvor auf einem Plätzchen im östlichen Dorfbereich zur Andacht ausgebreitet hatte. Wie es der Koran vorschreibt, beten die Geschlechter getrennt und fünfmal täglich. Im Dorf verneigt man sich kollektiv gen Osten. Allein auf See, verlässt man sich auf seine innere Uhr. Die religiöse Inbrunst erstaunte mich, zumal der islamische Glaube der Seemenschen von animistischen Kulten durchsetzt ist. Wie ich bald erfahren sollte, lebt der chao'le in einem von Geistern und Dämonen durchdrungenen Bewusstsein.

Die Monsunzeit neigte sich dem Ende zu. Im Dorf beobachtete ich merkwürdige Aktivitäten: die Bearbeitung von Palmstämmen und Bambusholz. Es lag etwas in der Luft. Eine Zeremonie oder ein besonderes Fest? Ich war mir nicht sicher.

Unterdessen hatte sich Muhammad seinem Boot gewidmet. Er lud Drahtkörbe, Plastikschüsseln und Speere ein, warf ein Netz, wasserdichte Taschenlampen, ein paar Taucherbrillen und Flossen hinzu. Das sah nach ‚Fertigmachen zum Auslaufen' aus. Interessante Utensilien, ob es sich um eine Fangfahrt handelte?

Unaufgefordert machte ich mich beim Klarieren der Taue nützlich. Sprang einfach mit ins Boot. Erleichtert registrierte ich, dass es keinen Protest gab. Bevor wir ablegten stieg noch ein jüngerer Fischer ins Heck. Pakt nannte sich der Mann. Er war der Sohn eines Freundes von Muhammad.

Wir lösten uns in nördlicher Richtung vom Pfahldorf.

Die Fischer kauerten im Heck. Ich sorgte für etwas Balance im Steven. Die See war smaragdgrün. Sie wurde von einer leichten Brise gekräuselt. Die Inseln des Archipels schienen mit uns durch das Meer zu gleiten. Wohin? Ich wusste es nicht, ließ mich einfach vom Vorhaben der Fischer überraschen.

Zwei andere Langschwanzboote tauchten auf. Man hielt aufeinander zu, drosselte die Motoren und begann eine Plauderei von Boot zu Boot in der Sonne des frühen Vormittags.

Die meisten Bootsfahrer blieben unsichtbar. Sie lagen im Bauch ihrer Schiffe und ihre Stimmen klangen wie aus dem Dunkel des Meeresgrundes.

Es wurde nach dem Woher und Wohin gefragt. Man erkundigte sich nach dem Ergehen der Familien. Es fiel das Wort *loy rüa*. Danach wurde angeregt diskutiert. Und immer wieder vernahm ich den Ausdruck, der offensichtlich etwas Besonderes bedeutete.

Die Boote waren zu einem Paket aneinandergedriftet. Auf einmal lehnte sich einer der Fischer in unser Boot und zeigte Muhammad eine Hand voll weißer, kleiner Kugeln. Perlen?

Abtauchen und das Geheimnis einer Perle

Perlen! Tatsächlich, was der Fischer da gerade in seiner schwieligen Hand offenbarte, waren Perlen. Pakt griff eine heraus, drehte sie fachmännisch zwischen seinen Fingerkuppen und legte sie zurück. Es wurde wohl noch eine Weile gefachsimpelt, dabei äugte der Perlenfischer von Zeit zu Zeit skeptisch zu mir herüber. Meine Anwesenheit war ihm nicht geheuer.

Geraume Zeit später entflochten sich die *hang yaos* (Langschwanzboote), ein jedes strebte röhrend seinem Ziel zu. Vor einer Bucht, deren Felswände steil ins Meer stürzten, stellte Muhammad den Motor ab. Die Männer ergriffen die Paddel und führten das Boot in gleichmäßigen, kräftigen Stößen an die Felsen heran. Wir glitten über ein Korallengebirge, das sich dicht unter der glasklaren Oberfläche befand. Ich konnte die bizarre Riffarchitektur beobachten: Bauwerke winziger polypenartiger Lebewesen, die Kalk absondern. Das geschieht seit rund 100 Millionen Jahren, denn so alt sind die Riffnester Südostasiens. Ideale Wasserbedingungen, aus Temperatur, Strömung, Salzgehalt, Licht, Sauerstoff, gelösten Mineralien, haben diese natürlichen Kalkgebirge aus etwa 320 verschiedenen Korallen- arten wachsen lassen. Die Farbskala reichte von weiß über grün bis zur leuchtend roten Schmuckkoralle.

In und an den labyrinthartigen Kalkmassiven aus Gängen, Nischen, Grotten, Höhlen, Domen, Furchen, Schächten, Stollen tummelt sich die bunt schillernde Meeresflora und -fauna, deren faszinierendes Kaleidoskop dem Taucher den Atem verschlägt. Berauschend schön ist das Riff, aber für den arglosen Schnorcheler oder Taucher mit Vorsicht zu genießen! Denn es reizt alles zu befingern: unscheinbare Kugelfische, giftige Schnecken und Seeschlangen, ätzende Quallen, getarnt lauernde Rochen, bisweilen ziehen auch beutesuchende

Haie an Riffflanken entlang.

Die großen grauen Flächen an den Korallenbänken machen aber auch deutlich, dass der Tod grassiert. Hier, wie fast überall in den Ozeanen, sterben die Architekten der unterseeischen Kalkgebäude. Zurück bleibt der graue Tod als leblose Ruine. Daran sind, neben anderen negativen Einflüssen: die Verunreinigung der Meere, wärmeres Wasser, äußere, mechanische Beschädigungen Schuld. Seenomaden, mit ihren ursprünglichen Fang- und Jagdmethoden haben der Wasserwelt nie geschadet. Das Gleichgewicht ist erst durch Fangflotten, Dynamitfischen, Tauch- und Massentourismus gestört worden.

Die Männer schauten sich an und nickten übereinstimmend. Pakt warf den Steinanker über Bord. So dümpelten wir unweit von Felswänden, über einer ausladenden Korallenbank - einem augenscheinlich guten Fischgrund. Pakt sprang mit einem Fischspeer bewaffnet aus dem Boot... und tauchte überhaupt nicht wieder auf!

Seenomaden schöpfen ihr Leben aus der Kraft des Meeres. Ihre Kinder wachsen nicht am - oder über dem - , sondern im Wasser auf. Nach ihrem ersten Atemzug folgt das Tauchen im Salzwasser, um ihre Lungen zu kräftigen. Süßwasser ist schwaches, salziges ist starkes Wasser! Schwimm- und Tauchkünste waren Anlass für wilde Spekulationen: Sie haben Kiemen, tauchen wie Fische, zwischen ihren Fingern wachsen Schwimmhäute, berichteten europäische Chroniken im 19. Jahrhundert.

Nach drei Minuten schaute ich doch etwas beunruhigt zu Muhammad hinüber. Doch der sortierte teilnahmslos sein Treibnetz.

Plötzlich stieß ein Fisch durch die Wasseroberfläche, ein aufgespießter. Es folgte ein Speer und schließlich Pakt, der mit seiner unförmigen Brille an eine Kaulquappe erinnerte. Wasser rann ihm aus dem Mund und vom Körper. Lachend warf er den Snapper in eine Plastikschüssel und gab mir zu verstehen, doch auch ins Wasser zu kommen. Also zwängte ich meine Füße in spröde, alte Gummiflossen, zog eine zerkratzte Brille über die Stirn und ließ mich rückwärts ins Wasser plumpsen. Herrlich warm und klar war es! Pakt tauchte rechts vor mir. Durch das Lichtgrün des Wassers wirkte er wie ein Zombi. Seine Rechte hielt die lange Harpune, mit den Füßen und der linken Hand paddelte er wie ein Hund, aber so schnell, dass ich ihm trotz meiner Flossen nicht folgen konnte. Sah nur, dass aus Mund und Nase glänzende Luftblasen perlten, die er als aufgereihte Girlande hinter sich her zog.

Pakt hatte jetzt einen großen Fisch entdeckt, glitt steil hinab in eine Korallenspalte und entschwand. Ich war allein. Allein mit den Fischen, Korallen, Seegurken und allerlei anderem Getier in einer Tiefe von vielleicht vier Metern. Ein Riesenschwarm vagabundierender Füsilierfische hatte mich umringt. So dicht, dass sie mich berührten und ich sie greifen konnte.

Ich war mittendrin in einer Orgie von Farben, Formen und Leben. Umgeben von Seeanemonen, wallenden Federsternen, bizarren Seesternen... Der Schwarm entschwand hakenschlagend. Ein grimmig anmutender Fisch mit Stachelflossen, etwa einen Meter lang, zog von weither, aus milchigen Tiefen herauf. Und einem fliegenden Teppich gleich, schwebte ein Rochen unter mir dahin. So hatte ich mir das Unterwasserparadies vorgestellt! Überall lagerten Seegurken. Als ich eine berührte, schossen aus dem lederigen Hinterteil gelbe Tentakel, die sich wie Klebgummi um meine Hand legten.

Als ich mich einmal umdrehte, fuhr mir der Schreck in die Glieder: Eine Dreiecksflosse verfolgte mich. Doch es war nur ein neugieriger Katzenhai. Haie wecken die schlimmsten Assoziationen und lassen beim Tauchgang den Puls hämmern. Der Körper verbraucht ungleich mehr Sauerstoff als üblich.

Seit dem Devon, also seit 330 Millionen Jahren, gibt es Haie und nichts hat sich an der Aura dieser Tiere geändert. Der Rachen des Weißen Hais gehört zu den furchtbarsten Waffen des Faunareichs. In mehreren Reihen säumen rasiermesserscharfe, dreieckige Zähne das

Maul. Während die vorderen verschleißen, rücken die nächsten nach. Im Abstand weniger Monate wächst ihm ein neues Gebiss nach. Manche Haiarten verschleißen in ihrem Leben 35 000 Zähne! Der Katzenhai ist eine Miniausgabe des Weißen mit verträglichem Gemüt. Ich schwamm mit ihm jetzt auf gleicher Höhe. Da kam mir der Haiexperte John McCosker aus den USA in den Sinn, der viele Attacken beobachtet hat: „Ein Menschenhai, der angreifen will, ist gewöhnlich durch nichts aufzuhalten. Während er auf seine Beute zuschießt, öffnet er seinen Rachen und dreht die Augen nach hinten, so dass er im Moment des Zupackens buchstäblich blind ist." Kein Wunder, dass bei derart blindwütigen Angriffen in den Mägen der Raubfische neben Konservendosen, Autoschildern auch kleine Schiffsschrauben und Reste von Surfbrettern zu finden sind.

Ich musste auftauchen. Schnappte nach Luft – glitt wieder hinab, einem Korallenkessel zu, in dessen Sohle sich ein Sandbett gebildet hatte. Und genau dort hatte sich eine mächtige Muschel angesiedelt. Auf Beute lauernd, waren ihre Hälften weit aufgeklappt. Ich ließ mich hinab, um mir die Muschel näher zu betrachten... da berührte mich etwas an der Schulter. Ich weiß nicht ob ich einen Schrei abließ. Auf jeden Fall schluckte ich Wasser. Ein schwarzes Monster hing hinter mir. Es war Pakt. Der hatte mich angestoßen. Mit seiner Harpune berührte er nun die Muschel. Die schweren Kalkhälften klappten augenblicklich zu, wie eine Bärenfalle. Allmählich begriff ich, dass er mich warnen wollte. Was in diese Muschel geriet, wurde nie mehr freigelassen. Sie wog mit Sicherheit zwei Zentner.

Schwer atmend hing ich jetzt an der Bordwand. Muhammad zerrte mich ins Boot zurück. Pakt blieb noch gut eine Stunde im Meer. Seine harpunierten Fische füllten die Eimer. Unerbittlich stach die Sonne. Hitze und gleißendes Licht machten apathisch. Durst dörrten Mund und Kehle. Muhammad und Pakt kauten rohen Fisch. Gegen Mittag warfen wir das Netz aus und versetzten in östliche Richtung. Pakt begab sich erneut in die Fluten und ich hatte den Eindruck, er wollte Fischschwärme dem Netz zutreiben.

Nach einer langen Zeit des Schweigens meinte Muhammad: „Früher war das Fischen einfacher."

„Weil der Bestand größer war?"

„Nein, nein, da war dieses Gebiet noch kein Nationalpark. Wir sammelten die Fische wie Beeren."

„Dann habt ihr mit Dynamit gefischt!"

Muhammad grinste verschmitzt: „Wir bauten kleine Bomben, die explodierten im Wasser. Die toten und betäubten Fische füllten unsere Netze und Mägen."

„Fangt ihr noch Seeschildkröten?", erkundigte ich mich.

„Die haben früher viel Geld gebracht. Heute will sie kein Weißer essen. Man hat sie mit einem Tabu belegt."

„Und die Zierfische, für die Aquarien der reichen Leute?"

„Die kauft uns auch keiner ab!"

Mit dem Fang von Doktor-, Zebra- und anderen prächtigen Fischexoten verdiente sich manche Familie ihren Lebensunterhalt. Ebenso im harten, ungesunden Job als Perlentaucher. Die Jagd nach den kostbaren Calciumcarbonat-Kügelchen hatte so manchen zum Frühinvaliden gemacht. Seit es auf Ko Nakha Noi oder auf Pearl Island berühmte Perlenfarmen gibt, ist das berufsmäßige Ertauchen von Naturperlen unattraktiv geworden.

Die Züchtung von Perlen ist übrigens seit Jahrtausenden in China üblich gewesen. Doch erst 1914 kommerzialisierte der Japaner Mikimoto das Geschäft mit Zuchtperlen in geheimer Mission und machte ein Vermögen damit. Die Voraussetzung einer Perlenzucht sind Muscheln der Gattung Pinctada maxima. In die Haut der sorgfältig ausgewählten Auster wird ein Fremdkörper, als winziges Steinkörnchen, eingebracht. Dies Implantat versucht die Auster abzusondern und produziert dafür ein Sekret, die Perlsubstanz. Um eine gleichmäßig runde Form zu garantieren, muss die Muschel während des

Wachsens des Kleinods wieder und wieder gewendet werden. Die Perlaustern hängen an floßähnlichen Drahtkörben im Meer. Und in 18 Monaten wachsen da, in ein Meter Wassertiefe, die Millionen heran. Mit einem Spezialmesser wird die Muschel geöffnet und die Zuchtperle entnommen, alsdann gereinigt, nach Beschaffenheit, Gewicht und Größe sortiert.

Das Perlenzuchtunternehmen von Nakha Noi, östlich von Bang Pae (Phuket), ist neben einem in Japan das einzige, das von Touristen besichtigt werden darf. Echte Perlen üben seit frühster Menschheitsgeschichte eine Faszination aus, die sonst nur Gold, Rubine oder Diamanten eigen ist.

Im Mittelalter galt die Perle als Sinnbild der Liebe Gottes und war der Zierrat an kostbaren Kruzifixen und Reliquien.

Plinius, Schriftsteller der Antike, beschrieb die Gefahren, die auf Perlentaucher lauerten:

„...der Fischer achte auf seine Hände, denn die Perlmutter in der Tiefe wisse sehr wohl, was tastende Finger suchten! Auch fänden sich die Schalentiere zwischen rauen Felsen, wo der grimmige Seehund lauere... Und doch kann all das den Menschen nicht abhalten, nach ihnen zu suchen und warum? Weil unsere Weiber und Edelfrauen ihre Ohren mit Perlen schmücken müssen!"

Natürliche Perlen, pirula, was „kleine Birne" heißt, sind die kostbarsten. Unter diesen ist die schwarze Perle die begehrteste, weil so selten. Die Natürlichen werden von den Perltauchern, die sich mit Messer und Korb ausrüsten, in etwa 20 Meter Tiefe geborgen. In 80 bis 100 Sekunden müssen die Muscheln von den Felsen gebrochen werden. Ohne Atemgerät, ohne sonstige Hilfsmittel, den ganzen Tag, über Jahre hindurch ausgeübt – eine mörderische Arbeit!

Zucht- oder Kulturperlen sind von Naturperlen nicht zu unterscheiden. Doch Achtung: Fliegende Händler oder unseriöse Geschäfte bieten „echte" Perlen zu günstigen Preisen in allen Farben, Größen und Formen an.

Wer darauf hereinfällt, hat Plastikkugeln oder Fischgräten erworben. Für den Test beiße man auf die Perle. „Erscheint" sie glatt und ebenmäßig, so ist sie unecht. Echte Perlen dagegen „fühlen" sich rau und uneben an. Wer nicht gerade Experte auf diesem Gebiet ist, der möge sich nicht beschwatzen lassen oder als Tester versuchen, sondern eher auf die von TAT (Tourist Authority of Thailand) empfohlenen Perlengeschäfte verlassen.

Merkwürdig, all das über Perlen ging mir durch den Kopf, als ich, in der Mittagshitze dösend, den unentwegten Tauchgängen Pakts nachsann ... Und wieder einmal tauchte er auf. Diesmal hatte er keinen Fisch an der Harpune, sondern am Arm einen Korb, in dem sich Muscheln befanden, die eigentlich wie Austern aussahen.

Ob sich unter uns Perlmuschelbänke befanden? Wenn ja, so war es sicher verboten hier danach zu tauchen. Oder besaßen die *chao'le*, als Eingeborene, eine Lizenz danach zu suchen? Die unansehnlichen Kalkschalen wurden in den Bootsrumpf gekippt und ich muss gestehen, dass ich plötzlich von Neugierde gepackt wurde. Trotz Hitze, Durst und Schläfrigkeit übten die grauschrundigen Gebilde eine ungeahnte Magie aus. Lagen da nun echte Perlaustern herum? Was mochten sie an geheimen Werten bergen? Oder waren es einfach nur taube „Nüsse"?

Pakt hievte sich über die Bordwand. In der rechten Faust befand sich noch das Muschelmesser. Die Männer tuschelten miteinander. Konspirativ? Muhammad warf eine Plane über die Beute. Nur die Sonne war Zeuge!

Auf einen Wink des alten Fischers wurde das Netz eingezogen. Sechs Hände griffen in die Maschen und zerrten Arm über Arm.

Der Fang war mäßig: Makrelen, Snapper, allerlei bunte Fische der Tropen. In der Plicht zappelten sie noch eine Weile bis sie stumm verschieden. Muhammad stand nun aufrecht im Heck, einen nackten Fuß an die Bordwand gestemmt. Der Steinanker lag vor ihm. Eine Hand umfasste den Gasgriff und schon schossen wir in eine andere Bucht der Insel. Warum nicht zum Dorf? Die Sonne stach unerträglich. Ich war ihrer unheimlich weißen Scheibe ausgeliefert. Der Fahrtwind brachte kaum Linderung. Und die Zunge klebte am Gaumen, wie ein Lederlappen.

„Wann geht's zurück, Pakt?", meine Frage klang wie ein Flehen.

„In der Nacht, *farang*. Irgendwann, wenn der Mond nicht mehr scheint."

Ich stöhnte leise vor mich hin. Mit einem Boot auf dem Meer bist du den Fischern ausgeliefert, wie einer Karawane in der Wüste. Du musst dich in Duldsamkeit üben oder du wirst ein Opfer der Sonne. Vor den Felsen der anderen Bucht treibend, kam die Zeit des Wartens. Während ich mein Hemd mit Salzwasser tränkte und es über Kopf und Schultern legte, rückten die Fischer zusammen und begannen die Perlaustern mit ihren Muschelmessern zu öffnen. Eine Arbeit für harte, schwielige Fischerhände.

Schale um Schale wurde geöffnet. Ein Blick genügte um festzustellen, ob sie taub oder durch eine Perle geadelt worden war. Interessiert rutschte ich heran. Ein um das andere offene Gehäuse flog über Bord. Die gesamte Ernte schien unbrauchbar zu sein. Noch lagen drei Gehäuse im Boot.

Ich wollte wenigstens eine Muschel öffnen. Doch die Fischer erlaubten es nicht. Pakt brach gerade die vorletzte Muschel. Er blickte hinein, bog die Hälften weiter auseinander und zeigte mir das Innere.

Mein Gott – nicht möglich! In den Weichteilen eingebettet, lag eine Perle. Eine schwarze! Sie war rund, ebenmäßig und etwas größer als eine Erbse. Im Sonnenlicht leuchtete sie trotz ihrer Schwärze wie Perlmutt. Ein fantastisches Exemplar! Muhammad schaute auf und ich glaubte, ein zufriedenes Strahlen in seinen Augen zu lesen.

Die letzte Muschel war wieder leer und flog im hohen Bogen zu den Fischen. Vorsichtig löste Pakt das Kleinod aus dem Fleisch, legte es in seine braune, hornige Handfläche und zeigte es mir herausfordernd, als wollte er sagen: „Schau her, was ich zu bieten habe!" Für Schmuck habe ich kein besonderes Interesse und ein Experte bin ich schon gar nicht. Doch ich musste gestehen, die schwarze, glänzende Kugel übte eine ungemein starke Faszination aus.

Ich durfte sie anfassen, etwas drehen, gegen die Sonne halten. Dabei strömte Kraft aus, als hielt ich ein Energiezentrum zwischen den Fingern. Ein Schwarzes Loch! Ich war von dieser Perle besessen, ohne es mir anmerken zu lassen.

„Schwarze Perle – echt!", sagte Pakt und wiederholte es gleich zweimal. Muhammad nickte beipflichtend.

Ich saß in dem alten Boot auf rauem Plankenholz, eingerahmt von einfachen Fischern, Nachfahren legendärer Seezigeuner. Und wir hatten eine schwarze Perle geborgen. Aus einer Muschel, die sich tief unten an einer Felswand des Ozeans verkrallt hatte. Ja, ich war dabei gewesen, zumindest hatte ich mit dem Fischer getaucht. Was wird mit der Perle geschehen? Die Männer werden sie einem obskuren Händler verkaufen. Einem Geschäftemacher, der Perlen wie eine x-beliebige Sache kauft und teuer weiterverkauft, anonym, leidenschaftslos, als wäre diese, unsere herrliche Perle, eine unter Abertausenden Thailands.

Diese war exklusiv! Und der Gedanke, ja die Möglichkeit vielleicht eine schwarze Naturperle besitzen zu können, war einfach sensationell, einmalig! Als das gemeinsame Staunen ein Ende hatte, murmelte Pakt aufs neue: „Perle – echt!"

Es lag nun auf der Zunge und musste heraus: „Verkaufst du sie mir?"

„Perle – echt!"

„Klar, was willst du dafür haben?"

Es war, als schien er darauf gewartet zu haben. Wie plötzlich wachgerüttelt, rückte Muhammad heran, um der Verhandlung zu folgen.

„5000 Baht!", sagte Pakt bestimmt. Ich überschlug die Summe: keine 150 Euro. Für das Exemplar glatt geschenkt! Doch in Thailand muss man handeln, sonst machen Geschäfte keinen Spaß. Ich bot 3000 Baht für eine echte, makellose, schwarze Naturperle und hatte ein schlechtes Gewissen meine Gastgeber auszubeuten, falls sie auf den Preis eingingen.

Prompt verzogen die Männer ihr Gesicht, als hätten sie in eine Zitrone gebissen. Aber sie gingen auf meinen Preis ein, ziemlich schnell sogar. Der Besitzerwunsch war so mächtig, dass es mir nicht auffiel. Pakt bekam 3000 Baht. Ich wickelte den Schatz sorgfältig in mein Taschentuch und kam mir vor wie Baron von Rothschild bei seinem besten Deal.

Während ich an diesem Buch arbeite, liegt die schwarze Perle auf meinem Schreibtisch, immer noch ungefasst, in jungfräulichem Zustand. Sie war, neben etwas Seide, mein einziges Geschenk gewesen nach einer langen, ja fast zu langen Reise kreuz und quer durchs Land des Lächelns. Und diese herrliche Perle löste bei meiner Frau einen Tobsuchts-, dann einen Weinkrampf aus.

„Mehr bin ich dir nicht wert? Du Schuft!" Dabei schleuderte sie mir die schwarze, makellose Naturperle entgegen.

„Erlaube mal!", rief ich konsterniert und böse zurück. Erst Tage später, als sich die Wogen allmählich geglättet hatten, erfuhr ich, dass Christa beim Juwelier gewesen war, und dort erfahren hatte, dass der ihr „Prachtstück" nicht fassen wollte, es sei eine Plastikkugel!

Für mich ist das schwarze Kügelchen noch voller Magie und Zauber! Nachdenklich nehme ich es zur Hand und denke an die Fischer vom Golf, einst einfache Seenomaden, die einen *farang* reingelegt hatten. Ich stelle mir ihr diebisches Grinsen vor.
Böse bin ich ihnen nicht. Sie waren eben cleverer. So clever, dass ich bis heute nicht weiß, wie sie den Trick mit der Perle bewerkstelligten.

Also wird ihre Geschicklichkeit noch manchen Besucher in Erstaunen versetzen.

Wenn ich die „Perle" betrachte, denke ich auch an ihre große Gastfreundschaft und zurück an jenen Tag auf dem Meer im gigantischen Labyrinth bizarrer Felswände aus Kalk, in Mitten des türkisblauen Meeres, in dem die Sonne alles Leben zu verdampfen trachtete. Noch stand sie am Himmel wie ein Kandelaber und ich war glücklich mit meiner schwarzen Perle.

Und ich harrte, gemeinsam mit den Fischern, bis die Sonne unterging, der Mond sich aus seinem ozeanischen Bett erhob. Denn Muhammad und Pakt hatten in dieser Nacht noch etwas besonderes vor!

Langusten am Fels

Erst nach Sonnenuntergang, als die Nacht Meer und Himmel wie in schwarze Tinte tauchte, erfuhr ich was die Fischer da auf See planten. Zuvor jedoch stärkten sie sich mit Würfeln rohen Thunfischs. Ein starkes Hungergefühl trieb den frischen, glibberigen Fisch auch in meinen Magen. Und mit der nächtlichen Kühle erwachten die Lebensgeister, damit die Neugierde auf das, was kommen sollte.

Der Mond färbte die See chromfarben. Muhammad versetzte noch dichter an die Felswand, die wütendes Brandungsrauschen umtoste. Merkwürdig, warum sich der Gefahr, an die Felsen gedrückt zu werden, ausliefern? Zumal der Wind an Kraft gewonnen hatte und die Wellen jetzt Schaumkronen zeigten.

„An der Wand werden wir Langusten fangen", erklärte Muhammad unverhofft. Wasserdichte Taschenlampen und Drahtkörbe lagen griffbereit.

„Jetzt, in der Nacht?"

„Am Tage fangen wir keine!"

Unser Boot tanzte immer lebhafter im Rhythmus der Wogen, bei einer unverkennbaren Drift in Richtung Felsen.

„Pass auf", sagte Muhammad, „wir tauchen, wenn das Boot nah am Felsen ist. Du steuerst aus der Brandung, falls es gefährlich wird. Klar?"

„Okay!" Den 100-PS-Yamaha kannte ich, hatte das Langschwanzboot auch schon manövriert. Was sollte da schief gehen?

Es war so weit. Die Fischer schoben sich die Brillen über die Augen, ergriffen die Taschenlampen, hängten sich die Körbe an die Arme – so glitten sie ins Meer.

Minuten verstrichen, hinter mir stand der Felsen wie eine drohende Wand. Eigentlich müsste ich den Motor anwerfen, um auf Abstand zu gehen. Befanden sich die

Fischer jetzt am Heck, gerieten sie in die Schraube. Ich leuchtete die Oberfläche ab – wartete. Endlich tauchten die beiden fast gleichzeitig auf. Pakt trug etwas im Korb, das wie ein dicker Knüppel aussah.

„Vorsichtig in die Kiepe damit", sagte er und reichte seinen Fang hoch. Eine gut 30 Zentimeter lange, ausgewachsene Languste hatte sich da am Gitter verkrallt.

„Fahr' das Boot raus!", rief Muhammad, noch an der Bordwand hängend.

„Achtung!" Ich startete, das *hang yao* schob sich gegen Strömung und Wellen aus dem Gefahrenbereich.

Mit der Languste kam ich nicht zurecht. Pakt merkte es und stemmte sich ins Boot. Nun packte er das Schalentier am Rückenschild. Mit vernehmlichen Klatschen schnellte das Schwanzende auf die Brust. Dabei lösten sich die Beine, die Languste landete in der hochwandigen Kiepe.

„Vor dem Schwanz musst du Acht geben, die Burschen können schmerzhaft zuschlagen", erklärte der Fischer.

Beide tauchten wieder ab ... mit leeren Körben auf – und wieder ab. So ging es einige Male. Selten hatten sie Glück und die Delikatesse im Korb. Mit Langusten erzielen die Fischer eine lukrative Nebeneinnahme, indem der Fang an Hotels und Restaurants verkauft wird. Aber es ist ein mühsames, bisweilen gefährliches Geschäft. Früher krabbelten die Tiere in ausgelegte Reusen, so dass sie bei Tag eingesammelt werden konnten. In den letzten Jahren sind sie jedoch nur nachts an bestimmten, besonders zerklüfteten Felswänden oder in engen Grotten aufzuspüren. Ihre Jäger müssen vier bis acht Meter an den Wänden hinabtauchen, die Tiere mit Taschenlampen blenden. Mit viel Geschick und Glück können sie dann vom Felsen „gepflückt" werden. Das hört sich einfacher an als es ist! Zum einen sind die Langusten dank ihrer Tarnfarbe kaum zu erkennen, zum anderen ist der Bestand geschrumpft. Außerdem muss der *crayfish* im richtigen Winkel geblendet werden, sonst huscht er davon, bevor er gepackt werden kann. Doch das Unberechenbare sind die Unterwasserströmungen, die den Taucher an die Felswände drücken oder ihn ordentlich verwirbeln.

Es musste einen besonderen Reiz haben, nachts die Korallen, Felsen, Grotten auszuleuchten und die Unterwasserwelt auf sich wirken zu lassen. Eine Welt, die bei Tage den Taucher in den Bann schlägt, wie ungleich geheimnisvoller musste diese Welt erst nachts sein?

Als die Fischer nach einem Dutzend Tauchgängen schließlich fünf Langusten gefangen hatten, saßen sie reichlich erschöpft im Boot. Man gönnte sich eine kleine Verschnaufpause ... Langustentauchen! Gern würde ich mit hinabtauchen. Nur einmal. Muhammad hatte nichts dagegen. Er war nicht mein Kindermädchen. Wenn sich der einfältige *farang* partout in Gefahr begeben will? Soll er doch!

Er drückte mir Taschenlampe und Korb in die Hand, außerdem schlang er mir das Ende des Ankerseils um die Brust. Eine Fessel, auf die ich gern verzichten würde, doch der alte Fischer bestand darauf und meinte, es gäbe Langustenbuchten im Archipel, in denen seilen sich selbst die erfahrensten Taucher an. „Gegen die Grundsee dort unten kannst du nicht schwimmen. Nach vier Minuten hol' ich das Seil ein."

„Vier Minuten? – Keine Sekunde länger als zwei!", sagte ich und bemerkte, dass die Fischer keine Uhr trugen. Auch mit etwas Taucherfahrung war für mich nach zwei Minuten Luftanhalten die Grenze erreicht. Muhammad machte ich das eindringlich klar. Er nickte beflissen und hob den Daumen. Ich prüfte den Sitz von Brille, Leine und Flossen – liess mich ins aufgewühlte Wasser fallen.

Pakt schwamm vor mir. Nach mehreren Stößen führte er mich direkt an die Felswand. Wie Tentakel packten jäh Brandungsstrudel und versuchten uns in die Tiefe zu zerren. Das Brausen und Tosen verstärkte sich, je tiefer wir schwammen. Ich fühlte mich wie in einer Waschmaschine, die im Schnellgang drehte. Flüchtig huschte Pakts

Scheinwerfer die Wände ab. An einem braunen Klumpen blieb der Lichtkegel hängen. Er gab Zeichen, ich richtete meine Lampe auf dieselbe Stelle. Das Etwas huschte davon. Es war eine Languste.

Der Fischer suchte weiter – eine Unendlichkeit lang. See und Felsen, nachts in fünf Meter Tiefe, sind schwärzer als schwarz. Der Strahl der Taschenlampe durchdringt das Wasser wie ein Laser und in diesem Strahl leuchtet die Unterwasserwelt wie ein Kaleidoskop. Eine phosphoreszierende Vielfalt aus Formen und Farben, umgeben von der bedrückenden Schwärze – schaurig schön!

Da, wieder ein brauner, großer Klecks zwischen Seeanemonen und Korallen. Pakt war schon zur Stelle, fixierte Kopf und Fühler. Meine Lampe blieb aus. Er deutete an, dass ich das Tier fassen sollte. Von Strudeln gebeutelt, hing ich neben der Languste, die wie gelähmt im Lichtstrahl verharrte. Die Grundsee riss und zerrte. Ich packte den knochenharten Rückenpanzer. Der Schwanz schlug aus... weg! Mit Leichtigkeit entwand sich das Schalentier meinem Griff und verschwand im nächsten Spalt.

Die Lungen schmerzten bis in die Spitzen. Kopf und Ohren hämmerten wild. Ich musste auftauchen – jetzt sofort! Aber wie? Gegen die Wirbel kam ich nicht an. Von plötzlicher Angst getrieben, riss ich am Seil, zweimal, dreimal ... endlich zog mich eine noch stärkere Kraft nach oben. Endlich!

Als ich japsend auftauchte, stand Muhammad über mir und hievte mich ins Boot. Mit einem Mal wurde mir bewusst, in welcher bedrohlichen Lage das Boot war. Der Fischer hatte mich gerettet, während er näher und näher an die Wand trieb. Wir saßen in einer Nussschale, die von wütenden Wogen am Kalkgestein auf und ab geschleudert wurde. Schon krachte die Bordwand. Ein Leck in dieser aufgebrachten See wäre der Untergang.

„Paddel packen und die Bordwand schützen!", bestimmte Muhammad erstaunlich gefasst.

Seine fliegenden Hände versuchten den Motor zu starten. Wir hingen in tosendem Wasser und das Boot glitt wie ein Fahrstuhl am schroffem Fels entlang. Eine verdammt beschissene Situation! Eben splitterte das Paddel. Zum Glück blieb das Boot unversehrt. Noch! Was tun, wenn der Motor nicht anspringt?

Wie ein Geist huschte Pakt über die Bordwand, zog den Korb mit einer Languste nach. Unglaublich, diese Kraft des jungen Fischers! Schon hatte er das zweite Paddel gepackt, um wenigstens die ärgsten Schläge abzuwehren. Auch sein Holz barst knirschend. Wellen brandeten zurück. Wasser strömte in das *hang yao*. Noch so ein Schwall und der Kahn kenterte. War er schon leck? Wir standen im Wasser und drückten den Rumpf von der Wand. Wie lange war das noch zu schaffen?

Dann kam die Erlösung. Der Motor heulte auf, schob uns aus der Brandung, weg von den Felsen. Das war knapp! Ich fühlte mich schlecht. War ich nicht schuldig, die gefährliche Situation verursacht zu haben? Hatte ich doch auf törichte Weise meine Kräfte überschätzt? Ich erwartete Flüche und böse Blicke. Die Fischer blieben ruhig und gelassen. Man war in Sicherheit, nur das zählte.

Zielsicher steuerte Muhammad durch die Nacht, dem „schwimmenden" Dorf zu. Wir waren lange ausgeblieben. Sicher werden sich die Familien Sorgen gemacht haben. Wir wären nicht die ersten Fischer, die in rauer See für immer draußen bleiben mussten! Je näher wir dem Dorf kamen, desto ruhiger wurde das Meer und die Dünung sanfter. Fluoreszierende Fische glitten vorbei. Plankton glomm auf und ab. Die See war ein düsteres Laken, das der Wind zum Flattern brachte. Pakt kauerte am Bug. Die Konturen des hageren, schwarzen Körpers waren eins mit dem Dreieck des Vorschiffes. Er war die lebende Galionsfigur. Er war das Boot!

Im Heck steuerte Muhammad, souverän wie eh und jäh. Kein Hauch von Aufregung, nichts Ungehaltenes in seinen Bewegungen. Der Schein meiner Taschenlampe traf ihn. Er nickte und grinste, dabei machte er den Mund auf, um tief Luft zu holen. Zähne wurden frei. Zähne, wie Kieselsteine, zufällig in den Mund gestreut. Echte Fischer die beiden, großartige Männer. Sie hatten mir die schwarze Perle überlassen, Langusten gefangen und den Kampf mit der Brandung gewonnen!

Plötzlich drosselte der Alte den Motor. „Da drüben ist Ban Mai Phai", sagte er. Ich sah nur den schwarzen Horizont. Der Mond war längst im Nirgendwo verschwunden. Dann endlich, ferne, flackernde Lichter. Mir war, als kehrte ich von einer langen, fernen Reise heim.

Friedlich schlief das Dorf als wir anlegten. Lediglich ein Wächter huschte heran und half beim Ausladen. Öllichter spendeten spärliches Licht, ähnlich Positionslampen eines Schiffes. Und in dieser Nacht war Ban Mai Phai für mich wie eine Arche Noah, die auf dem Meer durch eine zeitlose Welt trieb...

Loy Rüa und andere Feste

Ich blieb noch mehrere Tage auf meiner „Arche Noah". Es war einfach schön hier und, abgesehen von unserer aufregenden Tauch- und Fangfahrt zu Beginn, von einer Ruhe, die ich mir so gewünscht hatte.

Die eigentümliche Bearbeitung von Palmstämmen und Bambus nahm unterdessen Gestalt an: Alt und Jung hatten Material für zwei Meter lange Segelboote zusammengetragen. Und das merkwürdige Wort *loy rüa* (wörtlich: „schwimmende Boote"), das ich erstmals auf See gehört hatte, hing mit diesen Vorbereitungen zusammen. Muhammad meinte, dass ich auf jeden Fall bis *loy rüa* bleiben sollte. Schließlich handelte es sich dabei um das wichtigste Fest der Seenomaden, das zweimal im Jahr gefeiert wird.

Nachts zeigte sich der abnehmende Mond nur noch als halbe Scheibe. Ein sicheres Zeichen für das Fest, das jetzt unmittelbar bevorstand. Am Vorabend des 13. Tages nach Vollmond wurden die Baumaterialien auf die Langschwanzboote geladen. Und bereits vor Sonnenaufgang war das Dorf auf den Beinen. Stolz präsentierten die Familien ihre Festtagsroben: bunte Kopftücher, edle Sarongs die Frauen. Männer hatten ihre geflickten Jeans abgelegt und waren zur Feier des Tages in aufwändige Wickelröcke geschlüpft. Ihre Köpfe zierten bestickte Tönnchen. Muhammad und Pakt waren kaum wieder zu erkennen. Selbst ihr Gang war ein feierliches Schreiten geworden, der Würde des Tages angepasst.

Allmählich begaben sich die Clans in die Boote ihrer Chefs und wie auf ein Kommando brummte die kleine Armada in Richtung Festland. Ich hatte mich auf Pakts Boot begeben, wo ich ausgesprochen unkommod zwischen all dem Baumaterial hockte.

In flotter Fahrt schob sich das Geschwader in einen Flusslauf hinein, dessen Ufereinfassung wie englischer

Rasen wirkte. Beim Näherkommen verwandelte sich der Rasen in sattgrünes Mangrovendickicht.

Östlich von Krasom befand sich das Dorf sesshafter *chao'le*, die sich dort am schlammigen Flussufer niedergelassen hatten. *Loy rüa* ist ein kommunikatives Fest. Es feiern immer mehrere Siedlungen zusammen. Nebenher wird die Identität gewahrt, gepflegt und gefördert. Das Völkchen der Seemenschen würde anderenfalls vom Lebensstil der Thai verschluckt werden.

Mit großem Hallo wurden wir am Ufer von einer nicht minder herausgeputzten Sippe in Empfang genommen.

Ich traute meinen Augen nicht. Da schwenkten Männer und Jugendliche Bierdosen und waren offensichtlich alkoholisiert!

„An *loy rüa* ist Alkohol erlaubt", erklärte Pakt und organisierte zwei Dosen. Im Dorf formierten wir uns zu einer Prozession, voran Vorbeter und Zeremonienmeister mit Baldachinen, Fahnen und großen Holzratschen, die einen entsetzlichen Lärm machten. Die Versammlung schob sich über einen staubigen Feldweg, einem bewaldeten Hügel zu.

„Gleich erreichen wir einen Schrein, vor dem wird gebetet und den Schutzgeistern ein Opfer gebracht", klärte mich der Fischer auf.

Tatsächlich fallen die Dorfgemeinschaften vor einem Waldaltar auf die Knie und in einen vielstimmigen Chor – voller Inbrunst dargebracht. Ich hatte einen streng islamischen Gottesdienst erwartet, statt dessen war ich in eine okkulte Session geraten, die Geister und Dämonen beschwor!

Nach der „Geisterstunde" war die Prozessionsordnung dahin. Ziemlich ungestüm machte sich die feuchtfröhliche Gesellschaft über ein Büffet unter freiem Himmel her. Nicht anders stellte ich mir ein Gelage unter alten Rittern vor: Fleischstücke wurden direkt vom Spieß gerissen. Abgenagte Knochen über die Schultern geworfen, dazu wurde allerdings Bier anstatt Met geschlürft.

Gestärkt, aber mit etwas unkontrollierten Bewegungen, begann man den Bau der *prahus*, der Segelboote aus Palmstämmen und Bambus. Das Fest trieb seinem Höhepunkt entgegen, als die Modellboote zu Wasser gelassen wurden, schwammen und der Priester erschien, um diese zu segnen. Dabei sprühte er Weihwasser auf die Bootskörper und entzündete ein Bukett Räucherkerzen. Schließlich warf er noch ein verschnürtes Päckchen auf eines der *prahus* und entschwand mit Beschwörungsformeln auf den Lippen.

Für das Seevolk war das die Aufforderung, die Boote gleichfalls mit Päckchen und allerlei Gegenständen, wie Puppen, Spielzeugwaffen, Haaren, Fingernägeln, Stockfisch zu befrachten.

„Was hat das zu bedeuten?", fragte ich Muhammad, der gerade sein Päckchen hinterlegte.

„Die Fracht symbolisiert Unglück, das sich im laufe eines halben Jahres angesammelt hat. Morgen wird es von den Segelschiffen weit weggetragen."

Bei Musik, Tanz, Gesang und Bier wurden die Schiffe die ganze Nacht hindurch mit „Unglück" beladen. Vor Sonnenaufgang des nächsten Tages nahmen die Eigner der Langschwanzboote die Holzmodelle ins Schlepp und bugsierten diese unter großem Freudengebrüll des Seevolks vor die Küste. Draußen, aber stets in Sichtweite, wurde auf ablandigen Wind gewartet, damit das Unglück auch auf nimmerwiedersehen davon segeln konnte.

Wehe der Wind drehte und trieb die Segler zurück! Das käme einer Katastrophe gleich. Wellen des Unglücks brächen über die Dörfer und deren Bewohner herein. Am Ufer wuchs die Spannung. Draußen, in den Motorbooten prüften die Fischer besorgt Windrichtung und -stärke. Auf jeden Fall mussten die Segler auf den richtigen Kurs gebracht werden, bevor die Sonne vollständig aus dem Meer auftauchte.

Oh Schande, wenn der Himmelskörper am Firmament stände und die Segler am Ufer strandeten! Um das auf magische Weise zu verhindern, hatten die Fischer am

Strand drei Meter hohe Holzkreuze aufgestellt. Unter diesen christlichen Symbolen versammelten sich nun die Familien und schauten gespannt und voller Sorge aufs Meer hinaus.

Was wird passieren – Glück oder Unglück die Dörfer heimsuchen?

Die Sonne zeigte sich. Wie im Zeitraffer stemmte sie sich aus dem Meer, wurde runder und runder. Oh Graus, noch liegen die Segler an den Motorbooten...

Endlich der erlösende Schrei, dann lachende, fröhliche Gesichter! Bei gerundeter Sonnenscheibe segelten die Boote davon. Beladen mit dem Unheil zweier Dörfer, trieben sie hinaus aufs offene Meer. Am Ufer lag man sich glücklich in den Armen. Wenigstens für die nächsten Monate steht die Zukunft der *chao'le* unter einem guten Stern.

Feste soll man feiern wie sie fallen! sagte ich mir, als ich im Uferdorf etwas über *tetsankan kin jää* erfuhr. Angeblich handelte es sich dabei um ein spirituelles Fest auf Phuket, das in Kürze begänne. Ich erzählte Mohammad davon und beschloss, mich für ein paar Tage in den Touristentrubel zu stürzen. Über das Ereignis hatte ich viel gehört und schaurige Bilder von durchstochenen Zungen und Wangen vor Augen. Wollte nun einfach mal aus eigener Anschauung mitbekommen, ob es bei dem so genannten „Vegetarischen Fest" wirklich so skurril zuging.

In Patong tanzte der Bär! Auf den Trottoirs schoben sich Fleischmassen, auf den Straßen Blechlawinen. Bässe aus schrankgroßen Lautsprechern der Bierbars traktierten Ohren und Zwerchfell. Ladyboys, bisweilen fraulicher als echte Frauen und Ladies machten eindeutige Angebote, untermalt mit ebensolchen Soloverrenkungen. Jeder gab eine Kostprobe seiner Vorstellung von verlockenden Fruchtbarkeitstänzchen, um damit den eingefleischtesten Single des Abends von seinem traurigen Status abzubringen.

Wie mit einer Zeitmaschine war ich aus einer Oase in diesen Hexenkessel katapultiert worden. Es war einfach nur schreiend, grell, stickig und heiß. Und ich fühlte mich im Durcheinander der Sinnesreize allein, ja einsam fast. Der Abend war noch früh. Ich war auf der Suche nach einem Motorrad, mit dem ich etwas mobiler sein konnte.

An einer Straßenecke betrieb Fuiing einen fliegenden Fahrrad- und Motorradverleih. Nach kurzer Begutachtung entschied ich mich für eine 750er Kawasaki. Wir wurden uns so rasch handelseinig, dass er sich bemüßigt fühlte, gleich die passende Sozia zu vermitteln. Dankend lehnte ich ab, machte mir aber seine Leutseligkeit zu nutze und erkundigte mich nach dem Vegetarier-Fest. Zuvor war mir aufgefallen, dass der vielleicht dreißigjährige Fuiing nicht wie ein Thailänder, vielmehr irgendwie anders aussah.

Und tatsächlich war das Fest das Stichwort! Seine Augen glänzten. Er sei Chinese, erklärte er und auf dem Festival habe er seinen großen Auftritt, da er sich in Trance versetzen könne.

„Fahre übermorgen an die Südwestküste Phukets. Dort erwarte gegen Mittag die Ankunft eines Schiffs. An Bord befinden sich neun Statuen, diese symbolisieren Gottkönige, die der Legende nach 45 000 Jahre lang in China herrschten. Wenn die Statuen an Land von einer Prozession in Empfang genommen werden, beginnt das Festival".

„Und, wie geht es weiter?", wollte ich wissen.

„Während der folgenden neun Tage pilgert eine große Gläubigerschar zu neun chinesischen Tempeln, um die Götter zu ehren."

„Und dann? Ich meine, das ist nicht spektakulär. Bei uns gibt's die Fronleichnamsprozession."

„Gebete und Opfergaben sind für manche nicht genug. Schau es dir an, aber mach' dich auf einiges gefasst!", orakelte Fuiing.

„Können wir uns nicht verabreden?", fragte ich.

„Das geht nicht. Aber vielleicht siehst du mich Mittwochnachmittag im dritten Tempel von Phuket-Town."

Zwei Tage später vor dem dritten chinesischen Tempel: Das Portal war in den Rauch unzähliger Räucherstäbchen gehüllt. Und ein schwerer, verwirrender Duft hing wie eine Glocke über einer okkulten Szene, deren Akteure weiß gekleidete Männer waren. Weiß, die Farbe der Reinheit. Riesige Fasstrommeln wurden gerührt und die monoton-aggressiven Schläge übten auf die Männer eine außergewöhnliche Wirkung aus. Glasige Blicke hielten mich gefangen. Manch einer torkelte wie im Vollrausch und musste aufgefangen werden. Der Trommelbeat schwoll ohrenbetäubend an. Tonschläge, die Kontakt zu den Göttern herstellten? Ich befand mich inmitten einer Gruppe Gläubiger in Trance. War verstört und fasziniert zugleich.

Fuiing entdeckte ich unter Gleichaltrigen, brustfrei in weißer Pluderhose. Er konnte mich nicht wahrnehmen, war vielmehr auf dem Weg sich selbst zu opfern. Sein Körper zuckte und zitterte, als habe sich Epilepsie seiner bemächtigt. Mit nach hinten gedrehten Augen, als wolle er sich von innen betrachten, hing er in den Armen eines Freundes. Nie werde ich vergessen, wie geöffnete Augen ohne Pupillen aussehen: dämonisch!

Ein Helfer trieb Fuiing jetzt eine daumendicke Eisenstange durch beide Wangen. Er spürte nichts, kein Blut spritzte – der Chinese lag im Schoß der Götter. Betroffen schaute ich mich um. Andere in Trance ließen sich Stahlhaken durch Lippen und Zungen stechen oder gar einen Sprit-Zapfhahn durch die Wange bohren, der dann aus dem Mund herausschaute. War das Medium rein, der Glaube stark, die Trance vollkommen, floss kein Blut. Die Marter hinterließ kaum Narben. Ekstase kennt nun mal kein Stigma!

Doch das war nicht bei allen Aktivisten so. Aus manchen Körpern floss Blut und durchtränkte die Unschuldskleidung. Ganz Eifrigen steckten bereits Stangen im Kopf, zusätzlich traktierten sie sich mit Peitschen, Knüppeln, Äxten gar oder zogen sich Messer durch Zungen. Die klerikale Orgie wurde zusehends blutiger.

Nicht unbeabsichtigt: vergossenes Blut und besiegter Schmerz versöhnen die Götter! Touristen und zigtausende Schaulustige umringten die Gegeißelten, die Gottnahen wie ein wogender Wall. Allmählich löste sich die Prozession vom Tempel, schob sich durch die Straßen, dem nächsten Gotteshaus zu.

Trommeldröhnen und Gongschläge wurden jetzt vom Krachen noch lauterer Feuerwerkskörper übertönt. Irrer Spektakel, der sich an den Hauswänden brach und betäubend nachhallte. Beißender Pulverdampf hing in Straßen und Gassen. Blut troff auf den Asphalt. In der Tat, das war kein gewöhnlicher Umzug, erst recht kein „Festival" für Menschen mit schwachen Nerven. Touristen wendeten sich entsetzt ab. Manch einer fiel in Ohnmacht.

Wo steckte Fuiing? Nachdem sich der Rauch etwas verzogen hatte, erspähte ich ihn in seiner Gruppe. Tausend Augen waren auf ihn gerichtet, als er da gestützt, das schwere Eisen in den Wangen, herantorkelte: Ich dachte an Wiedergänger und Märtyrer zugleich und ging einige Schritte neben ihm, vernahm spitze, unartikulierte Laute, die keiner irdischen Sprache angehörten. Er kommunizierte mit Gott – war nicht mehr von dieser Welt...

Und wie entstand diese bizarre Show? Es gibt viele Versionen, die einleuchtendste erzählt, dass Mitte des 19. Jahrhunderts auf Phuket chinesische Zinnminenarbeiter von der Cholera heimgesucht wurden. Menschen starben wie Eintagsfliegen. In höchster Not erflehte man den Beistand der neun Gottkönige durch Selbstkasteiung. Das half auf wundersame Weise. Also beschlossen Phukets Chinesen, den Göttern jährlich aufs Neue, in gleicher Inbrunst zu huldigen.

Die Huldigung ist ein Mondkult. Er findet im neunten chinesischen Mondmonat statt, dauert neun Tage, während denen strenge Regeln herrschen: nicht rauchen, keinen Alkohol trinken, kein Sex, kein Fleisch essen, nicht lügen. Frauen dürfen nicht einmal berührt werden. Schwangere haben dem Festival fern zu bleiben, ebenso Frauen, die ihre Periode haben.

Es hat Touristen gegeben, die, gleichfalls in Trance versetzt, die einfacheren Übungen, wie den Feuerlauf oder die Messerleiter, absolvieren wollten. Allesamt landeten sie im Krankenhaus. Ihr Glaube war nicht stark genug.

Über Stunden zog sich die Prozession durch die Straßen von Phuket Stadt, bis sie im nächsten, dem Jui Tui Tempel endete. Das heißt, für heute erst einmal unterbrochen wurde. Fuiing fiel vor dem Altar nieder. Seine Helfer zogen ihm die Eisenstange aus den Wangen und gaben ihm einige wohlgemeinte Backpfeifen. Ganz allmählich verließ der göttliche Geist den Zweiradverleiher. Ein kurzes Schütteln, ein verdutztes Umherschauen, als sei nichts geschehen, wendete sich der Chinese ab und verließ den Tempel.

Tags darauf traf ich Fuiing an seinem Stand, wo er geschäftstüchtig Kunden beriet.

„Hallo!", empfing er mich, „der Prozession beigewohnt?"

„Und ob, stand neben dir!"

„So", bemerkte er erstaunt.

Etwas später verriet er: „Du wirst es nicht glauben: Jahr für Jahr, wenn der Mond im neunten Monat unseres Kalenders dunkel ist, fühle ich, dass etwas Gewaltiges mit mir geschehen wird. Und dieses Gewaltige entlädt sich in der Trance – ich kann es nicht erklären."

Aufmerksam beobachtete ich Fuiing. Beim besten Willen konnte ich an ihm nichts Außergewöhnliches erkennen. Mit seinem mondrunden Kopf, dem flaumigen Kinnbart, den etwas listigen Augen war er der Typ eines gewitzten Händlers, fern übersinnlicher Fähigkeiten.

Eigentlich wollte ich schleunigst zurück auf meine Dorfinsel. Die künstliche Urlaubshektik war mir ein Gräuel. Fuiing empfahl jedoch noch einige Highlights von Phuket und so kam es, dass ich etwas länger in der Touristenhochburg weilte. Auch muss ich gestehen, dass es sehenswerte Flecken auf der Insel gibt: Der Nai Yang Beach im Nordwesten, wo Meeresschildkröten ihre Eier im Sand vergraben. Das Marine Biological Research Center mit seinem Aquarium, dessen „Star" ein Zitteraal ist, der lebensgefährliche Stromschläge austeilt. Nicht minder faszinierend, wenngleich auf andere Weise, ist *Laem Promthep* (Kap der göttlichen Engel), die Südspitze der Insel mit den spektakulärsten Sonnenuntergängen. Der Khao-Phra-Thaew-Nationalpark ist ein Dschungelgebiet mit unendlich artenreicher Flora und Fauna. Ein schweißtreibender Marsch wird mit dem erfrischenden Ton-Sai-Wasserfall belohnt. Am idyllischen Surin Beach hält eine Herde Wasserbüffel das Gras eines Neun-Loch-Golfplatzes kurz. Elf wichtige Strände umgeben Phuket. Der quirligste ist Paton Beach, der ruhigste – noch – Nai Thon und die exklusivste Bucht heißt Pan Sea Bay, mit zwei Luxusherbergen.

Natürlich gibt es auch sehenswerte Buddha-Tempel, wie Wat Chalong, Wat Phra Nang Sang, Wat Don. Nicht zu vergessen: Wat Phra Thong mit der ungewöhnlichsten Buddhafigur Thailands. Sie steckt halb im Erdreich und ist mit Blattgold überzogen. Ein Hirtenjunge fand einst diese magische Stelle und starb. Sein Vater hatte einen Traum und grub hier, bis er eine Buddhastatue aus purem Gold fand, so die Sage. Der Buddha ließ sich partout nicht ausgraben. Darin erkannte man einen göttlichen Willen und baute einen Tempel herum, das heutige Wat Phra Thong. Jahre später, als die Burmesen einfielen, versuchten sie natürlich den goldenen Buddha der Erde zu entreißen. Vergebens! Zudem wurden die Invasoren von wilden Hornissenschwärmen in die Flucht geschlagen. Um raffgierigen Blicken Einhalt zu gebieten, überzogen die Thais ihren Buddha mit einer Gipsschicht. Im Lauf der Zeit haben Gläubige die Schicht mit Blattgold belegt, um den goldenen Buddha in neuem Glanz erscheinen zu lassen.

Phuket ist die Insel der Kokospalmen (Cocos nucifera). Rund 6 000 Hektar werden mit der schlanken Palme bepflanzt, das sind etwa 10 Prozent der Inselfläche. Der Baum wird um die 30 Meter hoch und 100 Jahre alt. Wer achtlos unter ihm sein Sonnenbad nimmt, riskiert einen Schädelbruch durch heruntersausende Nüsse. Fast 50 Millionen Kokosnüsse werden jährlich auf Phuket geerntet und der Preis steigt vom Farmer, der drei Baht für seine Nuss bekommt, bis zum Touristen, der sich am Strand eine aufschlagen lässt, auf 50 Baht. Keine schlechte Spanne!

An meinem letzten Tag auf Phuket aß ich mit Fuiing im *Kalim Sunset* thailändisch. Es ist immer wieder phänomenal, was die zierlichen Menschen an Mengen verdrücken können! Der Chinese, doch das gilt für Thai ebenso, fraß sich regelrecht durch die Speisekarte. Während ich nach *hauchalaam* (Haifischflossensuppe), Hühnchenspießen mit Erdnussbutter und *khao phat muu* (gebratener Reis mit Schweinefleisch) randvoll war, legte Fuiing erst richtig los: auf Krabbenfleisch mit Avocadopüree folgte *gai phat khing* (gebratener Hahn mit Ingwer) und so weiter und so fort. Nebenher gab er Tipps, wie Speisen durch *maphrao*, die Kokosnuss, erst schmackhaft gemacht werden.

„Curry-Gerichte werden mit Kokosmilch verfeinert", schmatzte er und unterbrach sich mit wohligen Rülpsern. „Die Milch ist auch Grundlage vieler Süßspeisen, die aus Reismehl, geraspeltem Kokosfleisch und Zucker bestehen. – Wie wär's mit noch etwas *kaeng nüa* (Beef-Curry) auf Kokosschnee?"

Ich verdrehte die Augen.

„Was haben übrigens Affen und Kokosnüsse gemeinsam?", fragte ich.

„Beide sind außen haarig!", gluckste er.

„Halbrichtig. Es ist der Name! Die Portugiesen nannten die Nuss *quoque*, das bedeutet Affe, weil die Frucht an einen Affenschädel erinnert."

„Die Beziehung Kokosnuss – Affe besteht tatsächlich", ließ der Chinese zwischen zwei Bissen hören. „In Surat Thani, drüben an der Ostküste, gibt's eine Affenschule. Dort wird den Burschen das Pflücken von Kokosnüssen beigebracht.

So ein Pflückaffe erntet 600 Nüsse am Tag. Das schafft kaum ein Mensch mit dem Buschmesser.“

Beim Nachtisch: Eis auf Durian, Mango an Banane, wechselten wir das Thema. Apropos Durian. Wenngleich übersatt, ließ ich mir meine Lieblingsfrucht nicht entgehen. Sie ist ein Erlebnis! Kopfgroß mit einer ledrigen, dickstacheligen Hülle umgeben, deren Samen im Inneren wie Kastanien aussehen. Aber das matschige Fruchtfleisch scheidet die Geister: es stinkt teuflisch, schmeckt aber himmlisch. Flug- oder Busgesellschaften verbieten den Transport der „Stinkfrucht“. Durian ist für mich das Symbol fernöstlicher Exotik.

Was für die einen „die Königin der Früchte“, die anderen „ein Irrtum der Natur“ ist, ist für manchen Spieler der Ruin. Thailands Männer sind eine Spezies der Spieler und Wetter. Illegal gewettet wird beim Hahnenkampf, beim Stierkampf, beim Duell der Kampffische... In Durian-Spielrunden müssen die Teilnehmer die Anzahl der Kerne im Fruchtfleisch erraten. Dabei wechseln Vermögen die Besitzer.

Ein thailändisches Paar betrat das Restaurant und setzte sich zwei Tische weiter. Fuiing hatte bemerkt, dass die junge Frau schwanger war. Er lehnte sich vor, sah dabei aber verstohlen zur hübschen, jungen Frau, die im siebten Monat sein mochte.

„Bis du verheiratet?“, fragte er, „hast du Kinder?“

Ich bejahte es. „Und du?“

„Ich möchte ein Mädchen vom Lande heiraten. Die Tochter eines Plantagenbesitzers, ziemlich reich“, dabei machte er ein trauriges Gesicht.

„Gibt’s da ein Problem?“ Sein Verhalten hatte Erwartungen geweckt.

„Die Familie ist sehr rückständig, musst du wissen.“

„Traditionsbewusst? Das ist doch kein Nachteil!“

„Auf Phuket gibt es thailändische Familien, die setzen Mütter wahren Folterqualen aus.“

„Ach du liebe Zeit. Erzähl’ mal.“

„Sofort nach der Geburt wird die Mutter von ihrem

Kind getrennt und in einen stickigen Raum gesperrt. Brennende Holzöfen sorgen für eine mörderische Hitze. Die Frau liegt auf einer Pritsche, ihren Bauch drückt ein heißer Stein. Unter der Liege lodern zusätzliche Öfen. Die Marter dauert mindestens sieben Tage, in manchen Familien zwei Wochen. In der ganzen Zeit darf die Frau sich nicht waschen, nicht einmal ihre Haare kämmen. Zu essen gibt's nichts, außer etwas Reis und Wasser."

„Und der Grund für die Quälerei?", fragte ich.

„Es gibt keinen sinnvollen! Es ist ein Relikt aus der Geister und Dämonenwelt der Vorfahren. Die Hitzebehandlung überwachen Geburtshelfer der Familien, die gleichzeitig als Schamanen böse Geister zu beschwichtigen haben. Mütter, die durch Hitze nicht gereinigt seien, verlören ihre Seh- und Hörkraft, würden bei der geringsten Belastung wehleidig und krank werden oder durch die Anstrengung der Geburt ewig geschwächt bleiben. – Kompletter Unsinn, weil einst schöne Frauen nach Geburten und Prozeduren dieser Art regelrecht verfallen!"

Nachdenklich schaue ich mir die werdende Mutter an. Eine strahlende Frau, Mitte zwanzig, blauschwarzes Haar, wache, große Augen, einen reinen Teint, ein Gesicht wie aus dem Journal ... Ob ihre Familie auch sie den Hitzequalen aussetzt? Unvorstellbar!

Die Wende am Strand

Längst war ich wieder in meinem Refugium, im Pfahldorf bei den Fischern. Irgendwann hatte mir Muhammad offenbart, dass er mit Pakt gewettet hätte, dass ich nicht wiederkäme. Da ich nun doch eingetroffen war, hatte er dem jungen Fischer zwanzig Liter Sprit zu zahlen. Ich sah ein, dass die Wette die Gastfreundschaft belastete und ließ Muhammad beim Auftauchen der mobilen Tankstelle einen Kanister füllen. Schon kehrte das Lächeln in sein von Sonne und See verwittertes Gesicht zurück.

Die Tage rieselten dahin wie Sandkörner in einer Eieruhr: Herrlich ereignislos, terminlos, schön und heiß, bestimmt vom Auf- und Untergang der Sonne, dem Fischen in wechselnden Fangrevieren. Für die Menschen von Ban Mai Phai ein Überlebenskampf, der stoisch ertragen wurde – wie lange noch? Zog sich doch der Ring der fremden Zivilisation enger und enger. Viele junge Fischer hatten bereits das Dorf verlassen, um sich auf Phuket als Fahrer, Kellner, Händler, Kuppler, Straßendealer, Taschendieb durchzuschlagen.

Kaum einer lebte in dieser anderen, brutaleren Welt besser, aber modern und in der irren Hoffnung, es eines Tages doch zu schaffen.

Im Schatten von Phuket, im Sog der Glitzer- und Scheinwelt der Freizeitindustrie mit ihren Lastern und Verführungen, war es Ban Mai Phai auf erstaunliche Weise gelungen, ein beinahe glückliches Eiland zu sein. Je öfter ich mit Muhammad, diesem kleinen, sehnigen Mann sprach, um so stärker spürte ich die Ausstrahlung, die enorme Energie, die von ihm ausging. Er war nicht der Chef der Dorfgemeinschaft, doch er besaß eine angeborene Autorität, auf die man hörte.

Wenn Ban Mai Phai, allen Anfechtungen zum Trotz, zusammenhielt, so war es nicht nur dem tiefen Glauben, einer beeindruckenden Melange aus Islam und Animismus zuzuschreiben, sondern auch dem unbeirrbaren Vorleben von Menschen wie Muhammad. Saßen wir in der Abendsonne auf seiner Veranda, in Gesellschaft jüngerer Fischer, Verwandter, Nachbarn, bei Cola oder Tee, sprach er wenig. Seine Äußerungen waren Gesten, Blicke, spärliche Worte. Wir plauderten über die Kinder, den Fang, die Reparatur eines Bootes oder Hauses. Natürlich gab es im Dorf Generatoren, elektrisches Licht und in manchen Hütten flimmerten Fernsehgeräte, bisweilen plärrte auch mal das Radio. Dennoch war die Grundstimmung eine erhabene Ruhe.

Wenn die Kinder aufhörten zu spielen, die Sonne der Dunkelheit wich, dann kam es vor, dass einer der jüngeren Fischer eine Birne anknipste. Regelmäßig sagte Muhammad: „Entzünde doch die Öllampe, Toi." Und Toi erhob sich, drehte das elektrische Licht aus und setzte die Öllampe in Brand. An den Booten und an den Eingängen vieler Häuser spendeten alte Öllampen schummriges Licht.

Und ich genoss die Tage mit den Menschen, die nichts verlangten, keine Erwartungen hegten, keine Pflichten auferlegten. Es war einfach harmonisch hier über dem Meer. Wenn ich auch die ganze Welt bereiste um Schönheit zu finden, ich musste sie in mir tragen, sonst entdeckte ich sie nicht.

War jetzt, nach den Tagen in Ban Mai Phai schon wieder etwas in mir, das den Blick für die Schönheit der Welt entfacht hatte? Wenn dem so war, konnte ich dankbar nach Hause zurückkehren. Mehr hatte ich von der Reise in dieses Land nicht erwartet, außer Harmonie erleben, Schönheit sehen und Ruhe spüren. Mich überkam an jenem Abend tiefe Zufriedenheit.

Ich hatte eine Reise mit einem Schritt in die richtige Richtung begonnen. Mehr konnte ich nicht erwarten.

So lag ich auf meinem Nachtlager mit den schiefen Planken und lauschte in dieser vielleicht letzten oder vorletzten Nacht dem Flüstern des Windes, dem Rauschen der See und beides schenkte mir das Glück, einfach zu existieren.

Meine Gedanken an die Rückreise zerstreute Muhammad früh am nächsten Tag. *Phi Phi Islands* war das magische Wort. Er erwähnte es wie nebenbei und belud seine *hang yao* ungewöhnlich umsichtig, als sollte es sich diesmal um einen langen Törn handeln.

Allerlei Pakete, sogar Möbel wurden verladen und in Persenning verschnürt. Eine Batterie Dieseltanks verstaute man im Heck. Mit von der Partie waren der junge Toi, zwei ältere Fischer und zwei Frauen, die sich in schwarze Tücher geschlungen hatten.

Auf meiner Landkarte hatte ich verfolgt, wie der Kurs verlaufen könnte: Entweder östlich an den Inseln Yao Noi und Yao Yai vorbei auf Phi Phi Don zu oder an der Küste Phukets hinab, bis auf die Höhe von Phuket Stadt und dann mit einem Schlag nach Osten, auf dem Kurs der Fähren an die Inselgruppe. Bei nicht so rauer See war die Distanz in neun Stunden zu schaffen.

Mit Seezigeunern, wenn auch sesshaften, die Phi Phi Inseln zu erreichen, dass war schon eine besondere Chance! Aber ich glaubte nicht so recht daran, Muhammad hatte etwas von einem Verwandtenbesuch auf Phi Phi Le gesagt und tat sehr reserviert.

Phi Phi Le ist die Insel, an deren Ufergrotten die berühmten Schwalbennester geerntet werden. Und in der Maya Bay – Kenner halten sie für die schönste Bucht der Erde – wurde der Film „The Beach" (Der Strand) gedreht. Verdammt, das war doch eine Reise wert!

Startklar hockte der Alte am Gasarm und grinste verlegen. Sicher konnte er sich denken, wie brennend gern ich dabei wäre. Die Frauen wurden unruhig. Ich stand sehnsüchtig über ihnen auf dem Steg. Keine Aufforderung?

„Ein zahlender Passagier wäre uns willkommen!", meinte der Alte fröhlich.

„Na klar! Wie lang wird's dauern?"

„Eine Woche, vielleicht auch zwei."

„In Ordnung. Einen Moment – mein Rucksack muss mit!"

Minuten später glitten wir davon, hart nach Süden, Phuket entgegen. Ein letzter, langer Blick auf Ban Mai Phai, das verwunschene Fischerdorf im Meer. Melancholie und Traurigkeit befielen mich, als ahnte ich, dass ich das Dorf nicht wieder sehen und mit seinem Entschwinden gar dem beschaulichen Thailand enteilen sollte...

Stetig lauer Wind ließ glauben, Boot und Menschen seien ein schwereloser Stoff, der da über das Meer glitt und einfach davonschwebte. Nicht heiß, nicht kalt, alles schmiegte sich ohne spürbare Temperatur um den Körper.

Ich ließ die Hand ins Wasser gleiten, um Widerstand zu merken, um mich meiner selbst zu vergewissern. *Sukhavati*, „reiner Ort", heißt in einer buddhistischen Überlieferung jenes Paradies, in dem Wassertemperatur und -tiefe den Wünschen der Badenden folgen. Zwar lebten wir nicht in Blütenkelchen, wie die Glücklichen von *Sukhavati*, doch der Ritt durch die Andaman-See kam der himmlischen Region sehr nahe.

Phanak, Raet, Nakha Yai, Nakha Noi und viele Inseln mehr tauchten auf und entschwanden. Welch ein Archipel, bestehend aus Dutzenden größerer, umsprenkelt von Hunderten weiterer Eilanden, zu klein, um auf Karten verzeichnet zu sein, aber groß genug für Strand, Felsen, Palmen oder Kasuarina-Bäume.

Gegen Mittag frischte es auf. Gischt benetzte die Haut, kühlte den sonnenheißen Schädel. Im Bug saßen die beiden Frauen, bewegungslos wie Pflanzen. Haupthaar und Gesicht verhüllt, harrten sie in unglaublicher Duldsamkeit. Moslems bilden in Thailand eine Minderheit von etwa vier Prozent. Davon leben 35 Prozent auf Phuket und drei Viertel aller Mohammedaner im thailändisch-malaiischen Grenzgebiet.

Es gab hitzig-blutige Auseinandersetzungen. Im Untergrund operierende Freischärler kämpften gar für einen separaten Moslemstaat in Südthailand. Allen voran ist es

König Bhumipol (Rama IX) zu verdanken, dass Moslems im buddhistischen Thailand Glaubensfreiheit genießen, wie Christen, Juden und Hinduisten. Die Regierung unterstützt Pilgerfahrten nach Mekka und fördert den Bau von Moscheen, derer es 2350 in Thailand gibt. Die Moschee von Bang Tao auf Phuket ist die größte. In Thailand frönt der Moslem gemäßigten Sittenregeln. Frauen und Mädchen gehen unverschleiert, bestenfalls bedeckt ein Kopftuch sittsam das Haupthaar. Ob es am Einfluss des toleranten Buddhismus liegt, dass sich der Islam hier zu Lande weltoffener gibt? Sicher auch. Ich glaube aber, es hat mit dem Einfluss staatlicher und kirchlicher Machthaber zu tun, ob sich das Miteinander harmonisch oder aggressiv gestaltet.

Um 800 bereisten moslemische Kaufleute und Missionare Thailand. Nachhaltige Spuren hinterließ allerdings erst Sheik Ahmed, ein persischer Händler, der Anfang des 17. Jahrhunderts in der legendären Hauptstadt Ayutthaya vom damaligen König zum Minister ernannt wurde – obgleich Ahmed gläubiger Moslem war. Eine Berufung, die die Religionsfreiheit Thailands begründete? Heute ist König Bhumipol Adulyadej offizieller Schutzherr einer jeden Glaubensgemeinschaft. Hoffen wir, dass islamische Extremisten den muslimischen Süden verschonen und Enthauptungen von Buddhisten Einzelfälle bleiben!

Sea Gypsy Village liegt in der Phuket-Bucht. Es ist die größte Dorfgemeinschaft ehemaliger Seezigeuner. Ärmliche Hütten stehen auf festem Grund. Einige auf Stelzen, als hofften deren Bewohner auf Hochwasser, um das vertraute Element wieder unter sich zu haben. Nach sechs Stunden auf See liefen wir bei Ebbe ein. Vielmehr rutschte der Bootsbauch über fetten, schmutzigen Schlick und ich war froh, endlich schmerzende Glieder ausstrecken zu können. Während die Männer einen Teil der Fracht entluden, huschten die beiden Frauen auf die Dorfstraße und verschwanden flugs, wie ängstliche Friedhofsraben.

Die Hauptstraße war ein unbefestigter, von Trichtern übersäter Weg, der parallel zum Ufer verlief und im Dorfkern von malerisch-skurrilen Behausungen flankiert wurde.

Ich schätzte das Sea Gypsy-Dorf auf 1000 Einwohner. Halbnackte Kinder tollten von Trichter zu Trichter und Mopedfahrer umknatterten diese Sprenglöcher wie Motorcross-Meister.

Trotz der Ärmlichkeit herrschte eine auffallende Ausgelassenheit und Heiterkeit. Das lag an den vielen fröhlichen Kindern – sie prägten das Dorfbild.

Muhammad informierte, dass wir im Dorf bei Verwandten übernachten und das Dorf früh morgens, ohne die Frauen, verlassen werden, mit Kurs auf Phi Phi Islands.

„Wie lange brauchen wir zu den Inseln?"

„Um die drei Stunden, je nach Windrichtung", sagte der Fischer und zurrte verbleibende Güter fest.

Mit meinem Gepäck verzog ich mich in eine Kammer mit Blick über die Bucht. Jenseits der Landzunge, hinter dem Horizont, lagen die verwunschenen Eilande. Alles was ich jetzt wollte, war, auf diese Inseln zu gelangen. Auf der Pritsche lag ich lauschend da, voller Sehnsucht danach.

Ich blickte an den Palmkronen vorbei, hinauf in den Himmel mit den weißen vom Wind getriebenen Wolken. Und ich liebte dieses Land schon jetzt, wenngleich ich nicht viel davon gesehen hatte, wollte ich darin aufgehen und dazu musste ich die Inseln erleben. Davon war ich überzeugt in dieser kargen Bude, an diesem Abend.

All die Unbequemlichkeiten hatte ich in Kauf genommen, damit die Reise Wirklichkeit wurde. Und es kam mir vor, als fühlte ich mit Hemingway in seinen *Die grünen Hügel Afrikas*: „Ich liebte das Land so, dass ich glücklich war, wie man es ist, nachdem man mit einer Frau, die man wirklich liebt, zusammen war, wenn man es in der Leere wieder aufwallen fühlt und es da ist und man es nie ganz haben kann ..."

Und so malte ich mir Maya Bay aus, den weißen Strand, die grünbemoosten Felsen - eine Schönheit in Abgeschiedenheit.

Einsamkeit? Inselparadiese sind in Thailand leicht zugänglich. Warum hat es sich Richard so furchtbar schwer gemacht? In Bangkok war er an die Skizze eines gebrochenen Junkies geraten, auf der ein geheimnisvolles Gestade verzeichnet war. Ein Elysium? Richard war fortan von dem Gedanken an ein solches Traumland besessen. Er begab sich mit Kumpanen auf kein Boot, um geradewegs an den Strand zu gelangen. Nein, man schwamm, ertrank fast, schlich durch Marihuana-Plantagen, wurde fast erschossen, stürzte sich einen Wasserfall hinab, brach sich fast das Genick... „The Beach" wurde gefunden und dort eine verschworene Strandkommune, angeführt von einer Eva namens Sal. Ein Garten Eden ist ein sensibles Biotop. Schnell werden Individuen Gefangene der eigenen Freiheit. So war es nur eine Frage der Zeit, bis aus dem Paradies eine Hölle entstand. Nicht nur Sal, alle hatten der tropischen Früchte zu viele genascht. Und die utopische Gesellschaft von Aussteigern brach zusammen.

Nachdenklich legte ich Alex Garlands Allegorie zur Seite, blickte auf und über das Meer. Plötzlich befiel mich eine Vorstellung böser Ahnungen. Maya Bay war „The Beach", was mochte aus Phi Phi Le geschehen sein – nach dem Sündenfall? Morgen schon würde ich es wissen...

Ganz allmählich wuchs ein Kalksteinmonolith aus dem Meer, mächtig, wie der zottige Rücken eines Mammuts. Aus dem kompakten Gebilde entstanden beim Näherkommen einzelne Berge, Felsen, Täler, gruppiert in Hufeisenform... etwas Großartiges modellierte sich da! Beängstigend fast war jetzt der Verkehr auf dem Wasser: Boote aller Art, Jachten, Schiffe, alles randvoll bestückt mit Touristen, strebten wie gehetzte Insekten durch einen imaginären Trichter, einem einzigen Ziel zu, der Maya Bay.

Ich zählte 48 Schiffe. Die meisten donnerten an uns vorbei. Overpowered, mit dem Willen die See-Rallye zu gewinnen, um unter den ersten in der Bucht zu sein. Muhammad grinste in die Vormittagssonne. Mit seinem Langschwanzboot alter Bauart musste er sich bescheiden. Der Platz am Ziel wird nicht der komfortabelste sein.

Wir tuckerten in das Hufeisen, schoben uns vorsichtig an Schiffsleibern dem winzigen Stück Sand zu, das von einer Armada belagert wurde. Es galt Phi Phi Le zu okkupieren und zu überrennen. Vor Dünkirchen konnte es nicht anders zugegangen sein! Ein Spalt tat sich auf, der Fischer konnte sein Boot fast bis an den Strand bugsieren. Ich saß da, war verwirrt. Das war also mein einsames Paradies! Ein symptomatisches Schicksal all der schönsten Plätze unserer Erde? Am Strand wimmelte es wie in einem Ameisenhaufen. Ich vernahm Jauchzen, Rufen, Schreien in babylonischem Sprachwirrwarr:

„Gorgeous!“

„Manifique!“

„Sontuoso!“

„Prachtig!“

„Herrlich!“

„A bissal ruhiger könnt's scho sei!“ Wie recht er hatte, der Mann mit den dünnen, rosaroten Beinchen und dem riesigen Brauereigeschwür.

„Hat da der Leonardo gefischt?“

„Na klar! Und der Rich die Francoise gebumst!“

„Was du alles weißt!“, staunte eine schrille Touri mit einem Busen, den ihr Trommelbauch notdürftig auffing.

Irgendwie hatte ich Hemmungen mich zusätzlich ins Getümmel zu stürzen. Blieb einfach im Boot hocken und ließ die Bucht auf mich wirken. In der Tat, der perfekte Drehort für die Verfilmung von „Der Strand“ mit Leonardo DiCaprio als Richard.

Die Locationscouts von Regisseur Danny Boyle hatten gute Arbeit geleistet. Abgesehen davon, spielt Autor Garlands Roman in diesem Winkel Thailands! Ich stellte mir die Bucht beim Eintreffen Richards vor: wie eine

Gruppe Neandertaler saßen die Hippies, im Schatten exotischer Gewächse, an Kokosnüssen knabbernd. Flackernde Augenpaare verfolgten die Ankömmlinge mit Argwohn.

Die Kommune der Blumenkinder fühlte sich entdeckt und bedroht, als ahnte sie bereits den Untergang ihrer Idylle. Zum Schutz vor der Luftaufklärung hatten die Menschen Wipfel hoher Bäume verflochten, um ein künstliches Blätterdach zu schaffen. Eine perfekte Tarnung, mit dem Effekt, dass sich die Bucht in diffusem Zwielicht befand und wie eine surreale Lichtung wirkte. Bambus und Raketenbäume, Palmhütten und Segeltuchzelte rahmten den Strand ein. Rechts im Dschungel stand ein Langhaus, als Unterkunft für die Regenzeit. Das gesamte Ensemble erinnerte an eines ostasiatischer Naturvölker. Rich, Francoise und Etienne, die „Einbrecher“, waren von so viel ungezwungener Natürlichkeit fasziniert. So hatten sie sich wahres, echtes Leben vorgestellt. Und doch lauerte der Alptraum im Blätterwald wie ein ungebetener Gast. Das Böse hatte Gestalt angenommen – aber welche?

Toi schlug mit dem Hilfspaddel gegen die Bordwand. Er war ungeduldig geworden. Die Fischer hatten die Maya Bay mir zuliebe angesteuert. Ihr Ziel war der nordöstliche Teil der Insel. Dort, wo sich die Felsenhöhlen der Schwalben befanden.

„Okay, ich steig ja schon aus, Toi“, rief ich ins Heck und zu Muhammad gewandt: „Sehen wir uns am Viking Cave?“ Der Alte winkte ab. „Zu Fuß kommst du da nicht hin, Felsen versperren den Weg!“

„Holt mich Morgen hier ab – so um zehn.“

Die Fischer schauten verwundert auf und Toi sagte: „Am Abend sind alle weg!“

„Deshalb ja!“

Ich ergriff mein Bündel, stieg über die Bordwand und watete durch schenkeltiefes Wasser. Hinter mir setzte sich Muhammad mit seinen Leuten ab, vor mir lag der Strand, so weiß, dass er blendete und so belebt, wie der

Stachus zur Rushhour. Türkisfarbenes, warmes Wasser umspülte Beine und Bootskörper. Klar, als schwebten all die Schiffchen zwischen Himmel und Erde. Ich stapfte an den senkrechten, teils überhängenden Felsen vorbei in den hinteren Bereich der Bucht. Von dort war das Hufeisen am besten zu übersehen. Ein Blick, der die Sinne berauschte!

Bis auf ein paar entdeckungsfreudige Touristen war ich auf der Anhöhe allein - und möchte hier die Beachstory weiterspinnen: Das Böse? Ist es der abgehalfterte Daffy, der sich im Drogenrausch die Pulsadern öffnete und vor seinem Tod ein Blutbad inszenierte? Den Wegweiser ins Paradies erhielt Rich zuvor von eben diesem Fixer. Verbotenerweise, denn der Ort, wonach Tausende von Trampern suchten, sollte geheim bleiben. Rich plauderte das Geheimnis aus, damit übertrug sich das Böse auf ihn und gelangte, wie ein tödlicher Virus, auf die Insel und in die Herzen der Blumenkinder dieser multikulturellen Idealwelt.

Das Böse gedieh, als sich Liebschaften voller Eifersucht anbahnten und Rich in Erinnerung an den grauslichen Selbstmord Daffys regelrecht verzehrt wurde. Schließlich trieb die Gemeinschaft der Apokalypse unausweichlich entgegen...

An der Wand des nördlichen Kliffs kletterte ich noch etwas höher, so dass ich von hieraus einen Blick über Phi Phi Le und auf die größere Nachbarinsel Phi Phi Don erhaschen konnte. Don besteht aus zwei mächtigen Kalksteinkarsten in Form einer Streitaxt. In den Buchten leben Menschen in weitverstreuten Fischerdörfern, die von Hotelkomplexen und Bungalowresorts verdrängt werden.

Meinen Rucksack drückte ich in eine Felsspalte und versuchte es mir so bequem wie möglich einzurichten. Der Strand lag direkt unter mir. Der Griff zum Buch war wie ein Zwang: Neue, ungebetene Gäste bedrohten die Beachgesellschaft. Erschreckend deutlich wurde, dass das Wohl und Wehe von bewaffneten Rauschgifthändlern abhing, die in der Nachbarschaft illegal Felder mit

Gras bebauen ließ. Schon scharrten Dürers Reiter mit den Hufen, animalische Schreie erfüllten den Dschungel. Blut floss, Massakrierte lagen am Strand. Oh Horror! Am Ende überlebte Rich mit einigen Trampern und 'ner Menge Narben an Leib und Seele.

Ich musste rasch aufschauen, um mich zu vergewissern, dass der Strand dalag, ruhig, schön, besucht von einer Unzahl friedlicher Menschen.

„Haifische in der Badewanne", nannten die Thailänder das Großaufgebot der Hollywood-Produktion in der Maya Bay. Das war im Oktober 1998 und die Umweltschützer lamentierten: „Filmen auf Phi Phi ist eine Schändung des Archipels. Das Ökosystem wird ruiniert!"

Nicht ganz unberechtigt. „The Beach" hat vor dem Film anders ausgesehen. Das Kamerasichtfeld störende Büsche und Pflanzen wurden beseitigt. Bagger sorgten für eine Strandbegradigung, die die Szenerie fotogener machen sollte. Sechzig Palmen wurden getreu der Regie gepflanzt und zwei Sanddünen geglättet, damit die Filmboote besser ans Ufer gelangen konnten. Nach Unwettern, die die Bucht bisweilen aus heiterem Himmel heimsuchen, hatte es auf Grund der Eingriffe zwei Stranderosionen gegeben.

Ab November entlud sich der Zorn der Umweltschützer in Demonstrationen. Protestler zogen vor die Büros von Twentieth Century Fox, wedelten mit Dollarnoten und stülpten sich Gummimasken über den Kopf, die Leonardo DiCaprio als Vampir zeigten. Kurz vor Drehbeginn bekamen die Produzenten dann doch das große Zittern: ganz überraschend ließ das Forestry Department die Arbeiten am Set stoppen. Wieder waren Presse, Bevölkerung, Ökologen, Filmleute in heiße Diskussionen verstrickt... bis schließlich die Regierung ihre Zusage bestätigte: in der Bay durfte gedreht werden.

Unverhofft stellten Meeresbiologen fest, dass Transportschiffe der Produktion ein Korallenriff vor der Bay zerstört hätten. Ob es wirklich ein Filmschiff oder irgend ein anderes war, ließ sich nie feststellen. Auf jeden Fall

wurde erneut demonstriert. In der Nacht vom 17. auf den
18. Dezember kam es auch zu einem eindrucksvollen Sit-
in, einer Gegendemonstration von Thailändern, die das
Hollywood-Projekt befürworteten. Wütend zogen die
Umweltschützer schließlich vor Gericht und verklagten
in einem Rundschlag Fox, die thailändische Produktions-
firma Santa International und die Behörde mit ihrem Di-
rektor Suraswadi.

Noch heute, lange nachdem die Filmteams abgezogen
sind, beschäftigen sich die Gerichte mit dem Fall „The
Beach“. Die Klagen werden buchstäblich im Sand verlaufen, was aber bleibt, ist die Sensibilität gegenüber
Umwelteingriffen. Auch noch so mächtige Filmbosse
dürfen nicht einfach machen was sie wollen.

Die Empörung hatte sich längst gelegt, die Maya-
Bucht wurde, infolge der Auflagen, bis auf kleine Ände-
rungen in den alten Zustand versetzt, der Film lief weltweit als Erfolg, das Ergebnis hatte ich unter mir, bleibt
abzuwarten, wann die Maya Bay „DiCaprio-Beach“
heißt...

War ich einer optischen Täuschung erlegen? Das
Meer war nicht mehr türkis, sondern blau, dunkelblau
sogar. Schuld war eine Wolke, die vor die Sonne gesegelt
war. Doch viel interessanter erschien ein violettes Gebilde am Horizont. Es pulsierte wie ein Herz, dabei wuchs
es unaufhaltsam und raumfüllend. Dann stach die Tro-
pensonne in gewohnter Intensität. Oben in meinem Horst
wurde ich von Mattigkeit befallen und nickte ein.

Dicke Regentropfen ließen mich hochschrecken. Gespenstisches Dämmerlicht umgab die Bucht. In schwarzen Wolken zuckte es grell, Krachen folgte, gellend-
trocken, als teile ein Peitschenhieb die Luft. Wie gelähmt
lauschte ich dem irren Laut. Am Strand hatten sich die
letzten Touristen Hemden und Jacken über die Köpfe gezogen, stürzten, rannten, kletterten in ihre Schiffe. Blitz
und Donner folgten Schlag auf Schlag. Als der Regen
prasselte, war die Bucht evakuiert. Schiffe und Boote
entschwanden im Wasservorhang, die See lief hoch auf

und warf sich wütend in die Bucht. Orkanartiger Sturm umfauchte die Felsen. Ich kam mir vor wie Robinson Crusoe, von allen verlassen und einsam.

Vorsichtig stemmte ich mich aus meiner Felsspalte. Alles war nass, glitschig, schlüpfrig. Irgendwie musste ich nach unten gelangen, schließlich hatte ich noch den Abend und die Nacht vor mir. Fester Boden befand sich sechs Meter tiefer. Der Regen war so heftig, dass er den Atem verschlug. Es war, als kraxelte ich unter Wasser. Der Weg abwärts erwies sich als Kletterpartie mit unbekanntem Schwierigkeitsgrad. Gerade hatte ich meinen Fuß auf eine Kalknase gestellt und wollte das Gewicht auf den linken verlagern, da signalisierte das Hirn: Der neue Absatz ist bemoost und glatt. Ich zog das Bein zurück, vielleicht zu ruckartig. Auf jeden Fall brach die Kalknase ab. Die Hände konnten Körper- mit Rucksackgewicht nicht halten, also rauschte ich die verdammte Felswand hinab, schneller als es den Knochen gut tat. Unten landete ich auf Stein. Gott sei Dank befand sich zwischen Stein und mir der Rucksack. Ich befühlte meine Beine. „Du bist ganz ruhig", sagte ich mir – bis mich eine Welle von Übelkeit erfasste.

Wie ein waidwundes Tier zog ich mich in die nächste Höhle zurück, wo es trocken war, wo ich mich ausstrecken konnte, um den nächsten Schwächeanfall zu erwarten. Mit Wachsein und Dahindämmern verging die Zeit. Das Unwetter wollte sich einfach nicht legen. Der satte Dschungelboden vermochte die Regenmassen nicht mehr aufzunehmen. Was bedeutete, dass sich mein Unterschlupf in eine Badewanne verwandelte. Ich lag da, Schüttelfrost durchfuhr die Glieder und irgendwie hatte ich den Eindruck: heute ist nicht dein Tag! Ich hätte heulen können, nicht vor Schmerz, doch vor Wut.

Vor mir war die Nacht. Eine schlimme Nacht und ich wünschte mich zu Hause. Fern von dieser verfluchten Bucht, diesem verrückten Strand.

Zum Teufel mit Thailands paradiesischer Inselwelt! Ich lag im nassen, stinkenden Loch und hatte Zweifel je wieder herauszukommen. Ich wand mich hin und her, fand keine Ruhe. Schlimme Nächte kamen mir in den Sinn. Nächte im Eis, in der Wüste, im Busch mit Skorpionen und Schlangen, Ameisen, Wanzen und Flöhen. Jede dieser Nächte für sich war schlimm, doch diese war die schlimmste. Ich schwor: sollte ich diese überstehen, es sei die letzte solcher Nächte!

Und so starrte ich in diese Nacht, die wie ein Gorilla über mir hing. Der herbe Duft von Wasser und Moder nahm den Gestank tierischer Ausdünstungen an. Die schwarzbehaarten Arme des Gorillas breiteten sich aus, griffen nach mir, pressten mich... dann drehte sich die Welt, stürzte in sich zusammen. Schwarz und weich und leicht war alles, schön sogar und unendlich friedvoll...

Was war los? Wo war ich? Ich fuhr hoch, wischte mir über die nasse Stirn. Schmerz durchfuhr die Hüfte. Ich war wach. Der Regen hatte aufgehört. Es war stockdunkel. Draußen säuselte der Wind. Allmählich beruhigte ich mich, schloss die Augen und versuchte zu schlafen.

Jäh wurde ich aus der Höhle in einen anderen Raum getragen. Einen Raum, der diesem ähnlich war: eng, dunkel, fensterlos. Blutbesudelt, die Wände, die Decke, der Boden. Und in Mitten dieses Schlacht- raums lag ein Mensch, dem Blut in Stößen aus den Pulsadern quoll. Ein ausgemergelter, hohläugiger Mann war es. Der Prototyp eines Fixers, der da im eigenen Blut zuckte und röchelte. Gelähmt sah ich zu, wie das bisschen Leben aus dem geschundenen Körper wich.

Endlich neigte ich mich über ihn. „Wer bist du?“

„Daffy – hilf mir!“, kam die Antwort, gurgelnd, mit einem neuen Blutschwall.

„Daffy? Nein, nein, du bist nicht Daffy!“ Ich berührte ihn und starrte auf das Blut an meinen Fingern. Ich kannte die Person, doch wusste ich nicht wer sie war! Und ich stand da und half ihr nicht. Welch’ eine Schuld! Dann plötzlich hatte der Sterbende das Gesicht, das ich kannte. Sogar gut kannte, weil es das Gesicht eines Freundes war. „Nein, nein! Oh Graus!“ schrie ich in die Nacht.

Fahles Licht fiel in die Höhle. Vom Alptraum benommen, versuchte ich meine Gedanken zu ordnen: Bucht, Strand, Unfall. Wo waren die Fischer? Ich kroch aus dem Unterschlupf. Beide Beine waren verknackst. Humpeln ging ganz gut. Um zehn fielen die ersten Touristen ein. Ich saß im Sand und erntete Blicke, wie ein Clochard auf einem Wohltätigkeitsball.

Muhammad tauchte mit seinem Nachen auf, betrachtete mich von oben bis unten und meinte: „Der *farang* sieht heute sehr mitgenommen aus!"

Wir tuckerten in Richtung Norden aus der Bucht. Maya Bay wird von Kennern, neben Baie de Cook von Moorea, für die schönste der Welt gehalten. Vielleicht hätte ich flüchtiger Zaungast bleiben sollen, für mich wird die Bucht als Sukkubus in Erinnerung bleiben.

„Viking Cave!", rief mir Muhammad zu.

Das sind die Grotten und Seehöhlen im Norden von Phi Phi Le, hinter den ungestümen Kalkfelsen. Das Mekka abgefahrener Feinschmecker. Dort werden nämlich Schwalbennester geerntet. Nester, die nach ihrem Gewicht wertvoller sind als reines Gold! Chinesen zahlen für so ein Nestsüppchen ein Vermögen und sind überzeugt, dass die Delikatesse ewige Manneskraft verleiht.

Schon der Blick auf das filigrane Flechtwerk aus Bambusleitern, Tritten und schaukelnden Stegen, hoch im Gewölbe, machte schwindelig. Halsbrecherisch ist der Job der Nestpflücker. Nachts hausen sie wie Höhlenmenschen, tagsüber balancieren sie zwischen Himmel und Wasser. Unter dem Konzessionär Phang Choi arbeiten in Grotte vier Verwandte von Muhammad, als wahre Trapezkünstler – den Tod vor Augen, um fernöstliche Gourmets, aber auch namhafte China Restaurants zu befriedigen. Makaber!

Seezigeuner sind die geschicktesten Erntehelfer, sicher auch die billigsten. Vorsichtig glitten wir in die vierte Grotte. Über uns schaukelte der Gerüstwald, in dem die Fischer wie Gibbonaffen hangelten. Höhlen, in denen Schwalben gerade nisten, sind tabu. Nicht einmal der

Boss würde die Goldvögelchen beim Nestbau oder Brüten stören.

Ich krabbelte aus dem Boot und zog mich auf den unteren Bambus- tritt. Der alte Fischer turnte an einer schwankenden Lianenleiter höher. Man hielt unwillkürlich den Atem an. Nach geraumer Zeit setzte sich Toi zu mir. Er zeigte zum Deckengewölbe, wo die Nester klebten.

„Gut Futter für Chinesen. Glauben viel Kraft." Dabei vollführte er obszöne Fingerbewegungen. Ich nickte, konnte mir allerdings schwer vorstellen, dass Speichelnester von Höhlenschwalben die Wirkung von Viagra haben. Sicher, der Glaube kann Berge versetzen. Salanganen, der Gattung Collocalia, landläufig Höhlenschwalben genannt, nisten in riesigen Kolonien an Felsgewölben, die einen Meerzugang haben. Insofern ist Phi Phi Le das ideale Habitat für die Vögel, die sich in der dunklen Umgebung, wie Fledermäuse, mittels Echolot orientieren. Ihre Nester sind leichte, graue Halbschalen, die aus ihrem erhärteten Speichel gebaut werden. Diese Speichelnester, Objekte der Begierde, quellen beim Kochen zu einer Gallerte auf, die verzückt geschlürft wird. Bei den Chinesen hat das Schwalbennestersüppchen einen ungleich höheren Stellenwert als bei uns Kaviar.

„Große Höhle heißen Viking-Höhle", erklärte mir der Fischersohn.

Ich nickte wieder, dabei könnte ich wetten, dass Toi nicht wusste, was mit „Viking" gemeint war. Reiseführer erklären, sie werde so genannt, weil an den Wänden alte Felszeichnungen von Booten entdeckt wurden, die mit viel Fantasie, wie von Nordmännern geruderte Wikingerschiffe aussehen.

Bisher konnte nicht geklärt werden wie alt die Abbildungen sind und wer sie anfertigte. Mit Sicherheit weilten in der Andaman-See keine Wikinger! Vielleicht geriet einst eine der großen königlichen Barken in den Archipel?

Toi war beflissen seine Englischkenntnisse an den

Mann zu bringen: „Chao'le very poor, job very dangerous." Wer hier für chinesische Konzessionäre herumturnte, hatte ein bitteres Los. Ich pflichtete Toi bei und erfuhr etwas über das harte Leben der Seemenschen auf Ko Phi Phi. „Wir, die als erste kamen, sind nun die letzten. Jene, die zuletzt erschienen, sind jetzt die ersten!", mag die bittere Erkenntnis sein. Vor zwei Tagen gerade, war wieder mal ein Schwalbennestsammler auf feuchtglatten Bambusrohren ausgerutscht, aus luftiger Höhe gestürzt und umgekommen. Ehrlich berührt, erfuhr ich, dass Muhammad dem Verunglückten eigens den Tisch und zwei Stühle mitgebracht hatte, damit sich der Schwager den kurzen Feierabend etwas gemütlich gestalten könnte.

Auf Phi Phi Don lebten Fischer mit etwas Landbesitz. Grundstücksspekulanten aus Bangkok und anderswo her, luchsten den Leuten die lukrativen Strandgebiete für wenig Geld ab, bauten selbst Bungalows für den Tourismus oder veräußerten die paradiesischen Lagen für das zehn- und zwanzigfache an internationale Projektdeveloper. Tois Volksgemeinschaft, darunter Freunde und Verwandte, wurde vom verkauften Boden verjagt. Heute fristet sie ein geduldetes Dasein als asoziale Randgruppe im Schatten teurer Hotelkomplexe. Der Verkaufserlös war längst durch die Kehle gegangen oder wurde sonst wie sinnlos dezimiert.

Unterdessen hatte sich der alte Fischer zurückgehangelt und forderte uns auf zu folgen.

Nui Bay, war seine knappe Erklärung. Diese Bucht lag im Norden Phi Phi Dons. Dort wohnten auch Verwandte aus Muhammads Sippe. Ich hatte andere Pläne: wollte mich in der Loh Dalum Bay absetzen lassen, den landschaftlich schöneren Mittelteil der Insel erkunden und nach drei, vier Tagen Muhammad in der *Nui Bay* treffen.

Keine zwanzig Minuten dauerte die Fahrt an den Goldstrand von Loh Dalum. So mit meinem Gepäck durch den Sand humpelnd, wurde ich von einer rätselhaften Hochstimmung getragen.

Vor kurzem gehörte die Bucht zu den letzten, unberührten Gärten Thailands.

Nun war der Garten erschlossen, doch augenscheinlich mit Bedacht. Aus dem Ufergrün lugten dezente Holzhäuser auf Pfählen hervor. Seltsam, wenn man sich plötzlich in einer solchen Fata Morgana des Urlaubsglücks wiederfindet. Europäer saßen unter einem provisorischen Palmdach, rauchten, aßen frische Ananas und Papayas, tranken Cocktails von tropischen Säften. Sie schauten erstaunt in meine Richtung. Auf meine Weise setzten Ankömmlinge selten den ersten Fuß auf die Insel.

„Hi!", rief ich den jungen Leuten auf den Holzveranden zu.

„H-i!", kam es mehrstimmig zurück. Gedehnt, als Kombination aus Daseinssüße und dem verschwenderischen Umgang mit Zeit und Raum. Sanftmütig, säuselnd erschien mir der Gruß, als hätten sich die Leute vor ihren Bungalows hoch wirksame Glückspillen verabreicht.

Zwischen den Hütten setzte ich mich in den Sand und winkte meinen Fischern zu, als sie in Richtung Norden aus der Bucht zogen. Nach einer Weile kam ein flachsblonder Bursche den Strand entlang getänzelt, bog ab und verschwand im grünen Dickicht, wo vermutlich seine Hütte stand.

Etwas später erschien er mit einem Mädchen. Beide hielten auf mich zu.

„Schön hier, was?", sagte der Blonde.

„Herrlich!"

„Brauchst du 'ne Unterkunft?"

„Später – vielleicht schlaf' ich auch am Strand."

„Würd' ich dir von abraten, Alter. Gibt 'ne Menge schräger Vögel hier. Abgebrannte Typen, durchgeknallte Hippies, wenn du verstehst, was ich meine", mischte sich das Mädchen ein.

Sie war eine herbe Person, Mitte 20, mit schrundiger Haut, was von intensiver Sonneneinwirkung herrührte. Ihre schulterlangen Haare waren zu braunen Rastalocken verfilzt.

Ich schaute sie an und fragte: „Schon lange unterwegs?“

„Wie man's nimmt. Hier drei Wochen, in Thailand fünf Monate. Fred kommt aus Kanada. Ich aus Neuseeland. – Und du? Allein on the road?“

Ich grinste. „Bin ziemlich frisch im Land. Nächste Woche geht's wieder heimwärts.“

„Deutschland, stimmt's?“, sagte das Mädchen und gab mir ihre feste Hand. „Heiße Glady!“

Ich nannte den beiden meinen Namen, dann bemerkte ich, dass sie sich einen Blick zuwarfen, der irgendetwas zu bedeuten hatte.

„Hey, willst du nicht rüber kommen. So zum Quatschen?“

„Gute Idee.“

Trotz des merkwürdigen Gefühls im Bauch stapfte ich mit den beiden in den Palmenhain. Dahinter befand sich Freds und Gladys Hütte. Einsam, aber schön gelegen, mit Terrasse und Meerblick. Allerdings sah es nicht so aus, als wäre das Beachhaus von zwei Personen drei Wochen bewohnt worden. Wir rückten Stühle auf dem Vorplatz zurecht und ließen uns nieder.

„Was trinkst du?“, fragte Glady.

„Am liebsten Kaffee.“

„Scheiße, leider ausgegangen!“

„Wir haben guten Mekong-Whisky, dazu rauchen wir einen“, meinte Fred.

„Prima!“, gab ich zurück.

Glady verschwand in der Küche.

Ich fragte nach der Toilette. Die lag abseits im Wald. Auf dem Rückweg schlich ich am Haus vorbei und sah das Mädchen beim Einschenken des Schnapses in drei Gläser. Ihr Körper verdeckte zwar die Anrichte, dennoch glaubte ich aus den Bewegungen zu erkennen, dass sie ein Glas präparierte.

Auf der Veranda erschienen wir gleichzeitig und lächelten uns freundlich an.

„Cheers!“, sagte Fred.

„Cheers – thanks for the drink!", rief ich fröhlich und kippte den Whisky neben den Kopf in den Sand.

Die herbe Glady grinste mich an und ließ ihren Leinenrock verrutschen, so dass ich ihre langen, ansehnlich gewachsenen Beine dort sehen konnte, wo sie herkamen.

„So, du tingelst allein durch Thailand?", erkundigte sich der Kanadier und hielt auf einmal einen Beutel zwischen den Fingern.

„Genau, brauche etwas Abstand von den Hässlichkeiten dieser Welt"

Das Pärchen warf sich wieder Blicke zu.

„Verstehe", sagte Fred, „Thailand ist der Kick! War in Vietnam, Laos, Kambodscha – nichts gegen Thailand. Alles affengeil, der Stoff, das Klima, die Menschen... Am liebsten würd' ich bleiben, für immer. Einfach am Strand liegen, ab und zu einen durchziehen..."

Fred hatte jetzt etwas Hasch in der Hand und drehte 'n Joint, den er Glady gab. Die zündete ihn an und nahm tiefe Züge. In kleinen Fahnen stieß sie den Rauch wieder aus.

„Total hyergail", stöhnte sie, gab den Joint weiter. Ich hielt ihn zwischen zwei Fingern, schaute kurz drauf und gab den Selbstgedrehten Fred.

„He, Alter, entspann dich, das ist bestes Haschisch!"

„Gypsy, ich weiß. Ist mir zu stark", sagte ich.

Der Semmelblonde guckte erstaunt. Dann inhalierte er bis in die Zehenspitzen. Der Glimmstängel machte seine zweite und dritte Runde. Die beiden wurden zusehends lockerer, lachten und kicherten wie Kinder. Auch schienen sie ihre Zungen nicht mehr ganz unter Kontrolle zu haben. Plötzlich hatte ich den alten Kiffersong im Kopf und legte los: „I smoke two joints in the morning, and I smoke two joints at night, and I smoke two joints in the afternoon, and I feel all right ..." Das gefiel dem Pärchen, trotzdem wurde es ernstlich sauer, weil ich nicht mitrauchte.

„Willst uns faken, was, Alter?"

„Ich nehm' noch was vom Whisky", lenkte ich ab.

Glady verzog sich in die Küche, um mir noch einen zu präparieren – darauf könnt' ich wetten.

Fred rückte heran. „Bin über ein Jahr unterwegs und ganz schön abgebrannt. Und du?"

„Zwei Wochen."

„Dann ist der Deutsche doch noch gut bei Kasse?"

Glady erschien mit dem Drink. Fred drehte den zweiten Joint.

„Cheers!"

Ich nahm das Glas und verwendete dessen Inhalt in erprobter Manier. Augenpaare spähten neugierig-abwartend. Nichts passierte.

Während der zweite Joint die Münder wechselte, wurde ich hellhörig. Glady erzählte von einem Mann vom anderen Teil der Insel: „Ein Typ mit Moos, dein Alter, allein, glaube auch Deutscher. Er wohnte im Phedon Resort. Pikfeine Anlage ..."

„Und?", unterbrach ich, „habt ihr ihn ausgemistet?"

Freds Augen blitzten böse: „Sag mal, spinnst du?"

„Was war denn mit dem Alten?"

„Nichts – war 'n paar mal hier, dann verschwand er spurlos!", meinte Fred rasch.

„Das werd' ich jetzt auch. Also, macht's gut und danke für die Drinks."

„He, nun bleib' doch noch etwas!", seine Stimme klang wie die einer Kröte mit Halsentzündung.

Schwerfällig stapfte ich durch den Sand, aus dem Augenwinkel bemerkte ich, dass sie mir blöde nachglotzten, sich dann dem Joint widmeten. So einfach wird das Mündel nicht Vormund!

Rund sechshundert Meter trennen die Loh Dalum- von der Tonsai Bay. Die sich gegenüberliegenden Buchten bilden Phi Phi Dons Wespentaille. Trotz der geringen Entfernung trennten Extreme die Insel.

Kaum war ich aus dem Dschungelsaum in offenes Gelände getreten, geriet ich in den Sog einer Touristenwalze, die mich durch eine Gasse von Souvenirläden, Wechselstuben, Garküchen, Internet-Cafés, Restaurants und

Werbetafeln schob. Mir blieb keine andere Wahl als mitzuziehen. Wohin? Ich wusste es nicht. Wahrscheinlich lag ein Musikdampfer vor Tonsai auf Reede. Der Pott wollte sicher bald in See stechen, so rissen die Kreuzfahrer alles mit, was sich gerade auf den Straßen befand. Mit Schrecken erinnerte ich mich an das Einfallen von Seetouristen auf Moorea. Ein Heuschreckenschwarm war harmlos dagegen. Als die Welle nach fünf Stunden Landgang zurückbrandete, war die Insel kahl gefressen worden. Es gab nichts mehr. Kein Wasser, keine Cola, keinen Lobster, kein Brot, selbst Briefmarken waren ausgegangen. Hervorgerufen wurde die „Ausplünderung" von Reisenden, die an Bord ohnehin alles im Überfluss hatten und pro 24 Stunden sieben Mahlzeiten vertilgten, sofern ihnen nicht schlecht wurde. Arme Küstenwelten, die bisweilen von sechs bis achttausend Kreuzfahrern gleichzeitig heimgesucht werden. Im beschaulichen Skagway, an der Küste Alaskas, trafen eines Abends sechs Dampfer der Princes Line mit je 2000 Menschen ein. Ich war gespannt, was mich hier erwartete. Noch hatte ich keinen Überblick, wurde einfach in Richtung Wasser, an den Südstrand geschoben.

Als erstes sah ich mannshohe Berge aus leeren Plastikflaschen. Mitten auf dem Müll saß ein schweißüberströmter Junge, der die Halden offensichtlich zusammengetragen hatte und nun auf seinen Lohn wartete. Die Gasse öffnete sich. Tagesausflügler strebten Fähren, Tenderbooten, einem Shuttleservice zu, der in der Bucht dümpelnde Jachten bediente. Und draußen ankerte tatsächlich die „Caribian" mit Heimathafen Nassau. Auch diese Buchtseite war eigentlich traumhaft. Im Moment aber faszinierte mich das Stillleben „Plastikmüllberge in reizvoller Umgebung".

„Hi!", rief ich dem Jungen zu.

„Hi, Mister!"

„Many garbage today?"

Der Junge kicherte und räkelte sich im Müllberg. Dabei rutschte er immer tiefer hinein.

„Nix many, yesterday much more!“

Nun schaute nur noch sein Kopf mit dem lachenden Gesicht heraus. Ich verharrte vor dem Bild assoziativer Kraft. Etwas rechts der Mülldeponie standen Sonnenschirme mit rustikalem Teakholzgestühl der „Jungle Bar“. Ich ließ mich nieder, bestellte einen Mai Tai und beobachtete die Menschen von rund um den Globus.

Allmählich verliefen sich die Kohorten zu Wasser und zu Land... da schlugen die Bässe der Diskos und Bars den Abend an. Den Gedanken, am Strand zu nächtigen, verwarf ich. Gern hätte ich zum Ende der Reise in lauer Tropennacht thailändischen Sternenhimmel genossen. Neben dem Krach hatte ich Gladys Worte im Ohr: „Gibt 'ne Menge schräger Vögel hier.“ Eine Warnung, die man nicht in den Wind schlagen sollte.

Bisweilen liebe ich Gegensätzliches. Das *Phedon Resort* weckte meine Neugierde. Sicher wäre es auch ganz nett, einen Landsmann zu sprechen, der mit dem Hippie-Pärchen Kontakt hatte. Die beiden Kiffer ließen sich ohnehin nicht aus meinen Gedanken tilgen.

Der Komplex befand sich kaum einen Kilometer von hier in einem Palmenwald mit eigener Badebucht. Gepflegte Bungalows gruppierten sich um einen Riesenpool. Das Foyer bildete eine repräsentative Halle mit auffallend schönen Schnitzereien, dem alten Lanna-Stil Nordthailands nachempfunden: steile Giebel, luftige Veranden, edle Hölzer, in Vitrinen feines Porzellan. Ein lächelnder Bronze-Buddha beherrschte die Stirnwand und im Garten beleuchtete die Abendsonne gerade das obligate Geisterhäuschen. Hier war der Geldadel unter sich. Mich reizte es, für ein, zwei Nächte der Illusion zu erliegen, dazuzugehören. Gediegenes, distinguiertes Reisen gehört auch zum Tourismus in Thailand.

Grazile Stewardessen schwebten mit Silbertabletts durch die Halle, um exotische Cocktails Gästen zu reichen, die in einer angrenzenden Loggia von Masseusen entspannt wurden. Eigentlich nicht notwendig: im Phedon Resort war die ganze Atmosphäre spannungsfrei und in ein ewiges Lächeln gehüllt. Selbst an der Rezeption wurde gelächelt. Nur Thailänderinnen können lächeln, dass Raum und Zeit, alle Befürchtungen und Sorgen nichtig werden.

Geld ist schmutzig und ordinär, mit so etwas wollen die Empfangsdamen nicht in Berührung kommen. Kreditwürdigkeit regeln Kreditkarten. Bei „Platin" ist das Lächeln vielsagend, bei „Gold" nett, bei der Normalkarte wirkt es eingefroren. Bei mir fiel es mitleidig-skeptisch aus. Das konnte allerdings an meinem ungewöhnlichen Outfit, gepaart mit ramponiertem Äußeren, liegen.

Meine Erkundigungen nach einem allein reisenden Deutschen meines Alters fruchteten nicht. Der Diskretion wegen. Es gäbe jedoch einen Gast, der sich seit einigen Tagen nicht mehr sehen ließ. Vielleicht handelte es sich da um den gesuchten Herrn, wurde höflich übermittelt.

Von meinem Bungalow aus überblickte ich Rabatten von Tempelblumen, Bougainvilleen, Strelitzien, den Strand und das Meer. Natürlich gab's Airconditioning, Ventilator, Fernsehen, Minibar, ein edel gekacheltes Bad mit separater Toilette... und, wie sympathisch: an der Seidentapete klebte ein kleiner Gecko, der allen Desinfektionskeulen zum Trotz überlebt hatte.

Ich zog die Terrassentüre zurück, legte mich aufs Bett und starrte über die See. Phi Phi Islands, Inseln des Antagonismus! Selten zuvor erlebte ich Gegensätzlicheres auf so engem Raum! Ich muss gestehen, dass ich auf diesem satinbezogenen Bett, in dieser Nobelhütte eine gewisse Konsternation empfand. War die paradiesische Vegetation des Gartens in Wirklichkeit nicht bedrohliche Wildnis? Wildnis im Dschungel von Großinvestoren, die hier mit ihrem Kapital jonglierten? „Meine" Seefischer mochten sich zur selben Stunde auf rohen Dielen verfallener Buden ein enges Schlafplätzchen suchen, während ich mich im Luxus auf einem Stück Land räkelte, das vor wenigen Jahren noch den Fischern gehörte.

Fünfzig Touristik-Companies haben Phi Phi erobert und parzelliert. Natürlich auch Arbeitsplätze geschaffen.

Zu hinterfragen bleibt indes, ob die Lebensqualität auf der Strecke geblieben ist. Nach Gerechtigkeit darf nicht gefragt werden!

Dezentes Klopfen unterbrach meine Reflexionen. Ich schwang mich auf.

„Excuse me Sir, your welcome champagne", wisperte das Mädchen im seidenen Hotelsarong. Dabei reichte sie mir den Kristallkelch auf einem Silbertablett. Ein Mädchen wie eine Fata Morgana! Mit einem wai, aneinander gelegten Handflächen in Brusthöhe, zog sie sich lächelnd zurück.

Durfte ich mir überhaupt ein Urteil zur Entwicklungspolitik Thailands erlauben? Vom Land so gut wie nichts gesehen, war ich im Begriff, Veränderungen mit den Augen „rückständiger" Seefischer zu betrachten, zu kritisieren. War das gerecht, gar eine Lösung? Ich dachte an Zerfall. In den Tropen liegen Zerfall, Neubeginn und Aufbau nebeneinander. Alles trieb, wuchs und verrotte mit unglaublicher Kraft, in rasender Geschwindigkeit. Im Norden der Insel versuchten die Fischer sich ihrem sicheren Untergang zu entziehen, im Westen saßen kaputte Hippies und Backpacker am Strand und kifften – längst hatten die Tropen sie im Griff klebriger Krakenarme ... das Phedon und andere Resorts, das ist die Zukunft! Sie keimen, wachsen, erdrücken alles, wie einst die Würgefeigen ... für eine moderne, lebenswerte Zukunft? Im Garten, unter der Magnolie, entdeckte ich einen schweigenden Schatten in der Pose eines meditierenden Erleuchteten. Es war ein in Stein gemeißelter Buddha! Ob er die Zukunft zu deuten vermochte?

In den Tropen darf man weder Wahrheiten suchen, noch Probleme lösen wollen. Ich schlief schlecht in dem Kingsize-Bett. Stand früh auf und marschierte nach Ban Laem Thong, dem Hauptort der Insel. Am Himmel zog ein Schwarm krächzender Möwen seine Bahn.

Am Strand fesselte eine Ansammlung von Menschen meine Aufmerksamkeit. Merkwürdig: einige liefen weg, rannten zurück, andere gestikulierten, riefen, hoben die

Arme oder starrten auf etwas im Sand. Verwundert näherte ich mich der Gruppe, zu deren Füßen ein Körper lag. Ein menschlicher Körper in Badehosen!

Er lag auf dem Bauch, das Gesicht seitlich in den Sand gedrückt. Leblos, wie eine Gummipuppe, hässlich aufgedunsen, wenngleich von hagerer Gestalt und graublau angelaufen. Aus dem offenen Mund rann Wasser. Ein Insulaner drehte den Körper um und versuchte eine Mund-zu-Mund-Beatmung. Ein weiterer drückte rhythmisch den Brustkasten. Eine rührende Szene. Der Mensch war unwiderruflich tot!

Starre Augen blickten in den Himmel. Es handelte sich um einen älteren Mann, dessen Gesicht von klebrigen Sandkörnern unkenntlich war. Wahrscheinlich war er beim Schwimmen von einem Infarkt überrascht worden, ertrunken und dann angespült worden. Sonderbar war allerdings eine Platzwunde an der rechten Schläfe. Endlich eilten zwei Sanitäter mit einer Bahre herbei. Langsameren Schrittes näherten sich Uniformierte der Touristenpolizei.

Auch ihnen genügte ein Blick, um festzustellen, dass die Person nicht mehr lebte. Bevor der Körper auf die Bahre gehoben wurde, drängte ich mich vor die Schaulustigen und betrachtete den Ertrunkenen genauer.

Tote haben eine mystische Ausstrahlung und mich schauderte es durch und durch. Aber nicht nur weil der Mann tot war, sondern weil mir auf einmal wirre Gedanken im Kopf kreisten: Der Deutsche aus meinem Resort? Ein Opfer des Hippiepaares? Ein Sanitäter wusch das Gesicht mit Wasser. Der jüngere Polizist machte Aufnahmen. Nun fragte er in Thai und Englisch, ob der Tote jemandem bekannt sei. Kopfschütteln.

Ich kämpfte mit meinen Informationen. Schließlich verwarf ich, der Polizei meine Bekanntschaft mit Fred und Glady zu melden. Aus Feigheit? Oder im Bewusstsein, die beiden werden am Ende unschuldig eingesperrt, womöglich als Junkies verurteilt, was bedeutete, dass sie für Jahre im Maha Chai, dem berüchtigten „Monkey

House" schmachten mussten.

Alter, Größe, schmaler Kopf, hagere Gestalt, Europäer, kahler Schädel – mein Gott, plötzlich sah ich Klaus Schröder da liegen. Meinen Freund, den Junkie, den Verschollenen, aus Hamburg! „Das ist Klaus!", schrie mein Hirn. „Er kann es nicht sein!", sagte der Verstand. Immer und immer wieder starrte ich auf den Toten. War das Klaus? Ich wollte mich über ihn beugen, ihn fragen, ihn anbrüllen: „Bist du Klaus Schröder?"

Schließlich wurde ich weggedrängt. Der Körper landete auf der Bahre und wurde davongetragen. Ich stand da, aufgewühlt und voller Fragen. Der Tote entschwand... mit ihm ein großes Geheimnis?

An diesem Vormittag fand ich keine Ruhe! Den verdammten Schröder gab es immer noch. Obwohl er ein Leben lang versucht hatte, sich totzusaufen, wegzufixen, abzukoksen. Damals, vor vielen Jahren, hatte er mir mal entgegengeschleudert: „Ich bin schon tot auf die Welt gekommen!" Und so benahm er sich auch. Wieder verfolgte er mich: mal in seiner Hauptrolle als unberechenbarer Junkie, in der Fratze des verrückten Daffy, mal als gütiger Klosterbruder, mal als Verführer, der mich in's Innere Thailands lockte.

„Suche unseren verschollenen Klaus!" hatte ich wieder im Ohr. Doch wo und wie? Gab es ihn überhaupt noch? „Nein, nein", wehrte ich ab. Er war kein guter Mensch. Er hatte mich betrogen. Sein Lebensweg war ein gefährlicher Sog. Ich hatte beschauliches Thailand erlebt, wollte erholt und zufrieden nach Hause, zu meiner Familie zurückkehren, wie es einem Touristen geziemt.

Warum nun jemanden suchen, der im Sumpf gewatet ist? Alles sträubte sich in mir, den Vorsatz zu ändern. Dann erschien der Ertrunkene wieder, die Wasserleiche mit dem Gesicht, das so stark erinnerte. Unschlüssig lief ich durch Ban Laem Thong. Im Urlaubstrubel kam ich mir vor wie ein einsamer Schiffbrüchiger. Was sollte ich tun? Allmählich merkte ich, dass das Phantom Schröder mich packte und in die Finsternis zog, mochte ich mich auch noch so dagegen stemmen.

Es war eine Bestimmung, jetzt das andere, das größere Thailand zu suchen, damit den Irren, den Junkie, den Heiligen und einstigen Freund ... Als die Unruhe ihren Höhepunkt erreicht hatte, war ich wieder in meinem Bungalow, kramte das Foto hervor und las: „Wenn ich ein Fels wäre und nicht wie eine Wolke, würde mich mein Denken, das wie der Wind ist, verlassen."

Es war sonderbar und dennoch eindeutig, die Entscheidung stand fest: Ich durfte Thailand noch nicht verlassen! Ich hatte nichts gesehen, nichts verstanden, also musste ich bleiben und die Reise ins Innere eines mir unbekannten Landes antreten. Vielleicht kreuzten sich meine Wege mit denen Schröders, vielleicht fand ich ihn sogar. Das war nicht das Entscheidende. Wichtig war der Weg als Ziel, losgelöst vom Zwang, eine Schimäre zu erjagen.

So fand ich Ruhe. War froh, endlich erlöst zu sein von dem Spuk – und meinen Weg gefunden zu haben. So fragte ich mich noch einmal an jenem Tag: „Wie weit muss ein Mann gehen, um zu sich selbst zu finden? Ich ging durch Thailand, war das zu weit?"

*„Himmel und Erde und ich
entstammen derselben Wurzel,
die zehntausend Dinge und ich
sind von der gleichen Substanz.“*
(Ein buddhistischer Mönch)

Sami und George, ein Paar in Surat Thani

Er besaß die Eigenschaft eines Bettvorlegers, je mehr er getreten wurde, desto härter wurde er. Und George wurde getreten! Immer wenn er mit den Großen ein Rad drehen wollte, sei es als Partner eines Nachtclubs, im Handel mit Edelsteinen, als Mittelsmann im Waffengeschäft oder als Kurier, irgendjemand war cleverer und stellte ihm ein Bein. Selbst zu Hause, in Surat Thani, wurde er bisweilen von Sami, seiner Lebensgefährtin getreten.

„Hab' ich mich mit einem *farang* eingelassen, damit es mir schlecht geht?“, lamentierte sie, wenn sich George nach Wochen zurückmeldete, natürlich abgebrannt. Aber als Optimist war er unschlagbar und als Produzent neuer Geschäftsideen erst recht. In Chanthaburi wollte er ein neues Eisen schmieden, doch das war so heiß, dass er vorerst nur in Rätseln sprach.

Egal. Als ich entschlossen war, Thailand zu erkunden, sagte ich den Seefischern auf Phi Phi Don Lebewohl. George Patton sollte „mein Mann“ für den Einstieg werden. Ich hielt ihn für einen Insider mit Verbindungen und Know How. Hatte er nicht von Chiang Mai und gestrandeten Weißen gesprochen? Also suchte ich ihn auf und hatte Glück: Sami duldete ihn noch, aber ich hatte den Eindruck, ein neuerlicher Rauswurf stand bevor.

Für einen „Manager“ wohnte er ziemlich einfach. Die Fassade des Doppelhauses war abgebröckelt und mit Rissen durchzogen. Farbe hatte der Putz noch nie gesehen. Senffarbene Bodenfliesen waren stumpf und ausgetreten. Im kargen Wohnzimmer umrankte eine Grünpflanze

Buddha-Nippes: Samis Hausschrein. Die Wände waren fast kahl, von vergilbten Fotos erleuchteter Mönche abgesehen. Sami hatte einen finster dreinschauenden Mönch sogar gerahmt und mit einer Orchidee dekoriert. Er hing über einem Wandtischchen, wie das Familienoberhaupt.

„Das ist Phra Chamroon Parnchand", sagte sie, als ich das Konterfei betrachtete. „Ich bin dem ehrwürdigen Vater sehr, sehr dankbar." Mit dem Namen konnte ich nichts anfangen. Zu dumm, dass ich nicht nachfragte. Wahrscheinlich hätte ich mir vieles ersparen können.

George saß in einem total verwarzten Ledersessel aus der Jahrhundertwende und trank Bier. Bis er mich einordnen konnte, verging eine Weile. „Hallo, mein Geschäftsfreund aus Chanthaburi!", rief er etwas gekünstelt, erhob sich und kniff mir ein Auge zu, in der Hoffnung, ich spielte mit.

Augenblicklich wurde die Thailänderin verstockt. Geräuschvoll eilte sie in die Küche. Sicher hielt sie mich jetzt für einen jener windigen Partner, die ihren George im wesentlichen reinlegten.

„Freue mich, dass Sie vorbeischauen. War's schwer zu finden?", fragte der Mann.

„Ganz und gar nicht. Bin auf dem Weg nach Bangkok, dachte, wir könnten unser Gespräch von unterwegs vertiefen."

Surat Thani, „die Stadt der guten Menschen", erreichte ich gestern. Bevor ich George besuchte, hatte ich mich in der Umgebung etwas umgesehen. Die Verwaltungs- und Handelsstadt ist ein Brückenkopf an der Mündung des Klong Phum Duang für die Urlaubsinseln Samui und Phangan. Attraktion des Ortes ist die Affenschule an der Peripherie.

Billig, schnell und zuverlässig lernen Affen vom Homo oeconomicus alles, um ihren Lebensunterhalt als Bananen- oder Kokosnusspflücker zu verdienen und ihre Herren zu entlasten.

Plantagenarbeit gibt es in der Umgebung zuhauf. Wie

zur Arbeitsfreude geklonte Kinder kamen mir die Äffchen vor, die huckepack zu zweit und zu dritt auf dem Moped-Sozius ihrer Farmer standen und es gar nicht abwarten konnten, die Ernte einzubringen.

Einst war das heutige Surat Thani auch Vorposten des alten Srivijaya-Reichs, das für die Entstehung des späteren Siam von Bedeutung war. Neben dem Reich Dvaravati, war Srivijaya das zweite, deren Monarchen vom 8. bis zum 13. Jahrhundert über die malaiische Halbinsel und den indonesischen Archipel herrschten. Siams Frühkultur, besonders deren Skulpturen, wurden in der Srivijaya-Epoche geschaffen.

Mein Gastgeschenk, eine Flasche Wein, stand schon auf dem Tisch. „Katti, bring' uns mal Gläser!", rief George in die Küche.

„Hol' sie dir doch!", keifte sie zurück.

Ich erschrak über den Ton. Hatte ich ihr etwa die Laune verdorben? Trotz allem, Thailänderinnen in der Rolle als Ehefrau oder Lebenspartnerin stellte ich mir als sanftmütige Wesen vor, die dem Mann Hausschuhe nachtrugen, devot bedienten und alle Wünsche von den Augen ablasen, natürlich stets mit einem süßen Lächeln im Gesicht.

George schleppte sich zur Vitrine und brachte die Gläser. Verlegen meinte er: „Sami ist schlecht drauf. Unsere Geschäfte laufen nicht."

„Eure Geschäfte?", fragte ich nach.

„Die Sache in Mae Sot, Sie wissen schon, die mit den Steinen, war ein Flop. Aber ich hab' was in Chanthaburi am Laufen – todsichere Sache!"

„Spinn' doch nicht wieder. Es wird Zeit, dass du endlich mal was Vernünftiges machst!", höhnte es von nebenan.

Leise, fast entschuldigend, sagte er daraufhin: „Ihr Laden geht schlecht. Das ist der wahre Grund für die Spannung."

Eine Thailänderin zeigte Temperament vor einem Gast, noch eine neue Erfahrung. Nichts ist in Ostasien sträflicher als die Kontenance, „das Gesicht" zu verlieren! Zwischen den beiden musste sich einiges aufgestaut haben!

„Was betreibt sie für ein Geschäft?"

„Massage-Salon, kann ich Ihnen empfehlen." Das Wort weckt in Thailand gewisse Vorstellungen. So erkundigte ich mich vorsichtig: „Spezial oder traditionell?"

Er lachte. „Erleben sie's mal. Vierhändig unter Wasser massiert, gibt das Gefühl als liege man in einer Wanne voller lebender Aale."

Als Sami mit einem Lächeln und prächtigen Frühlingsrollen erschien, war mein Bild von der liebevollen Thai wieder im Lot. Sie setzte sich mir gegenüber. Ich konnte sie ungeniert betrachten. Anfang dreißig schätzte ich sie. Eine aparte Erscheinung, mit intelligenten Mandelaugen, die schwarze, lange Haare einrahmten. Nicht eben besonders hübsch war sie, doch auf besondere Weise attraktiv.

Ich erinnerte mich, dass George sie einmal „meine Susi Wong" nannte. Eine hingeworfene Bemerkung? – vielleicht. Für eine Thai-Frau war sie groß. Ihr jugendlich wirkender Körper war gut gebaut und besaß jene katzenhafte Geschmeidigkeit, die Männer anzieht. Ich überlegte die ganze Zeit warum ich immer an etwas bestimmtes dachte, während ich sie ansah. Das konnte nur mit ihrer Vergangenheit zu tun haben. Etwa eine spezielle Verangenheit?

Sami sprach Englisch mit einem reizvollen Akzent und ihr Lachen war herzlich, doch von unterschwelliger Melancholie geprägt. Als sie sicher war, dass ich keiner der obskuren Partner ihres Gefährten war, wurde es doch noch ein harmonischer Abend. Bis...

Was George und Sami wohl verbinden mochte? Liebe? Zuneigung? Sexualität, Dankbarkeit? Oder war es eine Notgemeinschaft? An diesem Abend kam ich nicht dahinter. Nach Mitternacht flog die Tür auf. Ein Halbwüchsiger stand im Rahmen. Wirres Haar, verstörter Blick, Aufsässigkeit, unverständliche Sätze schleuderte er in der Raum. Es war Non, der Sohn. Die Mutter schimpfte auf Thai. Ein Wortgefecht hob an. George griff in die Tasche und reichte Non einige Scheine, die der Bursche grabschte und die Tür zuschlug.

„Non ist krank", sagte George, „wenn wir Ruhe haben wollen, müssen wir ihm Geld für die Disko geben." Sami saß da, ratlos und traurig zugleich, den Blick auf den Boden geheftet. Mich hatte die Szene unangenehm berührt. Ich beschloss zu gehen. Doch ich sollte wiederkommen. Das tat ich auch und peu à peu entwickelte sich Vertrautheit. Ich erfuhr etwas über das harte und doch so exemplarische Schicksal vieler Landmädchen. Erhielt Einblicke in den Überlebenskampf von mindestens einer Million Thailänderinnen im Morast der schillernden Großstädte. Als ich Samis Geschichte erfahren durfte, war ich beeindruckt von der Zähigkeit einer „gefallenen" Frau, als echtes „Stehaufmännchen", im unerschütterlichen Glauben an ihre Fähigkeiten in bürgerlicher Gesellschaft. Auf schonende Weise nahm ich teil am Survivalismus thailändischer Gemeinschaften, in einem mir fremden Milieu. Wie musste es vor Ort, im Hades Bangkok, Chiang Mai, Pattaya, Phuket zugehen?

Sami saß mit einem Bauchladen auf dem staubigen Trottoir vor ihrem Haus. Prospektstapel boten Massagen, Hotelzimmer, Taxidienste, Ausflüge und Bootsfahrten an. Zwei Mädchen drückten Passanten Flyer in die Hände.

„Busy?"

„Very busy!", meinte sie lustig.

Ich setzte mich zu ihr. „Heute keine Massagen?"

„Die Konkurrenz ist groß. Muss neue Geschäfte machen. Tochter mit Freundin helfen dabei." Soi, die Tochter hatte ein Pfannkuchengesicht mit kleinen Schlitzaugen. Für ihr Alter sah sie reichlich verlebt aus. Außerdem machte sie einen übernächtigten, missmutigen Eindruck.

„Massagen mache ich nachmittags. – Kommst du?"

„Kann ich noch nicht sagen", wich ich aus. Die Vorstellung von vier fremden Händen in der Badewanne war mir nicht geheuer. Verkaufte sie etwa, mit anderen Frauen, ihren Körper im Salon? Wenn ich sie besuchen ginge wie ein lüsterner *farang*, dem's irgendwo juckt, was würde George denken?

Der „Manager" saß in seinem Ledersessel und telefonierte. Es ging um Steine, Minen, Chanthaburi. Er war ziemlich erregt, als galt es jemanden in einer wichtigen Angelegenheit zu überzeugen. Das Gespräch dauerte endlos.

„Sit down, nimm dir ein Bier!", rief er zwischendurch.

Später dann: „Das Ding in Chanthaburi lässt sich gut an", meinte er versonnen, „noch ein Partner mit etwas Kapital und wir machen das ganz große Geschäft!"

„Wie soll das laufen?", tat ich desinteressiert.

„Genial, sag' ich dir! Ein Gewährsmann kennt eine stillgelegte Mine, die noch was zu bieten hat. Aber für die Industrie ist sie uninteressant. – Du solltest mitmachen!"

„Was für eine Mine?"

„Saphire, vielleicht auch Rubine. In Bangkok kenn' ich einen Experten, der die Klunker wärmebehandelt und billig aber eins a schleift. An der Grenze zu Burma werden wir sie an den Mann bringen."

„George, das ist nicht mein Metier. Ich kann 'nen Kiesel nicht vom Edelstein unterscheiden."

„Nicht nötig, verlass' dich auf mich."

„Du überschätzt meine Finanzkraft."

„Uns fehlen 10 000 Dollar, die du locker verhundertfachst!"

Wir schwelgten noch eine Weile im todsicheren Pretiosenbusiness. Und allmählich fing ich an, mich wie ein Ernest Oppenheimer mit seinen Diamantenminen zu fühlen. Eine merkwürdige Situation. Man stelle sich die Schlagzeile vor: „Mäßig erfolgreicher Autor wurde in Thailand über Nacht Multimillionär im beinharten Edelsteingeschäft."

„Sami will mich massieren", brachte ich unsere

Träume auf eine andere Bahn. Er blickte kurz auf und meinte:

„Na, dann viel Spaß. Der Salon liegt in der Soi Santi Phap, drei Straßen weiter. – Denk' an mein Angebot!"

Ich machte mich auf den Weg. Während des Fußmarsches bekam ich bedenken, wusste nicht ob ich mein Vorhaben wirklich ausführen sollte. War George am Ende ihr Zuhälter?

In der Nachmittagshitze wurde mir noch heißer. Schweiß rann mir über den Rücken, durchtränkte das Hemd. Wie mochte es sein, wenn sie nackt in die Wanne stieg, in der schon eine Jüngere lag?

Nun befand ich mich in einer schmalen Gasse mit Holzhäusern.

Das rechteckige Schild mit der Aufschrift: „No. ONE MASSAGE" in Thai und Englisch war nicht zu übersehen. Mein Puls hämmerte.

Warum tat ich das? Im Flur saß ein Mädchen, von Handtuchstapeln eingerahmt.

Ich sagte mit trockenem Mund: „Massage Sami."

„Sawadii kha", guten Tag, wurde ich begrüßt. Das Mädchen rief den Namen nach hinten. Ein Schwall Thai kam zurück. Ich möge mich setzen und etwas warten. Sami sei belegt. Oh je, auch das noch, wie peinlich! ... Dann erschien sie in einem weißen Kittel, wie eine Krankenschwester. Sie trat heran und schaute mich direkt an. „Nett, dass du gekommen bist. Massage?"

„Äh – ja ..."

„Kopf und Nacken kostet sechshundert Baht. Der ganze Körper tausenddreihundert."

Sie sah mein verdutztes Gesicht und lachte laut los. „Was denkst du von mir? Ich bin keine *khai long*. Ich beherrsche die traditionelle Thaimassage!"

Sie führte mich in einen großen Raum, in dem sich mehrere Frauen über männliche und weibliche Kunden beugten, um diese auf Liegen durchzuwalken. Es roch angenehm nach ätherischen Ölen in einer Atmosphäre von Entspannung und Wohlsein.

Aus der Nackenmassage, bei der Sami meine Verspannungen regelrecht dahinschmelzen ließ, wurden mehrere Ganzkörperbearbeitungen, nach denen ich mich herrlich durchblutet und wie neu geboren fühlte. Erstaunlich, mit welcher Kraft und Ausdauer ihre zierlichen Hände jede Muskelfaser erreichten. Ich lag mit geschlossenen Augen da. Sie walkte und knetete, als galt es einen monströsen Brotleib für den Ofen zu präparieren. Unaufdringlich erkundigte sie sich nach meiner Familie. Das Leben in Deutschland interessierte sie über alle Maßen. Hatte sie doch von Bekannten gehört, dass dort Milch und Honig durch die Straßen flössen. Sie massierte, fragte und erzählte – wie nebenbei nahm ich teil an einer erstaunlichen und doch nicht ungewöhnlichen Biografie:

Im Nordosten Thailands kratzt der Pflug über dürres, unfruchtbares Land. Die Provinz Khorat ist ein Armenhaus. Sami, eigentlich heißt sie Phningan Thansatoophe, wurde als fünftes Kind mittelloser Reisbauern geboren. Khorat-Menschen, besonders junge, treibt die Not nach Bangkok und ins Ausland. Die Alten stöhnen: „Der Khorat verliert seine mühsam großgezogenen Kinder, wie aus einem zerschlissenen Sack die Reiskörner rieseln.“

Die Natur hatte es mit der fünften Tochter gut gemeint. Sie war gesund, wohlgewachsen und hübsch. Ein chinesischer Geschäftsmann aus Udon Thani kaufte in den Dörfern Reis en gros. Dabei war Sami ihm aufgefallen und er wollte sie heiraten. Die Eltern wussten, was sie an der jungfräulich-gehüteten Tochter hatten. Natürlich wurde kein Brautpreis gezahlt, sondern ein schönes Ablösesümmchen ausgehandelt, was auf's gleiche hinauslief. Die Gefühle des Kindes hatten sich den Interessen der Eltern selbstverständlich unterzuordnen.

„Vater war außer sich vor Freude, als er mich an den Reishändler Ching verheiratet hatte und 40 000 Baht (über 1 000 Euro) einheimsen konnte“, erinnerte sich Sami, „ich zog mit meinem Mann in ein schönes Steinhaus in der Stadt. Die Geschwister waren richtig neidisch.“

Die erste Zeit war angenehm. Ching war zwar ein älterer Mann mit komischen Allüren. Wenn sie zusammen schliefen, verlangte er Dinge von ihr, die ihre Mutter zuvor mit keinem Wort erwähnt hatte. Doch Sami mochte ihn, liebte ihn sogar, was sicherlich auch an der Sicherheit lag, die er ihr bot. Auch er schien sie sehr gern zu haben, besonders, als sie ihm einen Jungen und ein Mädchen gebar.

Stutzig wurde sie, als Ching häufiger sehr spät heim kam und nach Alkohol roch. „Soll er seine *mia noi*, Nebenfrau, haben, Hauptsache er vernachlässigt mich nicht. Als *mia luang*, Hauptfrau, habe ich Anspruch auf Respekt und Geschenke. Von meiner Mutter hatte ich oft das thailändische Sprichwort gehört: ‚Die Hauptfrau ist wie der Jadebuddha auf dem Hausaltar, sie wird in Ehren gehalten. Die Nebenfrau ist wie das Buddhaamulett auf der Männerbrust. Sie bringt Glück und Zufriedenheit.'"

Sami musste leider bald erkennen, dass ihr lieber Mann kein guter Mann war. Er schenkte ihr keine Goldkettchen mehr, die doch so wichtige Not- und Altersversorgung! Seine Trinkerei wurde exzessiv und ging mit Jähzorn einher. Sie wurde häufig geschlagen, manchmal sogar die Kinder – welch eine Sünde! Die Ehe wurde ein Martyrium. Insgeheim dachte sie an eine Trennung und war sehr traurig. Ching nahm ihr diese Entscheidung ab. Eines Tages blieb er weg. Als die Bank das Haus pfändete und sie mit den Kindern auf der Straße saß, war ihr klar, der Gatte war pleite und flüchtig. Sami war von existenzieller Not betroffen. Natürlich nahm sie ihre Familie auf.

Drei zusätzliche Esser verschlimmerten die Armut der Eltern und Sami wurde von schweren Schuldgefühlen, ja Depressionen geplagt. Um an Geld für die Ernährung ihrer Kinder und Eltern zu gelangen, war ihr jedes Opfer recht. Abends saß sie lange vor dem Spiegel einer Zimmerecke, die mit Paravents von den Schlafstätten der Kinder und Geschwister abgeteilt wurde. Versonnen kämmte sie ihr langes, schwarzes Haar. Manchmal fasste sie dabei etwas Selbstvertrauen. Sie war immer noch sehr schön. Ließe sich das grausame Los nicht doch etwas verändern?

Im Dorf erschien eines Tages eine *soo-pah sa-dtree*, eine feine Dame. Sie war gut gekleidet, die Leute sagten, sie sei eine erfolgreiche Geschäftsfrau. Und mit dem Erscheinen dieser Dame sollte sich das Leben Samis radikaler ändern als ihr lieb war! „Sipa nannte sich die Frau aus Bangkok", erinnerte sich Sami, „sie suchte Hausmädchen bei guter Bezahlung. Auch meine Eltern glaubten den Versprechungen und rieten zu gehen."

Schweren Herzens ließ die Mutter Kinder, Eltern und Geschwister zurück, um Sipa in die ferne, unbekannte Großstadt zu folgen. Selbstverständlich würde sie vom verdienten Geld so viel wie irgend möglich nach Hause schicken.

In Bangkok brach für das Mädchen vom Lande eine Welt zusammen: Hausmädchen waren in Wirklichkeit Freudenhausmädchen, die wie Gefangene gehalten wurden und bei Unlust böse Blicke, Fäuste, Fußtritte zu spüren bekamen. Sie war mit anderen Mädchen in ein Stadtgefängnis gelockt worden, wo es am Tage keine Sonne gab und nachts widerliche Männer. In jener Zeit weinte Sami viel. Mein Gott, war sie jetzt eine *khai long*, ein verlorenes Hühnchen, wie Nutten genannt wurden? Immer wieder schmiedete sie Fluchtpläne – und verwarf sie. Wohin sollte sie fliehen? Zurück ins Dorf, zu den armen Eltern, den hungernden Kindern? Dann war da das böse Gesicht Sipas, aus dem nur noch Gekreisch drang: „Ihr arbeitet für uns. Wenn nicht, schlagen wir euch tot!"

Sipa war brutal. In ihrem Etablissement beutete sie ein Dutzend Mädchen aus. Weg konnte nur, wer freigekauft wurde, dafür müsste die Wahnsinnssumme von 10 000 Dollar aufgebracht werden. Im ersten Jahr war an eine Änderung der trostlosen Situation nicht zu denken. Sami erhielt ein mieses Taschengeld, während sich Sipa die Freierhonorare einstrich. Trotz allem schickte die Mutter jeden freien Groschen nach Hause und gaukelte der Familie eine ehrenwerte Arbeit vor. Andererseits hielten Sami Pflichtbewusstsein und Verantwortung am Leben, in diesem Jammertal.

Um attraktiv zu bleiben, musste sie aber auch an ihre Gesundheit denken. Zum strahlenden Aussehen gehörte gute Verpflegung. Glasnudelsuppe machte sie auf die Dauer grau und schlapp. Nach einem Jahr „Frontdienst" erlaubte man ihr, in einer drittklassigen Gogo-Bar in der Patpong Road zu tanzen. In den Pausen musste sie Gäste zum Trinken und für Quickies in Separees animieren. Ein harter Job, der ihr allerdings etwas mehr Freiheit und mehr Geld verschaffte. Sie leistete sich ein billiges Zimmer in Chinatown, abseits Sipas mit deren Zuhältern.

Endlich konnte sie etwas mehr Geld nach Hause schicken, dabei wurde ihr bewusst, dass *farang* die einzigen waren, die aus der Misere heraushelfen konnten. Um ihren „Service" zu verbessern, beschloss sie, Englisch zu lernen. Bücher, Radio, Fernsehen, Typen an der Bar und in ihrem Bett kamen ihrem Wissensdrang zugute. Schnell und mit ungeheurer Energie lernte sie, die so fremde Sprache sprechen und etwas schreiben. Und bald war sie in der Lage, in charmantem Pidgin-Englisch leidlich Konversation zu treiben.

Samis Schicksal schien sich zu wenden, als sie einen spendablen Herrn aus Deutschland kennen lernte. Er hieß Hans, war Ingenieur, geschieden, blond, ein Hüne mit wasserblauen Augen, der viel von seiner Heimat erzählte und darüber, sie eines Tages mitzunehmen, in eine ferne Stadt namens Frankfurt. Welch eine Chance! Wenn Hans mit ihr den Abend verbringen wollte, musste er 30 Dollar an die Bar zahlen, in der sie arbeitete. Das tat er häufig, außerdem spendierte er ihr die Miete für einen Monat im Voraus und schöne Sümmchen für die Schäferstündchen.

Als sie sich an seinen Geruch, seine spitze Nase, die Blässe seiner Haut und Augen gewöhnt hatte, fing sie an ihn zu mögen. Obgleich sie sich geschworen hatte, niemals einen Freier in ihr Herz zu lassen, entwickelte sie eine große Zuneigung.

Als er beim gemeinsamen Abendessen aufs neue Zukunftspläne schmiedete, gab Sami ihr Geheimnis preis: arme Eltern, zwei Kinder, 5000 Dollar Restablöse. Hans tat gerührt, bezahlte die Zeche des Abends, verschwand für immer ...

So vergingen weitere Monate. *Farang* kamen und gingen, machten Geschenke, Versprechungen, schworen ewige Liebe. Es gab auch hässliche Gäste, solche, die sie schlugen, betrogen und prellten. Ihr Leben war eine grausame Schule, sie wurde hart, glaubte nichts und niemandem mehr. Viele ihrer Freundinnen, eher Leidensgenossinnen, zerbrachen an dem Leben voller Erniedrigungen. Das Leben im Rotlichtmilieu unter viehischen Zuhältern, geilen Freiern, gewalttätigen Drogenhändlern und diebischen Transvestiten machten sie kaputt. Das bisschen eigenes Geld wurde in Zigaretten, Alkohol oder Drogen umgesetzt, dem Verfall folgten Absturz, dann Untergang.

Sami war stark und geschmeidig, wie eine Katze mit vielen Leben. Eine Wildkatze. Kolleginnen nannten sie Tigerfrau. Sie widerstand den Giften, dachte an ihre Aufgabe und lernte sich in der Welt der *farang* zu bewegen. Die Weißen in Bangkok verloren das Geheimnis der Fremdheit. Unbekümmert durchschritt sie am Arm eines *farang* die Foyers der Luxushotels, geradewegs in die Suiten. Unter den brüskierten Blicken verheirateter Frauen machte sie sich einen Spaß daraus, ihren zeitweiligen Liebhaber mit Lotions einzureiben, sei es an Hotelpools oder auf Dachterrassen.

„Ja, ich war eine Edelnutte, für einen guten Zweck", gestand Sami und ich komme hier wieder heraus, das schwor ich mir!"

Doch wie, ohne Beruf, ohne ehrlichen Partner? Mit Ronny, den sie fast zwei Wochen begleitete, entdeckte sie ein neues Talent an sich. Das Massieren und die Magie ihrer Hände. Diese Hände verschafften Ronny höchste Wonnen.

„Über meine Gabe war ich selbst erstaunt und beschloss die Kunst der traditionellen Massage zu lernen", sagte Sami, die gerade dabei war meine verspannte Wirbelsäule zu lockern.

„Wo wurde die Thai-Massage eigentlich entwickelt?" fragte ich, während sie knetete, dass mir die Luft wegblieb.

„Vor langer Zeit im Wat Po in Bangkok. *Noo-ut,* die traditionelle Massage hat bei uns eine bedeutende Tradition. Es gibt Schulen in den Tempeln Wat Mahathat und Wat Parinayok Bangkoks und in vielen anderen Klöstern. Mein Lehrer war ein echter *doktor nuen.* Mönche unterrichten keine Frauen."

Natürlich verwob Sami die erlernten Fähigkeiten mit den Erwartungen mancher Touristen, die die unkeusche Öl-Body-Massage erwarteten. Obgleich sie sich regelmäßig vom Arzt untersuchen ließ, hatte sie eine panische Angst vor Geschlechtskrankheiten und was sie über AIDS hörte, jagte ihr blankes Entsetzen ein. Ihr ganzes Bestreben lag darin, dem Sumpf so rasch und so gesund wie möglich zu entkommen. Wie ungeheuer schwer Milieuausstiege waren, beobachtete Sami bei ihren Kolleginnen. Nach kurzer Zeit hatte sie die Straße zurück, desolater als zuvor: zerbrochene Beziehungen, Geldmangel, die Eintönigkeit des bürgerlichen Lebens – alles unüberwindliche Hürden.

Insgeheim fürchtete sich Sami vor einer festen Beziehung. Tatsächlich bekam sie Angst vor dem, was sie sich doch so sehnlich wünschte. Konnte sie es überhaupt noch mit einem Mann in geordneten Verhältnissen aushalten? Welchen Platz nähmen dann ihre Kinder und Eltern ein? War sie doch immer das hart arbeitende Hausmädchen bei einer wohlhabenden Familie. Ob die Familie ihre wahre Tätigkeit erahnte?

Im Dorf wurde gemunkelt, dass die feinen Damen, die von Zeit zu Zeit aus den Städten eintrafen, um nach hübschen Töchtern Ausschau zu halten, ganz und gar nicht Hausmädchen rekrutierten. Dubioses Geld macht schweigsam! Und die Polizei, die Prostitution und Menschenhandel ahnden müsste, stellte sich unwissend. Die

Großstadtdamen führten die schlecht bezahlten Gesetzeshüter längst auf ihren Gehaltslisten.

Für Nachkommen ist die Familie, in die sie hineingeboren werden ein unzertrennliches Band, geknüpft aus Dankbarkeit und Respekt. Eltern, Geschwister und eigene Kinder bleiben zeitlebens ein zentraler Lebensinhalt. Wie durch eine unsichtbare, dennoch vorhandene Nabelschnur verbunden, hält eine Thai-Familie unerschütterlich zusammen. Hat in einer solchen Solidarität ein Fremder, ein *farang*, überhaupt den Hauch einer Chance?

Sami war, trotz aller Widrigkeiten, eine gläubige Frau. Wahrscheinlich hat das besondere Schicksal ihren Glauben sogar gestärkt. Jeden Abend betete sie in ihrem Zimmerwinkel, wo ein Specksteinbuddha auf einem Samtdeckchen stand. Täglich hängte sie dem Erleuchteten ein duftendes Kettchen aus Jasminblüten um den Hals. Und in alle Gebete schloss sie ihre Familie und die Familie des Königs ein. Sie war überzeugt, dass ihr irgendwann einmal, vielleicht auch erst im nächsten Leben, etwas Besonderes, etwas Schönes widerfahren wird.

Gerade hatte Sami eine traurige Trennung von George, einem Amerikaner hinter sich. George hatte ihr ein hübsches Sümmchen geschenkt, damit sie drei Monate ohne Freier durchhalten konnte. Was sie sich auch vornahm. Er versprach wiederzukommen und in Thailand zu bleiben. Es hörte sich wie ein gemeinsamer Lebensweg an. Zwar lachten die anderen Mädchen und meinten, sie sei eine dumme Gans, die nichts dazu gelernt hätte und hänselten: „Auf einen langnasigen, weißen Affen wartet man doch nicht. Pfeife auf Treue. Liebe ruiniert das Geschäft. Wir sind ein freies Volk. Thai heißt frei. Frei! Einem *farang* glaubt man nicht, er ist nicht dein Vater.“

„Das sagten die Mädchen. Ich wusste, wie recht sie hatten. Aber der Wunsch war größer und sie unterschätzten die Tigerfrau! Ich liebte George nicht wirklich, aber ich empfand etwas für ihn und witterte eine neue Chance. Eine Möglichkeit, die mich gleichzeitig beunruhigte,“ sagte Sami.

Anfangs handelte sie gegen alle Erfahrungen und blieb treu. Als das Geld jedoch verbraucht war – George ausblieb – schaffte sie weiter an. Konnte sie tatsächlich nur noch mit dem Augenblick, der Vergänglichkeit umgehen? Männer kamen und gingen, den Begegnungen maß sie weder Wert, Gefühl, noch Wichtigkeit bei. Eigentlich war sie recht froh, dass sich George allmählich aus ihrer Erinnerung stahl. Hatte sie nach Chin und Hans nicht gelobt, die Liebe ein für alle Mal zu verbannen?

Wie an jedem Abend zündete Sami eine Räucherkerze an und steckte sie in den Sand vor dem Hausaltar des Nachtclubs. Dazu legte sie zwei Kugeln *khao niau*, „sticky rice", jenen Klebreis. Damit wollte sie Buddha um Vergebung für ihr Tun bitten, aber auch darum, ihr möge heute Abend ein guter Gast beschert sein. Gedankenverloren tanzte sie mit anderen Mädchen zu ohrenbetäubendem Rock. Die „Energy-Bar" besaß in ihrem Zentrum eine große, erhöhte Bühne, aus der mehrere Chromstangen bis an die Decke ragten. Stangen, an denen die Thailänderinnen, je nach Temperament und Taktgefühl, herumhüpften, äußerst spärlich bekleidet, versteht sich. Wieder, wie so oft, kreisten Samis Gedanken um ihre Kinder, die sie so lange nicht mehr gesehen hatte, um die Eltern, die alt und gebrechlich waren und den Reis weder pflanzen noch ernten konnten. Wie schön wäre jetzt etwas Geborgenheit im unsicheren Bangkok!

In den Morgenstunden strebte sie, was selten vorkam, direkt und allein ihrem Appartement zu. War das Buddhas Vorsehung? Vor ihrer Tür stand ein *farang*, groß, hager, im weißen Leinenanzug.

„Es war George!", sagte Sami und knetete die Waden so fest, dass es schmerzte.

„Dein George Patton?", stöhnte ich.

„Er war es und er grinste verlegen, wie ein Schuljunge, der unpünktlich zum Unterricht erschien."

George war zwei Monate verspätet aufgekreuzt, aber mit der festen Absicht zu bleiben. In der Straße parkte sein nagelneuer Honda, den er stolz präsentierte.

Mit anderen Worten, ihr „Cowboy“ hatte sich als erfolgreicher Geschäftsmann zurückgemeldet. Nun wollte er sich seinem Gefühlsleben widmen. Sami sei sein Blitz am schwarzen Gewitterhimmel.

„Bei mir läuteten die Alarmglocken“, sagte sie amüsiert. Vor verknallten Freiern musste man sich in acht nehmen. Die hinterließen in aller Regel mächtige Scherbenhaufen. Mit dem einnehmenden George kam sie gar nicht zum Nachdenken. Er bezahlte den Rest der Ablösesumme. Beide fuhren auf dem schnellsten Weg in ihr Heimatdorf Chiang Klom, zu Eltern und Kindern. Die „verlorene“ Tochter erschien mit einem reichen *farang*, als Gewinnerin – wie fantastisch!

George Patton, ein Businesshase, der in Südostasien von allen Bluthunden gehetzt worden war, kannte sich in der Mentalität der Thailänder aus. Keine windige Branche war ihm fremd. Dort hatte er sich getummelt, Erfahrungen gesammelt, abgezockt und sich manch' blutige Nase geholt. Ähnlich erging es ihm im Umgang mit der „sanftmütigen“ Weiblichkeit hierzulande, bis er endlich kapierte: „Die Männer sind die Vorderbeine, die Frauen die Hinterbeine des Elefanten. Die Hinterbeine müssen den Vorderbeinen folgen, aber ohne die Hinterbeine ist auch ein Elefant hilflos. Und nicht selten bestimmen die Hinterbeine Tempo und Richtung.“

Sami stemmte sich auf mich, die Lendenwirbel waren dran.

„Der Cowboy kam mir schon damals ausgesprochen gewitzt vor, aber irgendwie gefiel er mir. Er war cool und wusste mich zu nehmen. In seiner Gegenwart fühlte ich mich einfach gut. Ich hätte ihn geheiratet. Mein Herz verschloss ich ihm jedoch, zu groß sind die Wunden, die Liebe reißt!“

„Wollte George dich nicht heiraten?“, fragte ich.

„Das ging nicht. Er war in Amerika verheiratet! Er hatte Angst vor dem Stress mit seiner Frau. Die Verbindung mit ihr ließ er einfach treiben - was in unserem Verhältnis auch keine Rolle spielte.“

Eine eingetragene, förmliche Ehe mit einklagbaren Rechten ist in Thailand, besonders auf dem Lande, selten. Man zieht einfach zusammen, der Mann zahlt, macht Geschenke und was das Wichtigste ist: gibt ein rauschendes Fest. So war es auch, als George und Sami in Chiang Klom erschienen. Sei es aus Wiedersehensfreude, sei es aus Pietät: kompromittierende Fragen waren tabu, somit brauchte niemand der Beteiligten sein Gesicht zu verlieren. Für das Familienfest eine unabdingbare Voraussetzung! Aus dem nahen Kloster wurden zwei Mönche eingeladen, die dem Paar ihren Segen gaben und kräftig mitfeierten. Es flossen Freudentränen. Endlich war die grausame Zeit der Trennung vorüber. Georges Geschenke lösten wohlwollendes Kopfnicken aus. Die Kinder erhielten Computerspiele, der Vater einen gebrauchten Trecker, den der ältere Bruder fuhr, die Mutter ein Gebiss und Sami wurde, für alle sichtbar, mit 23-Karat-Goldkettchen behängt.

Auf die Dauer war das Dorf für George natürlich kein Betätigungsfeld. Ihn zog es an den Brennpunkt Pattaya. Dort wollte er mit einem Thai-Partner eine Bar betreiben. Nur für *farangs* – müsste eine Goldgrube sein! Sami gefiel der Plan. Chiang Klom wurde ihr zu eng und die scheelen Blicke der Bauern unangenehm. Nach Bangkok wäre sie nicht gefolgt, aber Pattaya am Meer hörte sich nach ewigem Urlaub an. Sie würde massieren oder in der Bar mitarbeiten. Später kämen die Kinder nach, die vorerst noch bei der Tante versorgt wurden und zur Schule gehen konnten.

Sami sah die Zukunft an der Seite Ihres Cowboys in rosa Farben. Die Bar in der Beach Road hatte die richtige Atmosphäre und lief famos. An der Bearbeitung meiner Schulterblätter merkte ich aber, dass die Geschäfte des Paares einen Wandel erfuhren. „Autsch! Mal etwas zarter, Sami."

Nach einer Weile sagte sie: „Georges Partner war ein Spieler. Als wir dahinter kamen, war die Bar in anderen Händen. Wir standen vor dem Ruin!"

Nun war die Mutter gefordert. Im teuren Pattaya konnten sie nicht bleiben. Die Rückkehr ins Dorf ließ ihr Stolz nicht zu. Zum Glück gabs' weitläufige Familienbande im Süden, in Surat Thani. Dort kamen beide zur Miete unter. Sami wurde erste Kraft im Massagesalon der Cousine und George schlug sich mehr schlecht als recht mit Gelegenheitsjobs durch. Harte Zeiten eines Neubeginns. Hinzu kamen Hilferufe aus dem Norden. Die Tante wurde mit den Kindern nicht mehr fertig. Sie waren aufsässig, schwänzten die Schule, stahlen. Was tun?

„Du hast sie kommen lassen", sagte ich.

„George meinte, er könnte mit Kindern nichts anfangen. Er hat's versucht, zum Glück. Wir hätten uns sonst getrennt. Soi war krank und musste behandelt werden. Non ist noch sehr schwierig, aber er fängt sich."

„Wechselnde Bezugspersonen, fehlendes Verständnis, mangelnde Zuneigung, keine Orientierung ... überall dasselbe", brummte ich ins Handtuch. „Was hatte Soi denn?"

Sami gab mir einen Klaps auf den Rücken. „Umdrehen!" Zur Krankheit ihrer Tochter äußerte sie sich nicht. Ein Abt half ihr, mehr war nicht zu erfahren.

Und wie ging das Leben mit George weiter? Immer am Rande des Abgrunds! Von dem Schlag in Pattaya hatte er sich nie richtig erholt. Sein Geld war draufgegangen und sein Gespür für lukrative Geschäfte. Andere miese Partner folgten und dubiose Deals mit Edelsteinen, Jade. Wer weiß, was da sonst noch lief, von dem seine Partnerin nichts wusste? Als tickende Zeitbombe saßen ihr die Kinder im Nacken, die nachts in Diskos tobten und tagsüber abhingen.

Thais sind Buddhisten, aber sie leben mit Geistern. Die Kraft, Unbill des Lebens zu meistern, schöpfen sie aus dem Glauben. Im täglichen Leben arrangiert man sich mit den Geistern. Je nachdem, wie ihnen gehuldigt wird, bescheren sie dem Menschen Glück oder Ungemach. Sami glaubte ganz fest daran. Nie würde sie die

Geisterhäuschen vergessen oder den Hausaltar vernachlässigen. Nach erbrachten Opferdiensten fühlte sie sich einfach gut und stark, mochte ein Schicksalsschlag noch so hart sein, ihr Glaube an Buddha, die Geister und an ihre Kinder käme niemals ins Wanken. Beim Glauben an ihren George war sie sich nicht so sicher, schließlich war er Amerikaner und Christ. Obwohl er sich bemühte wie ein Thai zu handeln, lagen doch Welten zwischen ihrer und seiner Ideologie.

„George möchte, dass ich sein Partner werde", sagte ich, als die Massage zu Ende war.

Sie seufzte tief: „Red' ihm das Geschäft aus. Es bringt Unglück!"

„Wird nicht möglich sein, er zählt schon die Klunker."

„Ich schmeiß ihn raus, wenn er nicht zur Vernunft kommt. Soll sich endlich eine ordentliche Arbeit suchen!"

Heute hatte Sami noch weitere Kunden. Ich verschwand mit dem Versprechen mein Bestes zu tun. George telefonierte mit einem Deng und ich hörte aus dem Gespräch, dass man sich in drei Tagen in Pattaya verabredet hatte. Es drehte sich um einen neuen Partner für die Mine.

„Es geht los! Die Sache steigt!", frohlockte er und schob das Handy an den Hosengürtel.

„Darauf wollen wir einen trinken!" George schlurfte in die Küche, holte zwei Gläser, die er mit Mekong-Whisky füllte.

„Kann die Sache schief gehen?", fragte ich.

„Da geht nichts schief!"

„Sami ist dagegen."

„Weiß ich."

„Keine Angst vor Konsequenzen?"

„Ich kenne die Weiber. Sie wird lamentieren, mich rauswerfen. Dann gibt sie mir Geld, betet für mich und hofft, dass alles gut geht."

„Hoffentlich hast du recht. Sie ist eine starke, eine Tigerfrau."

„Mach' dir keine Sorgen. – Bis du dabei?"

„Nach Pattaya komme ich mit. Dann werden wir sehen."

Wieder kreisten die Gespräche um Schürferglück, Edelsteine, ums große Geschäft ... Er ließ sich das verrückte Vorhaben nicht ausreden.

Nun rückte ich mit meinem Ansinnen heraus: „Kennst du einen Klaus Schröder?"

„Klaus Schröder. Deutscher? Nie gehört!"

Ich hielt George das Foto unter die Nase.

„Der Typ kommt mir irgendwie bekannt vor. Mag Jahre her sein, da traf ich jemanden, den sie Monkey nannten, weil er immer einen Affen schob – ganz schön kaputt war der."

„Wo kann das gewesen sein?", fragte ich interessiert.

„Ich glaub' in Bangkok, in der Khao San Road, wo die Junkies und Backpacker rumhängen. Und noch mal oben in Chiang Mai, immer auf der Suche nach Stoff. Er wollte wohl in die Berge, um sich Opium zu beschaffen. – Vielleicht war's auch Mae Sot an der Grenze."

„Wo mag er jetzt sein?"

„Unter der Erde, wie der aussah. Im Ernst, entweder ist er längst krepiert oder er sitzt im Knast."

„Was meinst du, wo könnte man seine Spur aufnehmen?"

„Ich würd' im Monkey House ʼrumhören, da ist er sicher bekannt. Im *Teng Nueng* in Chiang Mai könnte er auch aufgefallen sein. Bestimmt ist er dem Admiral mal begegnet."

„Teng Nueng? Admiral?"

"Das *Teng Nueng* ist eine Expat-Kneipe in der Singharat Road. Der Admiral ʼn ehemaliger Officer der US-Pazifikflotte. Als ich oben war, ging er häufig schwarz über die Grenze nach Burma, wo er Rebellen unterstützte. Wenn dir keiner helfen kann, der Ex-Admiral kann's!"

Ich war beeindruckt, so viel nützliche Informationen, so rasch bekommen zu haben. Die Suche nach Schröder zeigte sich schon am Anfang in einem hoffnungsvollen, fast klaren Licht.

George brachte das Gespräch wieder auf das Minengeschäft und meinte zum Schluss: „Verschwende deine Zeit nicht mit Losern, wenn die Chance zum Greifen nahe ist!" Wie recht er hatte!

Sami stand im Türrahmen und schaute mich fragend an. Ich schüttelte den Kopf. Enttäuscht verschwand sie in der Küche. Für immer?

In den Straßen Pattayas

Sodom und Gomorrha Asiens. Relikt des Vietnamkriegs, R & R-Treffpunkt der Siebten US-Flotte. Sexoase für Touristen aller Länder... Attribute, die Pattaya auch so rasch nicht los wird. Tatsächlich verdankt das einstige Fischerdorf die Entwicklung zum nimmer müden Sündenpfuhl mit 80 000 Seelen amerikanischen Soldaten: In den 60ern wurde eine Luftwaffenbasis bei U-Tupao eingerichtet und im Hafen von Sattahip liefen US-Kriegsschiffe ein und aus – damit war das Schicksal des nahen Dorfes, mit der vier Kilometer langen Pattaya Beach, besiegelt. Im Sog der GI's fielen Spekulanten, Glücksritter und ein Heer junger Frauen ein. Einer der verruchtesten Küstenorte der Welt, wo abgekämpfte Krieger im „R & R" (Rest and Recuperation)-Mekka aufs neue für die Front heiß gemacht wurden.

Ab 1985 gab's die ersten Probleme: AIDS bei den Mädchen, Coli-Bakterien im Meerwasser, Kriminalität, korrupte Polizisten. Pattaya entwickelte sich zum Geheimtipp für die Flucht. Wer das heimatliche Finanzamt, die ungeliebte Gattin, außereheliche Kinder oder anderes im Nacken wähnte, fand in Pattaya einen beschaulichen Ruhesitz. Was auf der Strecke und fern blieb, waren seriöse Reisende mit wirtschaftsförderndem Tourismus.

Die Verwaltung stand vor leeren Kassen und riss das Ruder herum. Pattayas Schmuddel-Image soll verblassen. Die Stadt wirbt mit „sauberer Unterhaltung", preist sich als liebenswertes Kongresszentrum, lockt Ferntourismus mit Kind und Kegel. „Aus dem Gassenmädchen soll eine Dame werden!", so die Stadtpromoter.

Ansätze sind zu spüren: neue Kläranlagen haben die

Wasserqualität verbessert, die am stärksten in Prostitutions- und Drogensumpf verstrickten Gesetzeshüter wurden strafversetzt. Doch schon lauert eine neue Verführung: der Mammon russischer Mafiosi und Oligarchen,
die nicht nur auf Souvenirs scharf sind. Ab 20 Uhr beherrscht die schlüpfrige Barszene die „Walking Street"
wie eh und je.

Ich war mit George seit gestern in der Stadt, wo wir
auf Deng, einen seiner Partner stießen. Deng gab sich als
seriöser Investor. Trotz der Hitze sah ich ihn stets im
dunklen Anzug mit Krawatte. Der Thailänder aus Bangkok schien sein Gehabe als Bankvorstand regelrecht zu
kultivieren. Mir war schleierhaft, wie George an ihn geraten konnte.

Die säuberlich geputzte Fassade Dengs bröckelte in
meinen Augen, als ich erfuhr, dass er mit uns in der „Honey Lodge" kampierte. Einem ziemlich heruntergekommenen Kasten in der South Pattaya Road, den vornehmlich Sugardaddys aus Europa frequentieren.

Natürlich versuchte George meine Bedenken mit der
zentralen Lage, der unkomplizierten Rezeption und vorteilhaften Anonymität zu zerstreuen.

In der einstigen Wirkungsstätte Pattons warteten wir
nun auf den vierten im Bunde, einen Russen aus Kambodscha, angeblich mit Geld und exzellenten Kenntnissen der Mineralogie. Na, ich war gespannt!

Kasmanow wurde an diesem Nachmittag erwartet. Allein er blieb verborgen. Wir vertrieben uns die Zeit am
Hotelpool. Unsere Augen wanderten zwischen Rentnern
und deren appetitlichen Mädchen hin und her. Deng saß
da wie ein Ölgötze, abnorm auf Haltung bedacht. Der
Amerikaner schaute nervös zur Uhr. Ich nippte an meinem Cocktail „Tropical Night" und stellte mir vor, wie
sich das Minengeschäft gestalten mochte.

Um die Mücken auf Abstand zu halten, entzündeten
wir Räucherstäbchen. Sandelholzgeruch umgab uns.
George Patton hielt die Warterei nicht mehr aus. Er
schlug vor, drüben im „Lobster Pot" mit einem Essen die

Zeit zu vertreiben. Wir schoben uns durch das Restaurant bis zur Veranda am Wasser vor, dorthin, wo sich die begehrtesten Tische befanden. Natürlich waren alle Plätze belegt. George sprach mit dem Pächter, einem Weißen mit gezwirbeltem Bart, der sich wie ein englischer Kolonialoffizier des Schlages Alec Guinnes in „Die Brücke am Kwai" gab. In drei Minuten hatte die Bedienung die übrigen Gäste zusammenrücken lassen und uns einen neuen Tisch aufgebaut.

„Früher war Tom mein Gast!", erklärte George die Beflissenheit.

Tom stammte aus Liverpool, war früher tatsächlich Soldat gewesen. Sein Weg führte ihn über Burma nach Thailand.

„*Plamuk tat gratiöm prik tai* kann ich empfehlen." Er ließ es sich nicht nehmen, uns persönlich zu bedienen.

„Klingt interessant, was ist das?", fragte ich.

„Tintenfisch, fangfrisch mit Knoblauch und schwarzem Pfeffer", erklärte Tom.

Ich entschied mich für *pla dscharamet nüng kiem buöh* (gedämpfter Fisch mit Pflaumen und Ingwer) und war froh darüber, weil der Tintenfisch auf Pattons Teller verdächtig lebendig aussah. Deng bestellte sich *bu pat pong karih*. Als die Terrine mit gedünsteten, ungeschälten Krebsteilen kam, verschwand er dahinter. Während er aß, hörte es sich an, als arbeite ein Biber an seinem Bau.

Mit angenehm kühler Luft wurde Musik eines Streichorchesters herangetragen. „Tiny's", ein über die Toppen illuminiertes Restaurantschiff, tuckerte durch die Bucht. Auf dem Oberdeck spielten die Streicher europäische Weisen. Rechts auf dem „Fish Pier" standen Angler, starr, schwarz, flach, wie Scherenschnitte. Dahinter und am Strand drängten sich erlebnishungrige Nachtschwärmer.

George rief nach Tom und bestellte eine Runde *gai daeng* („Roter Hahn"), einheimischer Reiswhisky. Warum war der Amerikaner so nervös?

Selbst Deng, der Stoiker, popelte sich fahrig durch die

Panzer seiner Schalentiere. Alles wegen dieses Herrn Kasmanow, der es vorzog, in der Versenkung zu bleiben?

Am Anfang der „Walking Street" befand sich der Bucht größte Bierbar. Kein einzelner langer Tresen, vielmehr ein Konglomerat viereckiger Barboxen unter einem riesigen Markthallendach. Jeder Barverschlag führte sein Eigenleben. Da animierten Mädchen durstige Kehlen, da schrie die Weiblichkeit, wenn sie vermeintlich betuchte Passanten erspähte, da plärrten Soundboxen durch- und nebeneinander, da rutschten spärlich bekleidete Gogo-Girls an Chromstangen auf und ab. Grell zuckten Lichtorgeln. In einem Bienenstock stellte ich mir das Leben geordneter vor!

Frontman George kämpfte sich ins Zentrum der Halle, wo sich ein Boxring befand. Ich folgte ihm unbeachtet, unbeschadet. „Bankvorstand" und fiktiver Moneymaker Deng wurde mit hysterischem Gekreisch begrüßt, ähnlich Michael Jackson in seiner Glanzzeit. Weibliche Arme umschlangen ihn wie Tentakel. Schließlich ergatterten wir doch noch eine Bierbox nahe dem Ring. Im Karree saßen die Mädchen fast übereinander. Alles lachte, sang, grölte – ewiger Jahrmarkt, ständige Fastnacht!

Ein Rentner drückte sich um die Barbox und begrüßte jeden mit Handschlag. Ein Handschlag, der den Begrüßten aufschreien ließ. Er gab nicht seine, sondern eine Knochenhand – als habe sich der Tod unter die Rentner-Lebensfreude gemischt.

„Hallo, heiße Peer, bin Norweger, komme seit 15 Jahren hierher, immer für vier Monate. Das ist Ticki, in Thailand meine Frau", brüllte er mir ins Ohr. Ticki dürfte, wenn es hoch kam, halb so alt sein wie Peer. Ein niedliches Mädchen mit Emigrantenbrille. Ihr würde man auf dem Campus die Philosophiestudentin im letzten Semester abnehmen.

Peer setzte noch ins Bild, dass der nächste Athlet Nong hieß, außerdem sein Freund und sein Bodyguard sei.

„Hab' Nong mal mit Geld aus der Patsche geholfen.

Seitdem könnt' ich mit 'ner Rolex durch dunkelste Gassen ziehen. In Pattaya weiß jeder Eierdieb, wer auf mich aufpasst!"

Jetzt lagen sich George und Peer in den Armen. Man kennt sich im Milieu!

In Thai und Englisch überschallten mächtige Lautsprecher die Ankündigung der nächsten Kämpfe und deren Kontrahenten. Flutlicht tauchte den Ring in gleißendes Weiß. Noch war der Kampfplatz verwaist, noch fieberten die Kämpfer vor Erwartung in ihren Boxen, noch heizte der Moderator die Spannung an ...

Kloster wurde auf den Tresen gestellt. Ein Mädchen wollte mir etwas erzählen. Ich verstand sie nicht. Sie griff nach unten und stellte Dominosteine auf. Wollte sie mit mir spielen? George schwelgte mit Peer immer noch in alten Erinnerungen, beobachtete aber, was die Bardame da vorhatte, schüttelte den Kopf und schob harsch die Steine beiseite. Später meinte er: „Niemals mit Unbekannten spielen! Erstens hast du keine Chance, man trickst dich aus. Zweitens weißt du nie, ob nicht irgendwo ein Polizist in Zivil herumhockt. Glücksspiele sind in Thailand verboten. Du wärst nicht der erste Weiße, der sich im Gefängnis wiederfindet und vom Schnellrichter zu 'ner saftigen Geldstrafe verdonnert wird!"

Das Mädchen lächelte süßsauer. Sie hatte ein so liebes Gesicht. Sicher hätte sie mich auch mal gewinnen lassen!

Im Ring wurde es jäh lebendig. Nong und Rivale Pornsan waren durch die Seile geschlüpft. Beide Mitte zwanzig. Für Kampfsportathleten eher leichtgewichtig, um die 70 Kilo, ein Körper aus Muskeln und Samensträngen. Nong hatte ein jugendliches, offenes, fast sympathisches Gesicht. Pornsan dagegen wirkte düster und brutal, seine Augen saßen in tiefen Höhlen.

„Nong wird in den Boden gerammt!", war Georges Prognose. Der Promoter brüllte die Paarung in die Halle: „Schwarzer Büffel" (Pornsan) gegen „Panter auf dem Sprung" (Nong). Verbeugungen ans Publikum. Vor dem Kampf legten die Gladiatoren ihren *ram muey* („Box-

Tanz") auf die Bretter: ein Geisterbeschwörungsritual.

Die Boxer, noch mit Kopfband, dem *mongkol*, geschmückt, huldigten nun ihrem Trainer mit einem *wai khru* („Gruß an den Lehrmeister"). Von euphorisch antreibender Musik geriet das Publikum in Wallung. Lauthals wurden die persönlichen Favoriten angefeuert. Wettenthusiasten peitschten die Börse nach oben – heimlich versteht sich. Es wurde ernst. Ein letzter Kniefall. Die *mongkol*-Kopfbänder, mit heiligen Inschriften versehen, wurden abgelegt. Finstere Minen, starre Augenpaare belauerten sich. Der Gong zur ersten Runde! Sie schnellten aus den Ecken, wie geölte Tiger in Seidenshorts. Nong umtänzelte den eine Idee stämmigeren Pornsan wie Cassius Clay, alias Muhammad Ali, im Kampf gegen den „Killer von Manila". Blitzartig schlug er zu, mit Händen und Füßen. Hammerharte Kicks traktierten Pornsans Schädel und Lenden gleichzeitig.

Die Menge johlte und kreischte. Platsch, platsch, jetzt setzte es Schläge von Pornsan. Blut floss aus einem tiefen Cut unterhalb Nongs rechter Braue. Peer wackelte mit dem Kopf, als musste er den Schlag einstecken. Da fuhr Nong, so richtig in Fahrt gekommen, rechts, links, seine Beine aus. Hiebe wurden platziert, die jedem Sterblichen Milz und Leber zerfetzt hätten. Pornsan kassierte, aber er stand wie eine Eiche. Wer wird sie durchhalten, die fünf Runden à drei Minuten? Dazwischen liegen Pausen von 120 Sekunden.

Gong!

Rasch wurden Blechwannen und Holzschemel in zwei Ringecken gezogen. Die Thai-Boxer plumpsten auf die Hocker, ließen die Arme hängen, schoben die Beine von sich. Ein Eimer kalten Wassers wirkte in den Gesichtern der Athleten wie ein Jungbrunnen.

Auf Nongs Blech sammelte sich Blut, Wasser, Schweiß – eine saubere Lösung, diese Auffangbleche! Sein Coach packte Eiswürfel aufs rechte Auge, der Masseur betätschelte Nongs Waden. Schnell einige Schlucke Wasser, der Rest wurde ausgespuckt. Zwischendurch sprühte die Handdusche des Trainers. Noch ein paar Anweisungen: „Besser decken! Den linken Fuß härter rausfahren! Verpass ihm einen *jora-koe-fadhang*!"

Nong schielte auf das rot-grüne Band seines rechten Oberarms, wo sich ein Buddha-Konterfei verbarg. Über Sieg oder Niederlage entschied allein der Erleuchtete! Das Handtuch wischte noch einmal über Nongs verbeultes Gesicht... Ring frei zur zweiten Runde. Wie Kampfstiere stießen die Muay-Profis aufeinander. Wie Kanonenkugeln prallten Fäuste, Knies, Fersen und Ellenbogen gegen Nacken, Rippen, Nieren. Man klopfte sich weich, möglichst immer auf dieselben Stellen, in einer von Lärm und Schweiß getränkten Luft... Da landete Pornsan den gefürchteten *jora-koe-fadhang*, einen Drehsprung, bei dem die Ferse aufs Ohr des Gegners knallt. Peer zuckte mitfühlend. Brauchte er einen neuen Bodyguard?

Von wegen! Nong konterte mit einem *hak-kow-arawan*, einem „Dampfhammer", bei dem er im Sprung den Nacken des Kick-Boxers nach unten nietete, während das eigene Knie nach oben, gegen das Kinn Pornsans krachte. Eisenhart, aber nicht vernichtend! Der Gegner schüttelte sich, glotzte aus dem Ring, wie ein waidwunder Kaffernbüffel. Noch stand er! Enorm, was durchtrainierte Thai-Boxer austeilen und wegstecken! Andere Kampfsport-Veteranen sind da chancenlos.

Hongkongs fünf beste Kung-Fu-Meister wurden in einem legendären Duell nach sechs Minuten kollektiv auf die Bretter geschickt. Thai-Boxern aus Europa oder den asiatischen Nachbarländern erging es da nicht besser. Bis heute hat kein ausländischer Kick-Boxer einen thailändischen Spitzen-Muay geschlagen. Wie lässt sich eine so perfekte Kampfschule erklären?

Burma bekriegte Siam Generationen lang, bis der Nachbar zum Gegenschlag rüstete und im 16. Jahrhundert die Wehrpflicht einführte.

Neben dem Drill mit Schwert und Speer wurde besonderer Wert auf den waffenlosen Kampf gelegt. Bald entwickelten sich Siam-Soldaten zu den gefürchtetsten

Nahkämpfern Südostasiens. Nur sie verstanden es, ihren ganzen Körper effektvoll zum Einsatz zu bringen. Unter König Vajiravudh (1910-1925) wurde das Kick-Boxen zu einer professionellen Sportart von höchstem Beliebtheitsgrad kultiviert. Bestimmte Schlag- und Tritt-folgen haben bildhafte Namen, die nach Aggression lechzen: „Brich den Elefantenhals", „Knack den Büffel-schädel", „Rama (Kriegsheld aus dem Hindu-Epos) spannt die Bogensehne".

Lumpini- und Ratchadamnoen-Stadion sind die be-rühmtesten Kick-Box-Tempel in Bangkok. Nebenher verfügt die Hauptstadt über rund 100 Thai-Box-Clubs und ebenso viele Training-Camps. 65 000 Berufs-Thai-Boxer werden von einer Gemeinde von Millionen Afici-onados wie auf Wolken getragen. Ohne zu übertreiben ist Muay Thai schon seit König Nareusan dem Großen (1555-1605) Kampfsport Nr. 1 und genießt den Stellen-wert von Fußball bei uns. Der „Boxer-König" war es auch, der die Kunst des schnellen Kopftretens zur Ge-heimwaffe seiner Armee erkor.

Später sprang der sagenhafte „Tiger", Phra Chao Seu-a, ein Mönch, inkognito in den Ring und gilt bis heute als Idol. Veranlasst durch immer mehr tödliche Unfälle und schwere Verletzungen, verbot die Regierung den Zwei-kampf um 1925 – um ihm zehn Jahre später, mit neuen Regeln versehen, ein großartiges Comeback zu besche-ren.

Thailands armer Nordosten ist nicht nur ein uner-schöpfliches Reservoir für die Prostitution, auch die al-lermeisten Muay Thai-Kämpfer stammen aus dem Isaan. Wer sich hier als kräftiger, willensstarker Bauernbursche durchschlägt, dem liegen vielleicht irgendwann sogar die Ringbretter in Bangkok zu Füßen.

Doch das Training in den Camps der Muay-Clans ist Kasteiung: 5 Uhr wecken, Dauerlauf, Seilspringen, Sand-sacktraining, Kämpfe mit Sparringpartnern. 22 Uhr Nachtruhe im Schlafsaal. Siebenmal pro Woche, zwölf Monate im Jahr dieselbe Routine. Dann geht's schlagend, tretend, kämpfend auf Tournee durch die Provinzen. Wenn die Ochsentour in der Lumpini-Arena gipfelt, fühlt sich der Muay im Olymp.

Einer der es geschafft hatte, war Prinya Kietbusaba, eine schrille Legende aus Chiang Mai, mit Spitznamen Tong Tuhn („Junger Bruder Tuhn"). Der knallharte Haudrauf war ein *Kathoey* oder Transvestit. Greller Lippenstift, Lidschatten und dick aufgetragene Schminke hießen nicht, dass sich hinter der Maske ein Scharlatan versteckte. „Tuschkasten Tong" war eine erstklassige Kampfmaschine, die kaum einen Fight verlor.

Den Durchbruch erkämpfte er sich, als er den bislang besten Boxer Thailands in der dritten Runde auf die Bretter schickte. Bevor die Arme in Siegerpose hochflogen, drückte Tong dem Ausgenockten ein zärtliches Küsschen auf die Wange – die Menge tobte vor Begeisterung. Bangkok hatte seinen sanften Helden. Bald erboxte sich Tong so viel Geld, dass er sich seinen ewig gehegten Wunsch erfüllen konnte: die Umoperation zur Frau. Heute erhält er als gefeierte Nacht-Club-Sängerin Standing Ovations.

Hier war das Publikum auch nicht mehr zu halten. Längst versagten die Stimmen der Trainer. Der Reporter plärrte sein Mikro in Grund und Boden. Rentner Peer boxte Schlagkombis für seinen Freund in die verqualmte Luft, als Nong ein Trommelfeuer von Tritten und Schlägen, schnell wie ein Augenaufschlag, plazierte. Das begeisterte!

Am Ende der dritten Runde fiel die Entscheidung – plötzlich und unerwartet. Pornsans Fuß zuckte hoch, knallte an den Hals. Nong klappte nach hinten, wie ein Taschenmesser.

Knockout durch einen Chip an die Halsschlagader. Peer neben mir heulte tierisch auf. Alles, nur das hatte er nicht erwartet!

Die Menge wurde für den nächsten Kampf eingeschworen. Unterdessen schoben die noch schweißnassen Gladiatoren mit dem Klingelbeutel durchs Publikum, um sich ihr Kampfgeld zu ersammeln. Nong, der „Panter auf dem Sprung" grinste so vergnügt, dass mich Zweifel beschlichen, ob er wirklich k.o. gegangen war. Panem et circenses (Brot und Spiele) für das Volk. Warum soll sich der Mensch in 2000 Jahren geändert haben?

Auf der „Walking Street" gings' zu wie auf dem Jahrmarkt. Neon illuminierte Reklame machte die Nacht zum Tag. George steuerte hinüber in die Soi 14, geradewegs zum „Pussy Galore".

„Muss das noch sein?", fragte ich, „wir sind doch Familienväter!"

„Ein treuer Ehemann in Pattaya ist, wie ..."

„... ein Diabetiker im Süßwarenladen, ich weiß".

Schon an der Tür machte die Lasterhöhle mit schlechten Fotos, von flinken Fingern durchgeblättert, auf sich aufmerksam. Schlepper eilten uns voraus. Eine schmale Stiege führte in einen halbdunklen, eiskalten Saal im ersten Stock. Die Musik dort schlug wie Stockhiebe auf uns ein. Auf der Bühne tummelten sich ein Dutzend Mädchen in Strings und winzigen Bikinis. Alle sahen sehr jung aus. Nun ist das Alter asiatischer Frauen schwer zu schätzen und die meisten sind älter als sie aussehen.

Einige rekelten sich gelangweilt zwischen den Metallstangen. Gebärden und Hüften mimten Erregung. Doch ihre Augen waren woanders, irgendwo in der Ferne und die Blicke erinnerten an die, alter, geistesabwesender Frauen. George bezog Stellung an einem Tresen neben der Bühne, weniger als einen Meter von den Füßen der Girls entfernt.

„Da läuft das Pausenprogramm", erklärte er.

Die Mädchen hatten strenge Arbeitsteilung. Wer nicht auf der Bühne wirkte, bearbeitete die Kunden, unterschiedlich intensiv: eng umschlungen auf einer Tanzfläche, auf Schößen thronend, kuschelnd in kleinen Nischen. Kaum hatten wir die Plätze eingenommen, hakte sich ein Schwarm Animierdamen in kappen Textilien bei uns unter und säuselte unverständliches Englisch in die Ohren. Der Tonspektakel machte den Austausch von

Förmlichkeiten, wie Name, Alter, Herkunft zur Intimität, bei der der Mund ans Mädchenohr gepresst wurde und die Nase in parfümierte Haare.

Die an meinem rechten Arm nannte sich Pat, sie bat um eine Cola. Nat links, pummelig mit schiefen Zähnen, zog Kloster-Bier, für vier Dollar die Flasche, vor. In Nachtclubs vergeht mir schlagartig jegliche Stimmung. Das mag daran liegen, dass uns in Hamburg in punkto Nachtleben so leicht niemand etwas vormacht. Andererseits wollte ich auch kein Spielverderber sein, schwor beide auf Cola ein und erklärte Nat, dass ich wie Rockefeller sei, nicht so reich, aber so geizig. Sie verstand mich und verdrückte sich nach der Cola.

Pat war hartnäckiger. Als sie meinen Ehering entdeckte, streichelte die mein Knie und erkundigte sich nach Kindern. Zwei Jungs machten Eindruck. Sie hätte zwei Mädchen, um die sich ihre Mutter in Chiang Rai kümmere.

Ich dachte an Sami.

„Wie lang du in Thailand?", fragte sie.

„Einige Wochen werde ich wohl bleiben - auch nach Chiang Rai fahren."

„Oh, ich reisen mit dir."

„Und ich soll dein Sugardaddy sein, was?"

Sie kicherte. „Tag Tourist-Guide, Nacht Frau."

Jetzt musste ich lachen. Es gab triftige Gründe das Angebot abzulehnen: meine richtige Frau, meine Mission, die Möglichkeit, dass sie Aids hatte, zumindest die „Saigon Rose", eine bösartige Form der Syphilis. Unauffällig warf ich einen Blick auf Armbeugen und Knöchel. Nicht auszuschließen, dass sie eine *pei* (Ente) war. So werden Heroinsüchtige genannt, die sich spritzen, weil sie wie Enten im schmutzigen Wasser leben.

Ich schaute in ihr erwartungsvolles Gesicht mit der lustigen Stupsnase, schönen Zähnen, der glatten, braunen Haut und schüttelte den Kopf. Ein flinkes, trauriges Lächeln huschte über die Mundwinkel. Ein *farang* und Kenner der Szene behauptete einmal: „Nimm dir immer zwei Thai-Frauen, wenn du eine nimmst, verliebst du dich in sie!"

Pat blieb an meiner Seite. Um auf sich aufmerksam zu machen, blies sie mir von Zeit zu Zeit den würzig-frischen Rauch ihrer Mentholzigarette ins Gesicht. Ihr Glas war leer. Ich wusste, dass sie auf Provisionsbasis arbeitete. Für eine Cola bekam sie zehn Cent, für ein Bier fünfzig. Der Chef und seine Helfer beobachteten die Mädchen, wenn eine zu lang vor dem leeren Glas saß, wurde sie abgemahnt. Der Gast bekam davon nichts mit.

Ich schaute mich um. An George und Deng grapschten die Mädchen herum, wie ein Säugling an seiner Mutter. Es war zu bemerken, dass die beiden mit dem Angebot nicht recht zufrieden waren. George hatte eine andere im Auge und gab der einen Drink aus, worauf die an seiner Seite ärgerlich lamentierte: „You dirty butterfly!"

„Was haben die beiden?", fragte ich Pat.

„*Farang*, treuloser Schmetterling, fliegt von Blüte zu Blüte. Barmädchen nicht mögen."

Heute Abend hatte ich Spendierhosen an und ließ für Pat ein Bier kommen. Rockbeats verfielen zu Blues. Bei „Daddy-Cool" konnte man sich sogar unterhalten.

„Die Show beginnt!", hörte ich George.

Ein Mädchen huschte auf die Bühne, war im Nu nackt und verrenkte sich wie ein Fakir.

Als sie in einer Art Yoga-Stellung verharrte, war Pattons Kommentar: „The position." Das Mädchen bog sich nun nach hinten und stieß mit dem Kopf an den Boden. Ich staunte über ihre Biegsamkeit. Über das, was uns da offen, klaffend anstarrte, schweigt ein Gentleman. Wenngleich Gäste derbe zu johlen begannen: „Eh, hast du das schon mal gesehen?" – „Der nackte Wahnsinn!" Als die „Künstlerin" nun eine Cola-Flasche verschwinden ließ, war mein Bedarf gedeckt.

„Ich empfehle mich!"

„Du nix mögen Pussy-Show?", fragte Pat.

„Kann mir Erbaulicheres vorstellen."

„Ich zeigen Pussy mit Stäbchen – nachher."

„Du auch?“

„Alle Mädchen machen Pussy-Show!“

Die Musik wurde leiser und eine Stimme bedankte sich bei Lynn, der „Künstlerin“ für ihre sensationelle Darbietung. Deng war zwar mächtig mit seinem Mädchen beschäftigt, aber ich merkte, dass die Auftritte auch nicht ganz nach seinem Geschmack waren. Als die nächste Nummer lief, stand ich auf und gab Pat das Geld.

„Willst du nicht noch die Murmel-Pussy sehen?“, fragte George.

„Danke, ich geh’ ins Hotel.“

Auf der Bühne war ein süßes Mädchen damit beschäftigt, sich eine schier endlose Schnur mit aufgereihten Kügelchen aus dem Körper zu ziehen...

Vor der Treppe hing ein roter Vorhang, der allerdings etwas auseinanderklaffte, so dass ich einen Blick auf den kleinen Buddha-Schrein werfen konnte. Schnittblumen, etwas Reis, Bonbons, abgebrannte Räucherstäbchen, lagen auf dem Altar. Im Profil erkannte ich Lynn, sie war gerade dabei, ein frisches Stäbchen zu entzünden. Beichte oder Ablass? Das war die Frage.

„Have a nice night!“, wünschten die Schlepper scheinheilig. Sicher verwundert, dass sich der *farang* allein verdrückte. Ich stand in der tropenheißen Nacht, als George rief: „Nun warte doch, woll’n wenigstens noch ’nen Absacker trinken.“

„Meinetwegen – und wo?“

„In der Bar vom *Ambiance*, drei Straßen weiter.“

Deng, ziemlich angetörnt, hielt gleich auf zwei Girls zu, die ihre Hälse nach ihm gereckt hatten. Er lud sie zum Bier ein. Die Damen hatten sofort gecheckt was mit dem „Moneymaker“ los war. Bevor sie tranken, ließen sie grinsend die Finger an den Flaschenhälsen auf und ab wandern. Sie behaupteten, Schwestern zu sein und Studentinnen. Ich ging davon aus, dass sie logen. Taten sie es nicht, war zumindest ihr Spiel mit den Flaschen höchst ungewöhnlich.

Rose, groß, gut gewachsen, mit tintenschwarzem

Haar, hatte eine ungemein sympathische Art Englisch zu sprechen.

Ihre jüngere Schwester, Noi, was „Klein" heißt, schien mir eine Eurasierin mit feinen Gesichtszügen und seidigem Teint zu sein. Ihr kleiner, runder Po steckte in engen roten Hosen. Verdammt, ich musste gestehen, die beiden waren eine Versuchung!

Während sich Deng mit Rose beschäftigte, verschlang der Amerikaner die Schwester mit Blicken. Und ich stand da und beobachtete in der Tradition des ehrbaren Reporters.

Die Bar war mit Ausländern gerammelt voll. Den vielen knutschenden und kuschelnden Paaren nach zu urteilen, mussten die Akademie-Schwestern kurz vor uns gekommen sein. Anderenfalls wären sie unmöglich noch allein. Außerdem schienen sie Stammgäste zu sein, so wie sie mit dem Barmann Blicke tauschten und sich in Thai über die Avancen von Deng und George amüsierten.

Rose trank einige Schlucke, umklammerte kokett die Flasche mit beiden Händen. Vermutlich kannte der Barkeeper die Nummer und verdrehte die Augen. Sie schüttelte die Flasche bis das Bier schäumte. Nun stülpte Rose ihren roten Mund über den Flaschenhals, täuschte Lust und Genuss vor, wobei sie ihre Augen verzückt schloss, dann wieder öffnete und Deng frech belauerte. Das zeigte Wirkung! Unterwärts fingerte Deng an ihr herum, als hätte er Parkinson. Ihre Hand glitt an der feuchten Flasche auf und ab – schneller und schneller. Die Show bekam lüsterne Gaffer. Deng standen Schweißperlen an Schläfen und Hals. Alle ahnten was jetzt kam: Rose öffnete den Mund. Weißer Bierschaum sprudelte empor, lief ihr über Lippen und Kinn, an der Flasche entlang auf den Tresen.

Deng schluckte trocken. Sie lächelte verzückt, an ihrem Kinn glitzerte Schaum. Das Publikum applaudierte. Deng war verzaubert, George stöhnte: „Bin auch nur ein Mann mit Gefühlen und Hormonen. Dengs Hose wurde zum Zirkuszelt, damit es nicht so auffiel, setzte er sich

anders hin. Plötzlich schwang sich Rose auf seinen
Schoß und drückte ihre Wange an die seine. Ihren Po ru-
ckelte sie in eine gemütliche Lage.

„Hi, big man, I feel something strong. – You show me
your rocket to night?"

„Aber ja doch, Zuckerpuppe."

„Vorher noch 'n Pikkolo – und du weißt ja: no mo-
ney, no honey!"

Zum Takt der Barmusik wippte sie erbarmungslos auf
ihm herum. Er jammerte: „Alles was du willst Darling,
aber beeil dich!"

„Oh Deng", hauchte sie und klimperte mit den Wim-
pern.

Etwas weiter klagte George: „Alles nur, weil wir 'n
Absacker wollten!" Nois Finger machten sich an seiner
Safarihose zu schaffen.

In Pattaya blieb in dieser Nacht niemand verschont.
Ich fühlte plötzlich Arme wie Schraubstöcke um meine
Hüfte und blickte in ein breites Gesicht mit fletschenden
Zähnen.

„Ich Fon und du?"

Mir blieben Luft und Worte weg. Es war, als hätte
mich die dickste Mami der Stadt in den Fängen und
drückte ihre prallen Schenkel gegen die meinen. Ein
Wink des Schicksals? Wer weiß was passiert wäre, wenn
Noi zwei Schwestern gehabt hätte? Höflich entschuldigend, befreite ich mich aus dem Clinch des weiblichen
Sumo-Kämpfers. Sie machte einen letzten Versuch: „Du
lieber Mann, mein Number One Moviestar."

„Klar doch, Fon. Ich bin dein Marlon Brando."

„Genau!"

Jetzt wurde es höchste Zeit. Ich rief: „So long!", in die
Bar und die liebestollen Gesichter meiner Kumpels, dann
eilte ich auf die Straße, dem Hotel zu. Im Foyer verlangten die Sugardaddys ihre Zimmerschlüssel und ich sah in
die gelangweilten Masken ihrer Mädchen. Eine sichere
Art, sich zum Affen zu machen!

Auf dem Weg durch den Flur zu meinem Zimmer

hörte ich Laute, die an das Gurgeln und Stöhnen Sterbender erinnerten. Dann, so allein in meinem Bett, kam ich mir auf einmal doch nicht so dumm vor, eher etwas traurig... Auch der schönste Körper wird Futter für die Würmer... aber ich schlief rasch ein... bis ich träumte: Fon, was „Regen" heißt, hatte sich wie ein Unwetter auf mich gestürzt, schlug und prasselte auf mich ein, dass mir die Knochen brachen, schließlich der Atem wegblieb und alles passierte auf einer drehbaren Freilichtbühne, vor großem Auditorium. Schweißnass wachte ich auf. Ich brauchte einige Zeit, um festzustellen, dass ich nicht irgendwo unter Fon, sondern im sicheren Hotelbett lag.

Der Vormittag rann träge dahin, wie Melasse. Wieder einmal warteten wir am Pool auf den mysteriösen Russen.

Ohne anwesend zu sein, bestimmte er den Tag. Sogar die Erlebnisse von gestern Nacht spielten keine Rolle mehr. George, zusehends fahriger, legte sein Handy von einer Hand in die andere.

„Du solltest unseren Partner anrufen", sagte Deng vorwurfsvoll.

„Was meinst du, was ich den ganzen Morgen versucht habe?"

Dengs Finger betrommelten in einem fort die Tischplatte. Sein provozierendes Outfit in der Hitze machte mich allmählich aggressiv. Er legte den Habitus eines Topmanagers an den Tag, schmolz in der Sonne jedoch zur Witzfigur.

„Ein englischer Börsenjobber trägt einen Bowler!", gab ich schnippisch zum Besten.

„Ein Panama wäre passender!", sagte eine raue Stimme hinter uns. Wir drehten uns um, blinzelten gegen die Sonne. Da stand er, wie aus dem Nichts erschienen.

„Mensch, Kas, wo hast du bloß gesteckt?", rief Patton erleichtert.

„Aber George, du kennst doch Kambodscha und die Grenze!"

Der Mann sprach Englisch mit kehlig-rollenden Rs,

im krassen Gegensatz zu Deng, der Rs zu Ls verstümmelte. Obgleich ich mir den Mineralogen gänzlich anders vorgestellt hatte, konnte nur er der erwartete Russe sein. Ein martialischer Typ, vielleicht 40 Jahre alt, mit schwarzen, glatt nach hinten frisierten Haaren. Eine Spiegelbrille verbarg seine Augen. An seinem Hals befand sich ein Narbenwulst. Kasmanow verkörperte einen Söldner in Zivil, direkt den „Killing Fields" entwichen. Wangenfalten durchzogen sein Gesicht wie Furchen, die Abscheu und Zynismus gegraben hatten. Er trug schwarze Jeans, darüber ein khakifarbenes Buschhemd. Ich spürte einen Händedruck, der so manches zerquetscht haben mochte. Als Gegner möchte ich Kas nicht haben. Als Partner wüsste ich nicht, wie lange das gut ging.

George legte loyal die Hand auf seine Schulter und informierte den Russen über den vierten im Bunde – ich war gemeint. Als er von Partnerschaft und Investor sprach, unterbrach ich ihn.

„Abwarten – Steine sind nicht mein Gebiet."

Kas schob die Brille auf die Stirn und taxierte mich aus schmalen, dunklen Schlitzen. Augen, die seine brutalen Furchen betonten. Ich möchte wetten, wir dachten das gleiche...

Dennoch, der Bursche war interessant, jemand mit 'ner Menge Aura. Ich war in Thailand, um starke Typen zu finden, warum vor dem ersten weglaufen? Zwei Polizisten schlenderten an den Pool. George nickte ihnen freundlich zu. Kasmanow drehte sich zur Seite und ließ die Brille auf die Nase rutschen.

An der Mine sind wir für Morgen Mittag avisiert", sagte George, „wir nehmen später ein Taxi und eruieren vorab Chanthaburi und das Umfeld." Wir nahmen wieder Platz. Es ging jetzt um taktische Details für die morgige Verhandlung, um die Gestaltung des Pachtvertrages, die Vorgehensweise beim Schürfen, Transport und Vermarktung der Steine, Partnerschaftsmodalitäten... Die Meinungen waren ziemlich kontrovers. Nach längerer Zeit warf ich ein: „Sind das nicht ein bisschen viel ungelegte

Eier? Ich schlag' zur Entspannung 'ne Runde Golf vor."

„Golf?" fragten sie im Chor. Es dauerte eine Weile, bis sich das Erstaunen gelegt hatte und Deng meinte: „Keine schlechte Idee!"

George hatte sich auch an den Vorschlag gewöhnt. „Meinetwegen, mag ganz nützlich sein. – Wir haben vier schöne Plätze zur Auswahl."

Mein Vorschlag kam nicht von ungefähr. Zum einen wollte ich Thailands grüne Spielwiesen ohnehin einmal kennen lernen, zum anderen ist Golfspielen eine Charaktersache, bei der es viel zu erkennen gibt. Aus dem Angebot: Rayong Green Valley Country Club, 18 Löcher, Par 72, eingebettet in herrliche Landschaft; Eastern Star Golf Course, 18 Löcher, Par 72, fein, nobel, als Ballfresser bekannt; Laem Chabang International Country Club, 27 Löcher, Par 72, Luxusplatz, von Jack Nicklaus entworfen und Siam Country Club, 18 Löcher, Par 72, mit weiten, übersichtlichen Fairways, entschieden wir uns für den letzteren, weil er der nächstgelegene war.

Greenfee kostete 20 Euro. Die Caddies, in pinkfarbenen Blusen und weißen, großen Hüten, die viel zu viel ihrer hübschen Gesichter verdeckten, noch mal 20 Euro für 18 Löcher. Für 19 Euro pro Person rollte man uns komplette Leihausrüstungen an den ersten Abschlag.

Passionierten Golfern ist Thailand ein Traum! Rund 150 Plätze befinden sich in exzellentem Zustand, der Service ist perfekt, die Preise vergleichsweise günstig. Internationale Champions haben die schönsten Plätze Asiens mitgestaltet. Fette, weiche Fairways, ondulierte, schnelle Greens, bringen das Golferherz zum höher schlagen.

Selbst an Wochenenden dürfen in vielen Clubs auch Fünfer- und Sechser-Flights auf den Platz. Meist weibliche, gut ausgebildete Caddies sind für die Runden obligat, aber auch eine nette Gesellschaft. Es heißt, Tiger Woods sei in Thailands Destinations regelrecht verliebt, wenn nicht gar in deren Caddies?

„Was spielen wir?", fragte der Russe.

„18 Loch, über die Scorekarten ermitteln wir den Sieger", sagte ich.

„Langweilig! Schlage vor, das Loch um 60 Dollar. Der Zweite zahlt 10, der Dritte 20, der Vierte 30 an den Ersten", erklärte Kas.

„Wenn's sein soll – o.k.", meinte Deng.

So ganz passte mir die Abzockerei nicht, der Schwächste konnte mal eben 1080 Dollar verlieren. Aber ich fügte mich.

„Den Sieger erkennst du am Start!", tönte George, der die Ehre des ersten Abschlags durch Los erwarb. Er zog den Driver aus dem Köcher, schritt zur Markierung und feuerte seinen Ball vom Tee – bestimmt 220 Meter weit.

„What a shot!", entwich es Deng. Der wählte Holz 3 und schoss einen Fade von links nach rechts an einer Palme vorbei. Nicht ganz so weit, aber professionell gezirkelt. Kasmanow sprach den Ball etwas lässig an und schlug ihn mit einem Hook 180 Meter weit, aber ins Rough. Mein Straight entwickelte sich gut, ließ den Ball aber leider im Bunker landen. Die Präsentation am Start konnte sich sehen lassen. Ich schätzte, dass die Burschen Handycaps zwischen 18 und 30 hatten...

In breiter Front marschierten wir über den Fairway, unseren Bällen zu. Dabei versuchte Kas seine Caddie „Tuk" (Puppe) für sich einzunehmen. Sie kannte ihre Wirkung auf *farangs*, blieb höflich und bewundernswert neutral. Eisen sieben beförderte seinen Ball aus dem Rough vor frontales Wasser, dabei tönte irgend ein russischer Fluch über den Platz. Deng schickte seinen Ball nun über alle Hindernisse aufs Green. George zog nach. Ich kam aus dem Bunker und landete auf dem Vorgreen. Glück gehabt! Zufrieden putzte ich mein Sand Wedge sauber.

Kasmanow schlug mit Eisen 2 über das Wasser, aber zu kräftig und zu flach. Der Ball rollte übers Green... verschwand mal wieder im Rough. Wir schlenderten zum Loch. Ich behielt den Russen im Auge, der da im hohen Gras suchend herumstocherte. Tuk hatte er den Rücken zugedreht, als plötzlich etwas weißes aus seiner Tasche fiel. Ohne etwas zu sagen, spielte er den unerlaubten Ball. Aha, dachte ich, das kann ja heiter werden, wenn er schon am ersten Loch betrügt!

George hielt die Fahne. Er lag dem Loch am nächsten. Deng zog seinen Putter. Konzentration. Leichter Schlag. Der Ball rollte ideal vors Loch... und verhungerte fünf Zentimeter davor. „Never up, never in! (Ein zu kurzer Ball geht nie ins Loch!)" kommentierte Deng das Pech. Kas spielte seinen neuen Ball – und versenkte ihn. Ich blieb ruhig. George touchierte, sein Putt ließ den Ball ins Loch schlüpfen, wie 'ne Maus in ihr Nest huscht. 60 Dollar an den Amerikaner. Als vierter musste ich dreißig herausrücken.

Mit wechselndem Glück kämpften wir uns an Loch 12. Deng spielte vorbildliches Golf. Vor uns lag ein Par 5 als Dogleg, eine 490 Meter lange, mit Links-Knick angelegte Bahn. Am Abschlag hatte Deng, der zuletzt 60 Dollar einheimste, die Ehre. Er wählte hier Holz 1 und hielt den Schläger so leicht in den Händen, als ob er ein lebender Zaunkönig sei. Dann klang es wie ein Schuss und vom Tee fegte der Ball, wie von einer Kanone abgefeuert.

„Er hält den Schläger wie einen Geigenbogen", hatte auch George bemerkt und denkt nur an das Ziel!" Kasmanow feuerte den Ball in den künstlich angelegten Pinienwald im Knie. „Die Wälder sind voller langer Abschläge", frotzelte ich. Der Russe warf mir einen bitterbösen Blick zu. „Aus Harveys Weisheiten", erklärte ich. Das beruhigte ihn. Harvey Penick ist eine Golf-Legende, die wie ein Guru verehrt wird.

Auf dem Fairway überflog uns jäh ein Ball, ohne, dass jemand „fore" gerufen hätte. Deng winkte den Marschall heran, reklamierte die Sauerei und verlangte vom hinter uns spielenden Flight eine Entschuldigung. Noch nie sah ich einen Marschall dermaßen verlegen. Anstatt der Gruppe in unserem Rücken den Marsch zu blasen, er hätte sie auch des Platzes verweisen können, faselte er etwas von hohen Offizieren und wir sollten schneller spielen. Deng war außer sich. Am 13. Abschlag warteten wir, um uns die Rüpel aus der Nähe zu betrachten.

Es handelte sich um drei ältere Thailänder in Golfhosen und gebügelten, weißen Hemden mit Ordensspangen. Ein merkwürdiger Aufzug! Deng schritt zu dem Älteren und stellte ihn zur Rede. Der fauchte etwas durch ein paar Goldzähne und drängte sich mit seinen Mitspielern an den Abschlag. Unter eklatanter Verletzung der Etikette. Wir bekamen einen kleinen Einblick in Thailands Obrigkeit. „Soldaten sterben, Generäle siegen!" war alles, was Deng darauf antwortete. In ihm kochte die Wut, aber sein Spiel wurde immer besser. Zwanzig Meter vor Loch 14 führte er uns einen Eisenschlag mit Backspin vor, der war einfach atemberaubend. Der Ball flog hinter das Loch, dann tanzte er zurück zur Fahne. Damit hatte Deng sein zweites Birdie gespielt und lag mit Abstand vorn. Kasmanow befand sich infolge seines unfairen Spiels an zweiter Stelle. Er war versessen, den kleinen, unscheinbaren Asiaten zu schlagen.

Am Bunker fiel George auf, dass der Russe den Ball vor seinem Schlag berührt hatte, – dennoch weiter spielte. Aus der markierten Fläche „Boden in Ausbesserung" schnickte er seinen Ball dreist heraus und als er vor Loch 15 wieder heimlich einen neuen Ball an der Auslinie plazierte, war das Maß voll. Deng und ich hatten es mitbekommen. Der Thai pfiff und Tuk, die bei den vorherigen Schweinereien schamvoll weggeguckt hatte, nickte eifrig. Endlich war der Russe überführt worden! Wir brachen das Spiel ab und stampften schweigend zurück zum Clubhaus.

Wenngleich ich über das plötzliche Spielende sauer war, wie die anderen auch, so wusste ich ganz gut, wie Kasmanow einzuschätzen war. Eine Runde Golf ersetzt jeden Psychotest! Wie heißt es so gut: Charakter ist Schicksal und Schicksal ist Charakter.

Nun war ich gespannt, wie George und Deng den Vorfall beurteilten.

Am Golfshop erhielten die Caddies ihr Trinkgeld. „*Korp-koon* (danke)“, sagten sie rasch und Tuk, das süße Püppchen, flüsterte noch: „*Kor-toht* (tut mir leid)“. Damit trippelte sie davon, der Peinlichkeit zu enteilen. Der einzige, der tat, als ginge ihn all dies nichts an, war Kasmanow: „Auf zu den Minen!“, ließ er seinen Bass rollen.

Verführung in Steinen

Schwitzend, stinkend in einen Honda gezwängt, brausten wir auf der Nationalstraße 3 Chanthaburi entgegen. Gleichzeitig rückte Kambodscha näher und näher. Neben Burma war und ist das Land der Khmer Thailands östlicher Rivale. Und deren Wettstreit treibt bisweilen groteske Blüten: Anfang 2003 löste die schöne Suwanan Kongying, genannt Kob, Thailands beliebte Schauspielerin, eine Krise aus. „Lieber wäre ich ein Wurm im Schlamm, als dass ich nach Kambod- scha reisen würde, so lange die Ruinen von Angkor Wat nicht an deren rechtmäßige Besitzer Thailand zurückgegeben würden."

Ihr angebliches Postulat brachte die Nachbarn auf die Zinne. Die Folge war ein beispielloser Amoklauf mit Todesopfern. Thailand hatte Staatsbürger evakuieren müssen, die Grenze geschlossen, Kambod- scha mit dem Abbruch aller Beziehungen gedroht, nachdem der Mob Thailands Botschaft und thailändische Geschäfte in Brand gesteckt hatte. Der Botschafter rannte um sein Leben und flüchtete per Boot in ein Hotel.

Frau Kongying tauchte unter und beteuerte, nie etwas derartiges gesagt zu haben. Darauf hin hieß es in der Presse Kambodschas: „Ein Gerücht sei das Zitat." Allein, die Erklärung kam zu spät, die bilaterale Seifenoper war zur Staatsaffäre hochgekocht. Thailands Premierminister Thaksin Shinawatra mobilisierte ein Eingreifkommando, um notfalls Bürger aus Phnom Penh herauszukämpfen. In der kambodschanischen Hauptstadt ließen 500 Thais ihre zertrümmerten Geschäfte, Hotels und Restaurants im

Stich und flüchteten in bereitstehenden Militärmaschinen.

Während Kambodscha unter Bomben, dem Terror der Roten Khmer, Vietnams Invasion und Bürgerkrieg in Schutt und Asche zerfiel, begann Thailands Aufschwung. Neid ist die Wurzel allen Übels – so liegt nahe, dass Kongyings Äußerung absichtlich verdreht wurde. Extremisten und Oppositionelle wiegelten den Straßenmob auf, dem ungeliebten, reichen Nachbarn eins auszuwischen. Warum nur? Geschichtlich begründeter Erbstreit?

Thailand ist Kambodschas Brücke zur Außenwelt. Was im östlichen Armenhaus gebraucht und begehrt wird, stammt aus Thailand. Die Streithähne von Ost und West ließen sich erst durch das besonnene Eingreifen König Bhumipols beruhigen.

Das einflussreichste der vorsiamesischen Königreiche war das der Khmer mit ihrem Zentrum Angkor. Im 11. Jahrhundert herrschten die Khmer über Kambodscha und über weite Gebiete des heutigen Thailands. Dann, im frühen 13. Jahrhundert verblasste die Macht der Khmer, zurück blieb ihre noch heute bestaunte Baukunst. Phimai, Phannom Rung, Lopburi im Nordosten Thailands beherbergt das kulturelle Erbe in Form großartiger Khmer-Tempel. Doch über allen strahlt Angkor Wat, das „vergessene Kloster". Vom Dschungel überwuchert, schlummerte die einmalige Anlage 430 Jahre lang, bis zur Wiederentdeckung 1860.

Von Siam und Vietnam in den Schraubstock gespannt, schrumpfte der Einfluss des Königreichs Kambodscha zur Ohnmacht - bis das Reich 1867 französisches Protektorat und ab 1888 ein Teil von Französisch-Indochina wurde. Im Grunde hat sich der Leidensweg des alten Kulturvolks bis in die Moderne fortgesetzt: Ab 1960 geriet das Land als Aufmarsch- und Rückzugsgebiet, sowie als Nachschubbasis für den Ho-Shi-Min-Pfad, mehr und mehr in den Sog des Vietnam-Kriegs. Westliche und östliche Ideologien spalteten König Sihanouks wiedererlangte, fragile Unabhängigkeit. Im östlichen

Kambodscha gründeten die Kommunisten, als „Rote Khmer" bekannt, eine „Nationale Befreiungsfront".

Zwischen Amerikanern und Vietnamesen schwiegen 1973 die Waffen. In Kambodscha dagegen entfachte der Dschungelkrieg unter republikanischen Truppen und den „Roten Khmer" ein wahres Inferno, das 1975 mit dem Fall Phnom Penhs und dem Zusammenbruch der Republik in einen Völkermord mündete, dem schlimmsten nach dem 2. Weltkrieg! Von der schaurigen Zeit unter Pol Pot, dem Bürgerkrieg, den Säuberungsaktionen auf den „Killing Fields" hat sich Kambodscha noch nicht erholt. „Apocalypse Now", Francis Ford Coppolas Film, gewährt einen kleinen Einblick in diese Zeit des Schreckens. Da kämpft sich Captain Willard durch die verbombte grüne Hölle Vietnams, um Kurtz im Auftrag der US-Armee zu liquidieren. Der wahnsinnige Colonel Kurtz (Marlon Brando) führt im kambodschanischen Dschungel eine Terrorherrschaft. Ein Film nach Motiven aus Joseph Conrads „Herz der Finsternis". In Kambodscha hat es viele Kurtz gegeben und es gibt sie immer noch!

Ich blickte aus dem Fenster. Der Fahrer holte aus seiner Chaise heraus, was herauszuholen war. Dabei grinste er, als hielt er für uns irgend eine teuflische Überraschung parat. Eine nichts sagende, von Feldern, Palmen, Schutthalden und ärmlichen Häusern durchsetzte Landschaft flog an uns vorbei. Wir reisten nicht wie künftige Herren einer Edelsteinmine, eher wie Bankrotteure auf der Flucht vor ihren Gläubigern. So zwischen Deng und Kas eingezwängt, mochte ich meinen, dass Sardinen in der Dose über mehr Platz verfügen. Mein rechtes Bein war eingeschlafen und jedes Mal, wenn ich mich zurechtrückte, drückte ein harter Gegenstand in der Taille.

„Kas, nimm' endlich mal das verdammte Teil da weg!"

Er schob sein Hemd zur Seite, griff an seinen Gürtel und zog eine Smith & Wesson, 9 mm, Modell 547 aus dem Holster. In der Trommel steckten Patronen.

„He, willst du jemanden umlegen?“, fragte ich.

George warf einen Blick nach hinten, sah den Revolver, sagte aber nichts.

„Ich komme aus Kambodscha, mein Lieber. Und es gibt Ecken dort, die sind ’ne Unterwelt!“ Kas wendete sich zum Fenster, schaute hinaus, als suchte er etwas bestimmtes. Nach geraumer Zeit ließ er auf einmal seinen Erinnerungen freien Lauf: „Thailand ist auch schmutzig, aber in Kambodscha ist alles dickflüssiger, gelber Schlamm. Als würde das Land unentwegt kotzen und scheißen. Nur die Luft ist klar und kühl, mit dem, was sich unten auf der Erde abspielt, will sie nichts zu tun haben! – Die Menschen sehen anders aus. Es sind die Gesichter. Die Thailänder haben einen friedlichen Ausdruck, aber die Khmer sehen verloren aus: leere Augen in ausgebrannten Köpfen ...“

Kasmanow seufzte müde und fuhr fort: „ ... der kleine Kambod- schaner näherte sich mit erhobenen Händen. Der Wind säuselte, ein Vogel pfiff, Affen schrien, ich riss mein Sturmgewehr vom Tisch und jagte ihm eine Garbe in den Bauch. Der Kleine hob vom Boden ab. Seine Arme klappten weg. Löcher durchzuckten seinen Körper und schleuderten rotes Gekröse hinter ihn. Dann flog er wie eine Stoffpuppe auf den Rücken. ,Gute Arbeit‘, lobte der Feldwebel, ,der Bastard ist ein Roter, ich bring ihn auf die Liste, Kas!‘ Der Feldwebel ging zum Toten, trat gegen den Körper, als würde er einen Reifen prüfen. Er klappte sein Armeemesser auf, schnitt dem Kleinen ein Ohr ab. Blut spritzte ihn rot. ,Scheiße!‘ rief er ins leblose Gesicht. ,Hat einer von euch ’ne Kamera?‘...“

Der Russe sprach leise, wie zu sich selbst. Aber ich hatte jedes Wort verstanden. Nietzsche prägte: „Wenn du lange genug in den Abgrund schaust, schaut er zurück und lässt dich nicht mehr los.“ Ich glaube, Kasmanow hatte tief in Kambodschas Abgründe geblickt – bis er einer jener Jäger wurde, die Conrad „Mr. Kurtz“ nannte, Ausgeburten des Bösen.

„In Phnom Penh hab' ich billig Jade gekauft. Vom Erlös erstand ich den besten Nachtclub der Stadt. UN-Soldaten waren meine treuesten Kunden. Wenn ich erzählen würde, was da lief, Kofi Annan fiel vom Glauben ab! – Eines Tages stolperten mir zwei junge Deutsche über den Weg. Mit dem Zug seien sie nach Sianoukville gefahren. Eine Strecke, die damals ständig von den Roten Khmer überfallen wurde. Im ersten Holzwaggon hätten sie gesessen, wo sie umsonst mitfahren konnten, weil dieser Wagon als Minen-Rammbock vor den Zug gesetzt wurde. ‚Das kribbelt ganz schön' meinten die Burschen. – Um die Bürgerkriegsparteien zu befrieden, kam vor zehn Jahren die UNO ins Land. Mit ihr hörte zwar das Morden auf, dafür waren Korruption, Hurerei und andere Schweinereien fruchtbarer als Mekong-Uferratten. Kambodscha ist das einzige Land der Welt, wo du auf dem Motorrad durch die Gegend fährst, hinter dir 'ne Nutte im Sattel, in der Tasche 'ne geladene Pistole und im Mundwinkel 'nen Joint – die Polizei verwarnt dich höchstens, weil du mit 100 Sachen durch die Dörfer preschst."

1992 entdeckte auch eine andere Klientel das neue Kambodscha: von Interpol gesuchte Verbrecher. „Kinder" von Kriegsgewinnlern wie Kasmanow, deren „Väter" sich mittlerweile den geilen Kick von Gefahr woanders suchten. Im Edelsteingeschäft Thailands? Die Gesellschaft der „Partner" wurde mir allmählich unheimlich.

Siu Village: Wir verließen die Hauptstraße und fuhren jetzt durch Buschland, das von braunen Trichtern und aufgerissenen Steilhängen durchsetzt war.

„Das Minengebiet!", sagte George.

Wir schauten aus dem Wagen, um irgendetwas Besonderes zu erspähen. Außer der verwaisten Kraterlandschaft konnte nichts entdeckt werden. Die Edelstein-Abraumhalden wirkten wie verlassene, kleine Bergwerke, in denen vor langer Zeit Kohle im Tagebau gewonnen wurde. Zu den einzelnen Claims führten unbefestigte

Wege, die ein Schlagbaum versperrte. Dahinter, gerade noch einsehbar, befanden sich Wellblechhütten mit einem Areal voller Gerümpel. Schrotthaufen, die einst den Maschinenpark repräsentieren mochten. Wir brausten südlich an Chanthaburi vorbei, in Richtung Trat. Auf halbem Weg, irgendwo in der Wildnis, sollte sich „unsere" Mine befinden, erklärte Patton.

Eine Viertelstunde später stoppte der Wagen vor einem Schild mit der Aufschrift: „Zutritt streng verboten!", las Deng laut vor. Wir stiegen aus, krochen unter den Schlagbaum und wurden von einem wütenden Kampfhund empfangen. Bevor der einen von uns anfallen konnte, riss ihn eine Kette zurück. In einem weiten Bogen erkundeten wir das verlassene Gelände. Nicht einmal ein Platzwart tauchte auf. Angelegt war der Claim wie die Minen ringsum: vier große Krater, mehrere Haufen Abraum, eine Geröllwand, die augenscheinlich vor kurzer Zeit von einer Wasserkanone bearbeitet worden war. Überall lagen Tröge und Reste einer Waschanlage herum. Auf dem Lagerplatz hatte der Besitzer verrotte Pumpen, Siebe, klobige Ventile, verrostete Dieselmotoren und einen ziemlich ausgeschlachteten Schaufellader zusammengestellt, bevor die Exploration aufgegeben wurde. Gehaust haben musste der Eigner oder seine Angestellten, in einem heruntergekommenen Wohnwagen. Das gemütlichste war die Hundehütte. Ein Fressnapf mit Wasser zeigte, dass der Dobermann regelmäßig versorgt wurde.

Auf mich machte das ganze Terrain einen ausgesprochen trostlosen Eindruck. Vielleicht lag es auch an dem schummerigen Spätnachmittag, der nichts weiter bot, als das Bild einer geschundenen Landschaft. Als George bemerkte, dass Kas und Deng ähnlich skeptisch dreinschauten, griff er in den roten Abraum.

„Saphire, Rubine sitzen im Laterit, wie Fettaugen, wir brauchen das Zeug nur herausspülen!"

„Dafür brauchen wir 'ne Menge Wasser, elektrische Energie, Siebanlagen, Arbeiter", sagte Kasmanow und ließ gleichfalls tauben Schutt durch seine Hände rieseln.

„Alles vorhanden. Die Mine war vor einem Jahr noch in Betrieb. Wir machen uns an den jungfräulichen Berg dahinten. Außerdem legen wir 'n paar Trichter an und lassen Frauen mit Sieben im Wasser fischen. – Und hier graben wir eine Schneise", Patton hüpfte vorfreudig nach rechts und gestikulierte wie ein Kapellmeister, „wir spülen von West nach Ost den edelsteinhaltigen Kies mit drei Hochdruckschläuchen frei. Den Schlamm leiten wir über zwei Rüttelsiebe. Die finale Wäsche und das Aussortieren der Edelsteine bewerkstelligen wir dort, in der Nähe des Büros. – Die Bodenschichten sind ideal, das musst du doch bestätigen, Kas!" George war die Inkarnation von Überzeugungskraft. Der Russe wog den Kopf.

„Mit dem richtigen Gerät könnte es was werden", räumte Deng ein, „allerdings muss der Preis stimmen!"

„Der stimmt! – Für Industrielle ist die Mine zu klein. – Morgen machen wir die Sache perfekt."

Chanthaburi erreichten wir bei Dunkelheit. Dem Fahrer war das Grinsen immer noch nicht vergangen. Er lieferte uns im Chantha Hotel ab, kassierte von Deng das nackte Fahrgeld ohne Tipp, was erstmals sein Gesicht gefrieren ließ und entschwand. Wir hockten uns im Restaurant zusammen, um etwas zu essen und den Ablauf für Morgen zu besprechen.

Deng rührte nachdenklich in seiner Glasnudelsuppe herum, als er fragte: „Ist es nicht so, dass die Chinesen das Geschäft im Griff haben? – Und mit den Chinesen sollte man sich nicht anlegen, stimmt's?"

„Schon richtig", meinte George, „mein Gewährsmann, Chin Nau ist Chinese, er bekommt fünf Prozent und hält uns das Kartell vom Hals. – Mit 'ner Mine mischen wir an der Quelle mit! Meint ihr nicht, dass wir langsam zu alt sind, um immer noch die Pennies aus dem Rinnstein zu klauben?"

„Hätten wir mal die Gelegenheit: Steine schürfen, veredeln und verkaufen – kassieren ohne Zwischenhandel", meinte Kas.

„Ehrlich gesagt, bin auch für Marketing aus einem Guss", sagte George, „cheers!"

Damit hob er sein Glas Reisschnaps. „Cheers!", zogen wir nach.

Meine Gedanken kreisten noch eine Weile um Juwelen. Thailands Schmuckindustrie ist die größte der Welt. Schnäppchen am Strand oder in dunklen Hinterhöfen gibt es nicht. Juweliere müssen das Zertifikat von TAT (Qualitäts-Siegel der nationalen Tourismusbehörde) vorweisen, anderenfalls ist die Ware falsch oder minderwertig. Aber selbst TAT-Urkunden können gefälscht sein, dann ist eben nicht alles Gold was glänzt...

In der Thanon Rim Nam, direkt vor dem Fenster, standen drei Polizisten und hatten die Köpfe zusammengesteckt. Ich merkte, wie sich der Russe, von eigentümlicher Nervosität gepackt, abwandte. Dann nahm ich Stimmen am Eingang wahr. Kas glitt vom Stuhl und schlich katzengleich in Richtung Hof und Toiletten. Schon hatten sich die Polizisten an unseren Tisch gesellt, sie kontrollierten unsere Pässe, wie ein Juwelier einen Vierkaräter.

„Den schon mal gesehen?", fragte der Officer und hielt uns ein Foto hin, das einen Europäer zeigte.

„Ist uns unbekannt", sagte George nach einem kurzen Blick. Die Uniformierten schauten sich noch etwas um, dann verschwanden sie. Einen Moment lang bekam ich ernste Bedenken. Der Mann auf dem Foto hätte mit wenig Fantasie Kasmanow sein können. Wurde er etwa steckbrieflich gesucht?

Als die Luft rein war, tauchte er wieder auf. Wir stellten keine Fragen, doch er merkte, dass er uns eine Erklärung schuldig war.

„Mein Visum ist abgelaufen, das ist alles."

Ich wusste, dass er log.

„Werde schlafen gehen", sagte ich und stand auf. Mein Zimmer lag im ersten Stock. Das Chantha hatte dünne Wände, allerlei Geräusche drangen an mein Ohr: eine Toilette spülte, am Vorhang raschelte etwas, wie eine

Maus. Geckos trillerten, dann summte der Ventilator. Weiter weg, Stöhnen aus einem Liebesnest. Wurde auch hier käuflicher Lust gefrönt? Der Einfall wurde von Gedanken an Kasmanow überlagert. Welche Rolle spielte der Mann? Er war ein Risikofaktor, obendrein gefährlich. War das den anderen nicht klar?

Früh wach, zog ich mich an und klopfte an die Zimmertür des Russen.

„Come in!", hörte ich von innen. Er saß auf seinem Bett, als habe er auf jemanden gewartet und spielte mit einem Wurfmesser. Zwanzig Zentimeter gnadenloser Stahl. Die Weise, wie er das Messer fasste, zeigte, dass er verstand, damit umzugehen.

„Das mit dem Visum haben Sie mir nicht abgenommen, richtig?", sagte er plötzlich.

„Spielt das eine Rolle?"

„Wenn wir Partner sind, schon."

„Wir sind keine Partner, Kas. Unsere Wege trennen sich."

Er zog die Brauen hoch. „Weiß das George?"

„Noch nicht."

„Warum sind Sie hier?", fragte der Russe erwartungsvoll.

„Mich interessiert die Szene. – Ich suche einen Mann."

„Eintauchen ohne sich nass zu machen, das gefällt mir!" Er drehte das Messer zwischen seinen Fingerkuppen, ganz spielerisch. Im Nu hatte er es an der Spitze gepackt und aus dem Handgelenk weggeschleudert. Es zitterte im Tischbein, vier Meter entfernt.

„Einen Mann in der Schürferszene?"

„In der Drogenszene. Das vermute ich jedenfalls."

„Na, dann viel Spaß, die ist riesengroß in Thailand. – Wie heißt der Mann?"

Ich sagte es ihm. Doch er konnte mit dem Namen nichts anfangen.

Kas stand auf und zog das Messer aus dem Holz.

Das ist mein Kambodscha-Messer. Es könnte 'ne

Menge Geschichten erzählen. Verdammt blutige Geschichten! Ich hab's von einem Roten, der mich abstechen wollte..."

„War wohl zu langsam?"

„Zu ungenau. Das Messer sauste in den Halsmuskel."

Ich schaute mich im Zimmer um.

„Kein Gepäck?"

„Wer mit wenig reist, singt den Räubern ins Gesicht, – ein chinesisches Sprichwort. Ich lebe wie ein Flüchtling. Was ich brauche, passt in die Schultertasche. Musste im Laufe der Zeit `ne Menge Hinterhalte parieren. Reichlich Straßenkämpfe, Heckenschützen, versteckte Bomben, Sprengfallen und die ganze Scheiße erleben. Mit `nem Haufen Gepäck wär' ich lange unter der Erde. Jahre in der Hölle des Krieges prägen. Aber was sag' ich, haben Sie jemals 'ne Granate explodieren hören, so schön dicht, dass das Trommelfell platzen will? Na, haben Sie? – Sagen Sie 's!" rief er.

Ich hörte die Bomben, Granaten, die Einschläge von Kandahar, im Süden Afghanistans, aber ich antwortete stattdessen: „Kommen Sie, wir gehen zu den Anderen."

„Spazieren wir zur Einstimmung über den Saphire Market", riet George, „es ist der größte Edelsteinmarkt Asiens, wenn nicht überhaupt. Steine werden täglich ge- und verkauft, aber heute, am Samstag ist am meisten los."

Wir schlenderten in südlicher Richtung der Innenstadt zu. Träge wälzte sich der Chanthaburi River parallel zur Thanon Rim Nam Road und begleitete uns ein Stück des Wegs. „Stadt des Mondes" heißt das Edelsteinzentrum mit seinen 45 000 Einwohnern. Ein großer Teil der Bevölkerung besteht aus christlichen Vietnamesen, die nach der Machtübernahme der Kommunisten aus dem Süden ihres Landes flüchteten. Unterwegs in die Thanon Si Chan, wohl die wichtigste Straße der Gem Dealer, fiel die französisch-vietnamesische Architektur älterer Wohnhaus- und Ladenfassaden auf.

Die im französischen Stil errichtete Kathedrale ist das

größte Gotteshaus Thailands. Es stammt, wie die kleine Missionskapelle nebenan, aus dem 18. Jahrhundert.

Wir standen am Beginn der Thanon Si Chan und sahen uns flankiert von einer Unzahl kleiner Kabuffs, in denen sich Männer aller Hautfarben gegenüberhockten. Auf Schemeln, klapprigen Bürostühlen, Holzbänken, im Schatten greller Strahler, die gebündeltes Licht auf tuchbespannte Tische warfen. Die Männer waren mit starken Lupen bewaffnet, durch die sie auf bunte Steine stierten. Irgendwie geheimnisvoll, konspirativ. Hier wurden Geschäfte getätigt, aber keine üblichen. Wir gingen tiefer in die Straße hinein. Kleine Ladenbüros wechselten sich mit Räumen ab, die an Billardsäle erinnerten. Auch in diesen Sälen saßen sich Männer an schwarz bezogenen Tischen gegenüber. Es wurde kaum gesprochen. Die Rituale waren bekannt:

Inhalte brauner Papiertütchen wurden auf den Tisch geschüttet. Das Gegenüber, der Käufer, klemmte sich eine Lupe vors Auge, packte einen Stein nach dem anderen mit der Pinzette, hielt ihn in den Lichtkegel.

Allmählich bildete sich auf seiner Seite ein neues blass-rotes Häufchen. Kleinere Steinchen wurden nun als Schüttgut, die größeren einzeln auf Schälchen einer Hebelwaage gelegt. Der Käufer, er mochte ein Inder oder Pakistani sein, klaubte aus dem einen Hosenbund eine durchsichtige Plastiktüte, aus dem anderen ein Bündel Banknoten.

Während die Steine in die Tüte kollerten, zählte der Verkäufer die Scheine. Das Geschäft wurde unerhört ruhig, leise und schnell abgewickelt. Ich spürte die eingespielte Professionalität.

„Da haben Rubine für schätzungsweise 50 000 Dollar den Besitzer gewechselt“, sagte George.

„Hat der Inder keine Angst, überfallen zu werden?“, fragte ich.

„Die meisten Händler haben ihre Wagen in der Nähe, viele erscheinen mit Fahrer oder Bodyguards. Außerdem wimmelt es von Polizisten in Zivil und Agenten. Diebe kämen nicht weit. – Siehst du die Mädchen an den Tischen und überall im Hintergrund? Sie haben den Geldfluss und die Steine im Auge. Jede Unregelmäßigkeit wird gemeldet."

Mittlerweile war der Inder verschwunden. Auf dem leeren Stuhl hatte sich ein jüngerer Weißer niedergelassen. Er verriet, dass er Kanadier sei und für ein Schmuckhaus in Toronto einkaufe. Seine Order bezog sich auf hochkarätige, ovale Steine.

Je weiter wir in die Straße der Gem Trader hineingingen, desto tiefer tauchte ich ein in das geheimnisvolle Geschäft mit Edelsteinen. Rohsaphire und Rohrubine sind die meist gehandelten Steine, die einmal Pretiosen werden sollen und Chanthaburi ist deren Hauptumschlagsplatz. Vom fliegenden Händler, der minderwertige Ware neugierigen Touristen andreht, über mickrige Straßenläden, zu Angeboten in Verkaufshallen, kann der Bedarf größter Mengen gedeckt werden. Die Thanson Si Chan ist dabei nur eine von drei Marktstraßen, in denen von morgens bis abends gehandelt wird.

„In der ersten Juniwoche eines jeden Jahres begeht ,Die Stadt des Mondes' ihr Edelsteinfest. Der überfüllte Ort steht dann regelrecht Kopf", meinte Patton.

Hauptstadt der Juwelen ist Bangkok. Dort nämlich werden die meisten Rohlinge geschliffen. Thailand ist auf dem besten Weg, das größte Edelstein- und Schmuckexportland der Welt zu werden. Dabei darf die brutale Abbaumethode in den Minen nicht vergessen werden. Edelsteine werden mit dem Blut schlecht bezahlter Schürfer aus dem Fels gewaschen. Viele rote und blaue Klunker an Busen, Ohren, Hals und Händen reicher Damen werden illegal ausgebeutet und wandern am Markt vorbei nach Japan, Deutschland, in die Schweiz, in die USA.

In den Minentrichtern schuften sich Thai-Tagelöhner zu Tode – Männer, Frauen, auch Kinder! Im Herzen die übermächtige Hoffnung auf den großen Fund. Dabei fallen für sie kaum Krumen ab. Kassierer ist das Kartell mit mafiosen Strukturen, in der Hand weniger Chinesen.

Eine verwegene Gestalt schob sich neben mich. Aus einem schmutzigen Taschentuch knotete sie einen glanzlosen, roten Stein heraus – Daumennagel groß. Ich stieß George an, der schaute drauf, wollte den Rubin, sofern es einer war, anfassen. Der Typ war schneller, schloss die Hand, steckte das Tuch ein und entschwand.

„Ab und zu gelingt es Schürfern Rohsteine aus den Minen zu schmuggeln", sagte Patton, „der Kerl kann nicht lange im Geschäft sein. Heiße Ware wird Hehlern angeboten, die die Szene kennen!"

„Armes Schwein", bemerkte der Russe, „wenn er geschnappt wird, egal von wem, wird er liquidiert. Das Übel beginnt in der Mine. Bekommt der Aufseher vom Fund nichts mit, verschluckt der Arbeiter den Stein, steckt ihn sich in den Hintern oder verfüttert ihn Hühnern, die er später schlachtet. Gefährlich wird's, wenn der Dieb meint, er bekäme mehr Geld, wenn er auf eigene Faust Steine vertickt."

Bis in den Nachmittag hinein durchschlenderten wir die Marktstraßen. Als der Handel etwas träger wurde, setzte sich George dem einen und anderen Dealer gegenüber. Man sprach über das Geschäft, die Karatpreise, Qualitäten. Der Amerikaner wollte sich einen aktuellen Überblick für seine anstehenden Aktivitäten verschaffen. Für uns unerwartet, wickelte er plötzlich vier Steine aus Seidenpapier, die er die ganze Zeit unter einer elastischen Binde am rechten Fußgelenk getragen hatte. Eine Geste des Vertrauens?

Nein, er kannte den Händler und die Steine wollte er verkaufen. Sein Schatz bestand aus vier polierten Rohlingen. Zwei Saphire und zwei Rubine. Die Saphire, in einem schönen Königsblau, waren regelmäßig, etwa gleich groß, bei je 20 Karat.

Blutrot leuchteten die Rubine. Ich stellte mir das Feuer dieser Steine vor, waren sie erst einmal geschliffen. Deng bekam Stielaugen. So schöne Stücke hatte er im Besitz des Amerikaners wohl nicht erwartet.

„Saphir, der Stein der Wahrheit. Er ist blau, wie der klarste Tageshimmel. Er wird auch ‚Stein des Blicks in die Geheimnisse‘ genannt“, flüsterte er.

Der Händler blieb cool. Emotionslos klemmte er die Lupe ans Auge und drehte den Saphir unter dem Licht. „Dreißig“, brummte er, als spreche er mit dem Stein.

Nun nahm er sich die Rubine vor.

„Der Stein des Sommers und der Heilung“, raunte Deng und: „Dreißig heißt, dreißig Dollar das Karat!“

Der Trader ließ jetzt: „Fünfzig“, hören.

George nickte. Die Steine glitten in Tütchen, dann in den Panzerschrank. Geschwinde Finger zählten George 3500 Dollar vor. Eines wurde klar, der Edelsteinhandel ist wie Pokern, wer seine Gefühle nicht unter Kontrolle hat, die Steine um ihrer selbst Willen liebt, ist ein schlechter Händler!

Bevor wir den Stand verließen, erkundigte ich mich nach Sternsaphiren. Mein Interesse wurde honoriert, indem der Trader einer Thai etwas zurief. Die sortierte beflissen ein Tütchen aus und gab es ihm. Auf dem schwarzen Samttuch lag nun ein geschliffener Fünfkaräter, durchsichtig, blassgrün.

„Asterismus heißt das Phänomen“, erklärte der Händler, „es ist ein ganz spezielles Funkeln in Form eines sechsstrahligen Sterns. Der Starsaphir ist die harmonische Gemeinschaftsarbeit von Natur und Handwerk. Natur, weil der Stein den richtigen kristallinen Aufbau benötigt. Handwerk, weil der Graveur den Stein so schleifen muss, damit der Stern leuchten kann. Starsaphire sind Schicksalssteine. Sie bedeuten Schutz vor bösen Geistern und schlechten Karmas.“

Der Händler gab mir die Lupe. Während ich mich über das Kleinod beugte, sagte der Mann: „Jemand, der je ein solches Juwel besessen hat, wird auch dann noch von ihm beschützt, wenn er sich von ihm getrennt hat.“

Ich blickte in die Tiefe des Steins wie auf den Grund eines Ozeans. Und von diesem Grund herauf leuchtete ein sechsstrahliges Gebilde, klar, wie der Stern der Erlösung...

George erinnerte an unsere Verabredung. Dankend reichte ich die Lupe zurück.

Unterschiedlicher konnte der Stab unserer Verhandlungspartner nicht ausfallen. Vier Herrschaften saßen uns in einem separaten Raum des Chantha gegenüber, grinsten, nickten, tuschelten, als galt es eine Familienfeier gut zu heißen. Etwas abseits zur Linken saß ein Männlein und blätterte eifrig in einem Berg von Papieren. Offensichtlich handelte es sich um den Buchhalter der Gesellschaft. George hatte nach einem Lageplan gefragt. Kasmanow wollte etwas zur Ausbeute im letzten Jahr wissen. Die Eigentumsverhältnisse zum Claim interessierten Deng. Das Nicken und Grinsen signalisierte, dass da etwas zu viel auf einmal verlangt wurde.

Rechts vor mir saß ein korpulenter Mann um die 40, mit einem unehrlichen Lächeln, das bisweilen vergoldete Schneidezähne bloßlegte. Sein Kopf war rund wie eine Melone. Wenn seine Wangen nach oben glitten, formten sich seine Mandelaugen zu Schlitzen. Eingangs hatte er sich als Mr. Fuh vorgestellt. Wie ich Patton verstand, war er der Chinese, der das Kartell ruhig stellen sollte. Also saß er auf der falschen Seite, denn er schien die Interessen der drei Thailänder zu vertreten – äußerst merkwürdig!

Die Thailänder, angeblich Mineneigner und Grundbesitzer, waren nicht in der Lage ein Dokument vorzulegen, das sie als Besitzer auswies. Innerlich amüsierte ich mich über das Thai-Trio. Der Herr neben dem Chinesen war als Business-Mann kostümiert, ähnlich Deng, nur nicht so geschmackvoll: Blaues Hemd, grüne Krawatte, darüber einen schwarzen Blazer, quälten mein Farbempfinden. Er mauserte sich zum Wortführer und legte George, den er als Chef unserer Runde einstufte und von Telefongesprächen her kannte, die enorme Ergiebigkeit der Mine dar. Unterlagen, die seine Lobpreisungen untermauerten, gab's nicht und ich fragte mich die ganze Zeit, in welcher Art von Papieren da fortwährend gewühlt wurde.

Der zweite Thai war in einem offenen Hemd erschienen. Sein Gesicht war eingefallen, wie eine Trockenpflaume, als litt er an einer verzehrenden Krankheit. Seine Kommentare waren bissig und abgehackt. Er wundere sich über unsere vielen, dummen Fragen, schließlich sei der Deal mit George längst abgesprochen. Es ginge nur noch um die Übergabe des Geldes – 30 000 Dollar. Ich staunte über so viel Naivität und Unverfrorenheit gleichermaßen.

In der Mitte saß ein Thai, der schwer einzuordnen war: etwa 30 Jahre alt, zierliche Figur, dunkle Hautfarbe, ebenmäßige Gesichtszüge, jedoch mit trügerisch sanften Augen, die die Welt durch eine getönte Lagerfeldt-Brille betrachtete. Typ Intellektueller mit sadistischen Zügen. Er sagte nichts und schien mir der Gefährlichste der Gruppe zu sein.

Verbales Abtasten zog sich endlos hin. Konkrete Fragen wurden mit blumigen Antworten umschrieben. Wollte unser Team etwas nachgewiesen haben, flogen die Finger des verkappten Buchhalters durch den Unterlagenwust und zauberten Schriftstücke hervor, die mit dem Minengeschäft nicht das geringste zu tun hatten. Der Eindruck verdichtete sich, dass man uns ganz einfach reingelegt hatte. Wäre Deng nicht von der Partie, man hielt die Langnasen für extrem einfältig! Nach zwei Stunden des zermürbenden Hin und Her flüsterte Kas: „Ich bin sicher, die Mine gehört ihnen so wenig wie uns. Wir zahlen 5 000 für die Nutzung, damit basta!“

Deng machte das Angebot in Thai und erntete aufgebrachtes Geschnatter, das sich wie Empörung anhörte.

Erstmals meldete sich der Intellektuelle zu Wort: „Es ist uns eine Ehre mit Ihnen zu verhandeln. Sie müssen wissen, dass unsere Mine viele Interessenten hat.“

„Der blufft!“, zischte Kas böse und laut sagte er auf Englisch: „Uns ist es keine Ehre, von Ihnen ’reingelegt zu werden. Das Angebot steht, ab Morgen übernehmen wir die Mine!“ George ließ hörbar die Luft ab.

Deng blickte verstört in die plötzlich finsteren Minen

der Mineure. Die Atmosphäre war vergiftet. Patton rettete die Situation durch eine Pause, indem er alle zum Essen einlud. Bloß keinen Gesichtsverlust provozieren!

Ich nutzte die Gelegenheit für meinen Abgang: „Ein Mann findet seine Bestimmung, wie ein Wind den Weg durch die Bäume", rief ich den erstaunten Gesichtern Dengs und Pattons zu, „wünsch' euch den Durchbruch! Denk' bei allem an Sami, George! – Vielleicht hört man voneinander?"

Kasmanow stand mit einem Glas Singha im Raum, lächelte in sich hinein und prostete mir zu. Ehrlich gesagt, ich kam mir mies vor, ein wenig, wie ein Soldat, der vor der Schlacht seine Kameraden verlässt. Ich tröstete mich: dich treibt eine Mission, nicht der Profit!

Stadt der Krallenengel

Dunkle Wege

Am Fluss sah ich die großen und kleinen Schiffe hin und her huschen wie aufgescheuchte Insekten. Kein Lüftchen regte sich, keine Stimme rief. Stattdessen rann tropische Hitze in Rinnsalen vom Körper und Stimmen verschmolzen in ein bedrohliches Rauschen, das von unten heranflutete. Schrille Huptöne waren das Einzige, was sich durch den Geräuschbrei bohrte. Ich saß in einer Oase und um mich herum befand sich die Multimegalopolis. Einfach packend, wie Boote, Schiffe, Lastkähne auf Karambolagekurs über den Mae Nam Chao Phraya jagten ohne sich wirklich zu berühren. Lediglich pfeilförmige Kielspuren schwappten als Wellen an Bordwände. Und selbst ihre aufheulenden Motoren erstarben im großen Rauschen.

Sterbendes Tropenlicht über dem Fluss, über der Skyline aus Würfeln, Türmen, Quadern, Rhomben, Stahlskeletten, dann die Sonne, die zwischen der monumentalen Bauwut eine alles umhüllende Dunstglocke schwefelgelb verglühen ließ – bis sie selbst, ganz bald, ihren versöhnlichen Abgang haben würde.

Versöhnlich?

In Thailand, selbst in Bangkok, findet alles ein versöhnliches Ende! Die Sonne wandert über eine entfesseltschreiende Metropole und versinkt hinter dem Wat Arun, dem „Tempel der Morgendämmerung", von Rama II. erbaut. Ein kulturbeflissener König, der sein Reich konsolidierte. So versöhnen sich mit dem Tageslauf der Sonne Tag mit Nacht, Geschichte mit Moderne.

Die ersten Lichter der Büro- und Hoteltürme flackerten auf. Und schon heftete sich mein Blick an ein Universum, an eine Milchstraße aus Neon-Lichtern, blinkenden Glühlampen, laufenden Lichtpunkten, die wie Sterne und Schnuppen über den Himmel huschten. *The Peninsula* von gegenüber spiegelte sich im Fluss als Lichtorgel.

Ich saß in einer Oase inmitten eines 10-Millionen-Menschen-Chaos. War verwirrt von dieser Stadt aus Magnet und Höllenschlund, protziger Avantgarde und starrem Dogmatismus, freundlicher Süße und erbarmungsloser Raffgier. In *Krung Thep*, der „Stadt der Engel", haben die Gabriels: Thai-Mädchen, Krallen, die sie im Bedarfsfall genüsslich ausfahren.

„Sir, was darf ich Ihnen servieren?"

„Einen Manhattan, bitte."

„Sehr wohl, Sir."

Ja, ich saß im Herzen Bangkoks und die Oase hieß *The Oriental*: stufenweise angelegte Terrassen über dem Fluss, fünfzehn Meter hohe Palmen, zu einem monströsen Bukett gefasst, englischer Rasen, wie mit der Nagelschere gestutzt; ein Pool in Marmor ausgelegt, die makellos weiße Fassade dezent ausgeleuchtet; ein opulentes Open-Air-Büfett unter silbernen Hauben; gedämpfte, klassische Musik, aufmerksame, livrierte Stewards, kosmopolitische Gäste...

Es war keine Neugierde, es war Flucht aus einer Woche hässlichen Bangkoks – im *Oriental* für einen Moment Ruhe, Beschaulichkeit und Ordnung mit Sauberkeit zu erleben. Das Bangkok da draußen geht aufs Gemüt. Kontraste und Widersprüche zerren an den Nerven. Aus stinkenden Klongs sind infarktiöse Straßen geworden, in denen es nicht minder stinkt. Aus Elefantenpfaden verstopfte Gassen, die kaum den Himmel sehen. Aber die Elefanten erscheinen noch, immer um Mitternacht und am liebsten in der Nähe von Patpong, wo Touristen etwas in ihre Blechdosen werfen. Die Nachtelefanten sind Betteltiere und verhaltensgestört. Ihren Mahuts nicht unähnlich.

Und die Stadt mit dem längsten Ortsnamen explodiert weiter: 1980 lebten vier Millionen Menschen hier. 2010 werden es über 20 Millionen sein. Der Moloch frisst sich in, durch und über den Schwemmsumpf des Chao-Phraya-Delteas.

Immer tiefer werden die Betonfüße der Wolkenkratzer

in den puddingartigen Schlamm getrieben. Nicht auszuschließen, dass der Sumpf das ganze, verdammte Konglomerat aus Beton, Stahl und Glas eines Tages verschlingt. Um den Untergrund nicht herauszufordern, bauten die Stadtplaner keine U-Bahn, sondern eine Hochbahn, den Sky Train, dessen Stelzen selbst Hochstraßen überragen.

Bangkok ist der Herzschrittmacher Südost-Asiens, geliebt, gehasst in einem Atemzug. Eben Himmel und Hölle zugleich und trotz aller Verwünschungen besitzt die Stadt Charme und zynische Verführungskunst. Ort der Bengel und Engel, der Krallenengel halt!

Und laut Guiness Buch der Rekorde ist ihr wirklicher Name der längste der Welt: „Krung Thep Manahakhon Bovorn Ratanakosin Mahintharayutthaya Mahadilikpop Noparatrat-chathani Burirom Udomratchanivetmahasathon Amornpiman Avatarnsathit Sakkathattiyavisnukarmprasit." Was heißt: „Stadt der Engel - Große Stadt der Unsterblichen - Prächtige Stadt der Neun Edelsteine - Sitz des Königs - Stadt der königlichen Paläste - Haus der inkarnierten Götter errichtet von Visvakarman auf Indras Geheiß."

In der Tat, in diesem Moloch von Stadt zeigt der Buddhismus auch seine erhabene Seite mit märchenhaften Tempelbauten und kolossalen Palästen...

Ich blickte über den Fluss. Meine Tage in Bangkok hatten zermürbt und abgeschlafft. In der Hotel-Oase ließen sich die Gedanken ordnen. War es auch nur auf ein paar Drinks. Wer der schreibenden Zunft würde nicht für sein Leben gern eine Nacht in der Somerset Maugham- oder Michener-Suite schlafen und abgeschirmt von der brutalen Wirklichkeit, von den großen Figuren der Weltliteratur träumen? Ich gestehe meinen Wunsch, tröstete mich jedoch mit buddhistischer Weisheit: „Was ist wichtiger, sich tausend Wünsche zu erfüllen oder einem einzigen wahrhaftig zu entsagen?" Stattdessen tauchten Erinnerungen auf: Räderrattern, Kettenrasseln, diebische Ladyboys, ein jammernder Geschäftsmann, Paläste und muffige Absteigen ... doch langsam und der Reihe nach:

Noch drei Minuten bis zur Abfahrt des Zuges Pattaya
– Bangkok. Auf dem Bahnhof hastete, drängte, schob das
Volk und ich stand da, verlassen, alleingelassen vor An-
zeigetafeln mit Reisezielen, alle auf Thai. Von welchem
Gleis geht der Express? Wo war die Auskunft? Wo ein
freier Schalter?

Die Frau am Ende des Schalterlochs schien zu erstar-
ren. Auf Englisch erkundigte ich mich nach dem Preis
und dem Gleis des Zuges. Ich hätte auch auf Finnisch,
Ungarisch oder Deutsch fragen können. Die Frau verstand kein Wort.

Noch zwei Minuten.

Endlich *Krung Thep*, Bangkok in Kurzform kapierte
sie und malte eine 2 auf ein Stück Papier. Ich hechelte
los, ohne Fahrkarte, ohne bezahlt zu haben ... sprang auf
einen Zug, der schon anfuhr – dem Zugführer in die Arme.

„Glück gehabt!" Der Mann lächelte gütig, meinte in
verständlichem Englisch: „Es ist der Letzte für heute."

Längst hatte der Zug den Bahnhof verlassen. Noch
immer setzten sich fliegende Händler ab. Gerade flog ein
letztes Paket durchs offene Fenster. Schließlich beruhigte
sich alles und der Express ratterte monoton der Nacht
entgegen. Bangkok würde er nicht vor drei Stunden erreichen. Natürlich war jeder Platz besetzt. Ich richtete
mich auf eine ermüdend-langweilige Fahrt ein. Es soll
Menschen geben, die nichts mehr genießen als Eisen-
bahnfahren. Alfred Polgar zum Beispiel: „ ... Durch das
immerwährende Nippen an den Erscheinungen rechts
und links vom Schienenstrang, gerät der Eisenbahnfahrer
in den wundervollen Zustand zwischen Durst und Rausch
...“

Einen Moment dachte ich, warum hast du es nicht wie
andere gemacht: Ein Taxi hätte dich allein, sauber, klimatisiert in drei Stunden auf dem direkten Weg von
Chanthaburi in die Metropole gebracht. Nein, ich wollte
mit dem Zug reisen, etwas Ungemach, einen Umweg in

Kauf nehmen, dafür dabei sein, unterwegs sein, wie die meisten Menschen in Thailand unterwegs sind, auf der Schiene. So lehnte der *farang* am Türkreuz und döste. Draußen senkte sich die Dämmerung. Die Reisfelder färbten sich lila, wie die Oberflächen tiefer Bergseen und dahinter schwarze Silhouetten gerodeter Berge. Das endlose Rattern war das Lied des Schienenstrangs, ein melancholisches Lied, das ans zivilisierte Zuhause erinnerte.

Doch nein: das Zuhause ist keineswegs der einzig zivilisierte Ort in einer abenteuerlichen Welt, sondern eher der einzig unzivilisierte in einer Welt der Zwänge, Normen, Pflichten. Also bin ich hier, genieße das Ungemach in Erwartung einer Stadt, von der es heißt: so hässlich und so schön, dass man abwechselnd vor Wut und Glück laut schreien möchte. Bangkok sei ein Tiger. An einem guten Tag reitest du auf ihm, an einem schlechten fällt er dich an ... Der Zug rollte dahin, als Pfeil aus Licht und Zielstrebigkeit, durchschnitt er das dunkle Küstenland.

Chonburi mit 250 000 Einwohnern, liegt am Bight of Bangkok. Salzseen und Garnelenfarmen bestimmten jetzt das Bild zur Wasserseite. Landeinwärts war die Stadt von Zuckerrohr- und Kokosnussplantagen umgeben. Hier befindet sich das Zentrum des „Eastern Seaboard", eines der ehrgeizigsten Industrie-Projekte Thailands. Doch es gibt auch Sehenswürdigkeiten: das Wat Buddhabat Sam Yot, „Buddhas Fußstapfenberg mit den drei Gipfeln", wo einst der „Wassereid der Treue" geschworen wurde. Wo Fürsten und Gouverneure jährlich aufs neue ihre unerschütterliche Loyalität zum Königshaus versicherten.

Dann, unweit der Innenstadt, die 40 Meter hohe Kolossalstatue Buddhas. Das Monument aus Goldmosaiken gehört zum Wat Dhamma Nimitr und ist das mächtigste der Golfregion. Außerdem das einzige, das Buddha in einem Boot zeigt, in Erinnerung an seine Fahrt in die von der Cholera heimgesuchte Stadt Pai Salee.

Die Metropole war nicht mehr fern und, oh Wunder, ich bekam einen Platz neben einer Thai, die mit Mann und Kind unterwegs war. Ich bot dem Jungen und ihr

Pfefferminz an. Beide nahmen ein Stück. Sie revanchierte sich mit *khao lam*, Bällchen aus Klebreis, Kokoscreme und Nüssen. Wir plauderten und aßen, während der Gatte tief schnarchte. Die Familie hatte in Si Racha Verwandte besucht. In Bangkok lebte das Paar, aber nicht unter einem Dach.

„Getrennt in derselben Stadt?", fragte ich verwundert.

„Ja", sagte die Frau amüsiert, „aber wir sehen uns am Wochenende. Viele Familien arbeiten und leben getrennt, sehen sich Monate nicht!"

„Aber in Bangkok?"

„Die Stadt ist groß. San, mein Mann bekam Arbeit im Supermarkt Siam Jusco. Das ist in Chatuchak, im Norden. Und ich bin bei Thai Central Chemical im Süden beschäftigt, wo wir eine günstige Wohnung haben. Dazwischen liegen 120 Kilometer hin und zurück oder sechs Stunden Fahrzeit. Schon besser, wenn San in der Firma schläft. Auf Nuh", dabei zeigte sie auf ihren Jungen, „passt tagsüber meine Tante auf."

„Kein einfaches Leben!", räumte ich ein.

„Oh, es geht recht gut, wir können uns bald ein Auto kaufen, was vieles erleichtern würde." Eine junge Mutter, voller Optimismus.

„Ist es interessant für Sie, mit der Eisenbahn durch Thailand zu fahren?", fragte die Frau.

„Doch, schon."

„Ich fahre furchtbar gern mit dem Zug! Mein Traum ist die Strecke Bangkok – Singapur einmal mit dem Eastern & Oriental Express zu erleben. Aber der ist teurer als das Flugzeug." Sie kicherte in sich hinein.

„Warum fahren Sie mit der Bahn? Von Pattaya fliegt man nur 20 Minuten."

„Ich komme aus Chanthaburi. Mit der Bahn fahre ich, um etwas von Land und Leuten mitzubekommen."

San rekelte sich wach und blinzelte verstört.

„Ist das für Sie wichtig?"

Eine gute Frage, dachte ich, war mir der Antwort nicht ganz sicher und schwieg eine Weile. Dann sagte ich in das Rattern der Räder: „Es ist wichtig, ich glaube sehr wichtig sogar!"

Beim Einlaufen in den Bahnhof Hua Lamphong Bangkoks beschäftigte sich die Familie mit Sachenpacken. Wir waren ziemlich pünktlich. Ich schaute noch einmal aus dem stehenden Wagon hinaus auf die Menschen, für die die State Railway of Thailand (SRT) die einzige Möglichkeit darstellte größere Entfernungen zurückzulegen. So hatte ich ein Stück Alltag auf dem Schienenstrang mitbekommen.

„Alles Gute für Sie in Thailand!", rief mir die Frau zu, das Kind und den Mann an der Hand.

„Danke! Danke!"

In Bangkok beschloss ich, meine Suche zu systematisieren. Ich versetzte mich in die Lage von Klaus Schröder, der zu irgendeiner Zeit mittellos durch diese Stadt gestrichen sein musste. Weiße im Rinnstein werden rasch aufgegriffen und ausgewiesen, folglich könnte er sich eine Bude in der Khao San Road, im Getto der Tramps und Rucksacktouristen genommen haben. Verschachtelte Schlafhäuser befinden sich verborgen hinter vergitterten Geschäfts- und Lokalfassaden im Stadtteil Banglamphoo, unterhalb des Klong Banglamphoo. Hier lassen sich Billigreisende aus der ganzen Welt zusammenpferchen. Jürgen, Ende 30, war damals, als der Osten Deutschlands noch DDR hieß, in Vietnam tätig gewesen.

Er hatte eine Vietnamesin geheiratet, ließ sich schließlich in Thailand nieder und betrieb seit vier Jahren eines jener Fünf-Dollar-Zimmer-Guesthouses, das sogar ein Atrium mit Grünzeug besaß.

In der Khao San Road erscheint man zu Fuß, verdreckt, verschwitzt, mit durchgetretenen Wanderstiefeln. Allenfalls fährt man mit einem Billigtaxi, dem Tuk-Tuk vor. Den aberwitzigen Verkehr erlebt man in diesen Tuk-Tuks hautnah. Sie sind offen, laut, klapperig, aber ungemein wendig.

Ich hielt meinem Fahrer den Zettel mit der Adresse in Thai unter die Nase. Schon stürzte er sich hinein in die

Blechlawine, die uns mitriss, durch China Town und gen
Norden...

Die Terrassen des *Oriental* füllten sich. Ich war gespannt, wie lange ich meinen herrlichen Logenplatz über
dem Fluss für mich allein hatte. Der umsorgende Kellner
erschien erneut, erkundigte sich nach meinen Wünschen.

„Noch einen Manhattan, bitte."

„Sehr wohl, Sir. – Falls Sie dinieren möchten, kann
ich Ihnen das Büffet oder Menüs in der Authors' Lounge
empfehlen. Auch die Fahrt zum Oriental-Pavillion mit
dem hauseigenen Teakholzschiff, gleich gegenüber,
möchte ich erwähnen."

„Besten Dank, ich denke darüber nach."

Das Bangkok der schrillen Gegensätze! Meine Gedanken waren wieder in Banglamphoo, dem Backpa-
ckerunterschlupf. Jürgen erschien, freundliches Gesicht,
verflecktes T-Shirt, Bauchansatz. Gut gelaunt erzählte er
mir, dass alle Zimmer belegt seien. Ich drückte mich an
Abfallhaufen, hohen Bordsteinen, gelben Hunden, alle
streunend, räudig mit blutig-roten Hautflächen bestückt,
vorbei zum nächsten Verschlag. Dabei stieg ich über
Luftwurzeln eines Baumriesen, der mit glimmenden
Räucherstäbchen bespickt war. Ein heiliger Baum, dessen Stamm bunte Tücher wie ein Wickelrock zierten.

„Fully booked", krächzte ein verschlafener Thai mit
Bart, der ihm wie Lametta vom Kinn hing. Kurz vor dem
Verzagen bekam ich noch mein Schlafplätzchen von
Hartfaserplatten umstellt. Eine nackte Glühbirne spende-
te gespenstisches Licht. Ich schaute mir die rot-
verschmierten Wände an und hatte auf einmal das Gefühl, in dem verdammten Loch gelandet zu sein, in dem
Junkie Daffy ein Blutbad angerichtet hatte und krepiert
war. Egal, ich war untergekommen!

In der verrußten Küche besorgte ich mir gebratenen
Reis mit Gemüse und ein warmes Bier. Gäste, meist
Weiße, die augenscheinlich nicht schlafen konnten, hockten in Gruppen beisammen, kifften oder imponierten einander mit Storys aus irgendwelchen fernen Winkeln der

Erde. Aus einem der Verschläge drang plötzlich lautes Würgen. Dann krachte es, als sei ein Schrank umgefallen. Nur die Ruhe bewahren. Hustend und schnaubend wankte eine fette Thailänderin in den Hof. Sie hatte sich übergeben und dabei das Waschbecken heruntergerissen.

Ein baumlanger Typ wurde aufgeschreckt. Der torkelte fluchend heraus, knallte mit dem Schädel gegen den niedrigen Türrahmen und schlug zu Boden. Von Plot, dem Strohmann des englischen Absteige-Besitzers, der aus undurchsichtigen Gründen nicht in Erscheinung treten durfte, erfuhr ich, dass der Lange ein äußert renitenter Holländer sei, vor dem man sich in acht nehmen müsse. Trotz dreimaligen Hausverbots tanzte er immer wieder an und drohte Plot zu erschlagen, weigerte er sich ihn aufzunehmen.

Man muss wissen, dass Ausländer in Thailand nie mehr als 49 Prozent einer Firma, von Land oder Immobilien besitzen dürfen. Somit auch nicht über ihren Erwerb bestimmen können.

In einem anderen Winkel des Hofs flimmerte ein schlechtes TV-Bild. Stammgäste hatten das Gerät aus dem Raum Plots an die Tür gezerrt und glotzten, Chips und Popcorn knabbernd, BBC.

Irgendwann um halb drei Uhr in den Morgenstunden erschien eine Horde Weißer, alle um die zwanzig und machte einen Heidenspektakel. Sie hatten graue, eingefallene Gesichter, redeten wirres Zeug, dabei tänzelten sie auf dem Fleck, bis drei von ihnen kotzten. Die größte Labertasche sah aus wie eine vom Feuer verkohlte Palme: Lange, braune Rastazöpfe hatte er in der Mitte des Kopfes zusammengebunden, dass sie als Wedel abstanden. Allmählich ging mir auf: Banglamphoo, das war Strandgut gewordenes Leben – speziell für Europäer. Genau das richtige Umfeld, um etwas über den verschollenen Schröder zu erfahren.

Vielleicht eine Spur?

Ich rückte einem auf die Pelle, der aussah, als hätte ihn gerade der öffentliche Abwasserkanal ausgespuckt.

Der Erscheinung nach konnte der Methusalem die Gründerjahre Bangkoks erlebt haben. Bis bei ihm gesackt war, was ich wollte, antwortete er wie ein Underground-Philosoph: „Ach, weißt du, das läuft immer nach dem gleichen Muster ab: da werden sie angespült, suchen sich das billigste Zimmer, das billigste Futter, den besten Dealer. Nachts kauern sie in ihren schummrigen Buden und kiffen. Man schwafelt darüber, wo man gewesen ist und wo man hin will, über Wechselkurse, Stoff und Magenprobleme.“

„Na und, wo wollte er hin?“

Sein fransiger Mund unter trüben Augen sagte: „Monkey wollte tiefer in das Land eindringen. Ganz tief. Er hatte 'nen Tick, wenn du mir folgen kannst – er war wahnsinnig und schob den geilsten Affen...“

„Machs' nicht so spannend, wohin ist er eingedrungen?“

„Ha, ha“, stieß Methusalem aus, „von solchen Monkeys gibt's viele hier, sehr viele sogar! Deiner ist im Knast gelandet, davon kannst du ausgehen. – Und jetzt lass mich in Ruhe – will schlafen!“

Von den übrigen schrägen Globetrottern war zu dieser frühen Stunde auch nichts Konkretes zu erfahren. Sie waren alle von Thailand überwältigt. Die einen von der Inselwelt im Süden, die anderen von Bergvölkern und Stoff im Norden. Aber mit Namen konnten sie nichts anfangen. Sie zuckten mit den Achseln, wollten andeuten, dass solche Details bedeutungslos seien. Nur Ballast, der auf dem spirituellen Trip abgeworfen wird.

Einem Nachtgespenst gleich, erschien aus Kammer neun ein Männlein, das das Bild von Schröder sehen wollte. Es machte gerade zwischen all den kopfschüttelnden Figuren die Runde. Ein kurzer Blick genügte: „Der kam zu Fuß, stellte viele Fragen. Interessierte sich für unsere Klöster,“ sagte das Thai-Männchen. Es nannte sich Thorng, war der Kalfakter, unter anderem machte er seit 20 Jahren diesen und andere Compounds sauber.

„Ich erinnere mich, dass er mehrere Male kam. Immer

in großen Abständen. Jedes Mal sah er schlimmer aus. Er musste schwer krank gewesen sein. Über sich sprach er wenig. Aber ich wusste, dass er aus Deutschland kam. Als er das letzte Mal auftauchte, heulte er wie ein Schlosshund. Er hatte erfahren, dass seine Schwester, die er wohl sehr gern hatte, umgekommen, ja sogar ermordet worden sei. Er wollte nach Hause, doch ohne Geld und in seinem Zustand war das nicht möglich. Auch schien er Angst vor zuhause zu haben.“

„Was weißt du noch über Klaus?“, fragte ich begierig.

„Ich bin viele Jahre zur See gefahren, als Bootsmann auf Container-Schiffen. London, Rotterdam, Hamburg, Singapur sind wir oft angelaufen. In Lagos bin ich zwischen zwei Container geraten. Der Brustkorb wurde eingequetscht, dabei ein Lungenflügel zerstört. So bin ich als housekeeper in Bangkok gelandet. Durch die Tramper behalt’ ich Kontakt zur weiten Welt. Das gefällt mir. Mit Klaus hab’ ich gern geredet. Er war eigentlich nicht verkehrt. Nur, wenn er Stoff brauchte, hat er gelogen und geklaut. Im Nachbarhaus wurde er mal zusammengeschlagen. Die Sucht hatte ihn fest im Griff. Er kam einfach nicht los. Allmählich bekam ich heraus, dass er auf der Suche nach Lebenssinn und Stoff durch die ganze Welt gehetzt war. ‚Spiritualität‘ war sein Zauberwort. In Thailand wäre er ihr am nächsten gewesen, meinte er. Kaum angekommen, stellte er fest, dass das Leben hier mehr zu bieten hätte als anderswo. – Was willst du von ihm?“

Ich blickte in das verhärmte Gesicht des Mannes und sagte: „Er ist ein Freund gewesen. Lange her, aus der Schulzeit. Ein guter Freund, musst du wissen. Er war in allem der Beste. Wir haben ihn verehrt und imitiert. Er hatte die besten Mädchen, schrieb die besten Arbeiten, war ein Ass in Sport. Wir nannten ihn ‚Klaus, den Glorreichen‘... kannst du verstehen was ich meine?“

„Sehr gut sogar!“, sagte der Schmächtige, „ich bin nicht gebildet, meine Kenntnisse sind Beobachtungen, die ich draußen auf großer Fahrt gemacht habe. Ich gebe dir Recht, Klaus umgab etwas Besonderes, etwas Großartiges, aber auch Beängstigendes. War er auf dem Trip, verstärkte sich diese düstere Kraft."

„Er konnte ein Dämon sein! Bevor er sich absetzte, hatte er sich viel Geld geliehen. Fast alles was ich damals besaß..."

„Nun willst du ihn suchen, um dir das Geld zurückzuholen?"

„Nein, es geht nicht ums Geld. Ich will mit ihm reden. Vielleicht kommt er zurück. Seine Eltern hat der Kummer gebeugt."

Der Alte wog den Kopf, dann strich er sich durchs wirre Haar. Die Frage nach dem Deutschen hatte ihn um den Schlaf gebracht. Wir saßen jetzt allein im Hof. Ganz sacht graute der Morgen und ich hatte eine Spur, nur wusste ich noch nicht wo sie hinführte.

„Wo mag er sein?", fragte ich ins Morgengrauen.

„Ein außergewöhnlicher Mensch und so zerbrechlich", antwortete Thorng, „er litt mit dem Leid der Welt und war selbst daran zerbrochen..."

Ich war über die Worte des Thai verwundert.

„Wo steckt er nur?"

„Es schien, als sei er zu Geld gekommen. Als Kurier vermutlich. Wahrscheinlich hat man ihn geschnappt und er sitzt. Möglich aber auch, dass er sich im Norden, in Laos oder Burma verschanzt hat."

„Auf dem Foto trägt er eine Robe. Ob er in einem Kloster Zuflucht suchte?"

„Auch möglich. Da wirst du ihn kaum finden. Allein in Thailand gibt es 30 000 Klöster."

„Ob er noch lebt?"

„Warum nicht? Die Weißen sind zäh. Ich glaube zäher als andere Rassen. Darum sind sie überall so erfolgreich. Vielleicht ist er gar nicht verschollen, hat es bloß geschafft, sich rechtzeitig unsichtbar zu machen." Der Thai kicherte in sich hinein und ergänzte: „Für ihn war Thailand so überwältigend, dass sein Kopf nur selten klar war. – Wie willst du jemanden finden, der nicht gefunden werden will – gib dir darauf eine Antwort!"

Darauf hatte ich keine Antwort. Wir lehnten uns schweigend zurück und schauten in den Himmel, dessen Sterne verblasst waren. Frösche randalierten vom Klong her oder aus einem der vielen Kloakentümpel. Ich schloss die Augen. Thorng hatte sich davongeschlichen. Ich war allein mit Bangkok, in einem Thailand, das mich mit gierigen Armen stärker und stärker zu fesseln schien. Mit jenem Konzert der Ochsenfrösche wuchs etwas anderes: eine undefinierbare Befürchtung, einem gefährlichen Pfad zu folgen. Hatte ich mich in eine Suche verstiegen, die am Ende in die Sackgasse, gar ins persönliche Chaos führte? Zur Müdigkeit und der feuchten Hitze gesellte sich Erregung und ein gewisses Gefühl der Angst.

Was ich suchte, war nicht mehr deutlich und vernünftig. Ich stand auf, tastete mich die Veranda entlang, meiner Schlafhöhle zu. Das Blut an den Wänden war schwarz. Ich zog mich im Dunklen aus und warf die Kleider über eine Lehne. Ein Schatten flatterte über die Liege. Ich glitt schwer zwischen die Laken...

Ein stechender Schmerz sprang durch meinen rechten Fuß. Hing wie eine Flamme in den Leisten. Ich schleuderte das Leintuch von mir. Da zuckte etwas Längliches, Dunkles zur Wand, verschwand im Spalt. Ein Skorpion? Eine Schlange? Ich legte mich zurück. Die Pein wühlte sich ihren Weg dem Knie zu. Um Hilfe rufen? Was nützte es? Ich lag schwitzend da und wartete auf Linderung, während der Fuß heiß wurde und allmählich auseinander ging... sich dann, irgendwann beruhigte.

Der Marsch durch Bangkoks Haftinstanzen erschien mir wie ein Wandel durch den Orkus finsterer Staatsgewalt, an dessen Tore ich klopfte. *Bumbud*, das Untersuchungsgefängnis mit berüchtigten Dunkelkammern, in denen Insassen, in schwere Fußketten geschlagen, sadistischen Wärtern ausgeliefert, Jahre lang auf ihren Prozess warten. *Maha Chai*, das „Monkey House", Spezialvollzug und eine zweite Durchgangsstation auf dem Weg in die Hölle. Dann *Lard Yao*, die Krankenstation, schlicht „Madhouse" genannt, wo meist seelisch und körperlich gebrochene Europäer schmachten. Überall stieß ich auf das zynische Lächeln von Wärtern, deren physische Nähe eine Gänsehaut des Grauens verursachte. Obligates Kopfschütteln mit dem Hinweis, einen Klaus Schröder gäbe es zur Zeit nicht im „Club".

Die Hölle ist das Ende und da steht eines der berüchtigsten Gefängnisse der Welt: *Bang Kwang*, auch „Big Tiger" oder „Bangkok Hilton" genannt. Düstere Kasernen mit Einzel-, Dunkel-, Massenzellen und winzigen Karrees zum Luftschnappen. In regelmäßigen Abständen werden Delinquenten zur Exekution geführt. Schreie der vom Wahnsinn befallenen, gellen durch die Hallen. Nachts quieken fette Ratten in den Zellen und fressen die Füße der Gefangenen an. Kakerlaken- und Wanzenheere rascheln wie Herbstlaub im Wind und kriechen in alle Körperöffnungen.

An diese Gefängnispforten klopfte ich am zweiten Tag. Einer der Pförtner zeigte sich ungeahnt kooperativ, blätterte in Listen und telefonierte. Zuvor hatte ich ihm zehn Dollar zugeschoben. In diesen Breiten gibt es nichts Korrupteres als Kerkermeister. Um meine Nachforschungen zu legitimieren, gab ich mich als naher Verwandter aus. Nach geraumer Zeit wurde ich in einen großen, kargen Raum geführt, den Maschendraht unterteilte. Das Besucherzimmer?

Kein offizielles, das befand sich rechts davon und war mit dumpf Wartenden besetzt. Natürlich war ich verblüfft, nicht bloß überrascht. Sollte meine Suche so rasch Erfolg haben? Wird gleich Klaus Schröder am Drahtzaun erscheinen? Einfach so? Ich stockte. Einen Moment lang glomm sein Bild vor mir auf: die große, hagere Gestalt, der schmale Kopf, die dunklen, klugen, ständig fragenden Augen... Wie mochte er jetzt aussehen? Wie sollte ich ihn begrüßen? Mit: „Hallo, wie geht's alter Junge?" Verdammt, das wäre zynisch.

Er hatte Schlimmes durchgemacht, das wusste ich aus

Berichten eines Warren Fellows. Den Australier hatte die Drogenpolizei mit 24 Säckchen Heroin erwischt, kurz bevor er Bangkok via Sydney verlassen wollte.

Warren war Kurier, damit Kapitalverbrecher gewesen. Auf Drogenschmuggel steht in Thailand die Todesstrafe, die bei Ausländern meist in lebenslänglich gewandelt wird. In *Bang Kwang* ein Leben lang büßen, ist wie abertausend Tode sterben! Klaus war schwer abhängiger Drogenkonsument. Wahrscheinlich hatte er seinen Konsum mit Dealen oder Kurierdiensten gedeckt. Die Strafe ist abhängig von der Menge, die bei den Personen gefundenen wird.

Warren überlebte 12 Jahre im „Big Tiger", bis er überraschend vom König begnadigt wurde. Bis heute, Jahre danach, hat er seinen Horrortrip nicht überwunden. Nachts wacht er schreiend auf: Ratten huschen über sein Bett, Ungeziefer frisst sich in seinen Schädel, mit Beton gefüllte Bambusrohre knüppeln ihn nieder. Scheinhinrichtungen, Elektroschocks lassen gestehen, was verlangt wird...

Nein, in die Gesellschaft hat Warren nicht zurückgefunden. Aber was ihm hilft, ist jungen Menschen davon zu berichten, sie zu beschwören, dass kein Geld der Welt es wert ist, mit Drogen zu experimentieren, gar damit zu handeln.

Ich war ein Gefangener. Ich habe überlebt... Und er wird nicht müde zu erzählen, was es heißt, in einer Nachtzelle knietief im Wasser zu stehen. Was es bedeutet Ratten und Kakerlaken zu essen, die dich vorher angefressen haben, weil sie die einzig gehaltvolle Nahrung darstellen. Wie es stinkt, wenn zwanzig Häftlinge in ein Loch im Fußboden scheißen. Wie der Körper von Diarrhöe entkräftet wird, weil das Wasser aus verdrecktem Klong stammt. Wie du dich fühlst, wenn die Wärter dir ins Ohr säuseln und im gleichen Augenblick in den Magen schlagen, dass du umfällst und Blut und Galle spuckst. Wie Fußfesseln auf blanken Knochen schmerzen, in denen du wochenlang herumhüpfen musst.

Warren ist verdammt, sich immer aufs Neue das Entsetzen aus seinem Bewusstsein zu brüllen: das des Thai-Bauern, der totgeprügelt wurde, das eines Deutschen, der zur Unkenntlichkeit zusammengeschlagen wurde, das des Franzosen, der eine birnengroße Beule hinterm Ohr hatte und tierische Laute ausstieß. Als die Beule platzte, züngelte ein Arsenal weißer Maden heraus, wie Spagetti. Im Schädel des Franzosen hatten Kakerlaken ihre Eier abgelegt, die geschlüpft waren. Und die viehischen, sexuellen Übergriffe! ...

Auf keinen Fall durfte ich Klaus mit: „Wie geht's alter Junge?" begrüßen.

Irgendwo schlug hallend eine Eisentür auf. Schwer schlürfend, als habe man ihm gerade die Fußketten abgenommen, bewegte sich ein alter Mann auf den Zaun zu. Ein Europäer, abgemagert, leichenblass, schwarze Ringe unter den Augen. Schwer gelbsüchtig. Er blieb stehen, krallte die Finger in die Maschen. Sein Atem rasselte.

„Klaus Schröder?", fragte ich um sicher zu gehen, auch wenn ich wusste, dass er es nicht sein konnte. Er glotzte mich aus gebrochenen Augen an. „No!"

Ich hielt ihm das Foto vors Gesicht. „No!" wiederholte er ... drehte sich um und schlurfte zurück. Der Gefängniswärter erhob sich und begleitete mich zurück zur Pförtnerloge. Er zuckte entschuldigend mit der Schulter. Eine Verwechslung, zufällig oder absichtlich? Nicht zu erkunden. Ein weiterer Schein regte sein Gedächtnis an und er erklärte, dass ein Schröder aus Deutschland zwei Mal einsaß, allerdings nie länger als zwei Jahre, weil die bei ihm sichergestellte Drogenmenge lediglich Eigenkonsum vermuten ließ.

Einstweilen reichte mir das Waten im Sumpf kaputter Existenzen. Ich musste feststellen, dass der Pfad der Erleuchtung an tiefen Abgründen vorbeiführte, so zog ich es vor, den Stadtteil zu wechseln. Im Moment war die Spur Schröders kalt und versiegt. Ich hatte den Eindruck, dass sie, wenn überhaupt, erst im Norden wieder auffindbar sei. Irgendwo in Chiang Mai, im Goldenen Dreieck oder an der burmesischen Grenze – vorausgesetzt es gelang, auf die richtigen Informanten zu stoßen.

Die Ramas von Bangkok

„Jim's Lodge" lag unweit des Suan Lumphini-Parks und nahe einer Sky Train-Haltestelle. Das Hotel wurde von Vertretern und Kleinunternehmern frequentiert. So ergab es sich, dass ich im Foyer mit Jan Krause, einem Schuheinkäufer aus Bremen, ins Gespräch kam. Jan gab vor, Bangkok von mehreren Kurztrips her zu kennen und wollte mich mit seinem Wissen beeindrucken: „*Mae Nam*, der Wasserlauf durch die Stadt heißt einfach „der Fluss" und *Chao Phraya* wird er zu Ehren von Rama I. genannt, der vor seiner Krönung Chao Phraya hieß. Nachdem Ayutthaya an Einfluss verloren hatte, gründete er 1782 die neue Hauptstadt im Süden. Zuvor war Bangkok, das „Dorf wilder Oliven", nichts weiter als ein unbedeutender Flusshafen. Eine Amtshandlung..."

„Die Anfänge der Besiedlung gehen allerdings auf General Phay Tak, genannt Taksin, zurück", unterbrach ich den Dozenten, schließlich hatte ich mich auch etwas informiert, „mit dem Ausruf: ‚in Ayut- thaya fehlt es nie an mutigen Männern!' scharte der General Getreue um sich, durchbrach den Belagerungsring der Burmesen und setze sich nach Chanthaburi ab, wo er eine Armee zusammenstellte. Tatsächlich gelang es ihm, Ayutthaya zu befreien. Seinen Offizieren offenbarte er in Siegerlaune, dass ihm im Traum die alten Könige erschienen seien und gefordert hätten, ein neues Zentrum südlich in Meeresnähe zu gründen. In Thonburi, vis à vis von Bangkok, ließ Taksin die neue Hauptstadt entstehen und sich dort zum König krönen. Ayutthayas Macht schwand dahin, das Reich drohte in Einzelprovinzen zu zerfallen. Den Brüdern Chao Phay Chakri und Chao Phraya Sarasih ist es zu verdanken, dass der Föderalisierungsprozess gestoppt wurde und die Zentralregierung zu altem Einfluss zurückfand. Mit Fortune kämpften die Heere Chakris und Sarasihs gegen die Burmesen, im heutigen Laos und

Kambodscha, warfen reichsabtrünnige Separatisten nieder, während sich in Thonburi, aus dem einst so geachteten König, ein verwirrter Despot entpuppte. Taksin erklärte sich zum Buddha, der Mönche auspeitschen ließ, die ihm nicht huldigten. Bis, ja bis Phaya San, ein couragierter Hofbeamter den geistigen Verfall seines Regenten nicht mehr mit ansehen konnte. Er organisierte einen Putsch und überreichte General Chakri, der gerade ruhmreich heimkehrte, die Krone als König des wieder geeinten Siam. Als äußeres Zeichen der neuen Rama-Dynastie wurde die Verwaltung aus dem sumpfigen Thonburi nach Bangkok gegenüber, verlegt."

„Richtig!", meinte Jan, „und den wahnsinnigen Taksin steckte man in einen Sack und prügelte ihn zu Tode. Dabei soll der gerade berufene Regent Chakri das makabre Schauspiel weinend miterlebt haben. Schließlich handelte es sich um seinen König und Gönner. – Übrigens, ist Ihnen der Smaragd-Buddha ein Begriff?"

„Nein, klären Sie mich auf."

Unseren geschichtlichen Diskurs führten wir im Gewühl der Hotelhalle zwischen kommenden und gehenden Gästen, wartenden Koffern und Gepäckhalden.

„Historie ist nicht nur mein Hobby", verriet Jan Krause, „bevor ich in den Schlappenladen meines Alten Herrn einsteigen musste, studierte ich Geschichte – wollte ins Lehrfach. Niemand lernt ein Land kennen und verstehen, ohne um dessen Vergangenheit zu wissen!"

„Historie, als nach rückwärts gewandte Prophezeiung?", fragte ich.

„Eher im Sinne von: Das Beste, was wir von der Geschichte haben, ist der Enthusiasmus, den sie erregt!"

„Goethe – sehr treffend. Aber was ist jetzt mit dem Smaragd-Buddha?"

„Den sollten wir uns am besten mal ansehen. Nur so viel: Der siegreiche Laos-Feldzug General Chakris machte es möglich, dass der berühmte grüne Buddha im 18. Jahrhundert von Vientiane nach Bangkok gelangte. Die Statue ist aus echter Jade geschnitzt und wurde vermutlich um 1500 aus einer Pagode in Chiang Rai geraubt. Der meergrünen Farbe wegen wird sie ‚Smaragd-Buddha' genannt, steht für Unabhängigkeit und Wohlstand und gilt in Thailand als die heiligste aller Buddha-Figuren. Bestaunen kann man sie im Wat Phra Keo. Dort bildet sie die Spitze einer goldverzierten Pyramide. Opfergaben erwartet die Skulptur von der königlichen Familie höchst persönlich."

„Was halten Sie von einer Stadtbesichtigung?", fragte ich rundheraus, „Ihr Wissen sollte an den Mann."

Er fühlte sich geschmeichelt. „Habe zwar nicht viel Zeit, aber einiges schaue ich mir gern wieder an."

Wir verabredeten uns für den nächsten Vormittag.

Aus dem Geschäftsmann Krause war der Tourist Jan geworden, der mit Käppi, Buschhemd und Jeans daherkam – kaum wiederzuerkennen! Mutig schritten wir in Bangkoks Verkehrs-Tohuwabohu. Hüpften zwischen Strasse und hohen Bordsteinen, beides glich mehr einer Hindernisbahn, der nächsten Hochbahn-Station Phloen Chit zu. Natürlich wollten wir den Sky Train erleben, der Metropole neuer Stolz. Auf dem Weg dorthin sirrte die Konkurrenz, kleine, dreirädrige Motorroller, mir schon als Tuk-Tuk vertraut, wie Wespen umher und hüllten uns in schwarze, beißende Abgaswolken. Unglaublich, was da so aus mickerigen Auspuffröhrchen zu quellen vermochte!

Staus verursachte selbst der Fußgängerverkehr, wenn von allen Seiten gequetscht wurde: Garküchen, Händlerbuden von der Seite, Verkehrszeichen, Werbeschilder, elektrische Kabel in Kopfhöhe, Menschenmassen von vorn und hinten. Durch den grauen, beißenden Dunst bohrte sich der Straßenlärm wie Dolche. An jeder Straßenecke erhoffte ich etwas Sauerstoff, um zwei, drei tiefere Atemzüge zu wagen. Nein, aus der Atemnot verhalfen erst die hohen Höhen der Haltestelle Phloen Chit.

„Ist sie nicht großartig? Die Trasse durchschneidet die Stadt von Ost nach West und von Nord nach Süd. Ständig wird sie weiter ausgebaut. Kein Graffitigeschmiere, saubere Stationen, leichte Orientierung – ich bin begeistert!", sagte Jan. An übersichtlichen Automaten lösten wir Billetts zu unglaublich günstigen Tarifen. Am Ende des Bahnhofs, der wie ein Nest von Webervögeln zwischen Betonstelzen luftig wolkenwärts hing, wachte ein Polizist. Aufmerksam, aber nicht provokant. Keine zwei Minuten später glitt ein Zug ein. Schwebte vielmehr aus dem Himmel heraus in sein Nest, hielt, öffnete sich, entließ und nahm auf. Wir stiegen ein. Alles verlief rasch, zudem wohltuend geordnet und leise. In den Abteilen befanden sich Tafeln zum Streckenverlauf. Akustisch wurde in Thai und Englisch auf die Haltestellen hingewiesen. Jeder Wagon war klimatisiert, geschmackvoll im Design und immer wieder fiel die Reinlichkeit auf.

„Na? Was sagen Sie zu dem Projekt?", fragte Jan.

„Sollte der Vorstand der Hamburger Hochbahn mal besichtigen!"

„Und das tollste ist, dass alles in der Asienkrise konzipiert und begonnen wurde. Das ist unternehmerische Weitsicht!"

„Bin ich richtig informiert, dass die Asienkrise in Bangkok begann ...?"

„ ... Und in Bangkok siegreich bekämpft wurde! Ganz richtig. Zehn Jahre lang war die thailändische Wirtschaft rasanter gewachsen als alle anderen weltweit. Monumente des Größenwahns reckten sich in den Himmel – bis ins Crashjahr 1997. Im Mai attackierten amerikanische und europäische Devisenhändler den Baht. Die Landeswährung stürzte in wenigen Monaten auf 50 Prozent ihres Wertes.

In Südostasien kippten daraufhin die Volkswirtschaften wie Dominosteine. Natürlich war die eigentliche Schuld des Kollapses in Korruption, Gigantismus und Raffgier zu suchen. Die mächtigen westlichen Brokerhäuser erkannten die maroden Beine des ‚Asiatischen Tigers‘, stießen ihre Beteiligungen ab – dem Boom folgte der freie Fall. Noch heute greifen mahnend Bauskelette in den Himmel. Um sie dreht sich kein Kran mehr. Doch

Thailand hat seine Lektion gelernt und sich seiner Tugend erinnert ..."

„... In der Person Thaksin Shinawatras", unterbrach ich Jans nervigen, dennoch interessanten Vortrag.

„Der Premierminister ist selbst eine Erfolgsgeschichte. Er begann als kleiner, pfiffiger Polizist mit einem Hobby: Computer. Mit denen handelte er nebenher so erfolgreich und rigoros, dass er sich in wenigen Jahren zum Telekom-Magnaten aufschwang, schließlich zum Minister und Regierungschef. Obwohl durch zwielichtige Machenschaften und Korruption an die Macht gelangt, war seine Politik nach dem brutalen Niedergang, wie das große Aufatmen. Gerade waren die zaudernden Demokraten abgewählt worden, denen der Weltwährungsfond IWF einen 17,2-Milliarden-Dollar-Kredit-Mühlstein um den Hals gehängt hatte, da ließ Thaksin durchstarten. Die Wirtschaftsbosse folgten der Aufbruchstimmung mit Investitionen und bereits im Juli 2003 konnte der Premier die letzten IWF-Schulden mit den Worten: ‚Nie wieder werde Thailand im Ausland um Geld betteln müssen!' zurückzahlen. Prestigeobjekte ließ er zusammenstreichen, wirtschaftlich Notwendiges wurde durchgepeitscht. Korruption, Kriminalität, Prostitution bekämpft – mit unkonventionellen Methoden, die dazu führten, dass 2000 Drogenhändler und Szenegänger liquidiert wurden, ohne die schießwütige Polizei zu belangen."

„Sie meinen den Drogenkrieg, der einst auf Rama IX. Geburtstagsparty angezettelt wurde?"

„Genau! Wenn Korrupte die Korruption bekämpfen, wird das Übel nicht beseitigt, sondern perfektioniert. – Nichtsdestotrotz, Thaksin brachte Thailand einen phänomenalen Aufschwung. Und der Sky Train ist ein Symbol dafür und für eine funktionierende Zusammenarbeit zwischen Europa und Südostasien. Die Bahn baute ein belgisch-thailändisches Konsortium."

Mittlerweile hat sich Thaksin Shinawatra nach England abgesetzt. Der Heimatboden wurde ihm und seiner Frau Pojaman zu heiß.

Beiden drohten wegen Steuerhinterziehung und Korruption mehrere Jahre Gefängnis. Vom „beliebtesten Staatsführer Asiens" zum Flüchtling – eine abenteuerliche Politkarriere des Ex-Premiers Thaksin! Seine Nachfolger haben Mühe protestierende Massen unter Kontrolle zu halten. Zumal vermutet wird, dass Thaksin die Unruhe kräftig schürt.

Wir fuhren bis zum Nationalstadion. Von dort nahmen wir ein Taxi, um den Großen Palast zu erreichen, bevor sich die Buskarawanen mit Touristen entluden. Als „Venedig des Ostens" kann Bangkok sich nicht mehr bezeichnen. Die meisten Wasserwege wurden zugeschüttet, damit dem Straßenbau mit seinem Kraftverkehr Priorität eingeräumt. „In dieser merkwürdigen Stadt gibt es nur wenige Geräusche und keinen Lärm von Fahrzeugen, denn die Verkehrswege bestehen aus Klongs, die sich überkreuzen", beschrieb der französische Architekt Lucien Fourneau, die Stadt mit hohem Freizeitwert. Das war 1892 und die allerersten Straßen waren gerade erst vor 30 Jahren gebaut worden.

Schon gerieten wir in einen der gefürchteten Verkehrsstaus auf der Rama I. Road. Unser Fahrer wich nach Süden aus und versuchte dem Chaos über die Chroen Krung, einer jener frühen Straßen, auszuweichen. Im Land bestechlicher Politiker und geldgieriger Polizisten stand der Name Bhumipol für Moral und Anstand: Bhumipol bedeutet „Stärke des Landes" und Sirikit, seine Frau, „Schönheit und Ehre". Im extrem dynamischen und mit Hochdruck pulsierenden Bangkok sehnt sich der Mensch nach Orientierung in Ruhe. Buddhismus und Königshaus befriedigen diese Grundbedürfnisse der Thais. Sein Bild hängt noch in jeder Wohnstube. Reisbauern verehren die Erde auf die er seinen Fuß gesetzt hatte und seine Gesundheit beeinflusste Börsenkurse. Der dienstälteste und zugleich reichste Monarch der Welt war die Seele der Nation. Seit seiner Inthronisation 1946 hatte der Garant für Stabilität mehr als 24 thailändische Regierungen kommen und gehen sehen.

Dabei waren die Aussichten nach einem 20-jährigen Interregnum eher düster: Sein Bruder, König Ananda, wurde erschossen im Palast aufgefunden. Bhumipol, ein Teenager noch, reiste aus der Schweiz an, wurde Rama IX, schloss sein Jurastudium in Europa ab und kehrte erst in den 50er Jahren heim, um seine Aufgaben als König wahrzunehmen.

Mit außerordentlichem Geschick übrigens. Obgleich er keine Regierungsgewalt besaß, wurde sein Rat wie ein Gesetz befolgt. Eine Kostprobe seiner Autorität gab Bhumipol 1992, als er einer Gewaltwelle Einhalt gebot, in dem er dem ungeliebten Premier General Kraprayoon vor laufenden Fernsehkameras die Leviten las. Der Gemaßregelte trat zurück. Sein Widerspruch wäre einer Majestätsbeleidigung gleichgekommen, die den General 15 Jahre hinter Gitter gebracht hätte. Auch 2006 sprach Bhumipol ein Machtwort, als Thaksin vom Militär geputscht wurde.

König Rama IX. starb 2016. Maha Vajiralongkorn oder Rama X. ist seit dem 13. Oktober 2016 König von Thailand. Er ist das zweite Kind Bhumipol Adulyadejs. Dem Nachfolger wird aufgrund seines zweifelhaften Rufs bei weitem nicht die Beliebtheit seines Vaters oder seiner Mutter Sirikit zuteil.

Das Taxi stieß zum Fluss vor. Auf der anderen Seite schob sich Bangkoks Wahrzeichen, das Wat Arun, „Tempel der Abenddämmerung“, ins Blickfeld.

Jan begeistert: „Das ist fernöstliche Baukunst! Die Hauptpagode gehört zu den mächtigsten des Landes. Rama II. wollte den damals 15 Meter hohen Turm über 100 Meter hoch bauen lassen. Doch der morastige Boden stellte ein statisches Problem dar, das erst der Baumeister Ramas III. zu lösen verstand: Mehrere hundert Bootskörper wurden kurzerhand umgestülpt im Schlamm verankert und dienen noch heute als stabiles Fundament.“

„Wo befinden sich eigentlich die königlichen Barken?“

„Nördlich vom Tempel. An der Mündung des Klong

Bangkok Noi. Am Ende der Regenzeit werden die Boote mit den prächtigen Schnitzereien für das *kathin* vom Stapel gelassen."

„Kathin? – Was ist das?"

„Das ist die königliche Prozession zu Wasser, anlässlich der den Mönchen des Wat Arun Kleider und andere Gaben gebracht werden. Ein spektakuläres Ereignis: Der König thront unterm Baldachin auf der größten der fünfzig Barken, der prächtigen *sri supannahong*. Fünfundvierzig Meter misst die Wasserkarosse. Den Bug ziert ein vergoldeter Schwanenkopf. Steuermänner, Offiziere, der Schlagmann und Sänger, dazu in schwerem Brokat gekleidete Ruderer bilden die Besatzung. – Die Flottenparade ist so teuer, dass sie in großer Besetzung erst zweimal stattfand. Das war 1982 zur 200-Jahrfeier der Chakri-Dynastie und 1987 zum 60. Geburtstag Bhumipols."

Gerade durchschritten wir die hohen, zinnenbewehrten Mauern des Großen Palastes. Tauchten ein in mittelalterlichen Pomp: Gold, Stuck, Fresken, verwirrende, atemberaubende Pracht! Das war also Bangkoks Geburtsstätte Rattanakosin, die künstlich geschaffene Insel in einer Schleife des Mae Nam Chao Phraya. Und das spirituelle wie politische Herz Thailands bildet der Königspalast mit dem Tempel Wat Phra Keo. Ich befand mich auf einer Zeitreise. Eine solche Reise gebietet Respekt: beim Betreten der Paläste und Tempel sind kurze Hosen und ärmellose Tops nicht gestattet, dem allzu saloppen Touristen werden Mietgewänder verpasst.

Das Nationalheiligtum, den Smaragdbuddha, beherbergt der Haus- tempel des Monarchen. Wat Phra Keo betritt man mit Ehrfurcht. Mein Blick fiel auf bunt bestickte Kissen und ein Kniepult. Hier betet also der König!

Hoch oben, unter der verzierten Holzbalkendecke befand sich das *Ubosot*, das Allerheiligste, die 65 Zentimeter kleine Buddhafigur aus einem Block hochfeiner, smaragdgrüner Jade geschnitten. 1436 wurde sie erstmals in

Chiang Rai erwähnt und galt schon damals als eine mit magischen Kräften versehene Plastik.

Andächtig verweilte der Kopf himmlischen Höhen zugewandt, als Jan bemerkte: „Angesichts dieser Figur würde sich kein Thailänder erdreisten zu lügen. Heilige Eide werden hier geschworen und bei vielen Ehekrisen hat der Jade-Buddha geholfen, denn wer vor ihm beteuert treu zu sein, dem wird geglaubt. Eine Lüge käme einer persönlichen Katastrophe gleich!"

Nun wandelten wir an Wandmalereien des Tempels entlang. Sie erzählten von Ereignissen im alten Siam, erinnerten an das hinduistische Epos Ramayana – in Thailand Ramakien genannt – oder zeugten von den Inkarnationen des Buddha. Die Fülle der Paläste, Tempel, Chedis, Stupas, Pagoden verwirrten den Geist, ermüdeten die Sinne.

„In Bangkok findet der Reisende ein Spektakel vor Augen, unglaublich wie ein Traum, ein Farbenpanorama wie in einem überschwänglichen Theaterspiel und das hunderttausendfach multipliziert", gab Jan zum besten.

Als ich ihn fragend ansah, meinte er: „Las ich in einem Thailand-Führer von 1929. Etwas schwülstig, dennoch treffend."

Wir bewunderten gerade den Thronsaal im Chakri Maha Prasal-Palast. Damit wurden einige neue Seiten der Landeshistorie aufgeschlagen: Rama V. (1868-1910) ließ die königliche Audienzhalle zur 100-Jahr-Feier der Chakri-Dynastie bauen.

Der dreitürmige Komplex beherbergt für die Öffentlichkeit unzugängliche Schätze und goldene Urnen verstorbener Chakri-Monarchen.

„Hier, wie an vielen anderen Palästen auch, trifft europäische Baukunst auf thailändische Ausdrucksform", erzählte Jan, „die Nachfolger König Rama I. erweiterten den Großen Palast nach Vorstellungen von Baumeistern aus Italien, Frankreich und England, wobei Siamtradition, zumindest was die Dachkonstruktionen betraf, erhalten blieben."

„Die Ermordung Bhumipols Vorgänger, ist die eigentlich aufgeklärt worden?"

„Eine mysteriöse Geschichte, die sogar Schatten auf das Königshaus wirft. Der Leichnam Anandas ist in der Borompiman-Halle – da drüben – gefunden worden. 1946 bezog Bhumipol, als Rama IX., den modernen Chitralada-Palast. Der Große Palast wird von ihm nur noch für Staatsempfänge, Bankette oder besondere Zeremonien frequentiert. Und was den Mord betrifft – da gibt's nur Spekulationen. Es ist nicht einmal klar, ob Ananda tatsächlich in der Halle erschossen oder nur dort deponiert wurde, um die Untat jemandem aus der königlichen Familie in die Schuhe zu schieben."

Wir begaben uns zum Arporn Phimok Prasad von dem es heißt, er sei der schönste unter all den vielen, herrlichen Pavillons Thailands. Angelegt worden, damit die Herrscher bequem von ihren Elefanten herabsteigen und sich in angenehmer Atmosphäre auf Zeremonien vorbereiten konnten. Auf der Brüsseler Weltausstellung 1985 bestaunten die Besucher eine Nachbildung dieses Pavillons.

Ein Mäuerchen im satten Grün gepflegter Rabatten lud zum Sitzen ein.

„Sollten etwas über die Chakri-Dynastie sinnieren", meinte Jan.

„Historie, was ist das?", fragte ich, „eine Auflistung blutiger Ereignisse, machtbesessener Herrscher!"

„Das trifft für das Siam ab 1782 nicht mehr zu. General Chakri verstand neben seinem Kriegshandwerk auch etwas von Psychologie. Als Rama I. verlagerte er die Verwaltung aus dem sumpfigen Thonburi nach Bangkok, ans festere Flussufer gegenüber. Nun ging es darum, das kriegsmüde, der einst so glorreichen Hauptstadt Ayutthaya beraubte Volk mit Selbstvertrauen und Motivation zu beseelen. Das gelang, in dem Chakri Buddha-Statuen, Baumaterialien und Spitzenhandwerker aus Ayutthaya, sowie dem nicht minder bedeutenden Sukhothai in den Süden holte.

Im Stil der ehrwürdigen Hauptstädte entstanden die ersten Gebäude in Bangkok."

„Stammt aus den Gründerjahren nicht auch der Name: ‚Stadt der Engel'?" fragte ich.

„Nach einer Bauzeit von drei Jahren wurde das erste große Gebäude, Wat Phra Keo, als Schrein für den Smaragd-Buddha eingeweiht. Als Erinnerung daran hieß die neue Hauptstadt *Krung Thep Phra Maha Nakorn Amorn Rattanakosin*: ‚Stadt der Engel, Wohnsitz des Smaragd-Buddhas'. Davon ist die Kurzform *Krung Thep* geblieben."

Es ist den britischen Kolonialgelüsten zu verdanken, dass der Erzfeind Burma von Siam abließ. In der Phase der Konsolidierung lebten Kunst und Kultur der Ayutthaya-Epoche wieder auf. Die meisten Klöster und Tempel entstanden in jener Zeit. Heute zählt man allein in Bangkok über 450 Tempel. Als der Krieger Chakri die Grenzen zu Burma gesichert, seinen Untertanen den Glauben an ihre politische und kulturelle Stärke zurückgegeben hatte, sah er seine Mission erfüllt. Er bestimmte seinen Bruder zum stellvertretenden König mit weit reichenden Machtbefugnissen – ein seltener Fall von freiwilliger Beschränkung.

„Zum alternden Rama gibt es eine kleine Episode", erzählte Jan Krause, „das Hofprotokoll schrieb vor, dass die irdischen Überreste der Regenten in Urnen aufzubewahren seien. Rama I. nun war von seiner goldenen Urne dermaßen angetan, dass er sie in sein Schlafgemach stellen ließ, um sie bestaunen zu können. Seine Lieblingsfrau brach daraufhin in Tränen aus und jammerte: ‚Welch' böses Omen!' – ‚Das ist doch Unsinn', amüsierte sich der König, ‚wann soll ich sie denn betrachten, wenn nicht bei Lebzeiten?'"

In zwei aufwändigen Filmen wurde das Tagebuch einer prüden, viktorianischen Gouvernante der Nachwelt präsentiert. Dabei ging es um Anna Leonowens, Englischlehrerin und Witwe eines britischen Kolonialoffiziers, die mit ihrem Sohn in Singapur lebte.

Seit geraumer Zeit hatte sich Siam der Welt geöffnet, um an den Errungenschaften Europas teilzunehmen. Rama IV., König Mongkut hielt nach einem Lehrer Ausschau, der seinen Kindern Englisch und westliches Gedankengut vermitteln sollte. Er selbst war ein gebildeter, aufgeklärter Monarch. In der Jugend hatten Missionare ihn Englisch und Latein gelehrt. So war er in der Lage, sich mit den großen Denkern des Abendlandes, Geschichte, Geografie, Naturwissenschaften auseinanderzusetzen.

Sein Land hatte Mongkut zuvor von ganz unten, nämlich 27 Jahre lang als buddhistischer Wandermönch, kennen gelernt. Seine Erleuchtung bestand in der Erkenntnis, Siam dürfe sich nicht der westlichen Kultur und Technik verschließen, wolle es ferner eine eigene Rolle spielen. Ihm ging es darum, den Brückenschlag zwischen Ost und West nach außen und zwischen Alt und Neu im Inneren zu gestalten. Geschickt ausgehandelte Verträge machten sein Land zum wichtigen Handelspartner für England, Frankreich, die USA und andere Länder, ohne sich in deren Abhängigkeit zu begeben.

Den Lehrer fand der König in der Person Annas, die fünf Jahre im Großen Palast unterrichtete. Ein Ereignis, das bei den Hof-Chronisten um 1865 kaum Erwähnung fand. Auch stellte sich bald heraus, dass die Gouvernante den Einfluss des europäischen Besuchs überzeichnet und den König als glatzköpfigen, einfältigen und grausamen Autokraten, der hauptsächlich in Haremsaffären versponnen war, falsch charakterisiert hatte. Vielleicht lässt sich aufgrund dessen nachempfinden, dass „Der König und ich" mit Yul Brynner ebenso, wie „Anna und der König" mit Chow Yun-Fat als König und Jodie Foster als Lehrerin, in Thailand ungezeigt blieben.

In Angelegenheiten der Monarchie versteht das Land keinen Spaß. Das gilt damals wie heute: Ein Pressegesetz verbietet bei strenger Strafe jede negative Kritik am Königshaus. Wer in Wut auf einem Geldschein herumtrampelt läuft Gefahr eingesperrt zu werden. Auf dem Baht befindet sich das Abbild des Regenten. Eine Briefmarke mit dem Kopf des Königs aus Versehen verkehrt herum auf den Brief geklebt, ist schon eine kleine Majestätsbeleidigung.

Mongkut war ein leidenschaftlicher Himmelskundler, der am 18. August 1868 sogar internationales Ansehen erwarb. Für diesen Tag hatte er eine totale Sonnenfinsternis vorausgesagt. Astronomen aus Europa und Asien hatten sich im Palast-Observatorium in Petchburi eingefunden, um des Ereignisses zu harren. Natürlich war man skeptisch, was die Rechenkünste des Königs anbetraf. Doch dann schob sich tatsächlich zur vorausberechneten Zeit der Mond zwischen Sonne und Erde. Leider überlebte der König das Ereignis nicht lange. Zwei Wochen später starb er an Malaria und Sohn Chulalongkorn musste 15-jährig den Thron besteigen.

Seiner Lehrerin Anna Leonowens war der Sprössling bereits als eifriger, intelligenter Schüler aufgefallen, der stets erstaunliche Fragen stellte. Chulalongkorn regierte 42 Jahre lang als Rama V. und ging als der große Reformer in die Geschichte Siams ein.

Die Unteren krochen vor den Oberen. So war es üblich, seit ewigen Zeiten. Der Schüler vor dem Lehrer, der Leibeigene vor dem Herrn, alle vor dem König. Per Dekret machte der König Schluss mit dem Buckeln und Kriechen als Zeichen von Achtung. Er erklärte seine Untertanen zu Bürgern, was die anfangs gar entsetzte. Im Namen des Königs begann eine Revolution von oben nach unten. Dabei hatte der Hof dem Kränkelnden wenig Chancen eingeräumt und ihn unter Kuratel eines stockkonservativen Regenten gestellt. Das auch, weil er für zu sensibel, zu idealistisch, zu moralisch galt. Mit 20 Jahren trug Chulalongkorn dann doch die hohe, spitze Krone des Reiches mit allen Königsrechten und setzte durch, was westliche Erziehung ihn gelehrt hatte.

In dem bis dato rückständigen, weltabgewandten Feudalstaat, ohne Infrastruktur, ohne Finanzkontrolle, mit Untertanen, die ein Fron- und Sklavendasein fristeten, verkündete der König 1873 gleich eine Fülle von Veränderungen, Neuerungen und Maßnahmen: Ein moderner Gerichtshof, eine zentrale Finanzverwaltung, ein junger, europäisch ausgebildeter Staatsrat mit gesetzgebender Kompetenz, „Council of State" genannt. Chulalongkorn hatte die Vision von einem Siam mit westlich ausgerichteter Verwaltung, eingebettet in buddhistische Moralvorstellung.

Sein einstiger Kurator und Widersacher, Prinz Wichaichan, ein Machtlüstling, fürchtete für sich und einflussreiche Adelsfamilien den Verlust lieb gewonnener Privilegien. Chulalongkorns Dekrete und Gesetze wurden sabotiert. Über dem Himmel des Großen Palastes hing die düstere Wolke eines Aufstandes. Für die Nacht vom 28. auf den 29. Dezember 1874 war der Putsch geplant. Verräter entzündeten das königliche Schießpulver-Depot als Zeichen des Losschlagens. Prinz Wichaichan marschierte mit seinen Mannen vor das Palasttor. Unter dem Vorwand, den Brand löschen zu wollen, verlangte er Einlass. Chulalongkorn durchschaute die Hinterlist, die königliche Garde wehrte die Angreifer ab. Der Reformprozess ging weiter, doch künftig behutsamer.

Welch' Ironie: In nächtelangen Diskussionen plädierte der König für die Abschaffung der Sklaverei. Dagegen waren nicht nur die Herren – auch die Sklaven selbst! Sie fürchteten sich vor einem Leben in Eigenverantwortung. Die gesicherte Reisschüssel in Unfreiheit war ihnen lieber. So gelang es Rama V. erst 1905, wenige Jahre vor seinem Tod, die Sklaverei auszumerzen.

Garanten für behutsame Modernisierung waren anfangs nur seine jüngeren Brüder. Später halfen 32 Söhne, die er alle im Ausland studieren ließ. Verdammt zur Langsamkeit fühlte sich Chulalongkorn. Er wusste sich von den Kolonialmächten England und Frankreich eingekreist, rechnete mit der Einverleibung Siams, wenn es nicht gelang sich den europäischen Mächten als akzeptierter Partner zu präsentieren. Nur, warum begriffen es die Adelsclique, die Händler, die Bauern, das Volk nicht?

Die Frage konnte sich der König nicht beantworten. Wie das Volk, war er selbst in seiner Persönlichkeit gespalten: modern, dennoch rückständig; sparsam und prunksüchtig zugleich. Je nach Laune: gütig oder brutal. Die jährliche Wasserprozession mit 500 Schmuckbarken, nebst 30 000 Menschen des Hofstaats, verschlangen Unsummen. Man glitt an Kerzen- und Blütenmeeren vorbei, von abertausend Helfern dekoriert worden, allein für die Vergänglichkeit des Augenblicks geschaffen. Abends schlossen sich die schweren Tore des dreifach gesicherten Königspalastes, hinter denen sich der Monarch zu 3000 Frauen und seinen Kindern zurückzog. Auf jede Frau im Palast hatte er Zugriff. Im Laufe seines Lebens zeugte er mit ihnen 36 Kinder.

Chulalongkorn gefiel sich auch in der Rolle des Selbstdarstellers. Drei Fotografen aus Europa lichteten den Einfallsreichen in immer neuen Posen ab: Im Königsornat, mit Familie, als chinesischer Bauer, im Aufzug eines europäischen Herrschers, als englischer Gentleman, im Talar eines Gelehrten...

In Bangkok wütete wieder einmal die Cholera. Leichen und Tierkadaver trieben in den Klongs. Es stank bestialisch. Westliche Hofmediziner traten an um zu helfen, doch die Bevölkerung misstraute den weißen Doktoren, behängte sich lieber mit Amuletten, um die bösen Geister zu verscheuchen. So dauerte es Monate bis sich die ersten Patienten in ein nach westlichem Vorbild erbautes Krankenhaus wagten.

1886 geschah etwas Ungeheuerliches! Dem König wurde eine Petition über 60 Seiten von elf jungen, radikalen Höflingen übergeben, die gerade aus Europa zurückgekehrt waren. Sie forderten unverblümt eine parlamentarische Demokratie mit konstitutioneller Monarchie. Das war Hochverrat! Der König hätte die Aufmüpfigen, darunter vier Prinzen, hinrichten lassen können, wenn nicht gar müssen. Chulalongkorn entschied anders, verfasste eine Replik mit den denkwürdigen Sätzen: „Glaubt nicht, dass ich 18 Jahre lang dümmlich auf dem Thron gesessen hätte, ohne über dieses Problem nachzudenken." Er erinnerte an die Widerstände auf die er immer wieder stieß, wenn es um sinnvolle Veränderungen ging. Modernisierung, die er persönlich gegen die Uneinsicht seiner Staatsbeamten durchsetzte. Nein, das absolute Königtum blieb unantastbar. Das Land müsste erst einmal Männer hervorbringen, die das Wesen eines Parlaments verstünden um damit arbeiten zu könnten. Ohne eine solche Voraussetzung sei jede Demokratie sinnlos.

Die Forderung der elf jungen Wilden wurde 1932, 46 Jahre später per Staatsstreich durchgesetzt – unblutig, dank des besonnenen Königs Prajadhipok.

Der Würgegriff der Kolonialmächte wurde fester. 1893 blockierten französische Kanonenboote Bangkoks Flusseinfahrt. Zwar konnte sich Chulalongkorn an der Macht halten und Siam unabhängig bleiben. Doch zu welchem Preis? Laos und kambodschanische Provinzen mussten an Paris abgetreten werden. Ein Teil Nord-Malayas ging an London. Am Ende büßte Rama V. fast die Hälfte seines Herrschaftsgebietes ein und hatte europäische „Berater" zu dulden. Das Eisenbahn- und Postressort betreute Deutschland, die Finanzen England, die Marine Dänemark, die Justiz Belgien. Unter dem fremden Einfluss beschleunigte sich jetzt die Modernisierung in ungeahntem Tempo: Reisfelder vertrieben wilde Elefanten, der Export prosperierte und Siam wurde mit ausländischen Konsumgütern überschwemmt. Bei Hof war die Gier nach Füllfederhaltern, Uhren, Grammofonen, europäischer Mode geradezu gigantisch.

Der König, selbst dem Konsumrausch anheim gefallen, wollte mit eigenen Augen sehen, wo denn all das Begehrenswerte herkomme. Er begab sich auf eine Europareise. Besichtigte Residenzen, Schlösser, Fabriken in London, Paris und anderswo. Heim im Reich entwarf er im Norden Bangkoks die Gartenanlage *Suan Dusit*, „Himmlischer Garten", die er mit dem Zentrum durch eine Art Champs Elysee verband. Fröhlich gelaunt, wurde er dort häufig radelnd beobachtet.

Neue Gebäude erhielten Elemente, die Rama V. auf seiner Europareise entdeckt hatte. Und auf diese Weise fand auch die erste Dusche Siams den Weg in den Großen Palast. Trotz allem hatte die Schwärmerei für Europa seine Grenzen, wenn es um königliches Geblüt ging. Schwer gekränkt musste der König erfahren, dass sein Lieblingssohn heimlich eine bürgerliche Russin geheiratet hatte. Den Enkel aus dieser Ehe ignorierte er zwei Jahre lang. Als er ihn dann zufällig zu Gesicht bekam, meinte er erleichtert, der Junge sähe ja gar nicht europäisch aus!

Siams großer Reformer blieb bis zu seinem Tode ein Absolutist. Aber einer, der seine Macht zu zügeln verstand. Am 23. Oktober 1910 trugen 60 Würdenträger die Sänfte mit seinem Leichnam. Den Körper in Goldbrokat gekleidet, das Gesicht mit einer goldenen Totenmaske bedeckt. Kerzenlicht und dumpfer Trommelschlag begleiteten Rama V. auf seinem letzten Weg.

Längst hatten wir unser Mäuerchen am Rabattengrün verlassen, standen am Royal Plaza, wo eine Bronzestatue hoch aufragte. Männer, Frauen, Mädchen legten die Hände aneinander, knieten nieder. Passanten deponierten Lotosblüten und verharrten. Opfergaben wurden dargebracht: Räucherstäbchen, Rosen, Zigaretten, die er so gern rauchte ... Über dem Volk der Straße steht Chulalongkorn, der Kult-König. Thailand verehrt ihn noch, den Piya Maharaj, den „Geliebten Großen König". Nicht für das was er veränderte, sondern für das was er erhielt! Als Bewahrer von Traditionen, als Schützer vor den Kolonialmächten.

Am Reiterstandbild beendeten wir den geschichtlichen Exkurs. Jan hatte jedoch noch einige „Highlights", wie er es nannte, auf dem Programm.

Wieder im Westen der Stadt, verweilten wir einen Moment auf dem Sanam Luang-Feld, nördlich des Großen Palastes. Dort, wo sich im Mittagslüftchen Drachen aller Größen, Formen, Farben ein himmlisches Stelldichein gaben.

„Drachenbauen und -steigenlassen ist ein traditionelles, sehr beliebtes Hobby in Thailand. An Wochenenden werden Wettbewerbe veranstaltet. Die sind spannend und erfordern besondere Geschicklichkeit“, informierte Jan.

Ich beobachtete flugzeugförmige Drachen am Himmel und schaute mir die am Boden geparkten genauer an. „Nett anzusehen, aber was gibt's da Aufregendes?“

„Der kleine quadratische ist das Weibchen, es heißt *pakpao*. Der große, sternförmige, meist sieht er wie ein Vogel aus, ist *chula*, das Männchen. Kaum sind die Drachen in der Luft, besteht der Wettkampf darin, die Schnur des gegnerischen Drachens mit der des eigenen zu verschlingen und den Kontrahenten über eine am Boden markierte Linie zu zerren. Das sieht leichter aus als es ist. Die Drachen lassen sich über die Leine lenken. Attacken weicht ein guter Drachenführer geschickt aus.“

„Kleine Weibchen haben gegen die zwei Meter großen Männchen doch keine Chance?“

„Und ob! Die *pakpaos* sehen harmlos aus, haben aber Bambuswiderhaken an den Leinen mit denen sie die *chulas* abschleppen können. Andererseits sind die behäbigen Sterndrachen auch nicht wehrlos. Mit einem raffinierten Ringverschluss können sie die Weibchen zum Absturz bringen. – Den Kampf der Drachen muss man sich mit mehreren tausend Zuschauern, hohen Wetten, einpeitschenden Lautsprechern vorstellen.“

Am Feldrand hatten sich zwei Teams gefunden, die ihre Drachen aufeinander hetzten. Dabei wurde auch der Zuschauer gefordert: gleißendes Sonnenlicht biss in den Augen, die Nackenstarre schmerzte. Gerade fiel ein Männchen über die Drachendame her, die sofort kampflustig Paroli bot. Schwupps, da pickte ein Teammitglied einen Haken an die *chula*-Schnur und mit vereinten Kräften wurde gerissen und gezerrt, damit das Weibchen über die Linie ins Aus gelangte. Von wegen, mit einem geschickten Schlenker befreite sich das Weibchen und setzte ihren Angriff fort. Nun hing der Gegner am Widerhaken. Unter Geschrei und viel Lamento wurde gezerrt. Der mannshohe Drachen knatterte am Himmel, dabei beschrieb er große Luftkreise.

Unten: schnell, schnell – ziehen und weiter: ziehen! Das Team hing dem Drachenführer am Hosengürtel... riss alle über die Linie. Gewonnen! Das „Männchen" beschrieb einen letzten Halbkreis und krachte auf den harten Boden. Totalschaden. Der Tod eines Papierdrachens!

Am Pier mieteten wir ein Wassertaxi und ließen uns durch Klongs chauffieren, die dem Straßenbau noch nicht anheim gefallen waren. In schnellen, wendigen, leider furchtbar lauten Booten, kann Bangkok auf erfrischende Art erkundet werden. Als Langschwanzboot (*rua hang yao*) ist diese Sampanart im ganzen Land ein Begriff. Einst befuhren über 100 000 Boote mit oder ohne Motor das Kanalsystem, wurde doch das Leben vom Wasser beherrscht. Wo Monsunregen Stadt und Land unter Wasser setzte, machte unbefestigter Straßenbau keinen Sinn. Unser Boot schoss mit einem Hahnenkamm als Gischt am Wat Arun vorbei, in den Thonburi Klong. Noch in der Ferne leuchtete der Klosterturm aus bunten Porzellanmosaiken, als hätte die Sonne das Dach in Brand gesteckt.

In den Nebenkanälchen herrschte friedvolle Beschaulichkeit. Der Schiffer drosselte den Motor, damit die Heckwelle nicht in die Pfahlhütten schwappte. Auch auf die Händlerinnen in ihren Paddelboten galt es ein wenig Rücksicht zu nehmen. Gemächlich zogen die schwimmenden Marktweiber vorüber. Meist gefolgt von einem Pulk Garküchen zu Wasser, zweckmäßig eingerichtete Boote, den schmauchenden Herd mittig installiert, Gemüse, Fleisch, Gewürze herumgestapelt: schwimmende Imbisse, Minirestaurants mit lächelnden Frauen unter großen, gelben Strohhüten. Ein Mönch ruderte an ein Pfahlhaus heran, reichte sein Blechtablett einer Oma, die auf ihrem Steg kniete.

Vorsichtig stellte die Alte eine Schüssel Reis mit Schmalzgebackenem hinein und bedankte sich. Bloß nicht das Tablett von der Frau verunreinigen lassen, der

Mönch müsste sich einem langwierigen Reinigungsritual unterziehen.

„Ein Nachzügler", meinte Jan, „normalerweise erbetteln Klosterbrüder ihre Mahlzeiten frühmorgens. – Ist Ihnen aufgefallen, dass sich die Frau für die Annahme der Speise bedankte? In Thailand gilt es als Ehre, Fratres spenden zu dürfen!"

Tiefer und tiefer glitten wir in die verwunschene Welt der Klongs. Marktboote hatten sich zu Paketen zusammengeschoben, trieben von Haus zu Haus. Hier ein Schwätzchen, dort wurden Melonen, Gurken, Ananas oder Blumen auf Terrassen oder Stege gereicht.

Ein Taxifahrer labte sich im Vorbeigleiten an Gerichten einer Drive-in-Küche zu Wasser. – Es roch nach Tang, Gewürzen, Morast, ätzender Qualm drang in die Nase. Das war altes, morbides Bangkok! Wie vergessen und in weiter Ferne versunken, erschien uns die schrille Metropole irgendwo im Osten, auf der anderen Flussseite.

„Der eigentliche ‚Floating Market' befindet sich 100 Kilometer südwestlich in Damnoen Saduak. Aber mir gefällt die verbliebene Wasserkulisse von Thonburi genau so gut", meinte Jan. Gerade hielten wir an einem Steg, einladend mit Blumentöpfen, Aquarien und Korbgeflecht dekoriert.

„Hinter dem Anlegesteg befindet sich eine Schlangenfarm mit Kobras, Vipern, Korallen- und Springschlangen. Touristen wird das Melken von Giftschlangen demonstriert. Als besondere Einlage kämpfen Kobras gegen Mungos. – Nichts für unser Gemüt! – Bangkoks Pasteur Institut hat übrigens die älteste Schlangenfarm der Welt. Dort werden Giftschlangen zur Serumgewinnung gezüchtet. Das entnommene Gift wird in geringen Dosen Pferden injiziert, die Antikörper bilden. Seren des Instituts setzt man weltweit gegen Schlangenbisse ein."

„Thais lassen wohl jede Kreatur gegeneinander kämpfen?"

„Das Federvieh unter den Körben sind Kampfhähne

und die glotzäugigen Fische heißen Kois, scharfgemacht, bringen sie sich gegenseitig um", meinte Krause.

Am Eingang des Zoos traute ich meinen Augen nicht. Da kuschelte eine Frau mit einem lebenden Königstiger. Ein Riesenbursche mit Reißzähnen wie Dolche. Die Frau legte ihren Kopf auf die Pranken der Großkatze, dann schlang sie ihre Arme um den Hals des Tigers. Ich stieß Jan an und trat näher.

„Ich werd' verrückt! Die Frau kenne ich. Das ist Sami", entfuhr es mir.

„Sami – wer ist das?"

„Die Tigerfrau. Eine Bekannte aus Surat Thani."

Mittlerweile surrten und klickten unzählige Kameras.

An ihrem Lächeln sah ich, dass sie mich erkannt hatte. Die herzte die Großkatze noch eine Weile, dann trat sie zu uns und begrüßte mich wie einen alten Freund.

„Mensch, Sami – was machst du hier?"

„Eine liebe Freundin rief mich an. Und immer, wenn ich in Bangkok bin, besuche ich Juno. Er gibt mir Kraft und Selbstvertrauen. Ist das nicht komisch? Es ist, als flösse seine Kraft in meinen Körper. Besonders, wenn ich traurig bin oder Sorgen habe."

Jan stand da, mit fragenden Blicken.

„Wegen George?" fragte ich.

„Er ist in schlechter Gesellschaft. Ich fühle es. Kann aber nichts machen. Es wird böse enden!"

„Es wird schon gut gehen, Sami. Er ist clever und ein Stehaufmännchen."

„Du bist clever und ausgestiegen. Stimmt doch, oder?"

„Ich bin nicht minder stur. Suche in Thailand nach einem verschollenen Kameraden, der nicht zu finden sein wird", antwortete ich und grinste verlegen.

Sami verabschiedete sich von Juno, in dem sie seinen mächtigen Schädel tätschelte.

„Du kannst dich zu ihm setzen," meinte sie, "der Wärter hat ihn mit Valium ruhiggestellt."

In einem Stehcafé tranken wir gemeinsam Papayasaft,

dann eilte Sami davon. Schade, ich hätte gern mit ihr länger geplaudert.

Nachmittag: Wir durchfuhren auf der anderen, der lärmenden Seite Bangkoks den Klong San Sap auf der Suche nach dem Haus des Seidenkönigs. Besser bekannt unter „Jim Thompson's House". Der clevere Geschäftsmann hatte mehrere alte Thaihäuser aus edlem Teakholz erworben und diese an einer idyllische Kanalseite zu einem attraktiven Ensemble gruppieren und wohnlich einrichten lassen. Die Anlage ist nach seinem Tod ein Museum geworden, zugleich ein Hort der Beschaulichkeit inmitten des pulsierenden Lebens.

James H.W. Thompson genoss in Thailand einen legendären Ruf, den bis heute das Geheimnis seines Ablebens umwittert. 1906 wurde er in den Vereinigten Staaten geboren, wirkte bis 1940 als Architekt in New York, versah den Kriegsdienst in Europa und landete als militärischer Geheimdienstoffizier der OSS (CIA-Vorläufer) kurz vor Kriegsende in Thailand. Als der „Amerikaner in Bangkok" machte er sich einen Namen, der seit 1967 unauslöschlich mit der „Stadt der Engel" verbunden ist.

Jim unternahm einen Osterausflug in den Dschungel der Cameron Highlands in Malaysia und verschwand in der Nacht zum Sonntag auf mysteriöse Weise. Ein Schrei in der Nacht war das letzte, was von ihm gehört wurde. Seine Leiche blieb verschwunden. Abenteuerliche Geschichten ranken sich um seinen Tod: War er in eine Schlucht gestürzt? Von einem Tiger gefressen worden? Von Eingeborenen verspeist, vielleicht von einer Pythonschlange gewürgt und verschlungen worden?

Nun, das passiert bisweilen im Dschungel und hätte, für sich betrachtet, keinen Wirbel verursacht. Handelte es sich bei dem Amerikaner nicht um den „Seidenkönig", einem Mitglied der High-Society. Und wie es dazu kam, ist die Story eines Multitalents: Als ehemaliger Architekt kam er in Kontakt mit der Umgestaltung des Oriental-Hotels. Dabei fiel ihm Seide als Material mit besonderen Eigenschaften und künstlerischer Verwendbarkeit auf.

Thompson befasste sich mit dem Stoff, schließlich verschrieb er sich ihm mit ganzer Inbrunst und öffnete die Schleusen für einen gigantischen Markt für Thai-Seide. Dabei brauchte er die fast vergessene 2000 Jahre alte Handwerkskunst nur etwas zu aktivieren und zu modifizieren.

Im armen Norden lebten einige Familien mehr schlecht als recht von der kümmerlichen Seidenweberei: das mühevolle Verarbeiten der Kokonfäden, die risikoreiche Raupenzucht. Sterbende Textilkunst die keine Abnehmer hatte... bis der Amerikaner der Zunft neues Leben einhauchte. Erst einmal lud er Stoffdesigner und Modeschöpfer ein, die er für das Material begeisterte. In Verhandlungen mit Webereien modernisierte er die Webtechnik, dann brachte er die Ballenmaße auf europäische und amerikanische Normen. Aus Deutschland importierte er Färbemittel, um von führenden Künstlern entworfene Designs dort waschecht zu präsentieren, wo sie die größte Begehrlichkeit weckten: auf den Laufstegen von Mailand, Paris, London, New York. Zur erfolgreichsten Botschafterin für „Silk made in Thailand" avancierte Sirikit. In herrlichen Gewändern aus mudmee präsentierte sich die bezaubernde Königin ihrem Land, der Welt und Thompson als beste Produktmanagerin.

Der Kanal führte rechts an einem Abschnitt tropischen Grüns vorbei.

„Hier muss es sein!" rief Jan, indem er dem Schiffer auf die Schulter tippte. Der hatte bereits den Motor gedrosselt und ging an der Pier längsseits. Ein Steg führte durch eine üppige Pflanzenwelt, mehreren wuchtigen Holzhäusern zu.

Ich hatte den Eindruck nicht in Bangkok, vielmehr auf einer Urwaldlichtung zu sein. Und die hübsche Thai, im Seidensarong da über die Planken trippelnd, erschien wie eine Waldfee ... bis sich herausstellte, dass sie zum Museumspersonal gehörte. Freundlich, aber bestimmt, bat sie, bis zur nächsten Führung zu warten. Das taten wir gern, weil die herrliche Außenanlage in Ruhe wirken sollte. Lampions, Vogelbauer oder Bambusrollos hingen an Decken und Gesimsen. Auf Veranden standen Sitzgruppen, reich mit Seidenkissen drapiert. Decken und Wände in massivem Teakholz waren kunstvoll ornamentiert. Als wir dann hineingingen, konnten Arbeits-, Wohn-, Gäste- und Empfangsräume bewundert werden. Alles so liebevoll eingerichtet und funktional erhalten, als weile der Hausherr mittendrin. Der Esstisch war mit altem, chinesischen Porzellan zum Abendessen gedeckt. Das Gestühl stamme vom Hof Siams, wurde uns erklärt. Buddhafiguren, Deckenleuchter, Khmer-Statuen, Schnitzereien aus Kamputchea, schwere Bronzeskulpturen aus Burma ... Kunstschätze aus unterschiedlichen Regionen und Epochen Südostasiens von einem Connaisseur zusammengetragen, Thompson zur eigenen Erbauung, dem Besucher zur Freude, zum Bestaunen. Ich genoss das Museum als Spaziergang durch Kunstepochen in angenehm authentischer Atmosphäre. Somerset Maugham sprach mir aus der Seele, als er bei seinem Besuch der Thompson-Häuser meinte: „Sie haben nicht nur wunderbare Dinge in Ihrer Sammlung. Sie haben diese Dinge auch, was vielleicht noch seltener ist, besonders schön aufgestellt!"

Nach dem Rundgang ließen wir uns auf einer Bank nieder und genossen den Garten. Jan Krause blickte hinüber ins Dickicht des Arboretums.

„Wenn es keinen Bürgermeister Rattakul gäbe, Bangkok wäre längst eine Stahl- und Betonwüste!"

„Ließ er nicht Bäume pflanzen und neue Parks anlegen?" fragte ich.

„In den Boomjahren, als niemand an grüne Lungen einer Stadt dachte, ließ er 400 000 Bäume pflanzen, vier schöne Stadtparks anlegen, außerdem wurden 1050 Sportflächen geschaffen. Dr. Bhichit Rattakul ist ein Umweltfreak. Neben der Begrünung versucht er den urbanen Moloch mit Vehemenz sauber zu halten. Eine Flotte von Müllkähnen wurde organisiert, die den Fluss, die Kanäle, alle Wasserflächen frei von Unrat halten."

„Eine schwimmende Müllabfuhr?"

„Nicht nur das. Er hält die Bürger an, Gehsteige zu fegen, öffentliche Anpflanzungen zu pflegen und zu gießen. Das jeweils schönste und sauberste Stadtviertel erhält einen Preis, von der Königin persönlich überreicht. Bhumipol und Sirikit stehen mit ihrem ganzen Einfluss hinter dem Konzept des Bürgermeisters."

„Und die Geschäftswelt, nebst Medien, tragen die das Konzept mit?"

„Begeistert! – Firmen treten als Sponsoren für Umweltprojekte auf. Seit Bernie 'ne Kolumne zur Verschönerung der Hauptstadt schrieb, sind auch die Europäer informiert, was die Bemühungen angeht."

„Welcher Bernie?"

„Was, Sie kennen Bernard Trink nicht? Ist doch 'n Kollege von Ihnen. Eine Institution der *Bangkok Post*."

„Mag sein, aber ..."

„Also, während in *Tip-Zeitung für Thailand*, *Der Farang* oder *Die Südostasien-Zeitung* Günther Ruffert, Detlef Lucks und andere auf Deutsch Erfahrungen, Erlebnisse, Nachrichten zum besten geben, lebt die *Bangkok Post* von den allwöchentlichen Nightlife-Artikeln des ‚Bar-Hockers' Bernie. Keiner polarisiert stärker, niemand kassiert mehr Leserbriefe der zustimmenden oder ablehnenden Sorte als der 76-jährige Vollblutschreiber. Das Faktotum sollte zig mal gefeuert werden und überlebte doch alle Chefredakteure. Seine Stories enden regelmäßig mit dem bezeichnenden Satz: ‚But I don't give a hoot!' (Scheiß der Hund drauf!).

Die Nachteule dreht jeden Abend seine Runde, interviewt, hört zu, fragt, denkt nach und hämmert beißende Glossen in die Tasten. Sie sind ihm alle ins Netz gegangen: Die Kampftrinker, Weiberhelden, Strolche und Saubermänner. Marlon Brando, Robert Mitchum, Sean Connery, Robert de Niro... Anrührend war die Geschichte von Ladda, dem Barmädchen, die nach oben wollte... und es schaffte! Als Bar- managerin kaufte sie einen Nachtclub, dann viele. Hernach erwarb sie Immobilien, die sie geschickt veränderte, verkaufte, um größere zu erstehen. Zur Zeit handelt sie mit Golfplätzen. Einige der exklusivsten Anlagen des Landes gehören ihr.

Bernie kennt das brutale Gesetz der Straße. Er wurde in New York geboren, arbeitete für 'n paar Jahre in der Bronx als Sozialarbeiter, bis ihn das Fernweh nach Ostasien trieb. Über vierzig Jahre ist er nun Lokalreporter in Bangkok, stets sind seine Themen Stadtgespräch bei den *farangs*. Die schlimmen wie Kinderprostitution, die guten wie Dr. Rattakuls Stadtverschönerung. Was will ein Reporter mehr?"

Jan Krause gab sich eine Ruck und stand auf. „So, es wird Zeit an Praktisches zu denken. Ich schlage vor, dass wir zum *Grand Fashion* fahren, um uns Anzüge nähen zu lassen. Was halten sie davon?"

Anzüge waren für mein Vorhaben das letzte was ich benötigte. Doch ich hatte den Eindruck, mit Jan noch Interessantes zur Stadt zu erfahren. Außerdem gefiel mir, dass er nicht nur Mädchen und dubiose Geschäfte im Sinn hatte. Zum anderen hatte er angedeutet, mich am Abend mit einer gänzlich fremden Welt zu konfrontieren. Was natürlich neugierig machte.

Das *Grand Fashion International* liegt in der Sri Ayutthaya Road, gleich neben dem Siam City Hotel. Weite Auslagen präsentieren Stoffe aller Provenienzen. Den Schwerpunkt bildete Seide. Jan ließ sich gleich von mehreren Verkäufern beraten. Ich schaute mir das Prozedere geduldig bei einer Tasse Kaffee an, die eine distinguierte Dame an eine Sitzgruppe servierte und selbst Platz nahm. Es stellte sich heraus, dass sie die Geschäftsführerin war. Und so erfuhr ich en passant etwas über die Bedeutung des ‚Grand Fashion', als einen der exklusivsten Damen- und Herrenausstatter Bangkoks.

„Wir beschäftigen die besten Schneider", bemerkte Lady Loo stolz, „2002 gewannen wir den ‚Golden Shield Award' und im Sortiment Seide, Kashmir, Mohair ist unser Haus unschlagbar!" Sie lächelte und nippte an ihrem Kaffee. Ich staunte über ihre Menschenkenntnis. Längst hatte sie erkannt, dass ich keine Kaufabsichten hatte, dennoch blieb sie ausgesprochen freundlich-nett, um mein Interesse eventuell einmal für später zu wecken. Lady Loo bedrängte nicht. Das schnelle Geschäft war etwas für ihre Angestellten. Ein Aufgebot an Verkäufern und Schneidern umwuselte Jan und drehte ihn zielsicher durch die Mangel. Aus dem schön geschwungenen Mund Lady Loos hörte sich das so an: „Wir gehen voll und ganz auf die Wünsche des Kunden ein, dann suchen wir mit ihm in aller Ruhe die geeigneten Materialien aus. Schneider nehmen Maß. Die meisten Herrn entscheiden sich für zwei Seidenanzüge, zwei Hemden und zwei passende Krawatten in Designs, die Sie in Europa erst im nächsten Jahr sehen werden."

Jan wurden jetzt einige Modejournale gereicht, die er aufmerksam durchblätterte.

„Ja und dann wählen Sie den Anzug nach Ihrem Geschmack: Einreiher, Zweireiher, hohes Revers, offenes, Taschenanordnung, mit oder ohne Schlitze. Wir sagen, was en vogue ist oder in Mode kommt. Wenn Sie möchten, können Sie sich Ihren Anzug selbst entwerfen", streute Loo ein.

Nach einigem Suchen tippte Krause auf einen dunklen Zweireiher. Ein Schneider überprüfte die Maße. Man begab sich an einen weiteren Stoffballen.

„Der Kunde leistet eine kleine Anzahlung. Ein, zwei Tage später wird die Bestellung ins Hotel gebracht. Sollte die Zeit knapp sein, was selten vorkommt, weil wir auch nachts nähen, übergeben wir Ihnen den Maßanzug am Flughafen."

Lady Loo schenkte nach. Der Service beeindruckte. Gern hätte ich noch etwas zum Material Seide erfahren, doch die Zeit drängte. Jan hatte seine Bestellung platziert und drängte weiter. An der Tür verabschiedeten uns Loo und ihre Belegschaft mit einem Wai. Nicht etwa, weil der Laden leer gewesen wäre, nein, aus Höflichkeit.

„Zufrieden?", fragte ich Jan draußen.

„Unbedingt! Ich staune immer wieder was die Thais

auf dem Gebiet leisten: zwei Anzüge, drei Hemden, vier Krawatten werden Morgen Abend ins Hotel gebracht."

„Verraten Sie den Preis?"

„700 Euro", sagte er.

In den Straßen ließen künstliche Lichtfluten kaum merken, dass es längst dunkel, der Abend angebrochen war.

„Ich muss Ihnen noch das *Calypso*? zeigen. The Fake Girls' gehören zu Thailands Kultur."

Meinetwegen dachte ich, ohne zu ahnen, was er damit meinte ...

Allmählich rumorte es doch in der Magengegend. Der Kellner begleitete mich ans Büffet. Dies war neben der Terrasse im Lustwandelgärtchen, vor dem alten „Oriental", auf dem lichtdurchfluteten Rasen, unter den Kokospalmen arrangiert worden. Eine Orgie an Speisen und Spezialitäten des Ostens wie des Westens. Kein Wunsch blieb unberücksichtigt, kein Gaumenreiz vergessen. Kaviar, Hummer, Austern, geröstete Waldameisen regten mich nicht an. Der Kellner ergriff einen Teller, ich brauchte nur auf meine Wünsche zu deuten, augenblicklich wurde aufgelegt.

Vor dem Büffet hatten sich Herrschaften eingefunden, die ebenfalls bedient wurden. Unmittelbar vor mir stand eine große, auffallende Erscheinung im roten Cocktailkleid. Ihre Figur war makellos, ihr Gesicht hübsch, vielleicht etwas zu stark geschminkt. Sie hatte sich bei einem älteren Herrn mit Oberlippenbärtchen, vermutlich einem Engländer, untergehakt und zeigte lässig mit der Linken auf ihre Wünsche. Diese Hand kam mir seltsam groß und knochig vor. Mit ihrem Gesäß hatte sie mich gerade versehentlich berührt. Eine Entschuldigung lächelnd, drehte sie sich mir zu, dabei warfen mir ihre wimpernverlängerten Augen einen Blick zu, der geheimes Wissen verriet. Gänsehaut überkam mich. Was für eine Frau war das? Der Abend im *Calypso* stand vor mir und das Erlebnis mit Jan Krause danach ...

Kathoey

Es gibt Experten, die behaupten Thailands schönste Frauen seien Männer. Darüber lässt sich trefflich streiten, denn was da in Federboa, Pailletten-Bikini mit Krönchen oder unterm Zylinder, mit Hotpans, im Mini so über die Bühne wirbelte – furios, dass die Luft brannte, war weder ganz das Eine, noch ganz das Andere. Im *Calypso Cabaret* sollte man seinen Augen und Ohren besser nicht bedingungslos trauen. Die scharfen Mädchen waren Illusion, ihre Songs Playback.

Was war nun mit den Girls? Jan konnte es mir genau erklären:

„Im *Calypso* erlebst du die beste Travestieshow der Stadt. Wüsste man es nicht besser, man glaubte, dass die Schönheiten als Evas geboren seien."

Ich musste ihm beipflichten. Das Cabaret im *Asia Hotel* war komplett ausverkauft. Die Shows des Regisseurs Hans Hoenicke sind äußerst beliebt, wenngleich 25 Euro, ein Drink eingeschlossen, nicht gerade billig war. Khai Muh, was „Austernperle" heißt, brachte sich in Szene: Wasserstoff-Haare, Engelgesicht, roter Kussmund, eine Figur die Priester abschwören ließ, Knackpopo, Busen wie modelliert, eine Taille, wie 'ne Eieruhr.

Khai mimte Marilyn Monroe, dazu hauchte sie: „Hallo Mr. Präsident" ins Mikro. Ihr blütenweißer Rock hob sich bis unter die Achseln... eine Nummer, die echter nicht geboten werden konnte!

Kurz drauf sprang Rockröhre Tina Turner mit wippenden Brüsten und Löwenmähne übers' Parkett – perfekt interpretiert, hervorragend choreografiert. Ein Auftritt jagte den nächsten. „Speed und Kontraste" fesselten das Publikum, entfesselten begeisterten Applaus, der nicht nur den Ladyboys, sondern auch ihrem Anführer Hoenicke, galt.

Wenn der brave Bürger schläft, durchstreift er auf der

Suche nach Talenten die einschlägigen Bars und formt in zäher Arbeit ein Ensemble zu einem Programm, das dem im *Tiffany's* und *Alcazar* von Pattaya um nichts nachsteht. Hans wird von seinen Ladyboys geliebt und gehasst. Geliebt, weil sie ihr narzisstisches Wesen glamourös ausleben dürfen. Gehasst, weil der Perfektionist Hans nie zufrieden ist. Sein Credo: Talent plus Disziplin plus Proben, Proben und nochmals Proben gleich Erfolg. Der Erfolg gibt dem 65-jährigen recht. Der Truppe steht er als Regisseur und Choreograf vor. Alle nennen ihn respektvoll „Professor" und die Investoren reiben sich die Hände.

Nach Bangkok kam der gebürtige Hamburger wie der Apfel zum Wurm. An der Staatsoper der Hansestadt ließ er sich zum Tänzer ausbilden. Dann zog es ihn nach New York, wo ihn eine Lebenskrise aus der Bahn warf, aber auch ein Angebot als Manager in Bangkok neue Perspektiven eröffnete. Er sollte eine Schmuckfirma profitabel gestalten – was schon nach sechs Monaten gründlich in die Hose ging. Hans Hoenicke ist kein Geschäftsmann. Das richtige Angebot verschafften ihm deutsche Geldgeber, die eine Travestie-Show à la Pattaya in Bangkok aufzubauen gedachten. Hans studierte das Wesen der Aufführungen und deren zwittrige Akteure. Rasch erkannte er die enorme Herausforderung für sich als Choreograf. Eigentlich schwebte den Investoren ein Abklatsch der monströsen Flitter- und Kostümshow Pattayas vor, doch Hoenicke kämpfte für ein anspruchsvolles Personenprogramm und setze sich durch. Im *Calypso* tritt längst die Creme de la creme thailändischer Travestiekünstler auf und Hans hat zweimal am Abend die halbe Welt zu Gast. Auf 350 ausverkauften Plätzen applaudieren Deutsche, Amerikaner, Japaner, Russen und viele Nationalitäten mehr.

Kaum hatte Tina Turner ihre Mähne zum letzten Mal geschüttelt, blies ein Tropenwind hüftkreisende Hula-Tänzerinnen auf die Bühne. Geishas trippelten heran und ... ab. Eine Broadway-Parade warf Zylinder in die Luft.

Indonesische Tempeltänzerinnen nahmen Aufstellung. Figuren aus Shakespeares Dramenwelt traten auf: Elizabeth I. mit Halskrause, agierte neben einer schlichten Maria Stuart, bis beide im 50-köpfigen Ensemble verschmolzen, das ausgelassen Arme und Beine deckenhoch warf ...

„Mann, sind das Frauen!", meinte Jan, „im *Calypso* treffen sich Orient und Okzident, die Grenzen zerfließen auf der Bühne und in den Rängen."

Der Rausch verflog.

Wenn es Nacht wird, beginnt der Tag der *kathoey*. Auch außerhalb des „Calypsos" haben sich „Andersartige" als schrille Fabelwesen ihre Subkultur geschaffen. Hoenickes Goldfischteiche sind die *Casanova Bar* oder *Icon The Club* - Tempel der Ladyboys.

Unsicher noch, auf hohen Hacken, mit dick geschminkten Gesichtern, Täschchen am Arm, tasten sie sich ins Freie. Es drängt sie raus aus ihren miesen Löchern und verfallenen Treppenhäusern, die Wesen der Dunkelheit. Das tolerante Thailand räumt dem Dritten Geschlecht einen Platz in der Gesellschaft ein, als Unterhalter, selbstdarstellende Clowns, Lustobjekte. Bangkok beherbergt mehrere Tausend von ihnen. Talentierte Tänzer und Conférenciers werden vom Publikum bestaunt, die übrigen schlagen sich als Prostituierte durch. Ein kleiner Teil versteckt sich in bürgerlichen Berufen. Manch eine Seele im falschen Körper gibt auf und bringt sich um. Als Mann geboren, wie eine Frau fühlen, ist ein Leben in der Schwebe, das nicht jeder meistert. Wer Geld hat vermag seinem Zustand eine Richtung zu geben, sich durch Hormone zu Hermaphroditen wandeln, durch Operationen einer Frau angleichen.

Jan hatte wieder die Rolle des Fremdenführers übernommen. Dass er Patpong 2 ansteuerte, merkte ich zu spät.

Mit wiegenden Hüften schlenderte ein Duett ans Ende der Sackgasse, einer Bar zu, die Jan gleichfalls magisch anzog. Hinter der schwarzen, schweren Tür schlug uns ein süßlich-betörender Lotusduft entgegen. Vergoldete Bambusstäbe trennten weiche Ledersessel und Causeusen in einzelne Sitzgruppen. Wände und Decken waren in frivolem Rot und satanischem Schwarz lackiert worden.

Die ornamentierte Spiegeldecke stützten Dorische Säulen. Der schummrige Raum wurde von der Bar her durch lila Spotlicht durchbrochen. Große, ausnehmend hübsche Mädchen rekelten sich auf einer Couch oder hingen tuschelnd an der Bar. Eines löste sich von ihrem Sitz und schob auf uns zu wie ein Schraubendampfer. Ihr Busen bildete die Bugwelle. Eine merkwürdig schwüle, ja triebhafte Atmosphäre bemächtigte sich meines Gemütes.

„Have a seat!" sagte die Stimme. Sie klang warm, doch irgendwie verstellt. Wir folgten ihr an die Bar. Unaufdringlich hockte sie sich dazu und stellte sich mit Khai-Daao vor, was so viel wie „Spiegelein" heißt.

„In welches Etablissement sind wir denn hier geraten?", fragte ich Jan.

Der grinste und sagte: *Icon The Club*.

„Ach du liebe Zeit!"

Plötzlich gingen Scheinwerfer an, ein weinroter Vorhang wurde zu Fanfarenstößen und Trommelwirbel aufgerissen. Sie erschien im Lendenschurz mit Federboa und gelber Perücke. Die Mädchen klatschten bevor ihre Show begann.

Der Club war gut besucht. Ich schloss daraus, dass er sich auch unter Touristen des Zuspruchs erfreute. Sie strahlte im Rampenlicht, sang und wirbelte wie ein Brummkreisel. Ein echter Star erleuchtete da den Barhimmel!

„Wer mag das sein?", fragte ich, ohne eine Antwort zu erwarten.

„Ton Tuhn!", antwortete Jan wie aus der Pistole geschossen. Khai-Daao pflichtete ihm begeistert bei.

„Nein! – Der sagenhafte Kick-Boxer etwa?"

„Sie ist es! Als Champion schlug sie 50 harte Männer

k.o., die hübschesten küsste sie wieder wach. In der kathoey-Szene ist sie eine Ikone und tritt gleich in mehreren Nachtclubs auf."

„Schöner als viele Frauen, stärker als die meisten Männer!", bemerkte ich.

Noch ein huldvolles Lächeln in den letzten Federwirbel, dann entschwand Tong Tuhn im stehenden Beifall.

Khai-Daao war ein aufgekratztes Geschöpf mit gewissem Pfiff, um nicht zu sagen besonderer Geriebenheit. Bei einigen Gläsern Mekong-Whisky aus Jans Portmonee, die sie sich übrigens wie ein Bauarbeiter hinter die Binde kippte, erzählte sie aus ihrem Leben: Heimatort sei Kalasin im Nordosten Thailands. Sie wuchs mit drei Brüdern, geboren als richtiger Junge, auf. Doch die groben Tobereien im Wald oder auf dem Fußballplatz machten ihr keinen Spaß. Sie half der Mutter in der Küche, sang lieber oder passte auf Babys der Nachbarschaft auf. Am 14. Geburtstag malte sie sich mit Mutters Rotstift die Lippen an. Erst heimlich, dann vor den Augen der Eltern. Die taten so als sahen sie nichts. Insgeheim trauerten sie natürlich um den verlorenen Sohn. Die Mutter meinte bisweilen: „Oh Kind, du wirst es nicht leicht haben im Leben!" So kam es auch. Die Mitschüler kicherten, die Brüder trieben derbe Scherze. Unbeirrt gab sich der Junge als Mädchen, bis ihr die Welt von Kalasin zu eng, zu spießig wurde. Sie reiste nach Bangkok, wo sie in einer der vielen kathoey-Gemeinden untertauchte. Endlich konnte sie leben wie sie fühlte. Tagsüber schlafen, abends alle vorwitzigen Härchen zupfen, sich grell bemalen, aufreizende Fummel tragen, Männern gefallen. Amphetamine und Hormone sorgten für Rundungen und den schönen Busen.

Ihr Blick pendelte zwischen uns und den Spiegeln hin und her. Wenn sich *kathoeys* nicht selbst bewundern können, brauchen sie die lüsternen Blicke der Männer. Freier sind es auch, die Khai-Daao den Lebensunterhalt und Extras finanzieren.

„Wir *sao praphet sorng* ('andere Art von Frauen')

üben auf manche Männer einen besonderen Reiz aus, das wissen wir. Wir dienen als heimliche Engel, erfahrener im Umgang mit dem Körper eines Mannes, als eine Frau es je sein kann."

Da war ich doch skeptisch und meinte: „Männer, die eine Frau suchen und an euch geraten, bekommen einen Schock fürs Leben!"

Das Mädchen lachte breit. „Wer es nicht wissen soll, wird es nicht erfahren. Wir haben da unsere Tricks. Ich war mal acht Wochen mit einem Italiener zusammen, der weiß bis heute nicht was er im Bett hatte."

„Und der es weiß, hat auch seinen Spaß", meinte Jan, während Khai-Daao eifrig mit dem Kopf nickte, „wo das Geschlecht die Eindeutigkeit verloren hat, beginnt der Zauber des Übernatürlichen."

Das „Spiegelein" legte ihre große Hand auf die meine, schürzte die Lippen zu einem Kussmund und meinte: „Du solltest es mal versuchen."

Bei dem Gedanken wurde mir ganz anders. Ich zog meine Hand weg. „Nimm's mir nicht übel, Mädchen, ich bin mehr für Klarheit."

Jan war mit der Szene augenscheinlich vertraut. „Aus Transsexuellen oder unglücklichen Transvestiten operiert Dr. Preecha Tiewtranon Eindeutiges. Der Arzt gilt als Kapazität hier zu Lande. Seine Praxis in Bangkok ist belagert von reichen Thais und Ausländern, die es satt haben, im falschen Körper zu leben. Eine Umwandlung kostet rund 3000 Dollar, die Doktor Preecha aber erst nach eingehender Untersuchung vornimmt."

„Ein seriöser Chirurg also", bemerkte ich trocken.

„Ich bleibe wie ich bin und liebe meine Besonderheit. Schön, frivol, vulgär will ich die Männer täuschen – so lange es noch geht", sagte Khai-Daao und warf sich wieder einen tiefen Blick im Spiegel zu. – So lange dich Tageslicht und Alter nicht bloßstellen. Dem blassen, faltigen *kathoey* bleibt nur das brutale Gesetz der Straße, der schnelle Sex im Dunkeln, an der Hauswand... keine schöne Perspektive, Spiegelein, dachte ich.

„Ladyboys sind geschäftstüchtige, narzisstische Feen!", meinte Jan vorwurfsvoll. Steckte dann aber dem Mädchen versöhnlich einen Schein ins Dekolleté ...

Irgend etwas hämmerte an die Tür. An meine Tür? Wurde da nicht mein Name gerufen? Ich musste mich getäuscht haben. Der Wecker zeigte kurz vor fünf... da wieder:

„Ich bitte Sie, aufmachen, es ist wichtig!"

Das war die Stimme von Jan Krause!

„Herr Gott – Krause", rief ich nach draußen, „was ist denn los?"

„Raub, Überfall – bitte machen Sie auf!"

Ich tastete mich zur Tür, schloss auf. Vor mir stand ein erbarmungswürdiger Manager: wirres Haar, ängstlicher Blick. Gekleidet in Unterhosen, Socken, T-Shirt. In der Hand eine Plastiktüte.

„Bin bestohlen worden. Anzeigen! Sie sind mein Zeuge."

Langsam dämmerte mir, was geschehen sein könnte. Hin und wieder wurde man vor einem alten Trick des ältesten Gewerbes gewarnt. In Bangkok heißt der *lawk krap*, „dem Gecko die Haut abziehen." Jan stand in meinem Zimmer, war außer sich, gestikulierte, rief: „Wir müssen was unternehmen! Hoteldirektion...„

„ ...die schläft. Aber jetzt mal 'raus mit der Sprache. Sie sind beklaut worden?"

„Verdammte Hexen!"

„Männer oder Frauen?"

„Was weiß ich, Frauen natürlich – bin doch nicht schwul!"

„Für 'ne Anzeige sollten Sie schon wissen was es war", gab ich zu bedenken.

„Herrje, ich weiß es nicht. Vielleicht beides."

„Verstehe, 'ne Verabredung aus dem Club – Khai-Daao etwa?" Du liebe Zeit, dachte ich und das passiert dem Bangkok-Experten: sich mit *kathoey* einlassen ist nicht ungefährlich. Sie gelten als diebisch und äußerst rabiat.

„Nein, nein, aber sicher 'ne Verbündete – au, mein Schädel! – Die hat mir was in den Drink getan."

Jan plumpste auf meine Bettkante und hielt sich den Kopf. Eine komische Situation. Durch die Vorhänge dämmerte der Morgen. Der Verkehr schwoll an. Ich war müde und auf meinem Bett saß ein Landsmann, der sich mit einem Ladyboy vergnügen wollte und dabei gründlich ausgemistet wurde, wie es in den Kreisen heißt. Wenn ich Jan nicht als ordentlichen Knaben kennen gelernt hätte, dem ich dankbar war, dass er mich von der deprimierenden Suche nach Klaus Schröder ablenken konnte, dabei eine Menge Wissen vermittelte, ich hätte ihn aus dem Zimmer gejagt! Wer seine Begierde nicht unter Kontrolle hat, soll zusehen wie er zurechtkommt. Besonders, wenn der Biedermann sie auf Geschäftsreisen und Spesen fern ab von Zuhause auslebt.

„Was fehlt denn alles?"

„Kreditkarten, Dollar, Euro, Baht... so gut wie alles. Die Elster hat auch mein Handy kassiert." Jan griff sich wieder an den Schädel und stöhnte. Alkohol und K.O.-Tropfen hatten ihm ziemlich zugesetzt. Er sackte vornüber und ich befürchtete, dass er sich jeden Moment übergab. Er tat es nicht. Stattdessen kicherte er hysterisch. „Wie konnte mir das nur passieren? Wenn das rauskommt!"

„Also keine Anzeige, keine Polizei?"

„Bloß nicht! – Scheiße, Scheiße aber auch!" Dann kippte er seitwärts auf mein Bett und schlief unvermittelt ein. Ich stand etwas hilflos in meinem Zimmer und überlegte, was zu tun sei: Rezeption? Touristenpolizei? Ich beschloss zu warten, schob zwei Stühle zusammen, so sehnte ich den Morgen herbei. Drüben, auf meinem Bett röchelte Jan Krause, der Juniorchef und Schuheinkäufer aus Bremen, Experte für Fabelwesen. Irgendwie hatte der Drang sein Wissen besiegt. Dabei hatte er mich zum Zeugen gemacht. Merkwürdig, in Bangkok hatte ich mir manches vorgestellt. Aber eine Situation wie hier in der *Jim's Lodge* war nicht dabeigewesen...

BIRMA
(MYANMAR)
Pyinmana
oungoo
Thanlwin (Salween)
Sittoung
Bago (Pegu)
Rangoon (Yangon)
Golf von Martaban
Mawlamyine (Moulmein)
Mae Salong
Chiang Saen
Chiang Rai
Fang
Mae Hong Son
Chiang Dao
Chiang Mai
Phayo
Nan
Lamphun
Chom Thong
Hot
Lampang
Ping
Mekong
Louang Namtha
Louangphrabang
Muang Pakxan
Vientiana
Nong Khai
Loei
Udon Thani
Mekong
Nakhon Phanom
Sakhon Nakhon
Savannakhét
Ha Noi
Hai phong
Nam-dinh
Ma
Thanh-ho
VIETNAM
Golf von Tonkin
Vinh
LAOS
Sukhothai
Tak
Mae Sot
Yom
Phitsanulok
THAILAND
Khon Kaen
Kalasin
Chi
Nakhon Sawan
Pa Sak
Bua Yai
Mun
Ubon Ratchathani
Pakxé
Mae Klong
Chao Phraya
Lop Buri
Sara Buri
Nakhon Ratchasima (Korat)
Surin
Muang Khong
Nam Tok
Suphan Buri
Ayutthaya
Kanchanaburi
Dawei (Tavoy)
Nakhon Pathom
Samut Sakhon
Bangkok (Krung Thep)
Samut Prakarn
Chon Buri
KAMBODSCHA
Siemréab
Bătdâm-bâng
Tônlé Sap
Mekong
Kråc
Petchburi
Pattaya
Rayong
Chanthaburi
Kâmpóng Ch
Cha-am
Hua Hin
ndamanisches
Meer
Myeik (Mergui)
MYEIK (MERGUI)-ARCHIPEL
Phnom Penh
Kâmpôt
Chau-phu
My-tho
Long-xuyen
Mekong
Chumphon
Golf von
Thailand
Rach-gia
Can-tho
Ranong
KO PHA NGAN
KO SAMUI
VIETNAM
Khanh-hung
Surat Thani
Quan-long
Nakhon Si Thammarat
Phang Nga
KO PHUKET
Phuket
Trang
Songkhla
Hat Yai
Pattani
KO TARUTAO
Yala
LANGKAWI
Alor Setar
Kota Bharu

Thailand

Ban Mai Phai, das Dorf über dem Wasser

Der Khao Tapu oder ,,James-Bond-Felsen"

Tauchen in der Andaman-See (Indischer Ozean)

Paradiesische Idylle: Kranich in der Maya Bay von Phi Phi Le

Die Vergnügungsmeile von Pattaya

Niedergeschlagen: Kick-Boxen ist in Thailand Nationalsport

Südlich von Chantaburi: Arbeit in einer Rubinmine

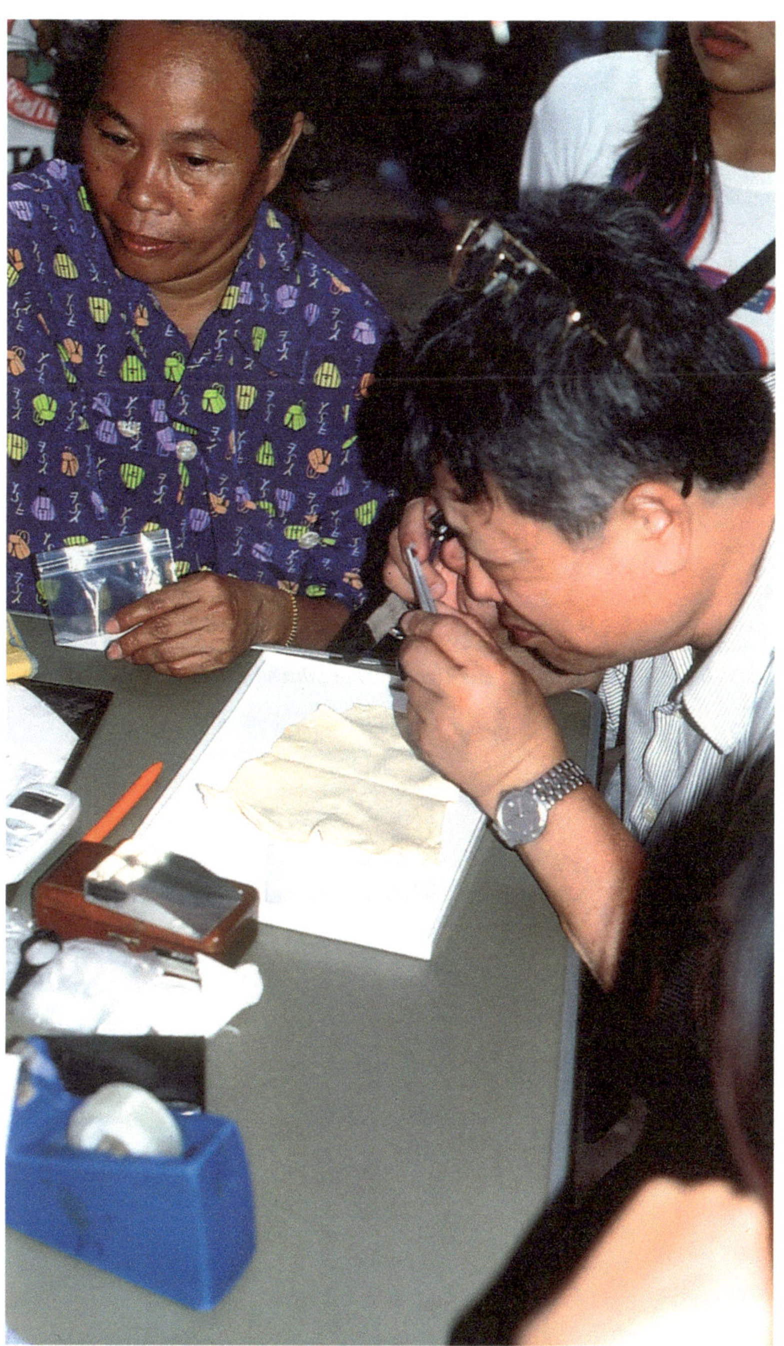

Auf dem Saphirmarkt von Chantaburi

Bangkoks Freizeitpark: Die Tigerfrau hat „ihren“ Königstiger im Arm

Mit dem Zug über „Die Brücke am Kwai“ (Meklong-Fluss)

Im Floating Market von Damnoen Saduak (südlich von Bangkok)

Im Elefantencamp von Lampang

Was gefährlich aussieht, ist behutsames Berühren

Einst der Welt berüchtigstes Drogengebiet: das Goldene Dreieck

Khun Sas legendäre Opiumkarawane auf dem Weg nach Laos (Opium Museum)

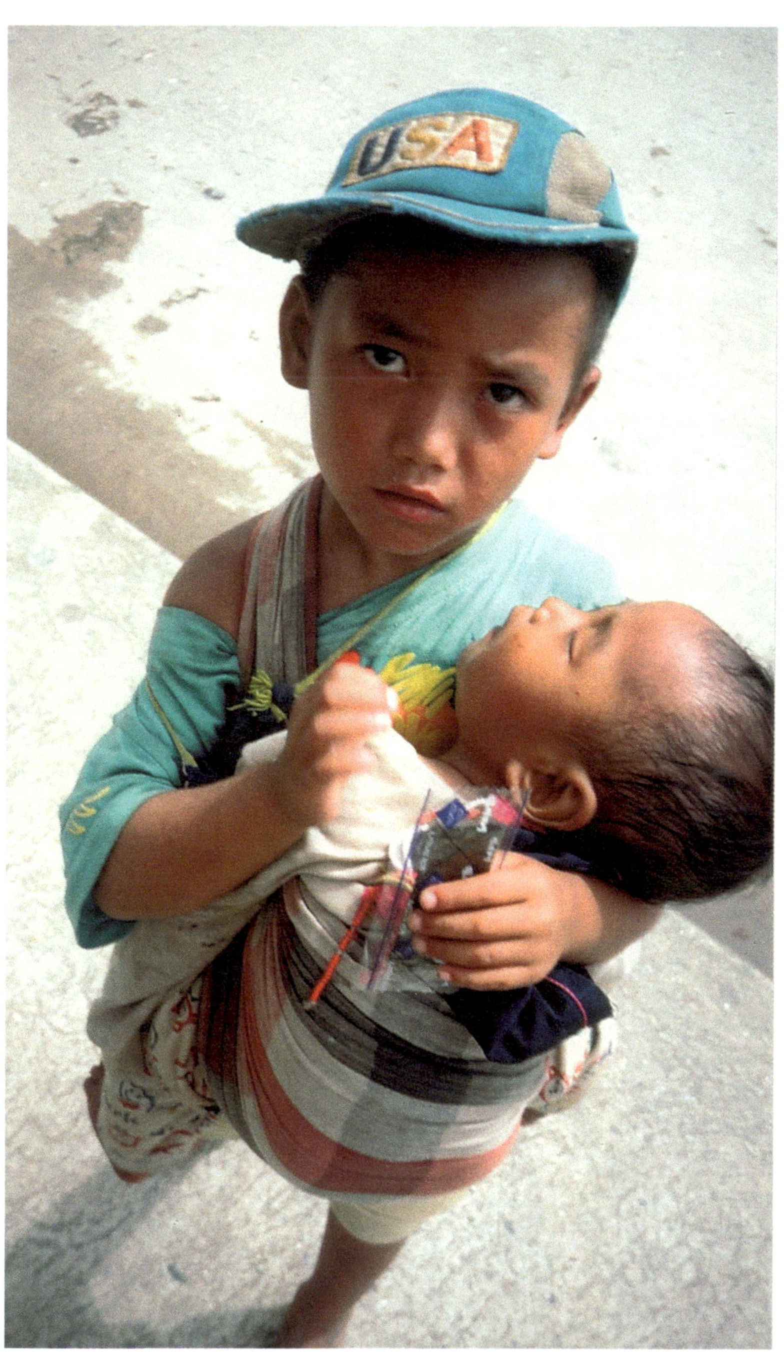

Die traurigen Augen von Burma am Grenzübergang Thakhilek

Akhafrau mit Helmmütze und von der Betelnuss rot gefärbten Zähne

Ausgelassen planschende Karenfrauen

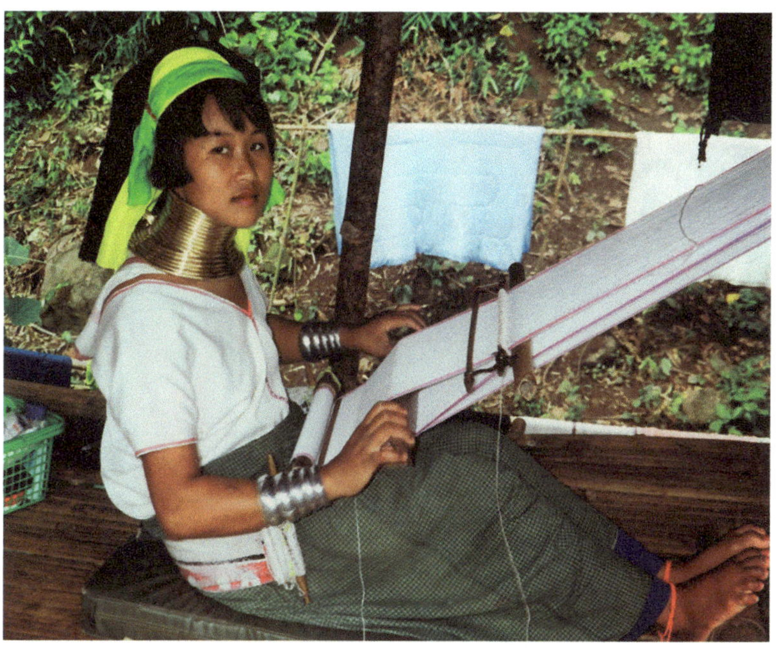

Karen (Giraffenhalsfrau) am Webstuhl

Ein Lahu raucht seine Opiumpfeife

Schlafmohnfeld (papaver sonniferum) im Shangebiet (Burma)

Erntezeit: Rohopium dringt aus der Mohnkapsel

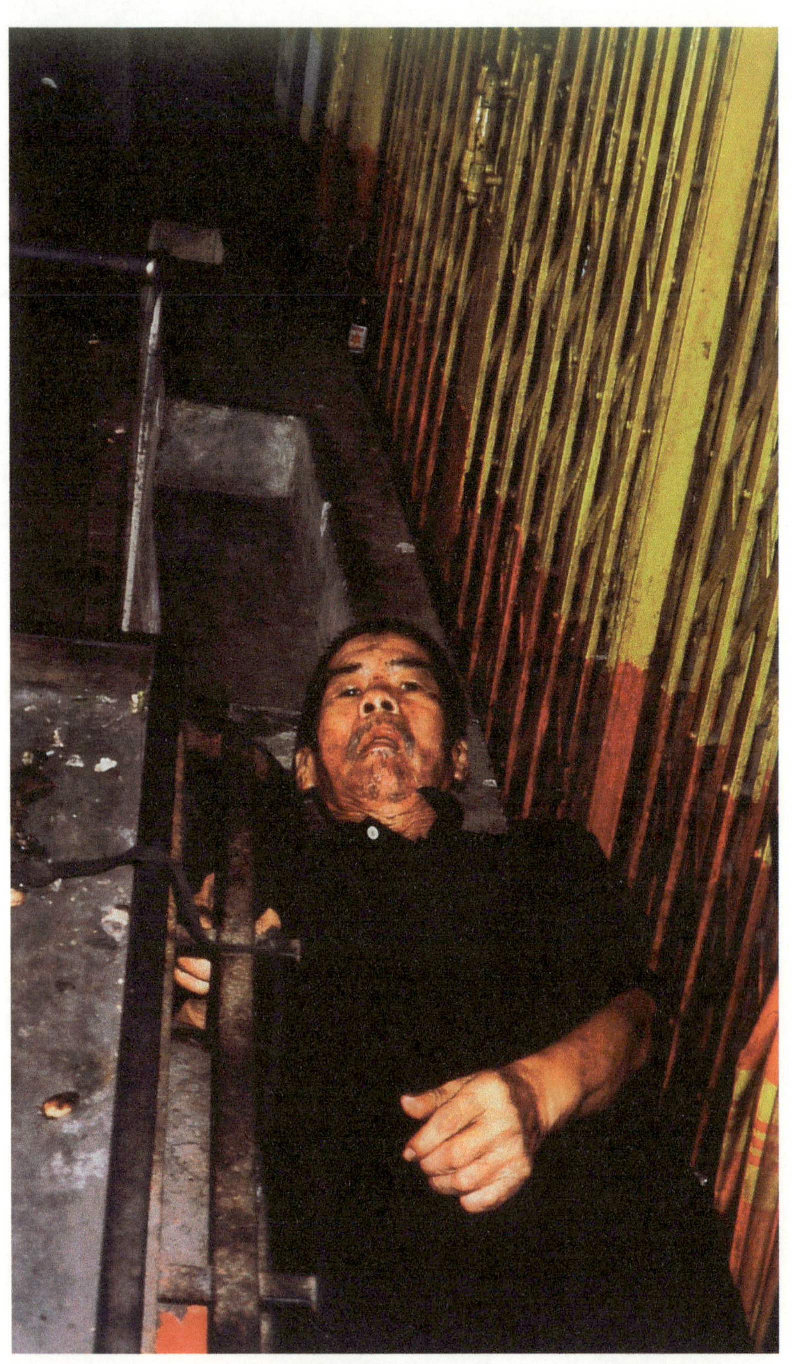

Opfer der Heroinsucht

Stillleben aus Lava: Buddha, Stele, Rad des Lebens im Kloster Tham Krabok

Im Klostervorraum wartet ein Mönch mit neuen Probanden auf den Abt

Die Sucht wird aus dem Körper gebrochen

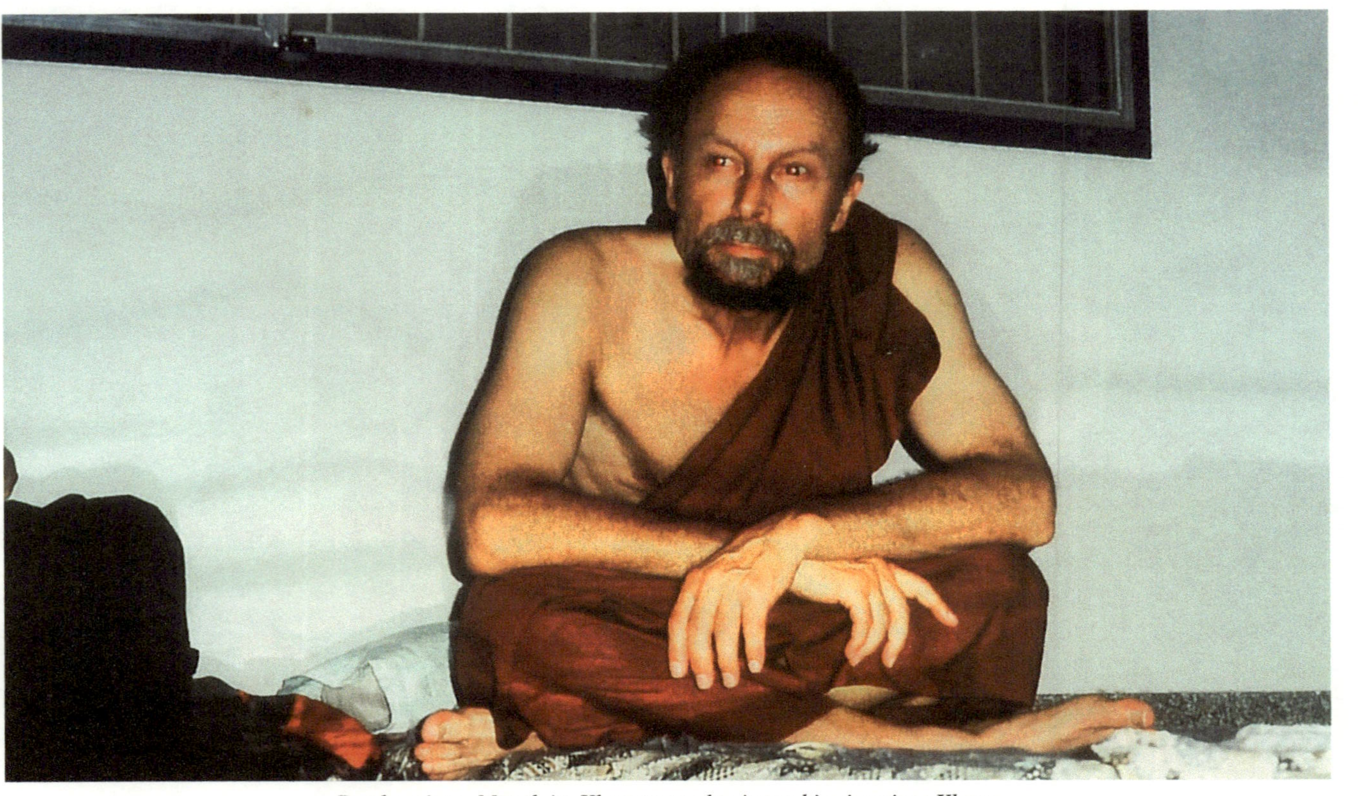

Der haarigste Mönch im Kloster war der Autor, hier in seiner Klause

Einmal täglich wurde in aller Frühe in der Sala gemeinsam gegessen

Tempeltänzerin in Lop Buri

Begegnung im *Oriental*

Mein Teller wurde gerade mit Langustenschwänzen beladen, als ich noch einen Blick auf die verlockenden Kurven der Lady in Rot warf. Ihr Begleiter, der alternde Europäer mit keckem Oberlippenbärtchen war ganz hin und weg, ganz Turteltäubchen. Ob er wusste, was ihn erwartete?

Am Tisch saß mir jetzt ein Mann gegenüber, der freundlich nickte. Bevor ich mich über die Köstlichkeiten hermachen konnte, schnellte seine Hand vor: „Garry Morgan from London – how are you?"

"Fine, thank you."

Während ich aß, versuchte ich mir ein Bild vom Gegenüber zu machen: wettergegerbtes, intelligentes Gesicht, graue Augen, vermutlich Ende 40, lässiger Typ, mit der Sicherheit, die einen Kosmopoliten auszeichnet. Er schaute über den Fluss und schien an etwas bestimmtes zu denken.

„Die alte Hure Bangkok wirkt immer noch wie eine Sirene – was meinen Sie?", fragte er plötzlich.

„Dem kann ich nur beipflichten. – Schon länger in der Stadt?"

„Drei Tage, aber nicht das erste Mal. Wo kommen Sie her?"

„Hamburg."

„Hamburg", murmelte er, „hab' mal 'n Bericht über Blankenese und St. Pauli gemacht. Geschäftsmann? Oder machen Sie Urlaub?" Dabei setzte er das verschwörerische Grinsen auf, das geheime Gemeinsamkeit ausdrücken sollte.

„Eigentlich Urlaub, aber das Fatum scheint es anders zu wollen."

Garry blickte fragend auf.

„Entschuldigen Sie meine Neugierde. Doch als Journalist muss ich alles hinterfragen – Berufskrankheit ...

Dann sind Sie ein Geschäftsmann, der mal ausspannt?"

Ich lachte. „Nennen wir es ruhig so."

„Interessant. Ich arbeite für Bloomsbury Publishing und die BBC, London..."

„ ... Und wohnen natürlich im *Oriental*?"

Er lächelte verlegen. „Genau, aber gratis, weil ich über das Hotel schreibe – und schon mal geschrieben habe."

„A la bonheur, beneidenswert. Sie arbeiten am richtigen Thema!"

Sein Getränk kam. Wir starrten über den Chao Phraya. Ich vernahm sein Seufzen.

„Ach ja, je häufiger man kommt, desto weniger kann man es begreifen. Das *Oriental* ist der provokante Einstieg. Morgen geht's in den Norden."

Jetzt war ich gespannt. „Nach Chiang Mai etwa?"

„Auch. Und in den Westen. Die Hässlichkeiten an der Grenze eruieren."

„Mohnanbau, Heroinlabors, Drogenschmuggel?"

Seine grauen Augen blitzten kurz auf. „So ist es. Thailands Schattenwelt, deren Gestrandete und die, die von ihnen leben. Ein trauriges Kapitel. Ich arbeite bereits eine Weile daran. Seit Afghanistan Hauptlieferant fürs Opium ist, haben die Bosse umgesattelt, ihre Urwald-Giftküchen produzieren mehr und mehr Amphetamine. Die ganze gottverdammte Szene ist im Umbruch ..."

Recherchen, die an mein Ziel führen könnten, frohlockte ich im Stillen. Hätte ihm am liebsten alles zu Klaus Schröder erzählt, in der Hoffnung, man könnte zusammenarbeiten. Etwas bremste mich jedoch, mahnte zur Vorsicht: Wir kannten uns nicht und zwei, die sich am selben Thema festbissen, das barg Ärger. Verschweige was du tun willst, so kommt dir niemand dazwischen. Jetzt bloß nicht mit der Tür ins Haus fallen! Andererseits mochte der Journalist über Informationen verfügen, die mich mit einem Schlag dem Gesuchten näher brachten.

Er fuhr sich mit dem Taschentuch über die Stirn. „Wir Europäer machen immer den selben Fehler, tauchen ein in die Tropen Südostasiens und messen alles nach unseren Maßstäben.

Das Normalste in diesen Breiten: ein Leben mit Leid, Armut, Not und Plage, wir können es nicht ertragen. Selbst das Hinsehen macht uns verrückt. Den einen überfällt ein absurdes Helfersyndrom, der andere will missionieren, wenngleich es nichts zu missionieren gibt!" Er hob das Glas ohne zu trinken und fragte: „Sie werden doch nicht in Bangkok bleiben wollen?"

„Das Goldene Dreieck würde ich gern sehen – als Tourist", sagte ich vorsichtig.

„So, als Tourist ins Goldene Dreieck wollen Sie. Langweilig, alles nur Fassade und hinter der Fassade ist es gefährlich, außerordentlich gefährlich sogar – für ein Greenhorn. Ich weiß, wovon ich spreche. Fahren Sie in den Süden: Ko Samui oder Phuket wäre für Sie angebracht."

„Danke für den Hinweis."

„Oben, jenseits touristischer Pfade erlebt man die Wildnis im Menschen, den Atem der Bestie, umgeben von Blutgeruch und Todeshauch."

Ich fürchtete am Ende, doch meine wahre Intention zu verraten. Deshalb versuchte ich, das Gespräch auf den Abend in diesem erlesenen Hotel zu lenken. Unbefangen breitete er sein Wissen aus: Die Gästeliste des *The Oriental* liest sich wie ein Welt-Who's Who. Fast lückenlos gaben sich königliches Geblüt, Staatsmänner, Wirtschaftsbosse, Stars des Showbusiness die Klinke in die Hand. Helmut Kohl war da, George Bush, Henry Kissinger, Richard von Weizsäcker, Sylvester Stallone, der Sultan von Brunei, die Königin von Dänemark, die Rockefellers, Elizabeth Taylor, Michael Schumacher..., große Leute, bekannte Namen füllen ein Regal mit Gästebüchern.

„Die meisten Sterne sind längst untergegangen, einige leuchten noch, wieder andere mussten exklusive Suiten mit dem ‚Cafe Viereck' tauschen. Lord Jeffrey Archer zum Beispiel. Einst gepriesener Politiker und gefeierter

Bestseller-Autor, saß in London ein. Seinen Agenten-thriller ‚Das elfte Gebot' hab' ich verschlungen. In der Hotel-Bibliothek steht es neben den Werken der Weltlite-raten", erzählte Garry Morgan, „apropos Literatur: Das *Oriental* ist bis heute ein Mekka der arrivierten Schrift-steller. Seit Joseph Conrad die Hotelbar frequentierte und Somerset Maugham ein häufiger Gast wurde, ist das Ho-tel so etwas wie ein Pflichthaus für John Le Carre, Fre-derick Forsyth, Graham Greene, Norman Mailer, James A. Michener, John Steinbeck, Morris L. West oder Sir Peter Ustinov geworden."

„Conrad hat im *Oriental* nicht genächtigt?"

„Nein, er erreichte Bangkok 1888 um die *Otago* als Kapitän zu übernehmen. Bis er seine Crew beisammen hatte, drückte er sich an den Nachmittagen an der Bar herum, ließ sich abenteuerliche Geschichten erzählen und sammelte Stoff für so berühmte Bücher wie ‚Lord Jim', ‚Die Schattenlinie', ‚Taifun'. Vielleicht entstand sogar hier die Idee zu seinem Roman ‚Herz der Finsternis'? – Fürs Übernachten, reichte seine Heuer nicht."

„Wenn ich mich den ersten Erzähler der Epoche nen-nen höre, so verhülle ich mein Haupt. Unsinn! Das war nicht ich, das war Joseph Conrad, wie man wissen soll-te!" gab ich zum besten. Morgan fing den Ball geschickt auf, indem er sagte: „Thomas Mann – einer der wenigen Dichterfürsten, die das *Oriental* nicht sah. In der Tat, der Pole Conrad schuf in seiner Fremdsprache Englisch un-vergessene Prosa!"

Der Weg zum besten Hotel der Welt begann zaghaft 1876. Aus den Ruinen einer abgebrannten Seemannsher-berge entstand das *Oriental* mit 40 Betten, einem Restau-rant und einer Bar. Lehrerin Anna
Leonowens traf vor dem Feuer in der Hauptstadt ein und musste mit Söhnchen und Gouvernante noch mit dem an-rüchigen Seemannsheim vorlieb nehmen. In jenen Tagen stampften Elefanten in knöcheltiefem Uferschlamm dort-hin. Als einer der ersten ausländischen VIPs konnte Ulysses S. Grant, der 18. Präsident der USA, dann den

Neubau in Augenschein nehmen. Gastgeber König Chulalongkorn führte ihm eine Flussherberge vor, die Grant lediglich zu einem müden Lächeln veranlasste. Von noblem Glanz keine Spur!

Mit dem Dänen Hans Niels Andersen, einem erfolgreichen Spediteur und Teakhändler änderte sich die Situation. Andersen erwarb das Hotel von einem Landsmann und ließ es vom italienischen Architekten S. Cardu vollkommen umgestalten. Quasi mit einem Wurf entstand die erste Luxus-Herberge Siams mit einem Restaurant von Weltniveau. Kein Gebäude neben dem Großen Palast des Königs war so prächtig wie das *Oriental*. Welch' Sensation, das Haus besaß zwei Stockwerke, in einem Land schwimmender Hütten und einstöckiger Bungalows!

Heute zählt der Hotelkomplex 14 Stockwerke, 370 Zimmer, 30 Suiten und ein Dutzend Restaurants und Bars. Ein Speisesaal führt den Namen „Lord Jim", nach Conrads Romanfigur. Auch James H.W. Thompson, der Seidenkönig, findet sich im *Oriental* verewigt. Von 1947-1960 war er mit einer Gruppe von fünf Investoren sogar Teilhaber des Nobelhauses. Die zeitlose Eleganz des ursprünglichen Hoteltrakts hat fast anderthalb Jahrhunderte überlebt. Und er ist immer noch das Herz der Anlage, um das sich alle Erweiterungsbauten scharen. Das Herz heißt „Autoren-Flügel" (Author's Wing). Es ist die Kultstätte des *Orientals*. Hier geben Geldadel, die Superreichen, auch Thailands Hofstaat Empfänge oder treffen sich en famille. Wer nach dem Preis fragt, erntet mitleidiges Schmunzeln, der kann ihn ohnehin nicht aufbringen.

Nach dem Ersten Weltkrieg begann die Leidenszeit für die renommierte Herberge. Zahlungsfähige Gäste blieben aus. Der exklusive Standard bröckelte ab wie der Stuck von der Fassade. Alles deutete auf das Ende einer Hotellegende. Bis ein rettender Engel in der Person Maria Maires erschien. Eine Frau mit Vermögen, Verhandlungsgeschick, Zähigkeit und Tatkraft.

Sie gründete die *The Oriental Hotel Company*, wurde

Anteilseignerin, außerdem geschäftsführende Direktorin. Es ging aufwärts und wieder an die Spitze.

Mit Schirm, Charme und Zylinder erschien am 6. Januar 1923 der gewisse Somerset Maugham. Britischer Gentleman-Autor, in Paris geboren, hörte Medizin, dann Philosophie in London und Heidelberg. Infolge einer hübschen Erbschaft erwarb er finanzielle Unabhängigkeit. Seine Passion war gediegenes Weltreisen. Sein Metier Erfolgsschriftsteller. Ein kritischer, unterhaltender Schöngeist, etwas an Oscar Wilde erinnernd. Unter seiner Nase pflegte er einen schwarzen Lippenbart. Seine dunklen Augen schauten immer leicht verwundert, als bezweifelte er, was die Welt ihm bot. Viele Luxushäuser Europas und Asiens waren ihm vertraut. Manche hatten bereits Suiten nach ihm benannt. Seine Werke wurden international publiziert, wo er auftauchte, erhoffte man sich Aufmerksamkeit und florierende Geschäfte.

In Begleitung seines Sekretärs und Freundes Mr. Haxton, entstieg der Schriftsteller also dem Salonwagen aus Chiang Mai. Er reiste stets wie aus dem Ei gepellt, mit erstaunlich leichtem Gepäck. Mit gebrauchter Garderobe machte er kurzen Prozess. Ständig ließ er neue Kleidung kaufen.

Sicher war sein Kopf voll neuer, skurriler Typen, die eines Tages in großen Geschichten Geburt und Unsterblichkeit erfahren würden. Als Garry Morgan Somersets Erscheinen erwähnte, fielen mir all die in den Tropen gestrauchelten Europäer ein: Neil MacAdam, Darya Munro aus „Ah King“ oder Thomas und Mary Warton aus „Weltbürger“.

Ich liebe Somersets Gestalten, die unaufhaltsam ihrem Untergang zutreiben. Deren zwanghafte Handlungsweisen einem europäisch-neurotischen Umfeld entspringen, um sich mit Charakteren Südostasiens zu subtiler Satire verdichten. Meisterhafte Geschichten besetzt mit zwingend-düsteren Schicksalen. Storys dieser Dichte, dieser Dekadenz, dieser Fäulnis, dieser eigenwilligen Ironie können nur am Äquator spielen.

Nur da schwingt Untergangstimmung über den Häuptern kaputter Weißer wie ein mächtiger Gong. Und Maugham aktiviert Gefühle, ohne sie beschreiben zu müssen:

„ ... Dann setzte er sich auf die Veranda und sah den Tag langsam wie einen bitteren, unverdienten und überwältigenden Kummer auf sich zukommen. Schließlich blickte er auf die Uhr. Es war Zeit ins Büro zu gehen.“ (S. Maugham: „Die Macht der Umstände“.)

„ ... Da war das Pfeifsignal, das die Passagiere mahnte, an Bord zu gehen. Tiare drückte mich an ihren riesigen Busen, so dass ich in einer wogenden See zu versinken glaubte und presste ihre roten Lippen auf die meinen. In ihren Augen glitzerten Tränen. Und als wir unseren Weg vorsichtig durch die Öffnung im Riff bahnten und langsam aus der Lagune hinausfuhren und dann in das offene Meer steuerten, überfiel mich eine gewisse Melancholie. Ich fühlte mich dem unumgänglichen Tod ein wenig näher.“ (S. Maugham: „Silbermond und Kupfermünze“.)

Prosa vom Ankommen und Abreisen, vom Geborenwerden, vom Sterben, vom Starkwerden und Zerbrechen – wo liegen Leben und Tod, zeugen und vergehen so schmatzend-gierig nebeneinander, wie in den Tropen?

„Der Tag, an dem Maugham erstmals seinen Fuß auf den Hotelrasen setzte, ist in genauer Erinnerung“, sagte Garry, „seine Eindrücke verarbeitete er im Band „The Gentleman in the Parlour“. Und die Hotelbibliothek verwahrt das Werk wie ein Kleinod. Obwohl aus der Promotion fast eine Katastrophe geworden wäre! Maugham hatte sich vermutlich im Norden Thailands mit Malaria infiziert und lag apathisch in seinem Hotelzimmer. Chinin zeigte keine Wirkung.

Die Direktorin Maria Maire befürchtete das Schlimmste und ließ den Arzt kommen. Beide standen unschlüssig am Bett des Schriftstellers, der einen lichten Moment hatte und mitbekam:

Maire: ‚Doktor, ich kann ihn unmöglich hier sterben

lassen – das ist doch wohl klar. Sie müssen ihn ins Krankenhaus schaffen!'

Der Arzt: ‚In Ordnung. Doch wir sollten noch ein, zwei Tage warten.'

Maire: ‚Aber warten Sie damit nicht zu lang!'

Maugham erholte sich, saß in seinem Zimmer, schaute über den Fluss und ersann eine neue Geschichte. Die Konversation nahm er nicht krumm. Er kam gern wieder, zuletzt 1960, um seinen 85. Geburtstag zu feiern. Dabei erinnerte er humorvoll an seinen ersten Aufenthalt: ‚Man hatte mich schon fast abgeschoben. Die Managerin wollte nicht zulassen, dass ich durch meinen Tod in einem ihrer Zimmer das Geschäft ruiniere – durchaus verständlich.“

Zum Ende des Zweiten Weltkriegs requirierte die amerikanische Armee das Hotel. Es musste entlassene Kriegsgefangene holländischer, britischer und australischer Nationalität beherbergen. Abermals geriet das *Oriental* in heftige Turbulenzen. Germaine Krull, eine rührige Französin, übernahm das Tagesgeschäft. Zufällig lebte der ideenreiche Oberst Jim Thompson und spätere Seidenkönig im Hotel, so dass mit ihm und weiteren zupackenden Personen eine neue Teilhaberschaft geschmiedet werden konnte, die bis Ende der 60er Jahre hielt.

„Die Ära neuer Manager begann mit einem Telefongespräch zwischen Großunternehmer Giorgio Berlingieri, dem 60 Firmen gehörten und seinem thailändischen Kompagnon Dr. Karnasuta: ‚Hier ist ein Hotel zu verkaufen', telefonierte er aus Bangkok.

‚Vergiss es!' war die Antwort von Berlingieri, der gerade in seinem Heimatland Italien auf Geschäftsreise weilte.

‚Es ist das *Oriental*.'

‚Warum hast du das nicht gleich gesagt – natürlich kaufen wir es!' brüllte der Italiener ins Telefon.

‚Hab' ich mir's doch gedacht', meinte Karnasuta zufrieden. So sprangen die beiden Investoren mit ihrer Firma Italthai in gefährliche Untiefen des Hotelgewerbes. –

Nachzulesen in der *Oriental-Chronik*", erzählte Garry.

Die bisherigen Aktivitäten von Italthai bezogen sich auf Im- und Export, Bergung von Schiffswracks, den Wein- und Waffenhandel. Mangelnde Fachkenntnisse im neuen Metier ersetzte die Vision, das *Oriental* zu einem der weltbesten Hotels zu machen. Dazu braucht man das beste Personal. Für gute Mitarbeiter besaß Berlingieri ein Händchen, das er mit der Verpflichtung von Kurt Wachtveitl, einem Absolventen der Hotelfachschule von Lausanne, unter Beweis stellte. Wachtveitl, seit 30 Jahren Generalmanager, hat das Haus tatsächlich an die Spitze gebracht. Im Hotelgeschäft gilt er als Institution für Klasse, gepaart mit charmanter Gastlichkeit.

Um das *Oriental* auch langfristig im erbarmungslosen, internationalen Konkurrenzkampf abzusichern, sorgte der clevere Berlingieri für eine strategische Allianz mit *Mandarin International Hotels Ltd.* Die Großen dieser Welt werden auch künftig in der „Stadt der Engel" ihre Bleibe haben, während die Kleinen durch's Schlüsselloch gucken, bestenfalls einen Manhatten bestellen dürfen.

„Würde mir gern einmal den ‚Autoren Flügel' ansehen", bemerkte ich.

„Lässt sich sicher einrichten."

Der Kellner erschien. Ich zahlte. Garry Morgans Drink wurde aufs Zimmer geschrieben. Wir schlenderten über die Terrasse an der „Bamboo Bar" vorbei, wo Cheryl Hayes zu Jazz-Musik trällerte. Im Haupt-Foyer plätscherte ein Springbrunnen zwischen riesigen, herrlich arrangierten Blumenbouquets. Am rechten Ausgang, der von aufmerksamen Pagen flankiert wurde, spielten chinesische Streicher Johann Strauß. Von der kostbaren Kassettendecke hingen ebensolche Kristalllüster herab. In der Lobby herrschte gedämpfte Betriebsamkeit.

Auf dem Weg in den alten Trakt querte uns ein großer, schlanker Herr, mit schütterem, weißen Haar. Sein nachtblauer Seidenanzug, saß wie angegossen. Als er Garry entdeckte, lächelte er, hielt auf ihn zu, reichte ihm die Hand.

Mich bedachte er mit einem freundlichen Nicken. „Nett, Sie wieder bei uns zu haben, Dr. Morgan!"

„Bin doch stets gern hier, Mr. Goessling. – Übrigens würden wir uns gern eine Suite ansehen. Ist das möglich?" Kurt Wachtveitl ging im Juli 2009, nach 42 Jahren an der Spitze des *Mandarin Oriental* in den Ruhestand und übergab das Zepter an Jan Goessling.

„Natürlich. Ich schicke Ihnen die Concierge. Die ‚Maugham Suite' wird gerade für eine Prinzessin hergerichtet."

„Wir schauen uns inzwischen die ‚big boys in literature' an."

Der Manager lachte und strebte zum Counter. Waren wir da glatt dem Boss in die Arme gelaufen. Da kam mir sogleich sein Vorgänger in den Sinn. Der legendäre Wachtveitl: In Lindenberg im Allgäu wurde er geboren. Nach Absolvierung der Hotelschule studierte er Philosophie in Madrid und Kunstgeschichte in Rom. Verheiratet ist der 65-jährige mit der anmutigen Schönheit Khun Penny, einer Thailänderin. Bevor er zum *Oriental* stieß, war er im Suvretta Haus von St. Moritz und im Park Lane Hilton in London tätig gewesen. 1981 wurde er Manager des Jahres von Thailand. Mit vielen Orden und Auszeichnungen könnte er seine Brust schmücken. Am liebsten ist ihm die Ehre, dass das *Oriental* in schöner Regelmäßigkeit zum besten Hotel der Welt gekürt wird. „Das ist täglich harte Arbeit, die aber Personal und Gäste als Freude empfinden müssen, sonst ist alle Mühe vergebens", pflegte Wachtveitl seinen Erfolg zu erklären.

Im Autoren-Flügel: Ihn umgab zeitlose Eleganz und gediegene Noblesse. An den Wänden hingen Ölgemälde und historische Fotos zu Ereignissen der Siam-Dynastien. Es duftete nach Lavendel und Edelhölzern. In der Autoren Lounge standen kunstvoll geflochtene Korbsessel hinter Rattantischen, an denen Damen und Herren genüsslich ihre Drinks schlürften. Über zwei freischwebenden, halb gewendelten Treppen, mit rotem Samt ausgelegt, gelangte der Gast in die oberen Gemächer.

Prachtvolle Stauden chinesischen Bambus flankierten die Stufengänge. Rechter Hand befand sich der Schatzraum, die Bibliothek. Sie betrat man in Andacht. Absolute, ja heilige Ruhe herrschte hier. Das einzig Vernehmbare, war das Umschlagen von Buchseiten.

Werke von Tolstoi, Shaw, Ibsen, Zola, Hemingway... standen neben anderen klangvollen Namen in ornamentierten Regalen. Die Meisterwerke berühmter Gäste befanden sich in Vitrinen, nebst deren Dankesschreiben. Am Kopf des Raumes saß die Bibliothekarin an einem ausladenden Schreibtisch, dessen Schreibfläche in rotem Leder ausgelegt war. Sie las in den rosa Blättern der Financial Times, dennoch entging ihr nichts. Ausnahmslos jeden Besucher bedachte sie mit einem wohlwollenden Lächeln. Kunst und Kommerz sollten eine noch innigere Verbindung eingehen! War mein Gedanke.

Morgan trat zu ihr, sie begrüßten sich wie alte Bekannte. Er sprach sie mit Mrs. Kittiyabha an. Sie schob ihre Schreibtischschublade auf, entnahm ihr einen Schlüssel, schritt geradewegs an die Vitrine... Sekunden später hielt ich Somerset Maugham in Händen, genauer, seine zu Papier gebrachten Gedanken zum ersten Hauptstadtbesuch 1923: „Ich war in Bangkok! Einfach unmöglich, diese modernen, volkreichen Städte des Ostens ohne ein gewisses Unbehagen zu beschreiben. Sie ähneln sich alle mit ihren geraden Straßen, ihren Arkaden, ihren Verkehrslinien, ihrem Dunst, ihrem blendenden Sonnenlicht, den herumwimmelnden Chinesen, ihrem dichten Verkehr, im unglaublichen Lärm. Sie haben keine Geschichte und keine Tradition. Nie wurden sie von Malern gemalt, nie von Poeten beschrieben ... aber, wenn du sie verlässt, diese Stätten, dann mit dem Gefühl, als hättest du etwas wertvolles verloren und du wirst den Gedanken nicht los, dass dir ein Geheimnis vorenthalten wurde.

Das Restaurant war groß und abgedunkelt. Um die Kühle zu erhalten, hatte man die Rollläden heruntergelassen. Überall warteten schweigende Chinesenboys. Ich weiß bis heute nicht, warum mir die fade, fernöstliche

Küche Übelkeit bereitet ... Die Hitze Bangkoks ist einfach überwältigend. Die Klöster bedrücken mich in ihrer grellen Pracht, sie bereiten mir Kopfschmerzen.“

Somerset wurde krank.

„Ich maß meine Temperatur. Ich erschrak, als ich sah, dass das Thermometer 105 anzeigte. Ich konnte es nicht glauben, so maß ich nochmals. Es war tatsächlich 105!“ (40,5 Grad Celsius.)

Doch allmählich erholte sich der Schriftsteller.

„Und da ich nichts weiter zu tun hatte, außer über den Fluss zu schauen, um mich gleichsam meiner Schwäche hinzugeben, die mich auf eigentümliche Weise selig in meinem Stuhl hielt, ersann ich eine Geschichte ...“

Morgan räusperte sich. Ich gab die Schrift zurück. Wir verließen die Bibliothek, gingen durch die Author's Lounge und traten vor die flussseitige Fassade des alten Flügels. Mein Blick fiel auf die mächtige Fächerpalme hinter der sich die weißgelackte, mit Stuck beladene Front in den Nachthimmel reckte. Nur zwei Stockwerke hoch, dennoch beeindruckend! Scheinwerfer tauchten den Garten, die exotischen Pflanzen, die Fassade in cremefarbenes Licht. Über dem Portal sah ich die aufgehende, in Stuck modellierte Sonne, darunter stand in güldenen Lettern: „ORIENTAL HOTEL“.

Mrs. Naam wartete bereits auf uns. Wir folgten ihr in den ersten Stock, vorbei an einer Zimmerflucht mit der Aufschrift „The James A. Michener Suite“. Die Concierge verweilte einen Moment und erklärte: „Mr. Michener wohnte oft bei uns. Wir haben die Räume nach seinem Geschmack und seinen Wünschen eingerichtet. Momentan sind sie belegt.“

Dann standen wir vor der „Somerset Maugham Suite“. Die Flügeltüren waren weit geöffnet. Personal in Uniform gab den Räumen gerade den letzten Schliff. Ein Steward füllte Kristallschalen mit frischem Obst. Stewardessen entfernten allerletzte Staubkörnchen vom Facettenschliff der Kristallspiegel. Eifrige Hände zupften das üppige Blumenarrangement zurecht. Im silbernen

216

Sektkübel steckten Orchideenblüten. Eines der Zimmer-
mädchen schlang eine Damastserviette um den Hals der
Champagner-Flasche und drückte sie ins Eis. So, nun
konnte die Prinzessin erscheinen, sich für den Moment
ihres Daseins wie zu Hause fühlen.

In Filzpuschen geschlüpft, durften wir eintreten. Im
lichtgrünen Schlafgemach dominierten zwei mächtige
Kingsize-Betten mit einem orientalischen Baldachin darüber. Davor befand sich ein Diwan, luftiges Bambusge-
stühl mit einem Schreitisch. Das Ensemble ruhte auf einem chinesischen Seidenteppich. Bett- und Kissenbezü-
ge, auch die Tapeten, bestanden aus edler Seide. Im
Himmelbett des Meisters schlafen, von Weltliteratur und
seinen Protagonisten träumen: für wahr, ein Mordsver-
gnügen!

Eine zweiflüglige Tür führte in den Badesalon, der in
Mahagoni gehalten war. Mehrere deckenhohe Spiegel
verliehen den Eindruck eines Versailler Spiegelsaals, in
dem sich die Ladies von allen Seiten betrachten konnten.
Als wir uns satt gesehen hatten, lehnte Mrs. Naam die
Türen an und wies auf das goldene Suiten-Schildchen:
„Es ist kein Geheimnis, dass die meisten Hotelboys die
Namen der berühmten Schriftsteller eher von den Zim-
mertüren, als von den Büchern gelernt haben.“ Damit
verabschiedete sie sich mit einem höflichen Wai und entschwand.

Im großen Foyer fragte ich Garry Morgan: „Welche
Disziplin?“

Er schaltete sofort: „Soziologie einst bei Prof.
Dahrendorf.“

„Nein! London School of Economics?“

„So ist es.”

Ich überlegte, ihm endlich den wahren Grund meiner
Reise in den Norden zu nennen. Doch ich verwarf den
Gedanken wieder – leider. Er sagte: „Ich fliege Morgen
gegen Nachmittag nach Chiang Mai. Kommen Sie doch
gegen elf noch mal vorbei. – Nicht später, ein Admiral
wartet nicht!“

„Gern würde ich Sie etwas fragen, was vielleicht ihre Nachforschungen berühren, wenn nicht gar würzen könnte.“

„Fein – dann bis Morgen.“

(A.H. Brodrick
Burma-Siam Railroad, 1942)

Die Brücke am Kwai

Oh Qual! Mir scheint, immer dort, wo ich nicht bin, wäre ich glücklich. Reisen als Lust- und Frusterlebnis. Davon wusste schon Charles Baudelaire, eine rastlose Geistesgröße, zu singen. Ich war allein, allein mit dem Fluss, dem Schiff darauf und einer Menge Touristen, die ich im Moment nicht wahrnahm. Zutiefst ärgerlich ließ ich mich treiben. Im wahrsten Sinne des Wortes trieb ich auf dem Kwai in südöstlicher Richtung, Kanchanaburi und der legendären Brücke zu. Und warum der Ärger?

Ärger nagte über die verpatzte Chance und über das, was ich gerade tat: Sightseeing, anstatt Dr. Garry Morgan nach Chiang Mai zu folgen, um das Fantom Klaus Schröder aufzuspüren. Hin- und hergerissen erinnerte ich mich meines Entschlusses auf Phi Phi Don: Die Reise ins Innere, eines mir unbekannten Landes anzutreten. Vielleicht kreuzten sich meine Wege mit denen Schröders, vielleicht fand ich ihn oder auch nicht. Das sollte nicht entscheidend sein. Wichtig war der Weg als Ziel. – Das Ziel ist der Weg! Das beruhigte – ein wenig.

An der Rezeption des *Oriental* hatte ich erfahren, dass Garry Morgan bedauerte, eine frühere Maschine nehmen zu müssen. Er war also schon nach Chiang Mai entschwunden! „Ein Admiral wartet nicht!", waren seine Worte und ich ahnte, er hätte mir bestimmt wichtiges zu Schröder erzählen können. Dass ich diese Gelegenheit so gründlich vermasselt hatte, war äußerst ärgerlich! Hatte ich einen zweiten Fehler begangen, indem ich ihm nicht nachgereist war? Sollte geschehen, wie es geschah...

Der Fluss gurgelte unter dem Schiffsrumpf. Beidseitig zog dichter Regenwald vorbei. Vor uns befand sich eine Hängebrücke, über die Mopeds knatterten, mit Tüten und Paketen bepackte Dörfler tippelten. Ich sah die Brücke näher kommen und überlegte, ob das Schiff sie drüber oder drunter passieren würde.

Da war die Crew zur Stelle, klappte mit ein paar Handgriffen Schornstein und Sonnendach nieder, baute die Bar ab, Passagiere gingen in die Knie. Wir glitten unter den Stahlseilen hindurch. „Glück gehabt", meinte Raul Ryan, „eine Stunde später wär' das Schiff nicht mehr durchgekommen."

Raul, der Cruise-Direktor, servierte eigenhändig Kaffee und Plätzchen zur Beruhigung. Er stammte aus Chicago. Auf dem Flussschiff *RV River Kwai* war er unter anderem für das Wohlbefinden der Fluss- touristen verantwortlich. Das ist bei den heutigen Ansprüchen nicht immer ganz einfach. Abenteuer ohne Ungemach, Urwald ohne Mücken, lassen sich bisweilen kaum in Einklang bringen. Auf der *River Kwai* schien es zu gelingen.

Das Flussschiff, 36 Meter lang, mit zehn komfortablen Doppelkabinen ausgestattet, taucht nur 90 Zentimeter in den Fluss, um bei Niedrigwasser die gröbsten Untiefen zu passieren. Unregulierte Flüsse, wie der Kwai einer ist, führen Hoch- und Flachwasser. Da rutscht ein Dampfer schon mal auf eine Sandbank und bleibt stecken. Der *River Kwai* war das schon einige Male passiert. Um den Zeitplan von Rundreisetouristen nicht zu gefährden, tritt in solchen Fällen ein PS-starkes Beiboot in Aktion, um das Mutterschiff wieder flott zu machen oder um Hindernisse zu bugsieren. Abenteuer soll man nicht wirklich spüren, sich aber lebhaft vorstellen können. Aus diesem Grund ließ Luzi Matzig, ein findiger Schweizer, der seit vielen Jahren in Thailands Touristikbranche mitmischt, die *River Kwai* in Burma bauen. Und zwar nach dem Vorbild burmesischer Flussschiffe des 19. Jahrhunderts, in kolonialstilistisch anmutendem Luxus. Etwas an einen Mississippi-Raddampfer erinnernd.

„Der Luzi hatte die Idee mit dem Flussschiff auf dem Kwai und ich muss sie umsetzen!“, regte sich Schiffsführer Kun Anan künstlich auf, während er das Rad herumwarf, treibenden Baumstämmen auszuweichen. Schiffer Anan steuerte zuvor Ausflugsschiffe auf dem trägen Chao Praya-Strom.

Und jetzt hieß es Wahrschauen, das Steuerrad kurbeln, immer auf der Hut sein. Felsenharte Hindernisse tarnten sich in wogendem Elefantengras oder unter verführerischer Lotusblüte... Der Kwai, auf Landkarten heißt er bisweilen Meklong, Kwai Yai oder Khwae Yai, ist und bleibt ein hinterhältiger Fluss und das Symbol für asiatische Zwangsarbeit, gepaart mit Grausamkeit. Pierre Boulles Bestseller „Die Brücke am Kwai“ beschrieb ihn und seit der Film mit Alec Guinness und William Holden um die Welt ging, kann jeder den River Kwai-Marsch pfeifen, hat die gewaltige Brückenkonstruktion, damit eine der mörderischsten Episoden des Zweiten Weltkriegs vor Augen.

16 000 britische, holländische, dänische, australische und neuseeländische Kriegsgefangene, dazu 100 000 asiatische Zwangsarbeiter starben 1943 unter der Knute der Japaner, die in der Rekordzeit von nur 17 Monaten eine 400 Kilometer lange „Todesbahn“ durch den Dschungel prügeln ließen, um Nachschub für ihren Angriff von Siam nach Burma auf Britisch-Indien zu sichern.

Roman und Film verfolgten einen melodramatischen Showdown aus Standhaftigkeit und Heldentum. Am Tag X war der Kwai unerwartet stark gesunken. Die Sabotage, Sprengsätze an den Brückenpfeilern, lagen frei und wurden von japanischen Soldaten entdeckt. Die Operation mißlang.

Für den Film ließ Hollywood den sterbenden Alc Guinness, einen britischen Oberst, die Brücke sprengen, die er selbst zuvor als Kriegsgefangener mit seinen Leuten unter Druck der Japaner gebaut hatte.

Und was geschah wirklich? Die Brücke wurde fertiggestellt. Der Nachschub rollte.

Erst 1945, kurz vor Kriegsende schossen amerikanische Bomber das Bauwerk in Grund und Boden. Geschehen, wo sich der Ort Kachanaburi befindet. Wir legten an. Mit einigen anderen Touristen verließ ich das Schiff. An derselben Stelle überspannt heute eine schlichte Eisenbrücke den Kwai.

Mehr Menschen strömten heran. Viele Europäer, vielleicht auch Amerikaner, wenig Asiaten. Erwartungsvoll spähten wir ans andere Flussufer. Armbanduhren wurden verglichen. Neben mir stand ein älteres Ehepaar. Der Mann spulte einen Film in seine Kamera.

„Hi", sagte er, als er merkte, dass ich ihn beobachtete.

„Engländer?", fragte ich.

„Australier, aus Melbourne."

„Bewegender Ort – nicht wahr?"

„Kann man wohl sagen! Mein Dad ist hier erschlagen worden. War gerade mal 26. Ich zwei. Er liegt drüben auf dem Soldatenfriedhof", dabei machte er eine Kopfbewegung nach rechts. „Wilbur Smith, hab erst vor 'n paar Jahren von seinem Grab gehört."

Aus dem Regenwald erscholl lautes Pfeifen.

„Alte Herren erklären den Krieg. Aber es ist die Jugend, die kämpfen und sterben muß", antwortete ich.

„Große Scheiße, sag ich Ihnen. Seinen Vater nur vom Hörensagen zu kennen! – Die Japse haben hier ganz schön gewütet. Schau'n Sie sich mal den Friedhof an, Reihe 53 in der Mitte – und vergessen Sie das Kriegsmuseum nicht!"

Er hatte feuchte Augen und sie fingerte an einem Taschentuch herum. Nun stampfte eine Lok mit fünf Wagons aus dem Wald und ratterte heran. Kameras gingen in Anschlag. Für Kriegsveteranen und deren Nachkommen ein ergreifender Augenblick. Der Zug rollte über die Brücke am Kwai. Mit Reisenden aus Sathani Nam Tok, die nach Bangkok wollten. Junge Thailänder schauten aus geöffneten Fenstern. Sicher wunderten sie sich über die Traube fremder Menschen, die sie empfing. Ob sie etwas wussten vom großen Krieg als Niederlage des menschlichen Geistes? Als sich die Laterne mit dem letzten Anhänger langsam aus dem Ort schob, verlief sich der Trubel. Leider auch das Ehepaar aus Melbourne, mit dem ich gern noch einige Worte gewechselt hätte. So blieb mir nur, die Umgebung zu erkunden.

Weniger beeindruckte das Elefantencamp Sai Yok, die Pontons, mit den höllisch lauten Langschwanzbooten oder die schwimmenden Hotels am Ufer. Viel mehr Kachanaburi als Ort des Gedenkens, des Leides und der Trauer, wo der Krieg unvorstellbaren Blutzoll forderte.

Der Soldatenfriedhof, von einer Ligusterhecke umfriedet, befand sich neben der Hauptstraße. Es schien mir, als hätte man eine riesige Fläche mit sanften Hügeln aus dem Regenwald gerodet und die vielen gefällten Bäume in Holzkreuze geschnitten. Kreuze, die sich in dieser Menge und akkuraten Anordnung beklemmend aufs Gemüt legten. Ich hatte in der Vergangenheit manchen Soldatenfriedhof besucht. Selten legte sich das Gefühl beim Anblick eines Friedhofs so drückend auf die Seele! Das mochte an der uniformierten, kalten Strenge liegen, so nah dem lebensfrohen, unschuldigen Tropenort. Oder daran, dass jedes Kreuz oder jeder Name für erlittene Qualen steht.

Ich ging durch endlose Zeilen endloser Reihen. Abertausend Tote grüßten aus der Erde Thailands. Junge Soldaten aus Holland, Britannien, Australien, namenlose Menschen aus Südostasien salutierten. Sie grüßten zornig, anklagend, weil sie mit etwas über 20 Jahren hier im Urwald, fern der Heimat, verrecken mußten. Unter Folter, durch Verhungern, Malaria, Ruhr, Cholera, Pest ... Wofür?

Das Quarré des britischen Friedhofabschnitts hatte ich durchschritten. Nun schloss sich der australische an. Reihe 53 in der Mitte fand ich das Kreuz, auf dem „Wilbur Smith" stand und Corporal, 1917-1943. Auf dem Rasen, am Fuße des Kreuzes lagen zwei rote Nelken, am Holz steckte ein Zettel. Ich zog ihn aus dem Falz und las: „Far away, but always with you, son Peter."

Hatten die Besatzer Wilbur erschlagen weil er Widerstand leistete? Weil er versuchte zu flüchten? Tötete er gar einen japanischen Soldaten? Oder war Wilbur schlicht verhungert? Fragen über Fragen, die niemand beantworten konnte. Ich stellte mir vor, mein Vater läge in dieser Erde. Traurig steckte ich den Zettel zurück.

„Nichts tötet rascher als harte Arbeit bei spärlicher Nahrung unter tropischer Sonne", sagte einst A. H. Brodrick zur Todesstrecke. Eine Stiftung der Alliierten unterhält den Friedhof. Die sterblichen Überreste umgekommener US-Soldaten wurden auf dem Militärfriedhof Arligton in Washington D. C. beigesetzt.

Unten am Fluss, im Kriegsmuseum, wurden die Toten für den Moment des Besuchs lebendig. JEATH heißt die Erinnerungsstätte. Mönche des nahen Wat Chaichumpol haben sie 1977 errichtet. Die Buchstaben stehen für Japan, England, Amerika, Thailand, Holland, Länder, die am Kwai die meisten Söhne zu beklagen haben. Stumm-dumpf hatten sie auf verschlissenen Bastmatten gesessen, gelehnt an Bambuspfählen, zum Skelett ausgemergelt, krank, kraftlos und gewartet von Prügeln aufgescheucht an die Brücke getrieben zu werden. In ihren Herzen nagte doppelte Schmach: die, geschunden worden zu sein und die, für den Feind den Nachschub zu sichern.

Das Museum ist die getreue Nachbildung einer Bambushütte, eines großen Mannschaftsraums im einstigen Arbeitslager, wo Menschen wie Tiere gehalten wurden. In der Regenzeit überfluteten die Camps. Die Gefangenen schliefen in der Nässe oder bauten notdürftige Holzpritschen, die zwar aus dem Wasser ragten, sie vor Ratten, Wasserschlangen, Krankheiten und anderer Pein jedoch nicht schützten.

Aber das Schlimmste waren die Qualen, die den Zwangsarbeitern durch Menschen zugefügt wurden. Zeichnungen, Skizzen und Nachbildungen zeugen von Käfigen, in denen aufsässige Soldaten auf engstem Raum in sengender Sonne gesotten wurden. Wer die Genfer Konvention einforderte, der wurde nackt an einen

Schandpfahl gefesselt. Um den Hals hängte man diesem Unglücklichen Eimer voll Steine oder grausamer noch, Eimer mit Wasser gefüllt. Wer nicht starb, wurde wahnsinnig. Nicht die Schrecken der Natur sind zu fürchten. Es sind die Menschen, die sich diese Schrecken bescheren!

Tiefe Traurigkeit überkam mich im Land des Lächelns. Plötzlich drängten sich Bilder von Buchenwald auf. Ich sah mich am Rand des Konzentrationslagers, hinunter auf Weimar blicken, auf die Wirkungsstätte Goethes und Schillers, dem Zentrum deutscher Literaturkultur.

Damals war ich, das erste Mal dort stehend, ergriffen, erschrocken, ohnmächtig, wütend vor so viel Grausamkeit. Staatlich organisierter Grausamkeit im Namen Deutschlands!

Mir schien JEATH trotz allem ein Ort zaghafter Versöhnung. Im Besucherbuch las ich. „Vergebt, aber vergesst nicht." Und ein Amerikaner schrieb: „Sie folterten – aber wir warfen die Bombe." Und ein Israeli aus Jerusalem schrieb: „Versöhnung ist möglich, wenn beide Seiten ihre Verletzungen gezeigt haben!"

Ich folgte dem Weg durch das Museumscamp bis an den Kwai. Der Ort übte eine ungeheure Anziehungskraft aus. Also verweilte ich und lauschte dem Gurgeln des Wassers.

Nein, das Arbeitslager muss schlimm gewesen sein, dennoch mit dem Wahnsinnslager Buchenwald unvergleichbar! Auf einem Ponton saß ein Mann und angelte. Uralt sah er aus.

Wie erstarrt saß er da und fixierte das Wasser. Ich setzte mich dazu. Gemeinsam blickten wir auf den Fluss.

„Ein mystischer Platz!", sagte ich.

Der Mann nickte, als habe er verstanden.

Auf einmal hörte ich aus seinem Mund: „Viel Tod."

Er zeigte zur Brücke hinüber: „Viel, viel Tod!"

„Schlimmes Leid", sagte ich, „gibt es Überlebende?"

Der Mann blickte mich aus kleinen, alten Augen an,

wie eine sinistere Schildkröte. „Wenig!"

„Im Ort Überlebende?"

„Wenige."

Er packte das Kochgeschirr, um es mir zu zeigen. Maden wanden sich auf dem Blechboden. Ich verstand nicht was er meinte, erkannte aber in dem Blechnapf ein militärisches Utensil. Endlich dämmerte es. Ich fragte: „Sie? Ein Campüberlebender?"

Er nickte bedächtig, dann malte er mit dem Finger etwas auf den Ponton und sagte: „Ich Sonchai."

„Sonchai, Sonchai", wiederholte ich einige Male, während er mit lebhafter Geste zum Museum wies. Wir schwiegen wieder. Sollte ich per Zufall auf einen Augenzeugen von der Brücke am Kwai gestoßen sein? Nachdenklich betrachtete ich den Alten. Ein runzliges, braunes Gesicht auf einem hageren, zerbrechlich-zierlichen Körper. Die Groteske war von unglaublicher Eindringlichkeit: Sonchai der letzte Überlebende in einem Museums-Camp?

Nach einer Weile rollte er seine Angelschnur auf, packte die Gegenstände zusammen.

„Sawatdi khap (auf Wiedersehen)", murmelte er und schlurfte gebückt am Ufer entlang. Futamatsu Yoshihiko, der streckenverantwortliche Japaner hat die stärksten Charaktere gebrochen. Der, der nicht umkam, war für sein Leben gezeichnet. Wieder im Museum erfuhr ich, dass Sonchai tatsächlich ein Überlebender war und sein Trauma malend zu bekämpfen suchte. Bilder von eindringlicher Düsternis hingen an einigen Wänden. Bleistift- und Kohlezeichnungen, gaben die Verlorenheit des Arbeits- und Lagerdaseins wieder: knüppelnde Japaner, vom Tod gezeichnete Kriegsgefangene, in Lumpen gewickelte Cholerakranke. Bilder, die ich schon gesehen hatte, die jetzt aber noch eindringlicher, noch furchtbarer wirkten. Die Geschundenen hörte ich jammern, klagen, stöhnen.

Dort, noch einmal die Zeichnung mit dem Mann am Pfahl in der glühenden Sonne mit dem Wassereimer am

Hals. Sein Röcheln war so leise, so kraftlos und doch so eindringlich. Daneben der japanische Soldat, sein Bewacher. Erbarmungslos mustert er den Delinquenten. Eine Hand in der Tasche, mit der anderen hält er sein Gewehr. Man kennt sich nicht, aber man hasst sich.

Wie können Menschen Menschen so hassen? Sich aus politischen, religiösen, ethnischen, kulturellen Gründen so teuflisch vernichten wollen? Was vermochte Propaganda, Hetze, Blindheit an Schrecklichem zu bewerkstelligen? Angesichts des von Sonchai dokumentierten Leids bekam ich auf einmal Angst vor dem Hass der Menschen. Wie ein Schock stand der 11. September vor Augen. Wieder hatten Menschen gehasst und getötet. Ein Mohammed Atta hatte „mich" so sehr gehasst, dass er „mich" getötet hätte, obgleich er „mich", die Menschen, die seine Opfer wurden, überhaupt nicht kannte. Nur weil Menschen anderen Glaubens seinem Bild von Allah im Weg standen?

Es kostete mich Kraft diesen Gedanken loszuwerden. Während ich das Camp endgültig verließ, erfüllte mich Sehnsucht nach Ruhe und Geborgenheit – ich vermochte mir Tränen nicht zu verkneifen. Begann ich ein alter, sentimentaler Narr zu werden?

Jetzt lag die Brücke verwaist da. Ich ging über ihre Schwellen auf die andere Seite, wo mich dichter Regenwald und eine bergige mit Felsen durchsetzte Landschaft gleichsam verschluckte. Allmählich entfernte sich der Schienenstrang unter mir. Der Wald hütet Geheimnisse. Erst kürzlich wurden hier Exemplare der kleinsten Feldmausart der Welt entdeckt. Die Felshänge bergen seltene Edelsteine. Aber der rege, teils illegale Teakholzhandel in Burma bedroht den Wald.

Keuchend hatte ich den Rand einer Schlucht erreicht, dessen Flanke einen weiten, freien Blick nach Westen, nach Burma und weiter nach Nordwesten gestattete. Dorthin, wo sich der berühmte „Drei Pagoden Pass" befindet. Die Gleise der Todesbahn reichten einst über den Pass nach Burma hinein. Doch sie wurden entfernt. Und der neuerliche Vorschlag, die alte Strecke nach Burma wieder aufzubauen, wurde nach hitzigen Debatten verworfen, weil die Idee von einer japanischen Firma stammte. Doch das ist nicht der einzige Grund. Der Drei Pagoden Pass ist das Symbol des thailändisch-burmesischen Nachbarschaftskonflikts. Er reicht aus geschichtlichen Gründerjahren bis ins Heute.

Die Landstraße 323 führt nahe an den Pass heran, doch der Übergang ist nur durch einen mühsamen, mitunter gefährlichen Querfeldeinmarsch möglich. Er führt durch ein Gebiet burmesischer Rebellen und Schmuggler. Im Grenzgebiet ist das Menschenleben wenig wert und mancher Abenteurer verschwand auf nimmer wiedersehen. Irgendwann wird mich Thailands heiße Westgrenze beschäftigen. Ich weiß nicht wann und wie, aber ich fühlte, dass es auf meiner Reise, auf meiner Suche nach Klaus Schröder unvermeidlich sein wird. Er hatte sich im Grenzraum getummelt, das war für mich klar. Vielleicht war er dort gar verschwunden. Kaum anderswo lassen sich Spuren leichter verwischen, Lebensläufe radikaler beenden.

Während ich über den Regenwald blickte war es, als schob er sich auf, der Vorhang der Geschichte: Aus dem Westen stürmten wilde Krieger aus der Bergwelt Mon, ergossen sich über den Drei Pagoden Pass und brandeten gegen das Herz der Siam-Nation Ayutthaya. Pässe auf denen Schicksale von Nationen entschieden wurden: Die Bedrohung aus Burma rollte über den Drei Pagoden-, die Afghanistans durch die Engländer über den Khayber-Pass. Kaum einen Monat war es her, dass ich über den Khayber Kabul erreichen wollte. Was misslang.

Das erste Mal stürmten die Burmesen Mitte des 16. Jahrhunderts über die „Drei Pagoden". König Tabinshweti von Argwohn und Neid zerfressen, sah seine Chance den aufstrebenden Nachbarn zu zerschlagen, als Mahachakrapat gerade den Thron von Ayutthaya bestieg. Der Belagerungsring legte sich wie ein Würgeeisen um die Stadt. Mahachakrapat flüchtete sich in die Offensive.

Auf Kriegselefanten zog die gesamte Königsfamilie, einschließlich Königin und Töchter als Soldaten verkleidet, ins Feld. Die Königin ritt neben ihrem Mann. Als sie sah, dass dieser in Bedrängnis geriet, warf sie sich in die Bresche. Durch ihren Tod rettete sie dem König das Leben und ihr Mut verhalf den Verteidigern zum Sieg. Die erste burmanische Invasion von 1549 scheiterte! Die Armee wurde geschlagen, zurück über den Pass gejagt. Zu Ehren Königin Suriyothai wurde ein Chedi mit ihrer Asche errichtet. Der Sakralbau ist heute in Ayutthaya zu besichtigen. Was wäre Thailand ohne seine heroischen Frauen?

Im Land tummelten sich seit 1515 portugiesische Berater als Militärexperten, die den Siamesen den Umgang mit Feuerwaffen beibrachten. Europäische Söldner kämpften Seite an Seite mit den Siamesen. Ihre Kanonen und Musketen halfen, Chiang Mai im Norden niederzuringen. Nach der Bedrohung aus dem Westen sicherte man gemeinsam die Landesgrenzen. Im Gegenzug gewährte das Königreich den Portugiesen das Recht, lukrativen Handel zu treiben.

Kriegselefanten hatten sich im Abwehrkampf gegen die Burmesen als „force de frappe" bewährt. Man fing weitere 300 wilde Dickhäuter ein und trainierte sie für künftige Kriege. Unter dem Kontingent befanden sich auch sieben weiße Elefanten. Tiere, die bei den buddhistischen Herrschern Südostasiens höchst begehrt waren und Neid bei König Bayinnaung, dem neuen König Burmas, weckte. Der Besitz weißer Elefanten verhieß Glück, Ansehen und Wohlstand.

Insgeheim rüstete der Nachbar auf. Wieder drangen Invasionstruppen über den Drei Pagoden Pass gegen Ayutthaya. Die Stadt fiel 1569. Die Burmesen zogen mordend und brandschatzend durch die Stadt. König Mahachakrapat wurde gefangengenommen, die meisten Bürger verschleppt.

Siam war unter Fremdherrschaft, bis die verschleppten Königssöhne in ihre Heimatstadt zurück durften, wo sie sogleich eine Untergrundarmee für den Guerillakrieg gegen das verhasste Burma organisierten.

Fast zwanzig Jahre währte der Freiheitskampf und die Zeit bis sich Ayutthaya unter König Naresuen in seiner wiedererlangten Unabhängigkeit behaupten konnte. Siam konsolidierte und ergriff die Initiative indem Burma angegriffen wurde und die Khmer an der Ostgrenze unterworfen wurden.

Unter Naresuen dem Großen erlebte Ayutthaya eine Blütezeit, von der europäische Besucher schwärmten. Siam wurde „Europas Tor zum Osten". Holländer eröffneten Handelsniederlassungen. Die Briten schickten Abordnungen von König James I., erwarben Land und bauten eine Fabrik. Erstmals begab sich eine siamesische Delegation nach Europa, um Den Haag zu besuchen.

Doch das Erscheinen der Europäer, mit deren unterschiedlichen Interessen, barg auch Konfliktstoff. Seit 1641, mit der Vertreibung der Portugiesen aus Malakka, beherrschten die Holländer bis Mitte des 19. Jahrhunderts die fernöstlichen Meere. Und sieben Jahre später versuchten sie Siam Handelskonzessionen abzupressen, die ihnen die Kontrolle über die gesamte Wirtschaft ermöglichte.

König Narai suchte einen Ausweg und verbündete sich mit den Engländern. Das Schlimmste wurde verhindert. Wenngleich eine neuerliche Seeblockade durch die Holländer dem König das Monopol auf den Fellhandel und damit erstmals Exterritorialrechte abrang.

Narai rückte Ayutthaya auf die Bühne internationalen Interesses. Er erkannte als erster die Bedeutung weltweiter Verbindungen und suchte sie für Siam zu nutzen ohne seine Unabhängigkeit aufs Spiel zu setzen. Eine spannende Epoche der Geheimdiplomatie, der Intrigen, des Mordens schillernder europäischer Persönlichkeiten bei Hofe begann ...

Während ich über die tiefgrünen Wälder Thailands schaute, wo irgendwo da oben der Pass lag, der das Anbranden der Völker erlebte, die sich immer noch Feind waren und bis heute unversöhnlich belauerten, dachte ich an die *farang*, die in Ayutthaya Siam-Geschichte schrieben. Und es war, als packte mich plötzlich die Historie des Landes mit seiner magischen Hauptstadt. Ich musste jetzt dorthin, erleben, sehen was heute davon erhalten geblieben war...

„Wenn die Sonne der Kultur
niedrig steht, werfen selbst
Zwerge lange Schatten."

Ayutthaya und Sukhothai, Siams Wurzeln

Schönheit und Erinnerung sind Essenzen der Unsterblichkeit. Die Tempel von Ayutthaya sind unsterblich!

„The golden era of Ayutthaya ...", donnerte eine geübte Stimme aus dem Nachthimmel. Thailands nationales Bewusstsein hat hier seine Wurzeln, auch wenn die Sound-&-Light-Show Bangkoker Profis ziemlich propagandistisch klang, beim Historienspektakel vor der Kulisse des Wat Phra Mahathat. Das perfekte Freilichttheater erzählte die Story vom Glanz und Niedergang der Königsmetropole.

Ich sah die Tempel von Chao Phrom im Herzen der Stadt im weichen Vollmondlicht einer lauen Nacht. Davor ein Heer kostümierter Statisten, die eine erhabene Gasse bildeten, als der Hofstaat aus Prinzen, Prinzessinnen, Kriegshelden, Ministern und schließlich das Königspaar selbst, heranschritt. Spotlight beschoß jetzt die Würdenträger. Lichtorgeln leckten in den Himmel und an Tempelgemäuern. Plötzlich stob die Menge auseinander. Unter infernalischem Getöse stürzten Schwertkämpfer aufeinander. Mit wechselndem Erfolg kämpfte Gut gegen Böse, Siam gegen Burma. Wie Meereswogen brandeten die Heere aufeinander, trieben nach Westen, dann wieder zäh nach Osten. Mehrstimmige Chöre schwollen an – ebbten ab ... bis schließlich die Pracht Ayutthayas in einem sprühenden, krachenden Feuerwerk stand, lichterloh brannte und im Donnerschlag einer schwarzen Nacht versank. Das war 1767. Böses hatte gesiegt.

Bis zur Stunde hat man Burma die Zerstörung Ayutthayas nicht verziehen. Eiszeit legte sich über die antike Stadt. Dichte Trockeneis-Nebel trieben dem Publikum

Tränen in die Augen. Noch einmal erschollen himmlische Chöre zur Preisung der Helden, die auszogen, eine neue Hauptstadt zu Gründen – Bangkok. Buddha erstrahlte aus finsterster Zerstörung, wie ein Symbol der Hoffnung, dann gingen die Lichter aus. Die Show war zu Ende, den Zuschauern hat's gefallen. Sie knabberten befriedigt an gegrillten Heuschrecken und kleinen frittierten Vögelchen.

Am nächsten Tag hatten die Ruinen der glorreichen Zeit ihre stoische Ruhe zurückgewonnen. Tribünen wurden abgebaut, Festivalmassen, eigens aus Bangkok und aus anderen Orten gekommen, waren abgereist.

Ich saß am Pa Sak River und genoss das besondere Flair der Stadt an einem Sonnentag. Europäische Reisende, die in Ayutthayas Blütezeit hier weilten, verglichen den Ort mit Venedig. Prachtvolle Häuser, von Palästen umsäumte Flussläufe, auch das Kanalsystem erinnerte sie an die Lagunenstadt. Eine Million Menschen lebten in Siams Metropole, damit war sie größer als London oder Paris. Den Standort, am Zusammenfluss dreier Flüsse, wählten die Reichsgründer im 14. Jahrhundert mit Bedacht. Ein Kanal verband die Wasseradern und schuf Ayutthaya als schwer einnehmbare Wasserburg. Unter König Narai begann ein enormer wirtschaftlicher und kultureller Aufschwung, der neben den Burmesen auch Europäern nicht verborgen blieb. Des Ruhmes und der Pracht Begleiter ist der Neid. Er gönnt dem Teufel nicht die Hitze der Hölle. War Narai auf der Hut, als er sich mit Abenteurern wie Samuel White oder Konstantin Gerakis einließ? Ich schaute über den Fluss und stellte mir vor, wie die ersten Europäer den Chao Phraya flussaufwärts herangesegelt kamen, um dem König von Siam ihre Aufwartung zu Machen. Staunend nahmen sie wahr, dass sich an den Kanalmauern Schiffsrümpfe von mindestens 40 Nationalitäten rieben: arabische Daus, chinesische Dschunken, Barken des siamesischen Hochadels neben europäischen Handelsschiffen.

Jacques de Coutres, ein Reisender aus Belgien,

schwärmte: „Palast- und Tempeldächer sind so massiv vergoldet, dass ihr Glanz im grellen Mittagslicht in den Augen schmerzte. Es gab Lager auf weichen Seidenpolstern und Fresströge der Elefanten aus purem Gold.“

Ayutthaya, „die Goldene“, wen wundert's, dass sie Neider hatte? Und wie erklärt sich der Name? Aus altindischem Einfluss, aus dem Ramayana-Epos mit der mythischen Stadt Ayodhya.

Mancher Europäer wollte am Glanz und Prunk teilhaben:

Dem cleveren Engländer White übertrug Narai das Amt des Hafenmeisters. Leider füllte der Bursche nicht die Staatskasse, sondern in erster Linie seine eigene.

1678 erschien dann der Grieche Gerakis, was „Falke“ bedeutet. Als Monsieur Phaulkon schrieb der Ausreißer und Abenteurer Siam-geschichte. Bei der British East India Company verdingte er sich als Seemann und segelte nach Osten, wo er sich in Siam festsetzte. Seine Sprachbegabung sicherte ihm einen Platz als Dolmetscher im Finanzministerium. Dort fiel sein diplomatisches Geschick alsbald König Narai auf. Phaulkon wechselte von englischen in siamesische Dienste. Knapp drei Jahre später war Phaulkon des Königs erster Minister und dessen wichtigster Vermittler zwischen Frankreichs Machtgelüsten und dem Hof.

Narai fürchtete nichts mehr, als ein Opfer der kommerziellen Raffgier der Holländer zu werden. Also spielte er geschickt erst die Holländer gegen die Engländer, dann gegen die Franzosen aus und Phaulkon half ihm dabei. Natürlich eigennützig, was ein rasch wachsendes Vermögen bewies. Sein Aufstieg als Fremder zum zweitmächtigsten Mann im Staat, sein Reichtum, seine verletzende Arroganz, hatten ihm Feinde und Neider beschert, die säbelwetzend auf eine günstige Gelegenheit lauerten.

Seine ärgsten Gegner, General Phetracha und Sohn Luang Surasak waren grimmig entschlossen, den *farang* zu beseitigen – mit fatalen Folgen.

Noch war Phaulkon im Zenit seiner Macht. Als Katholik wechselte der Grieche ins französische Lager und weihte deren Jesuiten in seine Pläne ein, ganz Siam zum Katholizismus zu bekehren. Es war geschickt eingefädelt worden, dass Frankreich zuvor lukrative Handelsprivilegien erhalten hatte. Für den großen Coup brauchte der Grieche Unterstützung aus Frankreich. Delegationen zwischen Narai und Ludwig XIV. wurden ausgetauscht. Schließlich wurde ein schlagkräftiges Bataillon unter dem Befehl von Marschall Desfarges nach Siam verschifft. Nichts böses ahnend erteilte Narai der Streitmacht Landeerlaubnis. Phaulkon dekorierten die Franzosen für seine Verdienste zum Grafen und Ritter des Ordens von St. Michael. Ob der Grieche Siam lediglich bekehren oder vielmehr Ayutthaya mit Siam einer Kolonialmacht zuspielen wollte, um selbst als Gouverneur erster Mann zu werden, ist nahe liegend, aber nicht verbrieft.

Jetzt war die Stunde der Gekränkten gekommen. Die antifranzösische Bewegung unter General Phetracha, Befehlshaber des königlichen Elefantenregiments, schlug zu: der erkrankte König wurde unter Hausarrest gestellt. Phaulkon ließ er wegen Hochverrats verhaften, foltern und kurzer Hand enthaupten. Kurz darauf starb König Narai. Sein Nachfolger und „Retter der Nation" wurde Phetracha, der sogleich die Franzosen außer Landes komplimentierte.

Der Dynastiewechsel, einhergehend mit schlechten Erfahrungen mit den Europäern hatte zur Folge, dass sich Siam bis in die Mitte des 19. Jahrhunderts westlicher Einflüsse entzog. Ayutthaya reduzierte den Außenhandel und kapselte sich ab. Streitigkeiten verzettelten die Staatsmacht. Und wieder donnerte der verhasste, neidvolle Nachbar aus dem Westen an die Stadtmauern. 1760 konnte er zurückgeschlagen werden, doch die Invasion sieben Jahre später war übermächtig.

Das stolze Ayutthaya fiel nach 14-monatiger Belagerung. Die Stadt wurde vollständig zerstört, das burmesische Heer wütete in unvorstellbarer Grausamkeit. Vier

Jahrhunderte Siam-Kultur: ausgelöscht. Neid und Hass auf die Glaubensbrüder hatten blind gemacht. Tempelanlagen wurden ausgeraubt und zerstört. Buddhastatuen aus Gold eingeschmolzen. 100 000 Gefangene nach Burma verschlepp t... Thailand hat Burma den Überfall bis heute nicht verziehen. Zwar hatte der Erbfeind eine Schlacht gewonnen, aber den Krieg verloren.

General Phay Tak, bekannt als Taksin, durchbrach den Belagerungsring, entkam und stellte im Süden eine Armee auf, mit der er sieben Monate nach dem Fall Ayutthayas die Burmesen endgültig verjagte. Dann schuf er Bangkok, 85 km südlich der „heiligen" Trümmer, als neue Hauptstadt.

Ich schlenderte die Thanon Bang Ian hinunter. Trümmer? Zerstörung? Staunend befand ich mich in einer riesigen Ausgrabungsstätte, deren klotzige Tempel von mächtigen Stupas, die hier *prang* heißen, überragt wurden. Eine sakrale Museumsstadt, in einer Parklandschaft, deren Kanäle die Bedeutung des Wassers ahnen ließen. Fußgänger, auch Fahrradfahrer unter ausladenden Strohhüten oder bunten Sonnenschirmen strampelnd, überholten mich, kreuzten meinen Weg.

Eine erhabene Ruhe lag über Alt-Ayutthaya. Die Hektik einer asiatischen Neustadt befand sich jenseits verfallener Mauerreste. Hier herrschte Friede.

Hinter dem künstlichen Beung Phra Ram-See erhob sich das Wat Phra Mahathat, wohl das schönste und eines der ältesten Tempelareale. Berühmt ist der 1380 errichtete Sakralbau für seinen 50 Meter hohen *prang*, eingerahmt von gütigen Buddhagesichtern aus Stein gemeißelt. Gemeinsam mit der Ansammlung massiger *chedis* wird dem Tempelkomplex eine unvergängliche Besonderheit verliehen.

Unmittelbar dahinter befindet sich eine der meistbestaunten Stätten, das Wat Raj Burana, 1424 von König Boromaraja II., dem siebten der Ayutthaya-Herrscher, erbaut. In den *chedis* (Pagoden) der Anlage befindet sich die Asche von zwei seiner gefallenen Söhne. 1958 wurde die Anlage restauriert. Dabei kamen goldene Kunstgegenstände und juwelenbesetzte Ornamentik in ungeahnter Fülle ans Tageslicht.

Etwas nördlich von hier, am Alten Lopburi-Fluss, befindet sich Wat Suwanna, dann Wat Kuti Thong, Wat Chetharam, Wat Lokaya Sutha... verwirrend. Ich zählte im „Historischen Park" der Ayutthaya-Insel dreißig Tempelanlagen und irgendwie erinnerten sie alle auf sonderbare Weise an Angkor Wat, die vergessene Stadt, einst blühende Metropole des mächtigen Khmer-Reiches im heutigen Kambod- scha.

Nur wer die Vergangenheit kennt, findet sich selbst. Thailänder kennen ihre Wurzeln! Diese befinden sich am Oberlauf des Mae Nam Yom und am Fuße des 1200 Meter hohen Khao Luang, also 360 Kilometer nördlich von Ayutthaya. „Dämmerung der Glückseligkeit" – Sukhothai, heißt die Vergangenheit Siams und Thailands. Und wie kommt es, dass Ayutthaya so zwingend an Angkor Wat erinnert? Noch Anfang des 13. Jahrhunderts standen die siamesischen Völker unter der Knute der Khmer, denen sie Tribut zahlten. Abgaben, die auf Ochsenwagen-Karawanen auf beschwerlichem Weg nach Angkor transportiert wurden, wo der Gottkönig sehnlichst auf die Güter des Ostens wartete.

Sukhothai war von Khmer gegründet worden. Gebäude, Tempel, das Wasserleitungssystem gleichen dem Angkor Wats. Schließlich wurden die Khmer aus Sukhothai vertrieben und der Ort wuchs zum Zentrum eines neuen Reichs: „Siam", mit dem Gründer Phra Ruang. Um ihn rankt sich, wie um König Arthus, eine Mythologie. Phra Ruangs Einfallsreichtum war dem Khmer-König suspekt. Er wollte ihn durch seinen fähigsten General, der sich auf geheimnisvolle Weise unterirdisch bewegte, beseitigen lassen. Phra Ruang erahnte die Gefahr und verbarg sich im Wat Mahathat von Sukhothai. Plötzlich tauchte der General im Kloster auf, doch bevor er den Mönch töten konnte, wurde er in eine Steinsäule verwandelt. Phra Ruang sprang hernach aus der Kutte und heiratete die Tochter des Khmer-Stadthalters, um die Macht zu übernehmen. So weit die Sage zur Reichsgründung. Die Wirklichkeit war weniger romantisch: Fürst Sri Indraditya organisierte eine Streitmacht, eroberte Sukhothai 1240 und vertrieb die Khmer.

Für Siam spielt der Buddhismus, als Lehre der Ordensältesten (Theravada), seither eine zentrale Rolle, der, wie auch die Monarchie, bis in die Gegenwart ein Element der Stabilität in der Thai-Gesellschaft darstellt.

Ram Kamhaeng, zweiter Sohn des Reichsgründers, sollte das „Goldene Zeitalter" Siams einläuten, das mit Sukhothai als Zentrum jedoch nur 120 Jahre währte.

Unvergesslich bleibt Kamhaengs Mut. Als junger Bursche focht er Seite an Seite mit seinem Vater gegen Feinde, die er vom Elefantenrücken aus im Zweikampf besiegte. Den Titel Phra Ram Kamhaeng, „Rama der Tapfere", verlieh ihm der Vater als er mit 19 Jahren die Thronfolge antrat. Das Reich bestand damals lediglich aus Sukhothai mit umliegenden Gebieten. Als Ram Kamhaengs Herrschaft zu Ende ging, hatte sich das Staatsgebiet verzehnfacht, der Handel mit China blühte und der kämpferische wie kluge König hatte 1292 für sein Land die siamesische Schrift entwickelt. Geschickt fügte er dem Khmer-Alphabet siamesische Buchstaben hinzu.

Natürlich ließ er auch monumentale, die Zeit überdauernde Tempel bauen. Das Königreich Sukhothai entwickelte eine eigenständige, schriftlich dokumentierte Verwaltung, verfeinerte die Khmer-Kunst, - Kultur und – Architektur ... bis das „Goldene Zeitalter" des mächtigen Staates nach 120 Jahren unterging. Mit daran Schuld war der Schwarze Tod, die Pest. Sie erreichte Sukhothai, man höre und staune, über Caffa auf der Krim und raffte ein Drittel der Bevölkerung dahin. Im 14. Jahrhundert gründete Chao U-Thong das Königreich Ayutthaya und expandierte nach Norden.

Mit der Eroberung von Sukhothai 1438 fand der alte Siamstaat sein Ende. Die Menschen verließen den Ort, die Stadt verfiel, der Dschungel überwucherte die einstige Pracht. Die Geisterstadt gehört heute zum Unesco-Weltkulturerbe. Gottlob mußten Plünderer und Grabräuber Archäologen weichen, bis Sukhothai nach 20-jähriger Rekonstruktion 1988 von König Bhumipol einer staunenden Öffentlichkeit zugänglich gemacht wurde.

Zur Gründung Ayutthayas erzählt die Mythologie eine skurrile Geschichte: Einem Provinzherrscher blieb nicht verborgen, dass seine unverheiratete Tochter einen Sohn gebar, nachdem sie eine Aubergine verzehrt hatte, die der Gärtner mit seinem Urin benetzt hatte. Der Übeltäter namens Nai Saen Pom, „Mann mit 1000 Warzen", wurde samt Adelstochter und Sohn aus der Stadt verbannt. Indras göttliches Auge erbarmte sich des Elends der Drei und gewährte dem Gärtner drei Wünsche. Als erstes erbat sich dieser das Verschwinden seiner Warzen, als zweites wünschte er sich ein Königreich und schließlich eine goldene Wiege für seinen Sohn. Die Wünsche gingen in Erfüllung. Das Kind erhielt den Namen Chao U-Thong „Prinz der goldenen Krippe".

Tatsächlich existierte U-Thong als Fürstentum in der heutigen Provinz Suphan Buri. Unter König Phay U-Thong brach eine Choleraepidemie aus, die ihn mit seinem Volk zwang, nach Ayuthia, einer antiken indischen Siedlung, zu evakuieren. Aus dem unbedeutenden, aber ideal an der Verbindung zweier Flüsse gelegenen Örtchen, inmitten fruchtbarer Reisfelder, erwuchs Ayutthaya, Siams zweites Reich, das sich innerhalb weniger Jahre Sukhothai einverleibte.

Eigentümlich: Obgleich Siam für den Niedergang Angkors verantwortlich war, standen die Herrscher Sukhothais, Ayuthias, ja sogar Bangkoks von Anfang an unter dem Einfluss der Khmer-Kultur. Tempelbauten, die Wasserbau-Architektur, alles Errungenschaften der Khmer, längst in Angkor Wat entwickelt und vollendet. Das war es, was mich auf meinem Spaziergang durch Ayutthaya so faszinierte. Militärisch hatte Siam die Khmer bezwungen, kulturell jedoch bis in die Gegenwart nachgeeifert. Welch eine besondere Einflussnahme?

Wieder am Fluss, kam ich mir vor wie ein Junge, der von der Quelle der Erkenntnis getrunken hatte. Ja, und fast hätte ich mich im Wirrwarr der südostasiatischen Geschichte verloren. Es wurde höchste Zeit, mich an den Zweck meines Verweilens in Thailand zu erinnern. Ich war auf der Suche nach einem verschwundenen Menschen. Ist Geschichte nicht auch die Suche nach dem Verstehen?

Ich mußte in den Norden. Nach Chiang Rai und, sollte es möglich sein, ins „Goldene Dreieck" und weiter in die gesetzlose Wildnis. Was würde mich da erwarten? Ich war gespannt, auch etwas aufgeregt. Doch erst einmal galt es die Fahrt hinauf in den Norden zu organisieren.

Elefanten und die Rose des Nordens

Noch ziemlich ratlos und voller Gedanken an Elefanten und Mahuts irrte ich durch Thailands Hauptstadt des Nordens. Chiang Mai ist ein prosperierendes Wirtschaftszentrum mit 300 000 Einwohnern und 200 Tempeln. Es liegt, umgeben von Reisfeldern, am Ufer des Ping auf 300 m Höhe. Östlich der Stadt erstreckt sich die Bergwelt mit dichtem Regenwald. Bevor die Bahnlinie und Asphaltstraßen bis ins Ping-Tal vordrangen, war die Reise nach Chiang Mai eine Expedition. Für die 700 km von Bangkok hierher, brauchte man mit dem Landrover in den 1950ern volle drei Tage. Harold Young, Gründer des ersten Zoos der Stadt schrieb: „Und die Tiger waren eine echte Plage!"

Ich hatte in Sukhothai einen Überlandbus gebucht und war bis Lampang gefahren. Das *Thai Elephant Conservation Centre* interessierte mich. Mit den Dickhäutern wollte ich immer schon Kontakt aufnehmen. Vielleicht ergab sich später einmal ein Ritt durch den Urwald? Zwölf Elefanten marschierten gemächlich in Richtung Flüss- chen. Jeder trug einen Mahut, einen Elefantenführer, im Nacken, der die Kolosse mit einsilbigen Kommandos dirigierte: „Maab! – Sitzen!"

Urplötzlich setzten sich die grauen Riesen wie Dominosteine ins Wasser und ließen sich geduldig von Helfern abschrubben, dabei von allerlei Parasiten befreien. Mit dem Rüssel tankten die Tiere mal eben 70 Liter Wasser aus dem Fluss – ihren täglichen Bedarf gegen den Durst. Im Camp befindet sich auch ein Trainingszentrum für Arbeitselefanten.

Sieben Jahre dauert die Ausbildung eines Elefanten zum „Waldarbeiter“. Knapp 60 Jahre alt werden die Tiere, der Leistungszenit wird um die 40 erreicht. Am Übungsplatz war Toi in Aktion, ein fünfjähriges Elefantenkind. Den drei Zentner schweren Teakholzstamm zog es wie ein Streichholz hinter sich her, bis es im Wald verschwand. Seine Kameraden zeigten dem staunenden Publikum derweil wie Rüssel Baumstämme stapeln können. Kein Kraftakt brachte die Dickhäuter aus ihrer stoischen Ruhe.

Mit Hilfe von Elefanten baute Siam seine Königsstätten. Die Thais setzten die Riesen als Arbeiter und als Kavallerie in Kriegen ein. Das Land, in der Form eines Elefantenschädels, hat seine treuen Gefährten abgehalftert. Als Transportmittel sind sie überflüssig, als Arbeitstiere ersetzt worden. Doch die Thais glauben noch heute an den Mythos von den Elefanten als „Tiere des Glücks“. Die gutmütigen „Charmeure des Waldes“ arbeiten oder transportieren längst nur noch für den Tourismus. Das Schlagen alter Teakriesen ist vor mehreren Jahren verboten. Damit ist den Elefanten, die täglich rund 20 Stunden fressen, dabei bis zu 350 Kilo Grünzeug vertilgen, nicht nur der Lebensraum, sondern auch die Arbeit ausgegangen. Gerade stieg ein Tourist jauchzend auf den aufgerollten Rüssel und wurde in einem kühnen Schwung in die Luft, dann auf den Nacken gehoben.

Und drei mutige Franzosen legten sich auf einen Trampelpfad über den eine Elefantenkarawane schritt, die tonnenschweren Stempelfüße vorsichtig neben die Menschenkörper drückend. Es sind Shows, die die Dickhäuter in Arbeit halten. Das Spektakel von Samphran zum Beispiel. Dreißig Kilometer westlich von Bangkok. Dort stampfen täglich 18 geschmückte Kriegselefanten auf und spielen das Kampfgetöse gegen die Burmesen als Historienepos nach.

Was Herrschern in Europa Hengste bedeuteten, das war den Königen Siams *chang puak*, der weiße Elefant. Thais sind davon überzeugt, dass viele weiße Elefanten ihrem König eine lange und glückliche Regentschaft bescheren. König Bhumipol Adulyadej (Rama IX) gilt als lebendiger Beweis: er ist der reichste und am längsten amtierende Monarch. In seinem Hofstaat hält er neun dieser weißen Riesen. Dennoch, das Wappentier Siams, in dessen Gestalt Buddha auf die Erde herabgestiegen sein soll, steht kurz vor dem Aussterben. Von einstmals 20 000 leben in Thailand gerade noch 2000 in Parks oder Camps und wenn es hoch kommt, 500 der Großrüssler wild.

Ein Elefant mit Yanirai, dem hageren, schweigsamen Mahut auf seinem Hals, zog gemächlich seine Bahn. Neben einer Rampe hielt er. Durch Kopfnicken gab er zu verstehen, dass ich aufsitzen möge. Auf dem Nacken, hinter den Ohren seiner Kuh Samin, war auch für zwei Personen Platz. Der graue Fleischberg setzte sich wieder in Bewegung und marschierte mit uns in Richtung Wald.

Fast eine Stunde trotteten wir durch weg- und stegloses Gebiet. Schoben uns wie eine Fregatte durch Blättertunnel, streiften Geäst und Baumstämme. Stiegen in Täler hinab und Höhen hinauf. Unglaublich, mit welch' schlafwandlerischer Sicherheit Samin mit uns steile Hänge hinauf und hinab zog, zwischendurch immer lässig ein Grasbüschel hier, einen beblätterten Ast dort rupfend und mit kühnem Schwung ins Maul schiebend. Auf Pferde- und Kamelrücken sitzt man wie auf Schüttelrosten. Elefantenrücken dagegen tragen wie Sänften.

Yanirai hatte sich als Mahut schon überall durchgeschlagen: in Samphran als Kriegselefanten-Reiter. Zuvor hatte er für 600 Baht pro Tag illegal Teakholzstämme für eine Holzkompanie aus dem Wald gezerrt. Seine Zeit in Bangkok als Bettel-Mahut war die schlimmste! Nachts zwängte er sich mit einem jungen Elefantenbullen durch das Verkehrschaos, durch Gestank, Lärm und Abgase, um ein paar Baht fürs Ohrenwackeln oder Rüsselschwenken zu ergattern... bis der gutmütige Bulle im Blitzlichtgewitter einer Touristenhorde durchdrehte: Fahrräder platt trampelte, zwei Schaufenster einschlug, ein Auto demolierte und Passanten in die Flucht schlug.

Hier im Camp war das Leben dann doch beschaulicher für einen Mahut, der in erster Linie für seinen Elefanten da sein will.

„Soll ich dich zum Mahut ausbilden?", fragte Yanirai am Ende unseres Ausflugs. Wahrscheinlich hatte ich mich beim Reiten nicht ganz dämlich angestellt? Ich stutzte. Zwar hatte ich vernommen, dass sich im Elefanten-Camp eines Bodo Förster, hoch im Norden, Interessenten zum Mahut ausbilden lassen können. Doch auch hier?

„In zwei Wochen ist der *farang* Diplom-Mahut", erklärte der Thai. Ich mußte lachen.

„Und was kann er dann?"

„Reiten, Elefanten baden, mit ihnen arbeiten. Holzstämme ziehen lassen, Touristen transportieren. Ein Tier kaufen", sagte Yanirai.

Ich hielt inne. Ein tollkühner Gedanke: mit dem eigenen Elefanten auf Safari durch den Regenwald Ostthailands ziehen. Und den verschwundenen Klaus Schröder aufspüren, irgendwo in seinem Urwaldversteck. In 14 Tagen könnte ich Elefantenführer sein, Besitzer des größten Landtieres der Erde. Yanirai merkte, dass mich sein Angebot beschäftigte.

„Nicht teuer", sagte er, „Diplom 100 Euro."

„Und der Elefant?"

„Starkes Tier: 3000 Euro. Du kannst Samin kaufen. Sozialpreis 1500 Euro."

„Willst du in Rente gehen?", fragte ich. Jetzt mußte Yanirai herzlich lachen.

Trotz der Tragik, die einem Kollegen Yanirais widerfuhr, konnte ich mir ein staunendes Schmunzeln nicht verkneifen. Was war passiert? Elefantenbulle Rondah litt seit einiger Zeit an Darmverschlingung. Im Camp war man ratlos. Sein Mahut Thonimo verabreichte dem Bullen Tabletten. Die halfen nicht. Gegen Abend ließ er den Bullen Rizinusöl saufen. Nachts trompetete das Tier. Vielleicht vor Schmerzen? Thonimo begab sich allein in den Stall. Half von hinten nach, um den Darmausgang zu ebnen. So mußte man sich die Aktion zumindest vorstellen.

Am nächsten Tag war der Bulle wohlauf. Hinter ihm lag ein riesiger Haufen Elefantenlosung. Von Thomino keine Spur. Schließlich wurde der Misthaufen abgearbeitet. Der Mahut kam zum Vorschein. Tot! Der Dickhäuter hatte seinen Hüter im wahrsten Sinne des Wortes zu- und totgeschissen.

Plötzlich erschien ein älterer Weißer mit mächtigem Schnauzbart, von einem mittelgroßen Dickhäuter begleitet. „Der Elefanten-Professor", erklärte Yanirai. Von Thailands Elefantenvater Richard Lair hatte ich schon gehört. Seit 23 Jahren lebt der Amerikaner mit Elefanten zusammen und versucht den Tieren auf unorthodoxe Weise zu helfen.

„Hi!", grüßte er kurz und strebte der Elefantenhalle zu. Menschen gegenüber ist er wortkarg. Seine Gesprächspartner sind Dickhäuter.

Richard Lairs Elefanten, etwa 45 hält er in einem Nachbarcamp, überleben als Artisten. Mit zwei russischen Künstlern hat er eine Elefanten-Malschule gegründet, in der die Tiere selbstständig höchst farbenfrohe, abstrakte Ölbilder malen. Christie's in New York versteigerte bereits Gemälde im Wert von rund 100 000 Dollar. Eine andere Elefantengruppe hat sich aufs Musizieren verlegt. Im Orchester spielen die Tiere an monumentalen Xylophonen und Trommeln. Trompetentöne stoßen sie ohne Hilfsmittel aus. Die Rüsselcombo hat auch schon die erste CD herausgebracht, die sich gut verkaufen lässt. Billige Zirkusnummern eines spleenigen Amerikaners? Mitnichten, meint der „Professor". „Meine Elefanten sind mit Freude bei der Sache, werden gut versorgt. – Oder finden Sie es besser, wenn die Dschungelbewohner mit zerlumpten Mahuts hungrig durch die Städte ziehen und in Glasscherben treten?"

Längst in Chiang Mai, ging mir das Angebot Yanirais immer noch im Kopf herum. Als Mahut mit Elefant durch den Wald ziehen: verrückt und faszinierend zugleich! Ich vertrieb den Gedanken und konzentrierte mich auf die Singharat Road, die irgendwo im Nordosten der Altstadt liegen musste.

Es war Freitagnachmittag und meinen Informationen nach finden sich gegen Abend im *Teng Nueng* westliche „Expats" ein, abgefahrene Typen, die viel wissen, Erfahrung haben und Infos geben, die in keinem Führer stehen. Das *Teng Nueng* ist eine Börse, in der alles gehandelt wird. Dort zechen und disputieren Chiang Mais ausländische Intellektuelle, und nicht nur die! Unter den illustren Gästen befinden sich Professoren, Filmemacher, Journalisten, Fotografen, Schriftsteller, aber auch Fahrensleute mit Drogenkarriere, Aussteiger und Versteckspieler. Von dieser Kneipe versprach ich mir etwas und war gespannt.

Freundliche Menschen, die ungeahnte Sanftheit der Großstadt, haben die „Rose des Nordens" für Europäer attraktiv gemacht, deren Expat-Gemeinde etwa 2000 Seelen zählt. In keiner anderen Stadt Thailands ist das Dasein angenehmer, Toleranz greifbarer, die Atmosphäre unbeschwerter, das Leben billiger. Das merkt der Besucher in den ersten Stunden seines Besuchs.

Nun hatte ich das *Teng Nueng* gefunden. Ich setzte mich in den Garten an einen großen Tisch, der unter einem saftig-grünen Bananengewächs stand. Am Tisch hockten mehrere Gäste, die sich angeregt auf englisch unterhielten. Ich bestellte mir *bia*, lokales Bier, gab 'ne Runde aus, mischte mich in die Gespräche ein. Schon bald erfuhr ich manch erstaunlichen Lebenslauf: Jim Goodman, einst Berufssoldat der US-Army, an allen Hotspots präsent, konnte das Sterben seiner Kameraden nicht mehr ertragen. Sein posttraumatisches Belastungssyndrom kurierte er in Chiang Mai mit seiner thailändischen Lebensgefährtin. Die nennt ihn „Akha Jim". Weil aus dem Soldaten ein Spezialist für die Bergvölker, und die Akha sein Lieblingsvolk wurde. Nikolaus Prachensky, aus Österreich war einst Fleischgroßimporteur in Bangkok. Er mutierte zum Vegetarier. In den Wäldern sucht er Kräuter, die er erfolgreich als Gesundheitstees vermarktet.

Marcel Kraushaar blieb als Hippie in Chiang Mai hängen. Sein Vater warf ihn aus dem Haus, als er in dessen Pelzladen in der Frankfurter *Zeil* Nerzmäntel mit Spray besprühte. Einfach so im Ökowahn, als Protest-Nummer.

„Und wie schlägst du dich so durch?", fragte ich Marcel, der mich auf einmal brennend interessierte.

„Mit Yoga und Meditation. Ich kann noch Leute aufnehmen", damit schob er mir seine Karte zu. „Ich suche keinen Yoga-Kurs. Ich suche einen Klaus Schröder", sagte ich frei heraus.

„Klaus, der mit dem permanenten Affen im Genick, den kenne ich", sagte Marcel. Ich war wie elektrisiert, kramte das Bild aus dem Rucksack, ließ es herumgehen. „Klar, das ist er. Aber mit 'ner Kutte? Als Mönch kann ich mir den Burschen nicht vorstellen. Er war ständig auf der Jagd nach Stoff."

„Wo ist er jetzt?"

„Keine Ahnung. War sehr lange nicht mehr hier. Schätze irgendwo in den Bergen. Oder in Burma. Nahe am Stoff. Er wollte tiefer eindringen in dieses Land. Vom ersten Moment an war er verzaubert von Nordthailand, den Menschen der Landschaft, der Religion. Er war ein gebildeter, intelligenter Mensch, aber total kaputt!"

„Wo hat er in Chiang Mai gewohnt?"

„Mal hier mal dort. Immer nach dem gleichen Muster der Junkies: die verbringen die meiste Zeit in billigen Absteigen, vielleicht im Chian House. Am Tag suchen sie den besten Dealer. Nachts hocken sie auf den Buden, rauchen Opium oder geben sich 'nen Schuss. Dann jammern sie über Magenleiden oder fehlendes Geld. – Ich bin sicher, Klaus mußte verschwinden, weil er alle angepumpt hatte und schließlich klaute. Selbst der Admiral hatte die Nase voll von ihm. Und das soll bei dem Menschenfreund was heißen."

„Der Admiral?", fragte ich, dabei schoss mir Garry

Morgan, der Journalist durch den Kopf, der einen Admiral erwähnt hatte.

„Ein ehemaliger Seeoffizier der Pazifikflotte. Er wohnt hier, schlich sich häufig illegal nach Burma, um die Shan-Rebellen mit Medizin und Verbandszeug zu versorgen. Die Militärjunta hat ihn auf die Todesliste gesetzt. Nach langem Drängen hatte er den Klaus mal mitgenommen. Das war ein Fehler!"

„Geht der Admiral noch rüber?"

„Nee, den Job hat er an den Nagel gehängt. Er ist weit über 80. Der Schwede Bertil Lintner macht dafür weiter und schafft Hilfsgüter in die Shan-Provinz. Ein mutiger Sonderling, dieser Bertil", sagte Marcel, „wenn sie ihn erwischen, stellen sie ihn an die Wand."

„Wie kann ich mit Klaus weiterkommen?", fragte ich etwas ratlos, „ich muss ihn finden und den verzweifelten Eltern berichten."

„Wird sich irgendwo im Wald des Nordens verkrochen haben. Vielleicht bei den Padaung. Das Volk hat ihn interessiert, außerdem bauen einige Sippen Mohn an."

„Könnte er im Kloster sein?"

„Die nehmen keine Junkies. Es gibt 400 000 Mönche und gut 30 000 Klöster in Thailand, wo wollen Sie ihn da suchen? Nee, nee, Klaus steckt im Wald, im Norden an der Grenze oder er hat sich auf der anderen Seite versteckt. Falls er noch lebt."

Marcel war ernstlich bestrebt mir zu helfen. Wir diskutierten noch einige Alternativen, dann nannte er mir Namen und Adresse eines Mannes, mit dem Klaus zuletzt in Chiang Rai zusammen war.

Gegen Mitternacht wurde die Stimmung heiter und als sich eine Gruppe Mädchen an den Nachbartisch platzierte, ließ Tom frivole Witze vom Stapel: „Was haben ein Mann mit Viagra und ein Fahrrad gemeinsam?" „Lass hören." „Beide verbringen die Nacht auf dem Ständer."

Fred ergänzte: „Was passiert, wenn man Viagra auf den Rasen streut? Du kannst die Regenwürmer als Nägel benutzen."

Henry erzählte das Erlebnis einer Thai am Morgen nach der ersten Nacht. Sie fragt: „Was bist du eigentlich von Beruf?" Er sagt: „Anästhesist." Sie: „Dachte ich mir. Ich habe überhaupt nichts gemerkt." Das Wiehern unter der Bananenstaude ließ die Blätter zittern. Pikiert lächelten die Mädchen, weil sie zu wenig Englisch verstanden. „Ich kannte mal eine, die hieß Pandora", meinte Fred, „doch bis zur Büchse bin ich nie vorgestoßen."

Ich wollte noch über den Nachtbasar in der Chang Klan Road schlendern. Nach so viel nützlichen Informationen wünschte ich eine gute Nacht und verschwand. Auf dem Basar ging's zu wie auf einem Volksfest: Menschenmassen schoben sich an überladenen Ständen vorbei oder feilschten mit geschäftstüchtigen Akha-Frauen. Das Angebot war überwältigend, bunt und quirlig. Die vielen Händlerinnen aus den Bergstämmen, höchst werbeträchtig in Volkstrachten angetreten, verliehen dem Treiben eine besondere Atmosphäre aus Lokalkolorit und Folklore.

Vor einem Schmuckstand hockte eine Gruppe Akha-Frauen mit ihrem silbermünzenbehangenen Kopfputz, in schwarzen Trachtenröcken und wollenen Wadenstrümpfen. Genüsslich schmauchten sie ihr traditionelles Tabakspfeifchen, lachten und amüsierten sich wie ausgelassene Teenager. Aber Achtung, die Marktfrauen auf dem Nachtbasar kommen zwar aus dem Wald, sind aber ganz und gar nicht hinterwäldlerisch, was ihren merkantilen Geschäftssinn anbelangt. Sie wissen genau wie sie auf Touristen wirken. Die Mischung aus Exoten-Look, Charme und unbefangener Herzlichkeit, ist eingepreist, es sei denn, es wird zäh gehandelt.

Das Chian House nimmt zu jeder Tages- und Nachtzeit Gäste auf. Im Hof dösten ziemlich schräge Typen um eine Öllampe. Ich konfrontierte sie mit Klaus und dem Foto. Kam mir dabei vor wie Privatdetektiv Philip Marlowe. Nach knurrigem Gemurmel stellte sich heraus, dass Klaus tatsächlich von Zeit zu Zeit hier abgestiegen war. Das reichte mir für den Anfang.

Tags darauf merkte ich in welch einer Spelunke ich gelandet war. Das Guest House war ein besserer Bretterverschlag von dessen Hof- raum sechs Zimmer abgingen. In einem davon war ich gelandet. Ich lugte aus meiner Kammer. Die meisten Gäste waren ausgeflogen. Einige Türen standen offen. In der russig-schwarzen Küche hantierte ein erbärmlich abgemagerter Europäer. Currygeruch stieg mir in die Nase. Zeit zum Aufstehen. Vor der Haustür rief ich nach einem Dreirad und ließ mich in die Altstadt kutschieren.

Erst werde ich mir die Stadt etwas ansehen, dann Peter Handerson aufsuchen. Name und Anschrift hatte ich gestern von Marcel bekommen. Wir radelten eine Hauptstraße in Richtung Wat Pan Tao entlang. Mein Fahrer entwickelte sich als ein lustiger, englisch radebrechender Fremdenführer mit offensichtlichem Spaß am Rikschafahren. Was sicher auch an der geringen Last lag. 65 Kilo transportieren sich angenehmer als drei Zentner. Ich ließ Hausfassaden, Warenhäuser, Restaurants, Reparaturwerkstätten, viele kleine Geisterhäuschen, die Flut der Passanten an mir vorüberziehen. Jasminduft lag in der Luft. Plötzlich sprang ein schwarzer Köter über die Straße. Lan, der Fahrer rief. „Oh, kein gutes Zeichen. Ein Geist mahnt zur Vorsicht."

„Wen? Mich oder dich?", gab ich amüsiert zurück.

„Uns beide!"

Schwarze Hunde haben für Abergläubische die Bedeutung schwarzer Katzen, die von rechts nach links über die Straße laufen. Ohnehin hält man in Thailand nicht viel von Hunden. Sie sind zwar nicht tabu wie in Arabien. Gegessen, wie in China, werden sie auch nicht. Aber in der Wertigkeit der Schöpfung sind Hunde weit unten angesiedelt. Als Hund wünscht sich kein Thai wiedergeboren zu werden.

Vor einem Restaurant in einer Nebenstraße bat ich Lan zu halten. Ich lud ihn zum Frühstück ein, das aus Suppe und Reis bestand. Das Gewürzset aus Aluminium war schmierig und voller Fliegenschmutz. Lan machte sich sein „Frühstück" mit Sojasoße und Chilischoten scharf, somit für seinen Gaumen schmackhaft.

Die Wirtsleute waren zuvorkommend und sehr freundlich. Es entwickelte sich gleich ein Gespräch zwischen Lan und der Bedienung, die mich bei jedem *„farang"* mit lustigen Augen musterte. Sie war eine hübsche Frau mit wenig geschlitzten, großen, schwarzen Augen, einem vollen Pagenschnitt und Kirschlippen. An der Wand hing das obligate Portrait von Bhumipol und Sirikit, allerdings aus den frühen 90er Jahren, als die Königin noch eine schlanke, ausnehmend gut aussehende Erscheinung war. Ich wusste, dass der König im Volk große Verehrung genießt. Fragte dennoch Lan was er von ihm halte, in der Zeit politischer Umwälzungen und Unruhen in Bangkok. Rama IX. hatte sich in seinen letzten Lebensjahren auffällig stark zurückgehalten, als sich die Protestler Straßenschlachten lieferten.

„Rama sehr gut, Politiker nix gut!", lautete seine eindeutige Antwort. Eine typische für die meisten Thai, die sich als fanatische Royalisten auszeichnen, unabhängig ihres sozialen Stands. Lan, der Rikscha-Fahrer war arm aber zufrieden. Wie er sich gab, würde ich ihn fast glücklich nennen. Er radelte für einen Boss, der 12 Dreiräder betrieb, hatte zwei Kinder, die tagsüber von der Großmutter betreut wurden und eine Frau, die als Putze bei einer angesehenen Familie arbeitete. Und was mich beeindruckte, war seine Zufriedenheit. Lan haderte weder mit seinem Schicksal, noch empfand er Neid gegenüber Touristen oder reichen Thais.

Während er mich auf alles Schöne der Stadt aufmerksam machte: die prunkvollen Wats, die filigranen Chedis, den lustig plätschernden Springbrunnen, merkte ich wie mich seine Fröhlichkeit positiv beeinflusste. Selten habe ich einen einfachen, so in sich gefestigten Menschen erlebt. In seinem abgearbeiteten, faltigen Gesicht spiegelte sich eine Würde, die mich mehr und mehr in Erstaunen versetzte. War der heiter radelnde Lan das Produkt eines gläubigen Buddhisten?

Wir hielten am Mani Noparat-Kanal. An der Ufer-
mauer stand eine Frau mit einem Turm kleiner Käfige
mit bunten Vögeln. Er drückte der Vogelfrau einige Baht
in die Hand. Sie öffnete einen Käfig und ließ den Piep-
matz davonfliegen.

„Jeden Tag schenke ich einem Vogel die Freiheit“,
sagte er und schaute dem Flatternden nach.

„Aber der wird wieder eingefangen und landet hier
aufs Neue!“

„Weiß ich, doch einen Moment habe ich ihm die Freiheit gegeben, das zählt.“

Ich ließ drei Vögel davonflattern ... und fühlte mich
gut. Wat Chiang Mun im Nordosten der Altstadt heißt
„Die Macht der Stadt“. Es ist der erste von Mengrai er-
baute Tempel. Der Ort an dem Chiang Mais Geschichte
ihren Anfang nahm. Der König lebte um 1296 in diesen
Gemäuern bis die Stadt errichtet wurde. Immer am 13.
April, zum Songkran-Gedenktag, wird ein kleiner Kris-
tall-Buddha feierlich durch die Straßen getragen. Die
Bewohner erflehen aus der Kraft der Buddhafigur ihren
Segen.

„Unser wichtigster und ältester Tempel“, sagte Lan,
ging an einer Teakholzsäule vorbei und zog eine Räucherkerze aus dem Sand, steckte sie an und bohrte sie in
den Boden neben eine steinerne Buddhastatue. Nun kniete er nieder und legte die Handflächen über seinem Kopf
zusammen. Er betete. Das Bild war auf sonderbare Weise
ergreifend. Einen Moment lang dachte ich es ihm gleich
zu tun. Doch ich hielt mich zurück.

Gegen Nachmittag ließ ich mich zum Haus von Mike
bringen. Nahm Abschied von Lan, der sehr viel mehr
war, als ein Rikscha-Fahrer! Worte des Dalai Lama fielen mir ein: „Bedenke: Nicht zu bekommen was man
will, ist manchmal ein großer Glücksfall. Teile dein Wissen mit anderen. Dies ist eine gute Möglichkeit, Unsterblichkeit zu erlangen.“

Eine heiße Spur?

In der Soi 8, vor der Bahnlinie, steht die Reihenhaussiedlung in der Mike wohnt. Ein eher ärmliches Viertel links des Ping Flusses in Chiang Mais Westend. An seiner Haustüre baumelte eine Glocke mit einem vergilbten Namensschildchen, auf dem nichts weiter als „Mike" stand. Ich klingelte. In der Tür erschien ein unrasierter Mann um die 50, der mich ziemlich skeptisch beäugte. Ich stellte rasch die Verbindung zu Marcel her, was ihn sichtlich verbindlicher stimmte. Er ließ mich eintreten, putzte aber ungerührt sein Gemüse weiter. Mike war meiner Einschätzung nach Engländer und obendrein Vegetarier. Ich schaute mich in seinem besseren Wohnklo um. An der Wand hingen Bilder von Mönchen, wahrscheinlich erleuchtete Berühmtheiten. Eine Zimmerecke war zu einem Altar, mehr einem Schrein mit vielen kleinen Buddhafiguren, dekoriert worden.

„Nimm Platz!", sagte Mike in den stuhl- und tischlosen Raum. Damit ließ er sich im Schneidersitz auf dem Boden nieder, die Gemüseschale auf dem Schoss. Wie Mike wirklich hieß verriet er nicht. Ein Schulterzucken machte klar, dass er solche Nebensächlichkeiten für bedeutungslos hielt. Ballast auf einem spirituelle Weg.

An Klaus erinnerte er sich sofort. Er sei damals abgerissen mit dem Bus aus Bangkok gekommen, war aus dem Chian House wegen Mietschulden hinausgeworfen worden. Mike hatte ihn in einem Teehaus aufgegabelt und im Anfall von Hilfsbereitschaft aufgenommen. Klaus musste von irgend jemand, vor einiger Zeit erfahren haben, dass seine Schwester in Frankfurt ermordet worden sei. Er heulte oft Stunden lang, da sie anscheinend seine einzige wirkliche Bezugsperson gewesen war. Mit seinen

Eltern hatte er schon lange gebrochen. Für Vater und Mutter wäre er längst tot, beteuerte er.

Mike und Klaus diskutierten nächtelang. Der Deutsche suchte unaufhörlich nach Glück und innerer Ruhe. Von beiden entfernte er sich jedoch von Tag zu Tag mehr. Seine Qual war bisweilen schwer zu ertragen. Gern wiederholte er: „Es sind nicht die Wut und der Trotz, die sind es auch. Es ist nicht das Manische, das ist es auch. Es ist nicht die Droge, mein Leben ist eine Droge!"

„Hatte er seinen Zustand so beschrieben?", fragte ich erstaunt.

„Genau so. Es kam mir manchmal vor, als müsse er seinen hoffnungslosen Zustand in lyrische Worte kleiden: Ich spritze mir den Minderwertigkeitskomplex weg. Ich saufe mich auf das Niveau der kleinen Leute runter. Ich saufe mich in die Lächerlichkeit rein, um die Trostlosigkeit zu ertragen. Das war sein Weltschmerz."

Merkwürdig, dachte ich, sind das nicht Worte eines Horst Janssen? Er muss sich elender gefühlt haben als der produktive Maler, weil er seine Bestimmung nicht finden konnte.

„Das ist die Tragik vieler Hochbegabter. Sie wollen alles, verzetteln sich, und erreichen nichts."

„Ihnen fehlt die Disziplin!", bemerkte Mike. Und meinte weiter: „In der Droge lernte Klaus den süß-sauren Geschmack von Macht und Ohnmacht kennen. Eine Mischung aus Verlockung und Abscheu. In Klaus wohnte eine Menge Sehnsucht, die er befriedigen mußte. Befriedigen in einem wilden Mix aus Buddhismus und Betäubung. Seine Wirklichkeit war eine Vakuum-Welt.

Auf seinem Trip verschlug es ihn in und um die Welt. Thailand war sein ultimativer Anker, der sich längst losgerissen hatte. Mit seiner Herkunft stets Außenseiter der Gesellschaft sein müssen, ist ein Los, das niemand ewig aushält. So zog er als fleischgewordener Hass von Ort zu Ort. Auf einer Bahn, die immer kurvenreicher, immer unberechenbarer wurde. Nirgendwo war er zu Hause, außer unterwegs. Wie ein manisch getriebener verschwand er in dem Dunkel, in dem er sich zu verbergen suchte. Aber er tauchte auch unerwartet auf. Manchmal wirkte sein überraschendes Erscheinen, als wäre er mit dem Fallschirm abgesprungen. Oder er war plötzlich da, wie ein Kind, das von zu Hause weggelaufen war."

„Und, hast du ihn wieder aufgenommen?"

„Er war so entwaffnend charmant und so hilflos. Ein gelehrter Zigeuner. Egoistisch und unfassbar hilfsbereit. 'Des Menschen wahrer Platz ist nicht das Haus, sondern der Weg', pflegte er mir zu erklären. – Dieses verdammte, deformierte Individuum!"

Klaus Schröder, der ewig verzweifelt Suchende. Wo mag er sich aufhalten?

„Vielleicht fand er in Thailand doch etwas, das in Europa unbekannt ist: Spiritualität?"

Mike dachte nach und erzählte, dass er vor Jahren nach London zurückgekehrt sei. Aber nur für kurze Zeit. Er hielt es dort einfach nicht aus. Die gekünstelte Rastlosigkeit, die Wichtignahme, stets mit dem Handy am Ohr. Stets von Terminen getrieben. Nur am Reden, niemand hört zu. Reden worüber? Über die ganze, gigantische Konsumscheiße!

„Du fragst nach seinem Verbleib? Sein letztes Auftauchen liegt lange zurück. Über zwei Jahre. Oft zuvor hatte er den Ort Akha Hill House erwähnt. Vielleicht hat er sich dort versteckt. Auf jeden Fall schwärmte er von der Gegend am Mae Nam Kok-Fluss."

„Wie finde ich den Ort?"

„Von Chiang Rai nach Westen in die Berge. Wenn du am Fluss entlang fährst, frage nach Lisu. Das Akha Hill House liegt auf einer Bergkuppe mit einem herrlichen Blick ins Tal."

Akha Hill House in Lisu! Die erste heiße Spur. Ich war entschlossen ihr zu folgen Aber nicht überstürzt.

Das Goldene Dreieck übte auf mich von je her eine starke, ungeheure Faszination aus. Dachte ich an das Dreiländereck, erschienen Bilder dichten Dschungels, auf dessen Urwaldpfaden Opiumhändler, Waffenschieber,

Rubinschmuggler, Untergrundkämpfer, gesetzloses Gesindel unterwegs waren.

Es war schon merkwürdig, die Hotspots der Erde zogen mich an und stießen mich rüde ab. Kaum Afghanistan verlassen, hatte mich jetzt das Goldene Dreieck im Bann, mit dem Namen, der dieser Gegend seine Besonderheit verlieh: Khun Sa. In Wirklichkeit wollte ich weiter. Über die Grenze. Etwas über den Stoff erfahren, der dem Gebiet den Namen gab. „Als Tourist", hatte ich Garry Morgan erzählt.

Und Garry, wo mochte der jetzt stecken? Zum Abend suchte ich noch mal die Info-Börse auf, das *Teng Nueng*. Ich erfuhr, dass sich Garry allein aufgemacht hatte. Er wollte sich von Mae Salong aus nach Burma durchschlagen um im Shan State etwas über das Rauschgiftgeschäft und die Untergrundaktivitäten zu erfahren. Garry befand sich auf einem Himmelfahrtskommando!

Basislager Chiang Rai

Auf dem Mekong flussabwärts

Da saß ich nun im Bus nach Norden. Chiang Rai ist der letzte größere Ort vor dem Goldenen Dreieck. Die Nationalstraße 110 führt durch ein abwechslungsreiches Gebiet. Rechts satte Felder, kultivierte, sanfte Hügel, links am Horizont die dunkelgrünen, ja fast bedrohlich wirkenden Berge, deren Dschungelvegetation als unüberwindliche Barriere erschien. Zu Füßen der Berge leuchteten gelbe und rote Punkte, die schwarze Fahnen bildeten, die wie Windhosen in den Himmel ragten: Brandrodung! Bauern und Industrie fraßen sich tiefer und tiefer in den Regenwald.

„Wer Leiden sät wird Schmerzen ernten", sagte die Stimme neben mir. Der Europäer hatte mein sorgenvolles Gesicht beobachtet. „Die Schmerzen kommen, wenn der Wald abgeholzt worden ist", antwortete ich. Mein Mitfahrer entpuppte sich als Sven Knudsen, einem Schweden aus Malmö. Er hatte sich in Chiang Mai ein möbliertes Haus gemietet um die Wintermonate in Thailand, den Sommer in Schweden zu verbringen. Den Abstecher nach Chiang Rai unternahm er um Freunde zu besuchen.

„Einst, als der Wald noch Herberge, Nahrung und Arbeit für alle war, begegnete ein Jäger einem Mönch. Beide waren sich auf Anhieb unsympathisch. An diesem und am folgenden Tag hatte der Jäger kein Beuteglück. Die Schuld daran gab er dem Mönch. Am 3. Tag nahm der Jäger seinen scharfen Hund mit und hetzte diesen auf den Mönch, der sich mit knapper Not auf einen Baum retten konnte. Der Hund legte sich darunter und wartete, während der Jäger verschwand um einen Hirsch zu erlegen. Der Mönch saß ratlos im Baum. Schließlich zog er seine Kutte aus und warf sie auf den Hund herunter. Das scharfe Biest sah nichts mehr. Als sein Herr, der Jäger, erschien, dachte der Hund es sei der Mönch, weil er dessen

Geruch in der Nase hatte. Er stürzte sich auf seinen Herrn und zerfleischte ihn", schloss der Schwede die Fabel „Der Jäger und der Mönch". „Und ergänzte: „Bedenke stets, dass große Aufgaben und großer Erfolg immer mit großem Risiko verbunden sind." Damit kicherte er hörbar in sich hinein.

Im voll besetzten Bus waren wir die einzigen Europäer. Thailands politische Lage war unübersichtlich. Der Touristenstrom schwappte etwas zäher ins Land. Somit war auch der Norden weniger stark frequentiert. Herrje, dachte ich. Noch so ein entwurzelter Europäer auf dem fernöstlichen Ego-Erleuchtungs-Trip!

Knapp vier Stunden später liefen wir in Chiang Rai ein. Sven gab mir den Tipp, die Phahon Yothin Road hinunter zu marschieren. 300 Meter links läge das *Pintamorn Guest House*. Der Besitzer, ein Chinese namens Fuh Mantu, hätte solide Preise und beste Verbindungen. Das Hotel führe er im Namen seiner thailändischen Frau. In und um Chiang Rai hätten sich über 100 000 Nationalchinesen angesiedelt. Als Nichtkommunisten genießen die einstigen Anhänger des Generals Tschiang Kai-schek großes Ansehen in dieser Region.

Ich bezog ein karg möbliertes Zimmer mit einem riesigen Ventilator an der Decke. In der Toilette tummelte sich am helllichten Tag Ungeziefer. Die Hitze war unerträglich, obwohl der Ventilator wie ein Flugzeugpropeller rotierte. Ich warf mich aufs Bett, schwitzte. Fremdartiges Vogelgezwitscher war zu vernehmen. Klappern von Töpfen und Pfannen drang aus dem Küchenbereich herauf. Geckos lugten zwischen Vorhangfetzen hervor. Nun befand ich mich also am Rand des Goldenen Dreiecks in einer Stadt wie jede andere Thailands auch.

Ich wollte die Gegend zwischen Laos, Burma und Thailand erkunden. In Gedanken entwickelte ich einen Plan: Mit dem Mekong wollte ich beginnen, mich dann nach Westen arbeiten. Irgendwann Klaus Schröder in seinem Akha Hill House aufstöbern.

Der Mekong fließt 120 km nördlich von Chiang Rai

als Grenzfluss zu Laos in südöstlicher Richtung. Für meine Erkundungen beschloß ich mir ein Motorrad zu leihen. Dann hatten mich Hitze und Schläfrigkeit übermannt.

Mr. Fuh Mantu organisierte mir eine heiße Enduro von Kawasaki. Leider vergaß er die Bestellung eines Sturzhelms. Um nicht gleich aufzufallen, stopfte ich mir Zeitungspapier unter eine Stoffserviette und knotete das Paket am Kopf fest. Auch in Thailand besteht Helmpflicht.

Ich donnerte ein Stück auf der 110 nach Norden. Bei Mae Chan geriet ich in die erste Straßensperre. Wer ins Goldene Dreieck wollte oder von dort rauskam, wurde kontrolliert. Polizei und Zoll suchten Schmuggelwaren. Ich hielt und beobachtete, dass die Verkehrsteilnehmer in Richtung Chiang Rai wesentlich genauer gefilzt wurden. Die Polizei hatte es auf Drogen in Form von Heroin und Pillen aus dem Dschungel abgesehen. Als ich dran war, interessierte den Uniformierten nur die Maschine. Ich gab ihm ein paar technische Details. „Helm?“, fragte er. Ich sagte: „Teflon, modern, very light.“ Er grinste. Ich gab Gas.

Chiang Sean lieht unmittelbar am Mekong, eingekuschelt in einer Biegung, dort wo sich der Fluss, der aus China kommt, in Richtung Südosten wendet. Auf der anderen Seite befindet sich Laos. Eine fließende Grenze, ein Strom mit zwei Gesichtern. Sofort hatte ich die 20 000 vietnamesischen Flüchtlinge vor Augen, die in den Sechzigern bei Nakhon Phanom in Panik den Fluss überquerten.

Rastlos strömten die grauen Wasser durch ein weites Bett. Durchsetzt von Strudeln, Wirbeln und Driften. Der ganze Weg von der Quelle in der chinesischen Provinz Qinghai bis zur Deltamündung im Südchinesischen Meer misst 4500 km.

An seinem Unterlauf, wo der Mekong die Grenze zwischen Laos und Thailand bildet, ist er ständiger Anlass für Streit und Kooperation, Hass und Versöhnung zwischen Kambodscha, Laos, Vietnam und Thailand. Was zu einer wechselvollen Geschichte führte.

Seit der laotischen Revolution, den Wirren des Vietnamkrieges ist der Fluss die Demarkationslinie zwischen den Ideologien Kapitalismus und Kommunismus gewesen. Bis 1989 trugen Thailand und Laos bei Chian Khan blutige Gefechte aus und der Fluss war voll tot dahintreibender Soldaten und Zivilisten.

Mit Porn, einem selbst ernannten Fremdenführer spazierte ich am Ufer entlang. Zerzaustes Federvieh scharrte unter windschiefen Pfahlbauten.

„Der Fluss kann gefährlich werden", sagte Porn, „mitten in der Trockenzeit entlud sich im letzten Jahr ein schweres Gewitter. Es ließ den Fluss anschwellen und Häuser und Uferböschungen abrutschen. Auf dem Mekong trieb seine Beute: aufgeblähtes Rind, ertrunkene Bauern. Der Fluss nahm Rache, weil die Menschen übermütig wurden und den Flussgeistern zu wenig Opfergaben darbrachten. Schauen Sie: Die Menschen haben sich besonnen. Naga, die bösen Kräfte des Wassers, haben sich beruhigt."

Jetzt fielen mir die vielen kleinen Häufchen mit Blüten, Obst und Gemüse auf Plastikschalen auf. Sie standen in Hauseingängen, in Höfen, auf Gehwegen an Straßenecken.

„Es musste sich wirklich um eine schlimme Flut gehandelt haben", bemerkte ich.

„Die schlimmste an die ich mich erinnern kann. Es regnete drei Tage ununterbrochen, dazu riss ein Orkan Bäume und Häuser um."

Ich schaute über den Fluss, der eigentlich ziemlich träge wirkte. Doch die Ruhe täuschte. Fischer, Motorboote und Lastkähne kämpften, der Strömung Herr zu werden.

„Hier ist der Fluss 600 Meter breit", sagte Porn. Mit dem Fernglas konnte ich Menschen auf der laotischen Seite mit Netzen hantieren sehen.

„Ich würde gern eine Flussfahrt machen", sagte ich

ohne zu ahnen, was sich daraus entwickelte.

„Am Ufer da unten kenne ich einen Fischer mit einem Kahn."

Kat Anhon besaß ein Boot, das von morschen Planken zusammengehalten wurde und halb voll Wasser gelaufen war. Als er ein Geschäft witterte, rief er einen Helfer heran. Zu zweit versuchten sie nun den *Nachen* in Windeseile mit Eimern leer zu schöpfen. Das war nicht ganz einfach. Augenscheinlich lief das Wasser ebenso rasch nach, wie es geschöpft wurde. Erst als wir zu viert Eimer schwenkten, nahm das Wasser bis auf eine mächtige Pfütze ab. Anhon trieb noch rasch Holzkeile zwischen klaffende Spanten, hängte den Außenborder an den Spiegel, dann röhrten wir flussabwärts. Anhons Helfer hockte im Bug wie ein Sturmbootfahrer, hielt Ausschau nach treibenden Baumstämmen, Sandbänken, Wasserhyazinthen und beobachtete die Strömung.

Wir machten eine Fahrt zwischen zwei Welten. Sozialismusauswirkungen und Rückständigkeit auf der einen, Fortschritt über ökologische Ausbeutung auf der anderen Seite. Schilf- und Bananenblätter bedeckten Bambushütten am Nordufer. In Thailand bestückten Fernsehantennen Wellblechdächer. Diesseits folgt dem Flusslauf eine Asphaltstraße. Jenseits dichter Urwald, Pfade, hin und wieder säumten kleine gerodete Lichtungen den Fluss. Die Hügelkette auf thailändischer Seite ist nackt, bar jeden Baumbestands. Im 20. Jahrhundert wurde das „Land des Lächelns" brutal kahl geholzt. Laos folgt nun dem Beispiel. In den Flussbuchten lagern riesige Stapel uralter Urwaldstämme, meist Teak. Traktoren, bisweilen Arbeitselefanten zerren die Bäume aus dem Wald hinunter zum Ufer, wo sie auf die andere Seite des Flusses geflößt werden. Lastwagen bringen das Gut nach Bangkok von wo es schließlich ins Bestimmungsland, Japan, expediert wird.

Aus dem Fluss sprangen Fische wie im Übermut, während Reiher und Kormorane geduldig auf Beute lauerten. Ich hatte von jenen sagenhaft großen Riesenwelsen gehört und erkundigte mich danach. „*Pla bük*, der Mekongwels, ja, ja, den gibt es wirklich“, bestätigte Porn, „er wird bis 400 Kilo schwer. Sein Fleisch ist eine Delikatesse. Wer ihn fängt, portioniert ihn und verkauft das Kilo für 500 Baht.“

Wir stießen nahe ans laotische Ufer. Dort fummelten mit Gewehren bewaffnete Soldaten an Kabelrollen herum. Einer der drei schaute böse auf und hielt demonstrativ seine Waffe in unsere Richtung. Kat Anhon blieb auf Abstand. Willkür und Misstrauen tanzten auf des Messers Schneide. Als Wasserleichen wollten wir nicht im Fluss treiben. Aber was führten die Burschen im Schilde? Eine Sprengübung? Wollten sie gar den *pla bük* mit Dynamit jagen?

Der Mekong hatte viel Leid gesehen: 700 000 Asylanten, darunter viele Angehörige des Bergvolks der Hmong, flüchteten über den Fluss und strömten nach Nakhon Phanom in das Lager Ban Napho. Eines von neun Camps in denen schon Leidtragende des Vietnamkrieges Zuflucht gesucht hatten. Drei Jahrzehnte blutete der Subkontinent für den amerikanischen Machtwahn in Vietnam.

„Der Fluss soll seine Kraft mit dem Menschen teilen“, sagte Porn als die Strömung jäh an Kraft zunahm. Ein Staudamm sei am Zusammenfluss des Mae Nam Mun und des Mekong geplant. Ein grandioses Bauwerk! Mit den daraus entstehenden Bewässerungsanlagen und Kraftwerken könnten die Reisbauern im gesamten Mekongbecken jährlich drei Ernten erzielen und die Wasserkraft würde Südostasien mit Strom versorgen. Italienische Wasserbauingenieure hätten die Pläne bereits erstellt, allein es fehle der konzertierte Wille der Anrainerstaaten. Vielleicht ist das gar nicht so zu bedauern. Großprojekte diesen Ausmaßes haben meist ungeahnte Nebenwirkungen. Ich zeigte voraus, wo eine Flussbarkasse gegen die Strömung ankämpfte, dabei bedrohlich direkt auf uns zu steuerte. Der Strom zwängte sich jetzt durch schroffe Felsklippen hindurch.

„Der Fluss reißt sein Maul auf!" rief Porn gegen die gurgelnde Kraft. Kat stemmte sich mit *Nachen*, Ruder und aller Kraft gegen tosende Wogen. Im Nu hatten wir ein, zwei schwere Wellen übergenommen. Mit angstverzerrtem Gesicht steuerte der Skipper seinen vollgeschlagenen Kahn durch die Stromschnellen. Der Fluss gebärdete sich wilder und wilder, wie ein menschenverschlingendes Ungeheuer. Kat riss den Gashebel zum Anschlag, um dem Wildwasser zu entrinnen. Da, vor uns ein hausgroßes Wasserloch.

Wir wurden hinein, durch einen braunen Wasservorhang geschleudert... und wieder hinaus! Saßen bis zu den Hüften im Wasser und drohten abzusaufen. Noch waren alle Mann im Boot, klammerten sich an die Bordwand und rechneten mit dem Schlimmsten. Kat behielt die Übersicht, in rasantem Schwung ließ er den *Nachen* auf eine Sandbank auflaufen. Wir sprangen heraus, kippten das Boot mit vereinten Kräften auf eine Seite, um das Wasser auszukippen. Allmählich erholten wir uns von dem nassen Abenteuer.

Fischer, die auf der kleinen Insel ihre Netze flickten, kamen heran. So entstand ein reges Palaver. Porn übersetzte, dass die Leute uns in den Stromschnellen beobachtet und gestaunt hätten, dass wir die rapids so sauber abgeritten seien. Das machte Kat Anhon mächtig stolz. Die Weiterfahrt sei erst einmal ruhig, hieß es, allerdings wäre auf treibende Baumstämme zu achten, die tief im Wasser schwämmen. Anschließend kämen dann noch einige Untiefen und Stromschnellen.

Nass wie Bisamratten stießen wir ab und sprangen in den *Nachen*. Bei guter Fahrt glitten wir zügig stromab. Die Sonne brannte die Kleidung trocken.

Ich döste. Nach einer Weile stand ich auf, war im Begriff durchs Boot in den Bug zu klettern. Als ich „Attention!" hörte, war es schon zu spät. Ein harter Stoß. Ich verlor das Gleichgewicht und flog in hohem Bogen ins Wasser. Beim Auftauchen stieß ich mit dem Kopf gegen einen Baumstamm, hielt mich an ihm fest und versuchte mich bäuchlings drüber zu ziehen. Der Nachen trieb bereits 50 Meter vor mir. Wie ein Schiffbrüchiger krallte ich mich am Stamm fest, der sich immer wieder drehen wollte.

Warum holte mich der verdammte Kat nicht? Endlich kapierte ich die Situation. Er war mit dem Boot in treibende Baumstämme geraten, die im trüben Wasser kaum auszumachen waren und jetzt wie eine Barriere zwischen uns trieben. Die Distanz zwischen mir und dem Boot wurde immer größer.

Gottergeben trieb ich in dem großen Fluss, umgeben von Baumstämmen, die sich irgendwo losgerissen haben mussten. Ich staunte über die Kraft der Strömung. Ans Ufer schwimmen war nicht möglich. Noch trieb ich einigermaßen gelassen dahin. Der Stamm war mein Rettungsring. Am vorbeiziehenden Ufer merkte ich, dass die Strömung wuchs. Ich wurde Unruhig. Trieb ich vor den Stromschnellen? Mit dem Stamm durch wildes Wasser und Strudel schießen, stellte ich mir nicht ganz harmlos vor. Also schätzte ich die Distanz zum Ufer: etwa 250 Meter. Was bei der Strömung leicht 1000 Meter bedeuten konnte. Bei einem Kilometer könnte ich voll in Stromschnellen und Strudel geraten. Das Risiko, dass die Kräfte versagen, war beachtlich. Also harrte ich am Baumstamm geklammert aus und hoffte auf ein Wunder.

Weit und breit kein Schiff, kein Boot, kein Floss. Ich kam mir vor wie allein auf dem Ozean treibend, die Ufer unerreichbar fern. Ich späte nach vorn, Kat war nicht mehr zu sehen. Hatte sich der Kerl aus dem Staub gemacht? Wollte er den *farang* im Mekong ersaufen lassen? Langsam wurde ich fuchsteufelswütend und brüllte seinen Namen über den Fluss: „Kat Anhon, du Schwein, wo steckst du?" Dann lachte ich hysterisch, weil mich sowieso keiner hörte. Auf einmal vernahm ich von achtern Motorenbrummen. Ich plätscherte im Wasser herum, um eine andere Position einzunehmen. Vorsichtig näherte sich von hinten ein *Nachen*. Es war unser *Nachen*! Er schob sich heran, ging längsseits, dann zerrten mich sechs Arme ins Boot. Ziemlich erschöpft lag ich im Bilgenwasser, aber heilfroh endlich geborgen zu sein.

Kat war das einzig richtige Manöver gefahren. Hatte sich in einem großen Bogen am linken Ufer zurückgearbeitet und war dann vorsichtig von hinten zwischen den Baumstämmen zu mir herangefahren. Da ich tief im Wasser hing, im übrigen Wellen die Sicht behinderten, bekam ich das Manöver nicht mit.

Einigermaßen bei Kräften, schlug ich vor, am nächsten Ort an Land zu gehen.

„Ihr habt euch eine große Portion *pla bük* verdient", gab ich in die Runde. Kat fuhr sich mit der Zunge über die Lippen, wahrscheinlich stellte er sich den Riesen-Edel-Wels gerade bildlich vor.

In Chiang Khong stürzte die Sonne als flammende Orange hinter die Berge. In einem Guest House am Fluss kehrten wir ein. Natürlich gab es keinen *pla bük* oder *pangajianodon gigas* von 2,80 Meter Länge, aber frisch gefangenen normalen Wels in Karpfengröße, so viel der Magen aufnehmen konnte. Er schmeckte köstlich und ich staunte, was zierliche Thais so verdrücken konnten, wenn die Zeche auf Rechnung eines *farang* ging.

Khun Sa, der Drogenbaron

Nach meiner intensiven Mekong-Erfahrung hatte ich mich wieder im Pintamorn Guest House eingefunden und sinnierte bei einem thailändischen Frühstück aus heißer Suppe, *kuay tieo* (Reis mit Nudeln), Ei, das partout nicht „runter" wollte, über die weitere Vorgehensweise nach. Sollte ich Klaus in seinem Waldversteck aufspüren, ihn nach seinem abnormen Verhalten befragen? Ihn überzeugen nach Deutschland, zu seinen Eltern, zurückzukehren?

Merkwürdig, aber ich war vollkommen sicher den Verschollenen in Lisu, bei den Akha zu finden. Meine Reise durch Thailand wäre damit beendet ..., während ich den Gedanken noch nicht zu Ende gesponnen hatte, trat Porn in den von Blumen umrankten Frühstücksgarten und grinste über alle vier Backen. Wie hatte mich der Führer aus Chiang Saen im Pintamorn House ausfindig gemacht? Klar, Fuh Mantu hatte ihm die Information gegeben! Einen Touristen, der neugierig und allein durchs Goldene Dreieck reist, lässt ein cleverer Führer nicht einfach solo laufen. Oder führte Porn gar etwas im Schilde? Erfahrungen, Erlebnisse in exotischen Ländern hatten skeptisch gemacht. Vorsicht war bisweilen angebracht. Übertriebene Vorsicht macht ängstlich und behindert die Kommunikation.

Ich kannte lediglich seinen Spitznamen und fand den Burschen ganz sympathisch. Außerdem wusste er eine Menge über die Gegend hier und sein Englisch war erstaunlich gut. Bei mir war wenig zu holen: eine Kamera, einige Dollars und Baht, das spärliche Gepäck. Aber wusste Porn das?

„Morning Sir“, grüßte er freundlich, „erstaunt mich zu sehen?“

„Kann man wohl sagen!“

„Ich möchte Ihr Auge und Ihr Ohr sein. Wenn Sie die Hauptstraßen im Goldenen Dreieck verlassen, brauchen Sie Hilfe. Verlässliche Hilfe. – Sie wollen doch mehr sehen als normale Touristen?“

Wieder juckte es mich, auszuplaudern was mich wirklich hergeführt hatte. Ich unterließ es ohne einen triftigen Grund. Statt dessen fragte ich aus einer Laune heraus: „Was ist mit Khun Sa?“ Porn lachte herzhaft.

„Khun Sa? Der ist tot, Sir. Vor Jahren in Rangun gestorben!“

„Was? Der Herrscher, der Rauschgiftbaron des Goldenen Dreiecks ist tot?“ Ich war irgendwie verblüfft und berührt zugleich. Insgeheim war es mal mein ersehntes Ziel, in die Shan Provinz zu gelangen, um dort den Opiumkönig in seiner Festung Ho Mong zu interviewen. Nun gab es ihn nicht mehr, war damit auch die Legende des Goldenen Dreiecks nur noch Geschichte?

Die Wirren in Zentralasien, dann meine Reisen nach Afghanistan kamen dazwischen. Im Laufe der Ereignisse verlor ich den Shan und Khun Sa aus den Augen.

Porn merkte, dass mich seine Information beschäftigte. Er setzte sich an meinen Tisch und bestellte Tee. Nach einer Weile fragte er fast etwas hinterhältig: „An Opium, Heroin, an Pillen interessiert? – Öffnen den Geist, machen frei und leicht!“

„Nein, nein aber an der Story Khun Sa.“

Enttäuscht, oder bildete ich mir das nur ein, erzählte Porn aus dem Leben des Dschingis Khan des Dschungels: Um 1934 wurde im Shan-Staat, der burmesischen Region ein Junge namens Chang Si Fu geboren. Der Vater, ein Chinese, starb kurz nach der Geburt des Sohnes. Die ledige, hübsche Mutter, eine Shan, heiratete bald darauf eine geachtete Persönlichkeit der Umgebung.

Zwischen dem Stiefvater, den späteren drei Halbbrüdern und dem Bastard Si Fu entwickelte sich rasch offene

Abneigung, ja Verachtung. Si Fu verbrachte seine Zeit bei dem chinesischen Großvater, der ihm Reiten, Schießen und das Leben im Wald beibrachte, während die Halbbrüder eine christliche Erziehung in einer Missionsschule genossen.

Seiner Zeit diente die Region Resten der Armee des Generals Tschiang Kai-scheck als Rückzugsgebiet. Die Rote Armee Mao Tse-Tungs hatte die Nationalisten geschlagen. Immerhin waren die Armeereste, mehrere Tausend gut bewaffnete, brutale und zu allem entschlossene Landser. Um an Geld und Macht zu gelangen forcierten sie eine alte Tradition der Berglandschaft, den Mohnanbau.

Schlafmohn (*papaver somniferum*) mit den so begehrten Alkaloiden gedeiht zwischen 700 und 1000 Meter Höhe zwischen Ost-Burma, Nord-Thailand und West-Laos in hervorragender Qualität. In dieser Zeit war Si Fu um die fünfzehn und begriff sehr rasch, dass mit dem weißen Kapselsaft, der Mohnmilch, die zur braunen Masse, dem Rohopium verklumpt, Geld zu machen war. Verdammt viel Geld sogar! Er heftete sich an die Fersen der neuen Militärführer, dabei kamen ihm seine chinesischen Sprachkenntnisse und skrupellose Charakterzüge zupass.

Ein klangvoller Name entscheidet in Asien über eine Karriere. Auch das erkannt, nannte er sich kurzer Hand um, von Chang Si Fu in „Khun Sa" (Erfolgreicher Prinz), gründete eine Dschungel-Gang und verkaufte erst für die chinesischen Bosse die ersten Kilo Opium, dann sogar auf seine Rechnung eigene Ware.

Die Shan sind ein die Freiheit liebendes, stolzes Völkergemisch. Es rumorte gegen die Feudalherrschaft der chinesischen Eindringlinge. Khun Sa betätigte sich nicht nur als Rauschgifthändler, er entwickelte auch politische Ambitionen und bewies darin erstaunliches Geschick. In Loi Maw, dem Dorf seines Großvaters, machte er sich den Drang der Shan nach Unabhängigkeit zu nutze.

Subversiv organisierte der gerade mal 20 Jahre alte

„Erfolgreiche Prinz" einen Aufstand gegen seine einstigen Drogenbosse und Waffenschieber. Als er spürte, dass die Revolte von Erfolg gekrönt war, stellte er sich als Freiheitskämpfer an die Spitze der Bewegung: „Unabhängigkeit für das Volk der Shan."

Bald war er Warlord und Provinzfürst mit einer Privatarmee von bis zu 15 000 Mann, finanziert vom Saft des Mohns. Der Großteil seiner Söldner- und Miliztruppe rekrutierte sich aus Kuomintangsoldaten.

Das Goldene Dreieck wurde ab 1971 ein Synonym für den Mohnanbau, die Opiumernte, die Produktion von Heroin und das große Geld, das hauptsächlich in die Taschen Khun Sas floss. Versteckte, geheime und mobile Urwaldlabors produzierten aus Rohopium Heroin. Veredelte Produkte erzielten den mehrfachen Preis. Das Goldene Dreieck erhielt seinen Namen infolge der „goldenen Nasen", die sich Drogenbosse im Dreiländereck verdienten.

Aber das Dreieck wurde auch der Inbegriff für Leid und Elend drogenabhängiger Menschen weltweit. 60 Prozent der Welt-Opiumernte kam aus diesem Gebiet. Rund 8 Millionen Junkies hingen an der Nadel des Goldenen Dreiecks. Rund 3000 Tonnen hiesigen Opiums brachten auf dem Schwarzmarkt 2 Milliarden Dollar ein! 1995 war der Ausstoß auf 4000 Tonnen gestiegen, von 30 Tonnen im Jahr 1948. Damit wurde bewiesen, dass die Drogenproduktion durch Repressionen nicht zu beseitigen ist. Im Gegenteil: Die Bekämpfung bewirkte, dass der Preis der Droge stieg und der Anbau um so ertragreicher wurde.

In den Bergen des Dreiländerecks wogten Felder roter und blasslila Blüten des Schlafmohns. Die Regierungen waren weder im Stande noch willens den illegalen Geschäften Einhalt zu gebieten.

Im November 1964 erhielten Khun Sas Geschäfte allerdings einen nachhaltigen Dämpfer. Er hatte gerade die größte Opiumkarawane aller Zeiten organisiert. Sieben Tonnen braune Paste sollten auf dreihundert Eselsrücken,

von 150 Soldaten begleitet, auf verwunschenen Pfaden
300 km durch den Dschungel bis Laos geschickt werden.
Eine Karawane, die des Nachts ohne Fackelschein gen
Osten zog. Fast am Ziel, geriet der Tross in chinesischen
Hinterhalt. Khun Sa, der die Karawane begleitete, gelang
es mit sechs Getreuen zu fliehen, während alle anderen
den Tod fanden. Die Beute wurde den Chinesen von Lao-
ten abgejagt.

Das Gift kam dennoch auf den Markt, nur über andere
Händlerkanäle. Das Missgeschick schadete Khun Sa in
keiner Weise. Neben dem eigenen Handel organisierte er
zusätzlich ein Schutzgeldsystem. Kein Untergangster
konnte ungeschoren Schmugglertrupps aus und durch
sein Einflussgebiet schicken. Khun bekam den Spitznamen „Unzähmbarer Tiger" und avancierte zum weltweit
mächtigsten Drogenboss seiner Zeit.

Die Burmesen verbündeten sich mit ihm, um die Chinesen zu vertreiben, wollten sich dann allerdings des allzu selbstherrlichen Fürsten entledigen. 1969 wurde er
von einem seiner Offiziere verraten, der vom burmesischen Militär bestochen worden war. Khun wanderte ins
Gefängnis. Aber nur für kurze Zeit. Khuns Stellvertreter
entführte kurzer Hand zwei hohe sowjetische Militärbe-
rater und presste den Boss frei.

Der Fürst wollte König werden. Wieder aktiv im Drogenhandel und Schutzgeldgeschäft, besetzte er das thailändische Dorf Ban Hin Taek im Osten der Provinz Chiang Rai. Dort baute er Villen und Swimmingpools für
seine Barone und Stabsoffiziere. Auf den Mohnfeldern
wurde reiche Ernte eingefahren. Die Opiumraffinerien
produzierten unter Hochdruck. Die Junkiefront lechzte
nach Stoff und die USA finanzierten die trüben Geschäfte der CIA mit Khun Sas Heroin. 1978 wurde der DEA
(US-Rauschgiftbehörde: Drug Enforcement Administration) das Treiben dann doch zu bunt.

Wohl im Größenwahn schlug Khun Sa Jimmy Carter
den Deal vor, gegen eine „Pension" von jährlich 12 Millionen Dollar den Mohnanbau zu stoppen.

Der amerikanische Präsident sah rot. Auf Khun wurde ein Kopfgeld von zwei Millionen Dollar ausgesetzt und Thailand beauftragt, die Treibjagd gegen den „asiatischen Pablo Escobar" zu organisieren.

Im Januar 1982 wurde es wirklich ernst: Seine Basis wurde von einem Schwarm Helikopter und Kampfjets der thailändischen Armee, bombardiert. Die Schlacht tobte drei Tage, dann war der „König" aus Ban Hin Taek vertrieben worden. Wieder einmal mit dem Leben davongekommen, flüchtete er mit wenigen Getreuen in den Dschungel des Shangebirges, wo er drei Jahre später ein neues, noch größeres Machtzentrum errichtete: Ho Mong, eine Stadt in einem Tal, von Bergen umgeben, deren Hänge mit Abwehrraketen bestückt waren.

Zum Neujahrsfest der Shan lud Khun Sa 1993, man staune, thailändische Militärs, Beamte, Journalisten zu einer Party in die Heroinhauptstadt. Für den „Spiegel" war Tiziano Terzani dabei und berichtete eindrucksvoll über die prosperierende Stadt, die von Powerstations über Fabriken, einem Krankenhaus, Hotels, einem Bordell alles zu bieten hatte.

Der „Präsident" verkündete stolz, dass die Einnahme von Drogen im Shanland streng verboten sei. Ein Soldat, der Opium raucht oder Heroin spritzt wird hart bestraft, im Wiederholungsfall erschossen.

Auf der Party kam heraus, dass vermutlich die chinesischen Triaden Khun Sas den Drogenschmuggel organisierten und nahezu die gesamte Giftmenge für den Export über Bangkok abgewickelt wurde. Um die 1000 hohe Thai-Offiziere und viele Beamte waren in den Drogenhandel verstrickt. Es hieß, Drogengeld finanzierte Bangkok und war am Wirtschaftsboom des Landes beteiligt. Es schien, dass keiner Regierung Südostasiens daran gelegen war, den Geldfluss aus dem Rauschgifthandel wirklich einzudämmen. Trieb er doch das Wirtschaftswachstum von Bangkok über Hongkong, Singapur, Schanghai bis Rangun an.

Die DEA gab sich nicht geschlagen und drang auf

Zerschlagung. Wiederum mit den Thailändern wurde die „Operation Tiger Trap" durchgezogen. Im November 1994 wurden Anhänger Khun Sas auf thailändischem Boden verhaftet und deren Vermögen beschlagnahmt. Ein indirekter, dennoch harter Schlag gegen den „König", der sich gerade zum Präsidenten eines neuen Shanlands proklamiert hatte. Eines Landes, das sich von Burma losgesagt hatte, aber von niemandem anerkannt wurde.

Dem „Präsidenten" ging es dann 1996 unmittelbar ans Leder, als er sich nach einer Rebellion innerhalb seiner MTA (Mong Tai Army) dem burmesischen Militär ergeben mußte. Trotz des hohen Kopfgeldes lieferte Burma den Gejagten nicht an die Amerikaner aus. Lange Zeit rätselte die Welt über den Verbleib des entmachteten Drogenkönigs, bis allmählich durchsickerte, dass er frei und unbehelligt, als erfolgreicher Geschäftsmann in Rangun lebte.

Nun erfuhr ich, dass Khun Sa am 26. Oktober 2007 in der ehemaligen Hauptstadt Burmas (Myanmars) gestorben sei. Seine letzten Monate sollen für den einst umtriebigen Gangster eine wahre Tortur gewesen sein. Er litt an Diabetes, starkem Bluthochdruck, hatte Schmerzen, Atemnot und war teilweise gelähmt. Die Todesursache des 73-jährigen ist nicht bekannt.

Als Porn innehielt, dachte ich an eines der wenigen Interviews, das Khun Sa einst gab. Sie wurden in Gold aufgewogen. Ein deutsches Magazin, ich glaube der „Stern" war es, bot 100 000 DM für ein Gespräch mit dem „König" in seiner Residenz Ho Mong. Denis Reichle, ein französischer Journalist, traf ihn einst auf burmesischer Seite des Goldenen Dreiecks. Ich kannte Passagen aus dem Gespräch auswendig, weil Khun Sas Versuch, sein Gangsterimage loszuwerden, schon fast rührend anmutete. Unter dem Titel *„Jeder Drogensüchtige wird hingerichtet"*, erschien das Interview im *Der Spiegel*, Oktober 1983:

Denis Reichle: Herr Khun Sa, die Welt kennt Sie unter

dem Namen „Opiumkönig". Wie genau sind Sie hier im Goldenen Dreieck an das Opiumgeschäft gekommen?

Khun Sa: Mein Volk, die Shan und ich, wir kämpfen für unsere Unabhängigkeit von Burma und Thailand. Ohne Unterstützung aus dem Ausland wandten wir uns automatisch der Herstellung von Opium und dem Handel mit Opium zu, unserer einzigen Einnahmequelle. Daher mein Beiname.

D. R.:   Es wird oft behauptet, Sie seien durch das Opium sehr reich geworden. Stimmt das?

K. S.:   Das ist ein Witz. Es kostet viel, viel Geld, wenn man eine Armee ausrüstet und ernähren muss. Noch zur Zeit des Vietnam-Kriegs kauften wir unsere Ausrüstung der korrupten laotischen Armee ab.

D. R.:   Zu welchen Preisen?

K. S.:   50 Dollar für ein M-16-Gewehr. Heute bekommen Sie so etwas nicht mehr unter 250 Dollar. Und dann soll Khun Sa reich sein. Reich an Opium – ja. Aber nicht an Dollars. Die Drogenhändler sind reich. Sie kaufen ein Kilo Heroin für 2000 Dollar. In den Vereinigten Staaten werden daraus 200 000 Dollar.

D. R.:   Vor einigen Jahren haben Sie den USA ein Geschäft angeboten – den Kauf Ihres Opiums. Was ist aus Ihrem Angebot geworden?

K. S.:   Wir haben tatsächlich den Kauf unserer gesamten Opiumernte angeboten. Wir wollten ihnen damit in ihrem Kampf gegen die Drogen helfen. Helfen, das Drogenproblem auf Null zu bringen.

D. R.:   Wo wurde verhandelt?

K. S.:   Irgendwo in Thailand. Aber die Carter-Regierung lehnte unter dem Vorwand ab, wir seien nicht die Vertreter der von den USA anerkannten Regierung, die sitze in Rangun. Aber unser Shan-Volk glaubt, dass wir eine legale

274

Regierung sind, die legalste, die es gibt.

D. R.: Sie wurden von der thailändischen Armee aus Thailand vertrieben, vor allem aus Ban Hin Taek. Wie sind die Beziehungen zu Bangkok heute?

K. S.: Wir hatten mit den früheren Thai-Regierungen bestes Einvernehmen. Seit dem Regierungsantritt von General Prem aber hat sich vieles geändert. Prem hat sich in den USA ausgeweint, er habe nicht genügend Geld, den Drogenkönig zu bekämpfen. Daraufhin wurde ihm ein Kredit von 3,5 Millionen Dollar verlängert und das mußte gerechtfertigt werden – durch den Kampf gegen uns.

D. R.: Warum bauen Sie nichts anderes als Opium an?

K. S.: Man müsste an eine Ersatzkultur denken, das dauert Jahre und wovon sollen unsere Gebirgsstämme in der Zwischenzeit leben?

D. R.: Warum nicht vom Verkauf von Kaffee oder Tee?

K. S.: Wer würde unseren Kaffee, unseren Tee abkaufen? Auf welcher Straße sollen wir ihn transportieren? Sie haben gesehen, dass es hier keine Straßen gibt.

D. R.: Sie wissen, welches Unheil Heroin schafft. Haben Sie keine moralischen Skrupel bei dem Gedanken, dass Tausende von Jugendlichen in der ganzen Welt an Ihrem Produkt zu Grunde gehen?

K. S.: Ich bin bereit, an jeden Ort zu gehen, um das Opiumproblem zu lösen, nach Bangkok oder sogar in die USA. Ohne Verhandlungen über die Zukunft des Shan-Staates aber gibt es keine Lösung des „Opium-Krieges". Ohne Verhandlungen mit Khun Sa wird das Heroin weiterhin in die USA und anderswo hin fließen.

D. R.: In Bangkok und Rangun nennt man Sie den größten Verbrecher.

K. S.: Wer so redet, weiß nicht, dass mein Volk im

Shan-Land leidet und gequält wird. Ich bin Khun Sa, der Führer des Shan-Staates, von meinem Volk akzeptiert und verehrt. Ich führe einen politischen Kampf, keinen Drogenkrieg. Ich bin nur aus Sachzwang der Kommandeur im Opium-Krieg.

D. R.:   Was tun Sie gegen die Drogensucht unter ihren Leuten?

K. S.:   Jeder Drogenabhängige wird bei uns hingerichtet. Damit erledigt sich das Problem von selbst.

„Der Boss der Bosse ist tot, es leben die Bosse!" bemerkte Porn.

„Wie ist das zu verstehen?"

„Na, Khun Sa ist kalt gestellt und gegen neue Drogenbosse ausgetauscht worden. Die Konkurrenz entwickelte sich bereits 1994."

Porn, offenbar ein Insider der Szene, erklärte mir die momentanen Machtstrukturen:

Alles startete mit einer, von Journalisten begleiteten, Erkundungsfahrt von Chiang Rai auf unbefestigten Pfaden hinauf in den Nordosten Burmas bis nach Kunming in China. Das Besondere daran war, dass den Trip die thailändische Touristenbehörde organisiert hatte. Es war der erste Konvoi seit rund 50 Jahren durch ausgesprochen unsicheres Gebiet der Wa – ehemaliger Kopfjäger. Die Wa kämpften als Freischärler einst ebenfalls gegen die Zentralregierung.

„Warum hatten die Machthaber Burmas den Konvoi erlaubt?"

„Er sollte die Entmachtung Khun Sas einleiten! Die Wa arbeiten heute mit dem Militärregime zusammen. Mit ihrem Zentrum Mong La, einem Dorf an der chinesischen Grenze, gründeten sie ein neues Opiumreich, gestattet von Rangun. Lin Mingxian, um die 60, ein Chinese und ehemaliger Rotgardist ist einer der neuen Drogenbosse. Sein Heroin wird mit chinesischer und burmesischer Duldung über Daluo nach Hongkong oder in die

Mongolei und weiter geschmuggelt. Wahrscheinlich war es Lin Mingxian, der die Rebellion gegen Sa, seinen Widersacher, initiierte."

„Okay, aber warum haben ihn die Burmesen nicht ans Messer, ich meine an die Amerikaner, ausgeliefert?"

„Das erklärt sich allein mit dem Stolz der Regierung unter dem Präsidenten, General Than Shwe. Er wollte sich nicht für 'n paar Dollar zum Handlanger seiner Erbfeinde machen."

Irgendwie rumorte es in meinem Schädel. Porn, der verdammt viel zur Bedeutung des Goldenen Dreiecks wusste, hatte mich neugierig gemacht. Den Sumpf zu betreten reizte ungemein. Auf einmal war die Neugierde größer als die Angst vor der Gefahr, die da im wilden, gesetzlosen Niemandsland lauern mochte. Das Goldene Dreieck, abseits des Touristenpfads, ist ein total minenverseuchtes Gelände, in dem man rasch zwischen alle Fronten gerät. Und das geht bisweilen tödlich aus.

Porn beobachtete mich. Dann sagte er, als las er Gedanken: „Eine gute Story hat man, wenn man zur richtigen Zeit am richtigen Ort ist. Stimmt's?" Damit stieß er mich verschwörerisch mit seiner Teetasse an, dass sie überschwappte. „Ich meine, 'auf Burmas Rauschgiftpfaden' – wär' doch 'ne Story oder etwa nicht?"

Was sollte ich tun? Auf sicherer Sightseeing-Tour bleiben? Klaus finden und nach Hause fliegen? Mich in Gefahr begeben, um mehr über das Goldene Dreieck zu erfahren? Ich wusste es nicht.

Grenzerfahrung

Ich saß auf meiner geliehenen Enduro und wartete. Wartete auf Porn. Statt dessen erschien eine Thai, die etwas verlegen die Suk Sathit Road hineinschaute, dann aber direkt auf mich zu ging.

„Hi, ich heiße Mei", dabei reichte sie mir ihre kleine, feste Hand. „Porn kommt gleich – ich bin seine Schwester", sagte sie. Natürlich war ich einigermaßen überrascht, dass sich ohne Absprache jemand unserem Trip anschloß.

Leichtfüßig, mit einer Umhängetasche an der Schulter, erschien Porn. Er deutete auf Mei und meinte: „Sie hat in Doi Tung etwas zu erledigen – auf der anderen Seite." Das kann ja heiter werden, dachte ich. Mit erstaunlicher Nonchalance schwang sie sich auf die Sitzbank vor mir. Porn klemmte sich hinten fest. Zu dritt auf dem Motorrad sitzen, ist in Thailand nichts ungewöhnliches. Allerdings sollte der Fahrer damit vertraut sein. Ich war es nicht, spürte nur den schlanken Körper Meis und in der Nase ihren Duft von Jasmin.

Wir fuhren direkt nach Norden, bogen erst einmal nach Osten ab, weil ich unbedingt Sop Ruak sehen wollte, das offizielle Zentrum des Goldenen Dreiecks. Oben, auf dem alten Kloster genoss ich den Blick aufs Dreiländereck und den Zusammenfluss von Mekong und Sai River. Ein friedliches, ein idyllisches Bild: die sich vereinenden Flüsse, die träge dahinziehenden Kähne, grüner Regenwald, der an Ufer- und Sandbänken wuchert. Gleißendes Licht schmerzte in den Augen und ich dachte an die Kraft des Flusses, die mich fast bezwungen hätte... Mei tippte mich an. Meine Begleitung wollte weiter. Die kehrenreiche Straße führte hinab zum „Opium House", einem kleinen Museum, das anschaulich den Mohnanbau und die Schrecken der Sucht demonstrierte. Auf der Landstraße 1290 in Richtung Westen erreichten wir nach

25 km erst Mae Sai, dann Thakhilek, einen der ganz wenigen offiziellen Übergänge nach Burma. Da ich ein gültiges Visum für Myanmar besaß, stellte ich mir den Grenzübergang als einfache Angelegenheit vor. Von wegen! Als ich am Nobelhotel „Jade Place" über den Fluss, auf der belebten, breiten, links und rechts von Geschäften und Boutiquen eingerahmten Brücke zur Zollstation marschierte, hatte ich erst einmal ein detailliertes Formular auszufüllen. Nach einer Stempelorgie auf Papiere und in meinen Pass, kassierte der Zöllner zehn Dollar und gab mir einen Zettel mit der Nummer 38.

„Meinen Pass bitte", sagte ich kleinlaut.

„Nix Passport. You have to be back in two hours!"

„Ich habe ein Visum."

„Visum for entry Rangun, not Thakhilek. Be back in two hours. One minute later, we arrest you!"

Ach du meine Güte! Ich hatte ganz vergessen wie Militär Macht demonstriert.

Die andere Seite kam mir vor wie jenseits des eisernen Vorhangs: Ärmliche Hütten, verfallene Fassaden und Häuser. Im Schmutz bettelnde Kinder und alte Menschen mit hohlwangigen Gesichtern, aus denen große, flehende Augen anklagten. Auf der Grenzstadt Thakhilek lag eine unsagbar gedrückte Stimmung. Burmesen mit Beziehungen arbeiten tagsüber in Thailand, hetzen abends vor Sonnenuntergang zurück in ihr „Verlies".

In den leeren Läden wurden spärlich Lebensmittel, Obst und Elektroartikel angeboten. Ich gelangte an einen Kreisverkehr im Zentrum der Stadt, wo sich einige traurig ausgestattete Souvenirläden mit Wollwaren, Jade und Schnitzereien befanden. Vor einem Textilgeschäft bettelten zwei ältere Frauen. Sie grinsten mich aus Mündern an, die dunkelrot umrandet waren und aus deren Mundwinkeln Speichel wie Blut tropfte. Nun bleckten sie rote Zähne. Die Frauen kauten Betelnüsse um Hunger und Ungemach zu betäuben. Etwas rechts vom Roundabout stieß ich auf eine Spielhölle, das „Wa and Burma VIP Casino", ein Joint Venture zwischen Thailand und den

Wa, betrieben mit Genehmigung der Regierung.

Die Hauptstadt ist seit Dezember 2006 nicht mehr Rangun, sondern Naypyidaw, was bezeichnend „Heimstätte des Königs" heißt. Hat Juntachef Than Shwe damit sein Herrschaftszentrum geschaffen? Soll im Kasino der verarmten Bevölkerung der letzte Groschen aus der Tasche gezogen werden oder hockten da ganz offen und schamlos die neuen Drogenbosse an den Rouletttischen und verzockten das Blutgeld?

In der Tat, die Bettler – und was für traurige Gestalten – lagen vor dem Kaufhaus, in dessen mittlerem Geschoss sich der Geldadel amüsierte. Der Eintritt kostete 100 Baht. Nur Baht wurden akzeptiert. Den Kontrast zwischen ganz arm und superreich konnte ich mir nirgends brutaler vorstellen. An den Tischen stierten gemeine Gesichter auf Drehscheiben und Flimmerkisten. Jetons wurden lässig von rubinberingten Händen herumgeworfen. Ich schob mich an Spielern vorbei, wurde gemustert wie ein Nackter auf einem Kostümfest. Die meisten der Kasinobesucher waren Chinesen, einige Thais, Was und sicher viele burmesische Offiziere in Zivil.

Ein Blick auf die Uhr. Ich verließ die Lasterhöhle, hastete zur Brücke zurück, verfolgt von einem achtjährigen, der seinen zweijährigen Bruder im Arm hatte und einem Bettler, der mir auf verkrüppelten Beinen nachhumpelte, die Beschwörungsformel: „Hungry. Gift. Mister, please!" auf den Lippen. Vor der Zollstation blutete mir das Herz. Ich teilte das Hartgeld aus und entschwand aus diesem Teil Burmas.

Porn und Mei waren sichtlich erleichtert, als ich nach zwei Stunden auftauchte, damit endlich das Pflichtprogramm der Touristen im Goldenen Dreieck abgearbeitet worden war. Nach Doi Tung führt eine Nebenstraße in Grenznähe südwestlich. Von fern sind die Wahrzeichen, zwei Chedis aus dem 9. Jahrhundert, von König Achutarat erbaut, zu erkennen. „*Doi Tung* bedeutet Fahnenspitze", brüllte mir Porn ins Ohr. „Der König befahl, die Bergspitzen mit riesigen Fahnen zu versehen, auf denen die Chedis zu errichten seien. Für Thai, Shan und Chinesen sind die Chedis Wallfahrtsorte."

Eine schmale, kurvenreiche Straße wand sich durch Täler und über Höhen. Wir brausten am Pa Kluay Reservat vorbei, sahen von der Straße den Doi Tung Palast in einem herrlich angelegten Garten. Es handelt sich um das Sommerschloß der sehr beliebten Königinmutter. Sie starb vor 16 Jahren. Theoretisch haben die Bergvölker versprochen aus Verehrung vor dem Königshaus, das sich in ihrer Nähe die Ehre gab einen Palast zu bauen, den Mohnanbau einzustellen. Theoretisch! Die Bauern bekamen vom König Subventionen für Gemüse- und Teekulturen.

Wie das Versprechen weiter östlich eingelöst wurde, soll besser nicht hinterfragt werden.

Der Palast mit dem berühmten Mae Fah Luang-Garten wird bisweilen noch von Prinzessinnen besucht, die, wie ihre Mutter, Blumen sehr lieben. Porn dirigierte mich am Fusse des 1822 Meter hohen Doi Tung Bergs, auf dessen Gipfel das Wat Phra That Doi Tung thront, vorbei zu einer Ansammlung von Hütten. Die Straße hatten wir bereits vor drei Kilometern verlassen. Doch hier endete auch der leidlich befestigte Pfad als schlammig ausgefahrene Rinne. Porn klopfte mir auf die Schulter. „Endstation. Wir lassen das Motorrad hier. Weiter geht's zu Fuß."

Schönheit kann grausam täuschen. Umgeben von zackigen Ketten endloser, jadegrüner Gipfel, wirkte der Dschungel wie ein tropisches Eden. Natur von zeitloser Schönheit. War das hier der Beginn eines langen Pfads des Elends, der in die Hölle führt und weiter über Grenzen, Meere und Kontinente hinweg bis in die Städte Amerikas, Europas, Australiens?

Ich wusste es nicht, doch ich spürte eine unangenehme Spannung als ich die Enduro in den Verschlag einer Wellblechhütte schob, die wohl zum einzigen Guest House weit und breit gehörte.

Die Herberge war eher eine Mehrkammer-Hütte eines

Bergbauern, der auf Empfehlung von Zeit zu Zeit Gäste beherbergte.

„Du und Mei, ihr schlaft hier. Ich habe bei einem Geschäftsfreund zu tun.“

Das klang sehr bestimmend. Was hatte Porn denn hier geschäftliches zu erledigen? Ich schaute mich im Guest House um. Nicht gerade ein Hilton, doch erträglich. Ich warf meinen Rucksack in eine der Kammern und ließ mich auf rohem Holzgestühl nieder. Durch den Spalt der angelehnten Tür sah ich in einen dunklen Raum in dem ein Fernsehgerät flimmerte. Sechs Kinder lagen gebannt davor. An der Wand lehnten zwei alte Männer, die ein langes, kräftiges Bambusrohr auf ihre Knie stützten. Ab und zu wurde an dem Rohr gezogen. Rauch quoll aus Mund und Nase der Alten.

Nach einer Weile brachte ein hutzliges Weib mit einer Jak0binermütze, an der Silbertaler baumelten, Undefinierbares aus einer Kochecke, die mit einer rauchgeschwärzten Wolldecke abgeteilt worden war. Das Undefinierbare dampfte, roch würzig. Hunger macht nicht wählerisch. Das Hutzelweib betrachtete mich aus reglosen Augen, als sei ich ein Bauer von nebenan. Meiner Einschätzung nach waren wir in einem Akhadorf eingekehrt. Da sich Porn und Mei pausenlos in Thai oder einer Sprache der Bergvölker unterhielten, kam ich mir überflüssig vor, machte Anstalten mein Zimmer aufzusuchen.

Porn war damit nicht einverstanden. „Wir müssen unseren Trip in die Berge planen. Außerdem möchte meine Schwester, dass du uns Gesellschaft leistest.“ Mir fiel auf, dass Porn einen vertraulichen Ton anschlug. Mei blickte mich aus ihren mandelförmigen Augen vielsagend an. Das war sehr direkt. Auf einmal erschien mir das Mädchen wie eine Verkörperung Südostasiens. „Indochine, mon amour“, kam mir in den Sinn.

„Findest du Mei schön?“, fragte Porn.

„Doch, ja, sehr schön.“

Er lehnte sich zufrieden zurück. Mei lächelte. Für einen Moment klopfte mein Herz schneller als gewöhnlich.

Ich war in die Berge gefahren, um etwas anderes als ein erotisches Dschungelabenteuer zu erleben und versuchte das Gespräch auf weniger Verfängliches zu lenken. Tee wurde gebracht. Der schmeckte bitter, tat aber gut. „Akha-Tee", erklärte Porn. „Wir brühen einen sehr belebenden Tee aus diesen Blättern." Damit fischte er eines aus dem Wasser.

„Wir?", fragte ich.

„Du sollst wissen: Mei und ich, wir stammen aus einem Dorf auf der anderen Seite. Unsere Mutter ist eine Akha, der Vater Thai. Wir leben schon lange in Chiang Saen."

„Und wovon?"

Er schaute mich scharf an, lächelte dann aber. „Geschäfte aller Art und als Guide. Mei hat eine sehr schöne Stimme."

Eigentlich hätte ich vertiefen sollen, wie die beiden ihren Lebensunterhalt bestreiten. Warum tat ich es nicht? Statt dessen wollte ich etwas über die Akha wissen. Die Bergstämme leben als Minorität im Norden Thailands, Burmas und dem Südwesten von Laos. Jeder der Stämme hat seine eigene Sprache, Kultur, Trachten und Gewohnheiten. Ihr Glaube ist der Animismus.

Die Karen sind die größte Gruppierung der Bergvölker. Sie zählen rund 3,5 Millionen Menschen.

Unter ihnen ist das Volk der Padaung mit ihren Giraffenfrauen für uns wohl das fremdartigste.

Andere Völker heißen Lisu, Lahu, Mien, Hmong, Akha. Viele unter ihnen sind Halbnomaden und vor etwa 300 Jahren aus Tibet und China in den Süden eingewandert.

Sie werden als 4. Weltbevölkerung bezeichnet, da sie keine Staatsangehörigkeit haben, sondern als Naturvolk wie in einem Niemandsland leben.

„Wir Akha zählen 40 000 Menschen, die weit ums Goldene Dreieck verteilt leben. Unsere Vorfahren sind aus Tibet und Yünnan eingewandert", sagte Porn nicht ohne stolz.

Ich hatte gelesen, dass die Akha vermutlich das ärmste und zurückgezogene Bergvolk darstellten. Dem Assimilierungsdruck widersetzt es sich am stärksten. Zum exotischen Reiz der Frauen gehört der schwere Schmuckhelm, dekoriert mit Silberkugeln, Plättchen und Münzen. Wie das Hutzelweibchen eindrucksvoll demonstrierte, wird der Kopfschmuck selbst im Haus oder bei der Feldarbeit getragen. Bei den Akha herrscht Geisterglaube in Verbindung mit Ahnenverehrung. „Unsere Dorfchefs können ihre Ahnenlinien 20 Generationen zurückverfolgen."

„Bei mir hört die Kenntnis bei meinen Ur-Urgroßeltern auf", sagte ich beeindruckt, „in welcher Sprache verständigt ihr euch?"

„Wir sprechen tibeto-burmanisch, doch nur wenige können lesen und schreiben. Ich besuchte eine Oberschule in Chiang Mai. Ich wollte Lehrer werden. Im vierten Term wurde ich krank und gab auf."

„Krank?", fragte ich.

„Ja, einfach krank, Mann!" sagte er barsch.

Plötzlich vernahm ich einen Laut oder einen Ruf aus dem „Fernsehzimmer". Mei antwortete. Nach einigen Fragen und Antworten beugte sich Porn herüber. „Wir möchten uns zu den Männern setzen – das ist eine Ehre!" Wir erhoben uns, nahmen an der Wand gegenüber vom Fernseher im Schneidersitz Platz. Die Kinder hatten den Raum verlassen. Mei huschte in ihr Zimmer.

Ich fragte: „Porn, was geht hier vor?"

„Sie laden uns ein, etwas Ganja mit ihnen zu rauchen."

Die beiden alten Akha waren unendlich ausgemergelt, schienen die Umgebung wie durch einen Vorhang wahrzunehmen. Die Pfeife machte ihre Runde. Schließlich hatte ich das klobige Ding in der Hand. Das Bambusrohr mochte einen Durchmesser von acht Zentimetern haben, dabei war es knapp einen Meter lang. Im unteren Drittel ragte ein kleines, dünnes Rohr im 90-Grad-Winkel heraus.

Und in dem Rohr steckte ein prall gedrehter Joint aus Packpapier.

„Zieh an dem Mundstück wie an einer normalen Pfeife", sagte Porn. Er nahm mir das Rohr aus den Fingern, um rasch drei tiefe Züge zu inhalieren. Er schien darin sehr geübt zu sein. Der Joint glomm rot auf, qualmte und roch wie ein Lagerfeuer. Der eingesaugte Rauch verharrte in Porns Lungen, bis ich das Gefühl hatte, er müsste ihm aus den Ohren entweichen. Langsam kräuselte er sich aus Mund und Nase. Porn nahm den nächsten Zug mit geschlossenen Augen.

Nach einer Weile hustete, keuchte und paffte die Kifferrunde. Die beiden Methusalem-Akha waren aus ihrer Lethargie erwacht, schnitten Grimassen und stießen ein glucksendes Lachen aus. Auch Porn rollte mit rot umränderten Augen. Das düstere Zimmerloch kam mir vor wie die Bühne in einer Komödie.

„Das Gras kommt aus Burma", sagte Porn, „nicht besonders gut, aber billig." Die Pfeifen machten die Runde. Alles verengte sich, der Raum, die Welt ringsum. Wir schmolzen zu einem Punkt, der grundlos lachte und in sich hineinkicherte. Porns Worte hallten laut und intensiv: „Wir Akha rauchen gern mit Freunden. Die gemeinsame Pfeife bedeutet Beisammensein und Freundschaft. Das Zeug ist der Himmel des armen Mannes. Die Alten rauchen es ununterbrochen. Für Opium haben die Bauern aus dieser Gegend kein Geld."

Ich fragte Porn: „Nimmst du Opium?"

„Opium! Das ist eine besondere Geschichte. In Burma werden wir was davon zu sehen bekommen. Klar. Vielleicht probieren wir es auch."

„Wohin begeben wir uns eigentlich", wollte ich endlich wissen.

„In die Berge, 100 Kilometer nordwestlich von hier."

„Du meinst schwarz über die Grenze?"

Porn verlor plötzlich seine Heiterkeit: „Schwarz oder weiß, wir gehen kurz mal auf die andere Seite. Du hast doch ein Visum und nichts zu befürchten."

„Nichts zu befürchten. Das Visum gilt nichts. Die halten mich für einen Spion und stellen mich an die Wand!"

„Willst du 'ne Story oder hast du die Hosen voll?"

„Ich will am Leben bleiben!"

Porn verdrehte die Augen, erhob sich und verschwand.

In heiterer Stimmung tastete ich mich zu meinem Zimmer, warf mich auf die Holzpritsche, ohne das Poltern zu merken. Selbst die Moskitos, die wie toll auf mich einstachen, empfand ich nicht mehr. Nur ein hartnäckiges Klopfen registrierte das Unterbewusstsein ...

Im Dschungel

Irgendwo krähten Hähne. Schmatzende Geräusche drangen an mein Ohr, als würden Schweine neben mir ihren Trog haben. Noch ziemlich beduselt, drehte ich mich um und entdeckte: auf der Pritsche lag ich nicht allein. Da befand sich eine Person, sie lag auf dem Bauch. Mein Blick wanderte über den kleinen runden Po, den Rücken hinauf zum Kopf, von dem ich nur Haare sah, die wie fließende Seide Schultern und kastanienbraunen Rücken bedeckten. Ich wollte hochschnellen. Überlegte es mir, griff hinüber und weckte die Person. Verschlafen hob sie den Kopf, lächelte und sagte: „Mei aufpassen. Du Krach gemacht, weh getan."

Tatsächlich taten mir die Knochen höllisch weh, außerdem juckte die Haut von den unzähligen Mückenstichen. Nachdenklich schaute ich in ihr hübsches Gesicht und ich wäre unehrlich, wenn ich leugnete, dass sich da nicht Fleischeslust regte. Ich versetzte mich in die sündigen Straßen Pattayas, sah ihr schönes, ebenmäßiges Gesicht, von glänzend schwarzen Haaren umwogen, die ihren Busen notdürftig bedeckten. Der Duft ihres Parfüms drang mir in die Nase.

„Jede gemeisterte Begierde entzündet eine neue Sonne", sagt der Dalai Lama, weil es einst Buddha verkündete - und ich fühlte mich stark und gut. Dann fiel mir Henry in Chiang Mai ein. In Abwandlung seines Witzes lachte ich auf: Was bist du eigentlich von Beruf? – Anästhesistin. – Ich schwöre, ich habe überhaupt nichts gemerkt.

Für Mei tat es mir etwas leid, als ich ihr Rock und T-Shirt zuwarf. Es war da noch etwas anderes, was mich abhielt, dem Verlangen nachzugeben. Treue? Angst vor Krankheiten? Die Ungewissheit unseres Vorhabens?

Porn erschien in der Tür. Er war schlecht gelaunt und übernervös. Seine Schwester herrschte er an sich zu beeilen. Er wollte möglichst rasch aufbrechen.

Wir waren bereits seit Stunden unterwegs. Das Dorf und wahrscheinlich die Grenze lagen weit hinter uns. Berge und Wald umschlossen uns wie ein immergrüner, enggittriger Käfig. Es war schön und erhaben, wie in einem sakralen Dom, durch dessen Kathedralfenster die Sonne hin und wieder Strahlen schickte, die mir wie eine Leiter in den Himmel erschienen. Es war feucht und warm, doch bei der Höhe – um 1000 Meter – durchaus erträglich.

Ich dachte an die Akha, die von den Thais abfällig als primitive Waldmenschen bezeichnet werden. Arm, zurückgeblieben, ohne einen richtigen Glauben. Porn hatte mir noch erzählt, dass die Akha in Burma immer noch bedeutende Mohnbauern seien. Sie hätten keine andere Wahl um zu überleben. Einst waren es die Franzosen, die ihnen beigebracht hatten, wie damit Geld zu verdienen sei.

Schamanismus beherrscht das Denken der Waldbevölkerung. Etwas, das sie „Akha-Weg" nennen. Ein streng gehütetes Geheimnis ihres Glaubens. Es erinnerte mich an die Traumpfade der Aborigines. Wanderten wir gerade auf einem solchen geheimen Pfad?

Porn trug seine große Umhängetasche. Mei einen Einkaufsbeutel. Ich hatte meinen Rucksack umgeschnallt. Die beiden drehten sich öfter um, wollten sich vergewissern, ob ich mithalten konnte. Mei fragte, ob es für mich zu beschwerlich sei. Nein, ich war wie beflügelt in dieser schönen Natur.

Wir stiegen einen Hang hinab und stießen auf eine brandgerodete Fläche. Lange Hütten mit Palmdächern und Bambuswänden befanden sich im Schatten uralter Teakholzriesen. Alle Behausungen standen auf Pfählen zum Schutz vor Schlangen und anderem Getier. Auf der Erde spielten Kinder, die meisten waren nackt. Als sie uns erblickten, kamen sie schreiend herangetobt. Ohne Scheu hängten sie sich an die Arme von Mei und Porn, um sie ins Dorf zum Dorfvorsteher zu begleiten. Einen alten, ehrwürdigen Mann, der leise sprach und geduldig zuhören konnte. Man kannte den Besuch. Denn die Kinder riefen die Namen der Geschwister. Meinen wollten sie nach kurzer Scheu auch wissen. Murmelten ihn nun fortwährend in ihrer gutturalen Sprache.

Porn griff in seine Tasche. In die ausgestreckte Hand des Chefs legte er Tabletten. Aspirin, Vitaminkapseln. Zu mir gewandt sagte er:

„Viele leiden an Kopf- und Zahnschmerzen. Magen-Darmprobleme hat fast jeder. Wir kommen noch durch andere Dörfer, wenn du Medikamente entbehren kannst, schenke sie ihnen. Paracetamol kann für sie lebensrettend sein.“

Tee wurde angeboten. Ich schaute mir einige Hütten an. Armselige Unterkünfte, aus denen Gesichter lächelten. Schwer zu glauben, dennoch hatte ich den Eindruck in zufriedene, vielleicht sogar glückliche Gesichter von Frauen und Kindern zu sehen. Unser Besuch wurde wie das Wiedersehen lieber Verwandter gefeiert.

Wir setzten unseren Weg fort. Im Abstand von mehreren Stunden erschienen und verschwanden weitere Dörfer. Lange hielten wir uns nicht auf. Weil es heißer wurde und die Zeit dahinfloss, verteilten wir die Medikamente rasch, drangen tiefer vor ins Shan-Gebirge.

In einer sehr ärmlichen Ansiedlung entstand eine lebhafte Diskussion zwischen dem Dorfvorsteher und Porn. Ich merkte, dass es um eine wichtige Sache gehen mußte. Konnte mir allerdings keinen Vers auf die Angelegenheit machen. Mei stand bei einer Gruppe gestikulierender Frauen. Mit der Medikamentenverteilung hielt Porn sich in diesem Dorf zurück. Als wir unseren Weg fortsetzten, war die Stimmung gedrückt.

„Was war los?“, fragte ich.

„Im Dorf sind Ausländer aufgetaucht. Chinesen. Sie hatten vorgeschlagen Yabaa herzustellen. Kennst du das Zeug?“

„Nein, aber ich hab' davon gehört.“

„Seit der Mohnanbau zurückgegangen ist, haben die Drogenbosse sich auf's produzieren von Pillen verlegt.“

„Verstehe. Mohn wird derzeit in Afghanistan billiger und ungestörter angebaut. Die chinesischen Gangster rollen einen neuen Markt auf."

„Ecstasy, Amphetamine, das Teufelszeug Yabaa hat sich zu einem irren Markt entwickelt. Und die armen Bauern werden zur Produktion verpflichtet. – Eine Schweinerei!"

„Ist das nicht gefährlich?"

„Schon, aber die Menschen haben keine Wahl. Mit einem Generator, mit dem sie auch Elektrizität für Beleuchtung und den Fernseher erzeugen können und einigen Litern Ephedrin, das ist der Basisstoff, einer Presse, einem Ofen, können sie pro Tag um die hundert Pillen drehen. Dealer liefern das komplette Equipment, erscheinen bei Nacht und Nebel, zählen Tabletten, lassen Geld da und verschwinden."

In der Tat sind die verdammten Pillen in Europa, Amerika, Aust- ralien und in erschreckendem Maße in Thailand zur Volksdroge geworden. Seit die violettfarbenen Mohnfelder im Goldenen Dreieck geschrumpft sind, rollen Pillen der Prägung WY, bei uns als „Speed" bekannt, aus dem Regenwald. 80 Millionen Tabletten, so wird geschätzt, passieren Monat für Monat die durchlässige Grenze zwischen Burma und Thailand. Am stärksten ist das Volk der Wa in Drogen involviert. Aber auch Stämme wie Akha, Karen und Hmong haben sich mit der Produktion befasst. Thailändische Politiker bezeichnen die Pillenflut als die größte Bedrohung des Landes. Sie hat eine wahre Epidemie ausgelöst. Jeder 20. Einwohner des Königreichs ist befallen, nimmt Speed.

Schweigend schritten wir durch den Wald. Porn schien sich mit dem Thema nicht weiter zu befassen. Auch glaubte ich zu spüren, dass ihm die prekäre Situation in der „seine" Akha steckten, nicht so berührte wie er vorgab. Ich hing der Sache noch lange nach. Dabei ist die Modedroge nicht neu.

Im 2. Weltkrieg setzte die deutsche Wehrmacht Amphetamin-Tabletten ein, um Piloten möglichst lange wach zu halten. Speed schleppten die GIs in Thailand ein. Und Yabaa, die „Pferdemedizin", verlieh die Kraft eines Gaules. Das Aufputschmittel wurde 1977 verboten, dann illegale Ausstattung für Fernfahrer und Prostituierte, die in den Bordellen Tag und Nacht im Einsatz bleiben sollten. Der kolossale Boom für ATS (amphetamine type stimulants, wie der Fachausdruck heißt) folgte, als Thailands Wirtschaftsaufschwung zusammenbrach.

Entwurzelte und leidtragende der Gesellschaft suchten einen Seelenbalsam und fanden diesen in den bunten Pillen, den Smarties mit den einladenden Namen: Eva, Amor, Sonne, Spatz, Dino ... Nach dem Schlucken loderte es im Magen, Sorgen verflüchtigten sich. An deren Stelle schob sich ein nie gekanntes Gefühl von Kraft und Optimismus. Selbst Kinder reicher Eltern warfen sich happy pills rein, um mehr Spaß zu haben, besser drauf zu sein oder länger wach zu bleiben.

Die Glücksdroge zeigte bald ihr brutales Gesicht: Konsumenten verwandelten sich in aggressive, zappelnde Neurotiker, die bisweilen nach Phasen langer Schlaflosigkeit zu Wahnsinnstaten fähig waren. Ecstasy löst Psychosen, Halluzinationen, Panik-Attacken, Wahn aus.

Und dieser Wahnsinn wurde im Wald hier, vor unseren Füssen in geheimen, getarnten Labors produziert! Gemanagt von chinesischen Verbrechern und skrupellosen Wa-Anführern, die ihre Guerilla-Armee im Kampf gegen die burmesische Zentralregierung mit den Blutpillen bezahlen.

Auf Pillenschmuggel steht, wie für Rauschgifthandel allgemein in Südostasien die Todesstrafe. Angesichts der Gewinne schreckt sie nicht ab: Die Herstellung pro Stück bringt sechs Baht, auf 30 Baht steigt der Preis an der Grenze, auf Bangkoks Straßen werden bis 200 Baht bezahlt.

In einem Rucksack lassen sich bequem 100 000 Pillen aus dem Wald tragen. Im Sumpf der Großstädte zerbröseln Junkies Speedtabletten und rauchen sie, um die fatale Wirkung noch zu steigern.

Wir waren gerade durch einen Fluss gewatet und krochen einen schlammigen Steilhang auf allen Vieren hinauf.

„Jetzt kommen wir zu einem Stamm der Karen, die sich Padaung nennen. Ich mag die Padaung. Sie haben hübsche Frauen, die aber leider deformiert sind", sagte Porn, „wir werden bei ihnen übernachten."

Die Giraffenhalsfrauen

Total erschöpft erreichten wir eine Stunde später ein Dorf, das aussah als hinge es in den Wolken. Wir krochen einen endlosen Pfad hinauf. Auf der Bergkuppe wurden wir durch einen berauschenden Blick über Täler und Berge, an die sich Terrassenfelder schmiegten, belohnt. Ein athletischer Mann, vielleicht 35 Jahre alt, kam uns entgegen geeilt. Es war der Dorfchef. Auch er kannte Porn und begrüßte ihn herzlich. Dabei lachte er breit und entblößte vom Betel braun gekaute Zähne. Kinder umwuselten unsere Beine. Im Dorf sah ich Männer, die mit dem Bau von Hütten aus Bambusstangen beschäftigt waren. Ein anderer Trupp reparierte eine Terrasse etwa zwei Meter über gerodetem Waldboden.

Bambus und Palmblätter waren das gebräuchliche Baumaterial. Doch Plastik in Form von Tüten, Flaschen und Eimern hatte im Dorf auch Einzug gehalten. Einige Hütten wurden mit Seilen verbunden. Über diese Seile, in der Funktion von Wäscheleinen, hatte man bunte Tücher zum Trocknen oder Lüften geworfen. Ich sah auch Bastmatten mit rautenförmiger Ornamentik. An einigen Hütteneingängen schaukelte der Abendwind Babys in bunten Hängematten. Darunter scharrten Hühner im Sand. Schwarze, schlanke Schweine flitzten über den Dorfplatz.

Ich war von der Sauberkeit des Dschungeldorfs angenehm überrascht. Wo waren die Frauen? Befanden sie sich auf der Feldarbeit?

Wir wurden zur repräsentativsten Hütte geführt. Wohl

das Männerversammlungshaus mit großer Hochsitzfläche, einem mächtigen Dach und offenen Wänden. Dicke Bambuspfähle hielten die Konstruktion zusammen. Der Chef brachte eine riesige Kalebasse mit mehreren Röhrchen und stellte das Gefäß zu uns. Porn und Mei nahmen gleich ein Röhrchen zwischen die Lippen und zogen kräftig.

„Kokosbier, schmeckt prima", meinte Porn. Ich saugte nun auch, die milchige Flüssigkeit war angenehm kühl und schmeckte ähnlich wie Reiswein. Allmählich trafen weitere Männer ein, tranken und lachten, zeigten all ihre entblößten roten Zähne. Ein Mann erschien mit einem zimbelähnlichen Zupfinstrument. Zu disharmonischen Akkorden sangen drei Halbwüchsige kehlige, für mich unverständliche Laute. Doch irgendwie drückte die Musik Eintracht und Ruhe aus.

An der Nachbarhütte sah ich jetzt eine anmutige Gestalt, die sich wie ein dunkler Scherenschnitt vom Himmel der untergegangenen Sonne abhob. Sie saß vor einem Webstuhl, an der Brust ein Baby. Ihre Arme schmückten dicke silberne Reifen. Der klein und rund wirkende Kopf saß auf einem langen Hals, der von irgend etwas eigentümlich steif gehalten wurde. Woraus die Halsbandage bestand, konnte ich nicht erkennen. Auf dem Kopf trug die Gestalt einen Hut oder eine Mütze mit Blatt, vielleicht auch eine Blumendekoration. Ich stieß Porn an und wies auf die Person.

„Eine Padaung-Frau", sagte er.

„Eine Giraffenhalsfrau?", fragte ich nach.

Porn nickte.

Plötzlich erschienen zwei Padaung-Frauen mit Öllampen. Feine, anmutige Gesichter auf langen Hälsen. Dazwischen erst weite, dann engere Messingringe. Ihre Köpfe bewegten sich über den Metallreifen irgendwie abgehoben, vom übrigen Körper losgelöst, einem Giraffenkopf nicht unähnlich. Dennoch in gewisser Würde und Grazie. Ich glaube, ich starrte die Frauen in diesem Moment regelrecht an. Und ich war überrascht, dass sie sich nicht schamhaft wegdrehten, ganz im Gegenteil, beide lächelten freundlich und selbstbewusst zurück. Ich war gleichermaßen verblüfft und beeindruckt.

Bei Öllampenschein, Kokosbier, dem Palaver der Dörfler genossen wir die frühe Nacht. Und ich machte mir meine Gedanken zu den merkwürdigen Frauen der Padaung: Der Stamm ist eine Gruppe des Karen-Bergvolks. Einst besiedelte er Zentral-Burma, wurde dann jedoch weiter in den Nordosten und seit 1962 bis nach Thailand vertrieben, weil er sich der Unterdrückung durch die Militärdiktatur seines Heimatlandes entledigen wollte.

Als Giraffenhalsfrauen-Volk haben sich die Padaung unter den Ethnologen, später unter den Touristen, die ihrer ansichtig wurden, einen Namen gemacht. Vor allem wegen der Metallringe, die die Frauen am Hals, aber auch an Armen und Beinen tragen. Wie kam es zu dieser Sitte, fragten sich die Völkerkundler und studierten die Gebräuche der Padaung. Angeblich gibt es zur Entstehung des Brauches keine Klarheit. Aber zwei Thesen: Die eine besagt, dass die Ringe in der ursprünglichen Heimat, im Norden Chinas, Schutz vor Tigerbissen gewährten. Einer anderen zufolge sollte die Halsbandage die Frauen vor Sklavenjägern schützen. Die Padaung-Frauen seien so „geschmückt" unattraktiv. Mir erscheinen beide Erklärungen wenig glaubwürdig.

Ich schaute den beiden Frauen nach, wie sie in ihren weißen Blusen und dunkel geblümten Röcken davontrippelten und ich beschloss, sollte ich die Gelegenheit bekommen, sie selbst nach ihrem Traditionsschmuck zu fragen. Zumal ich mir das Tragen als mittlere Tortur vorstellte. Die Mädchen erhalten ihren ersten der etwa ein Kilo schweren Ringe im Alter von fünf Jahren. Alle zwei Jahre kommt ein weiterer Ring hinzu. Von einer Frau im thailändischen Dorf Plam Piong ist bekannt, dass sie am Ende ihres Lebens eine Spirale von 37 Ringen trug. Man stelle sich allein das Gewicht auf den zarten weiblichen Schultern vor!

Es erscheint zwar so, als würden die Hälse durch die Ringe langgezogen. In Wirklichkeit drückt das Metallgewicht lediglich Schlüsselbeine und Schultern herunter, so dass der Hals einfach nur länger erscheint. Die Ringe wirken wie ein Korsett, das im Laufe der Jahre die Halsmuskulatur total erlahmen lässt. Den Frauen ist es schon nach einigen Jahren unmöglich ihre Köpfe zu halten. Abrupt abgenommene Ringe kann sie umbringen. Sie ersticken.

Der Halsschmuck verhindert, dass die Frauen nicht auf ihre eigenen Füße sehen, noch ihrem Baby beim Stillen zuschauen können. Zum Waschen und Ankleiden benötigen sie viel Zeit. Feld- und Hausarbeit ist beschwerlich. Von Mei erfuhr ich, dass die Schmucktradition in Burma nach und nach verblasst. Während sie in Thailand derzeit auflebt. Das hat kommerzielle Gründe: Padaung mit Giraffenhalsfrauen sind eine Touristenattraktion. Dörfer einiger Sippen haben sich in Menschenzoos verwandelt. Besucher werden zum Gaffen nur hereingelassen, wenn sie an der Schranke einen saftigen Eintritt entrichtet haben. In den Dörfern legen die Eltern ihren Kindern die Metallreifen an, weil sie von Reiseveranstaltern gut dafür bezahlt werden. Leiden die Frauen unter ihrer Tradition? Angesichts unserer Schmuckvorstellung, was das Piercen von Zungen, Lippen, Bauchnabel und anderen Körperteilen angeht, sollten wir uns mit Kritik dezent zurückhalten.

Wir verließen das Versammlungshaus. Bei einem Blick in einige offene Hütten sah ich liegende Frauen, die Hals und Kopf auf einem Bambusgestell ruhen ließen. Eine Art Nacken-Kopf-Konstruktion für problemloses Schlafen.

Unser Nachtlager war eine überdachte, aber offene Terrasse in Hanglage, an der Stirnseite gut drei Meter über dem Boden. Geflochtene Palmwedel bildeten unsere Schlafstätte. Ein Himmelbett wäre weicher.

Porn riet mir eindringlich, nichts unaufgefordert zu berühren. Viele, auch profane Gegenstände wären für

Fremde tabu. Das sei dem Schamanismus der Padaung eigen.

Ich lauschte eine Weile den fremden Geräuschen der Urwaldnacht, dann fiel ich in einen traumlosen Schlaf.

Teng hieß der Dorfchef. Da er einige Brocken Englisch sprach, machte ich mit ihm einen Rundgang durch die Ansiedlung. Am Berghang verweilten wir und schauten ins Tal. Er deutete auf die Reisfelder, die sich in keinem guten Zustand befanden. Ich weiß zwar, dass die Karen sich beim Mohnanbau sehr zurückgehalten haben, dennoch konnte ich nicht umhin zu fragen, ob Opium gewonnen wird. Das Wort allein verfinsterte seine Mine. Er schaute mich kritisch von der Seite an. Nach längerer Zeit fragte er: „Bist du etwa von der Regierung?" Ich sagte, dass ich aus einem fernen Land komme und sicher nicht mit Porn hier sei, wäre ich von irgendeiner Regierung.

Allmählich schwanden Tengs Bedenken. „Hinter den Bergen, im nächsten Tal, werde etwas Mohn angebaut. Im letzten Jahr kamen Soldaten der burmesischen Armee und haben die Pflanzen mit Flammenwerfern niedergebrannt."

„Aber die Armee hat doch vom Opiumhandel profitiert?"

„Der Angriff auf unsere Felder war vorgetäuscht, eigentlich galt er uns. Man will uns verjagen, weil wir mit der Regierung nicht einverstanden sind. Wir sollen unterworfen oder vertrieben werden. Das Land soll uns genommen werden."

„Viele Padaung sind nach Thailand geflüchtet", bemerkte ich.

„Wenn die Ernte im nächsten Jahr wieder schlecht ausfällt, werden wir wohl auch aufgeben."

Im Dorf herrschte emsiges Treiben. Nichts deutete auf eine mögliche Aufbruchstimmung. In einer Runde von Jungs wurde ein aus Bambus geflochtener Ball gekickt. Ein traditionelles Geschicklichkeitsspiel vieler Bergvölker. Der Ball darf beim Hin- und Herschießen nicht den

Boden berühren. Wir begaben uns an die Veranda der Bambushütte, an der ich gestern die Frau am Webstuhl beobachtete. Sie saß mit ausgestreckten Beinen da, umgeben von roten und blauen Tüchern ihrer Fabrikation. Eine Rückenstütze hielt sie in leicht nach hinten geneigter Position. Flinke Finger ließen einen lila Faden von rechts nach links tanzen. Mit einem Brett werden die Maschen dicht aneinandergeschlagen.

Die Frau wob einen Läufer von 50 Zentimeter Breite. Das Trägermaterial hing vom Dach herab, durch das Gewicht des Oberkörpers wurde es straff gehalten. Diese Art Webstuhl wurde in der Bronzezeit erfunden.

Wir setzten uns zu ihr auf die Bastmatte. Sie lächelte und wob weiter. Ich zählte 22 Messingringe an ihrem Hals.

„Die Ringe glänzen wie Gold", sagte ich, um das Gespräch auf den Schmuck zu lenken.

„Ja, es ist wichtig, dass die Ringe stets glänzen. Die Frauen zerquetschen eine reife Dattel. Mit der Paste werden die Ringe bestrichen, anschließend mit Stroh abgerieben." Nach und nach erfuhr ich weitere Einzelheiten zu der so fremden Sitte: Die Reinigung der Ringe nimmt pro Woche gut eine Stunde in Anspruch. Dabei dient die Fruchtpaste als Scheuermittel. Zum Schluss beugt sich die Frau vor und begießt Ringe und Oberkörper mit Wasser.

Teng erzählte, dass nur Mädchen, die an einem Mittwoch bei Vollmond geboren werden, der Tradition entsprechend Ringe erhalten. Da ich im Dorf sehr viele Mädchen mit den Messingreifen sah, fiel es mir schwer, die Einschränkung zu glauben. Ein neuer Ring wird jeweils an einem vom Dorf-Schamanen bestimmten Tag angepasst. Dabei wird der Hals sorgfältig mit Balsam eingerieben und stundenlang massiert. Als nächstes schiebt der Schamane kleine Stoffkissen unter den ersten oder den jeweils neuen Ring, um die Haut zu schützen. Die Kissen werden nach einigen Tagen entfernt. Jahr um Jahr werden dem Hals weitere Ringe hinzugefügt. Es ist

Sitte, den Schmuck ein Leben lang zu tragen.

Für eine Padaung ist es eine schlimme Strafe, die Ringe abnehmen zu müssen. Zum Beispiel bei Ehebruch. Die Frau büßt ihre Untreue, indem sie den Rest ihres Lebens im Liegen verbringt. Oder aber sie findet eine andere künstliche Stütze für ihren Hals, die sie allerdings zeitlebens stigmatisiert. Tang sagte auf einmal: „Sieht Sailin nicht schön aus? Uns gefallen Frauen mit langen Hälsen und sie gefallen sich auch."

„Wie lange wird der Brauch am Leben bleiben?"

„Ewig", sagte Teng, räumte doch etwas später ein: „Vielen jungen Frauen werden die Ringe lästig. Sie wollen beweglicher bleiben. Es könnte sein, dass unsere Sitte in zwei, drei Generationen ausstirbt. Viele Frauen sehen fern und fragen sich, warum sie ihre Sitte weiter pflegen sollen, während andere Frauen und Mädchen ungezwungener leben."

Werden sich die letzten Bergvölker bald angepasst haben? Traditionslose Asiaten geworden sein? Ein Vorteil? Claude Lévi-Strauss kam mir in den Sinn: „Stets wird die Naturgesellschaft negativ definiert. Das ist falsch. Alle Gesellschaftsformen unserer Erde sind notwendiger Bestandteil des menschlichen Daseins."

Ich schaute in das ebenmäßige Gesicht mit einem Lächeln, das nicht aufgesetzt, vielmehr von innen aus der Seele sprach. Und ich hielt es an diesem Morgen im Wald, im Dorf der Padaung für falsch, die übrige Welt allein unseren Wertmaßstäben unterzuordnen. Benedictus de Spinoza, ein Philosoph lebte nach einer Maxime, die sich die Industrienationen zu eigen machen sollten: „Ich habe mich eifrig bemüht, der Menschen Tun weder zu belachen, noch zu beweinen, noch zu verabscheuen, sondern zu begreifen."

Allmählich kam ich dem Grund der Sitte näher und bin der Meinung, dass es sich tatsächlich um Schmuck handelt, der dem Schönheitsideal der Padaung entspricht. Frauen mit blanken Messingringen, die einen langen Hals vortäuschen, werden ganz einfach als anmutiger und

schöner empfunden als andere. Hinzu kommt, dass Anzahl und Wert der Ringe etwas über das Ansehen und
den Stand der Familie und der Trägerin aussagen. Ein
anderer Grund besteht darin, dass der Schmuck den
Männern ermöglicht, auf subtile Weise Macht über ihre
Frauen auszuüben und sie zu lebenslanger Treue verpflichtet. Dem Widerspricht nicht, dass die Erbfolge dieses Bergvolks der mütterlichen Linie folgt. Vielleicht hat
die Tradition den Männern mit dem Schönheitsideal einen Ausgleich geschaffen?
Die Frau webte und lächelte ungeniert. Ab und zu
griff sie nach hinten um ihr Baby in der Hängematte zu
schaukeln. Ein Bild tiefen Friedens, gäbe es die Bedrohung politischer Verhältnisse nicht.

*„Wie dem blühenden Mohn sein Haupt zur Seite
herabsinkt, wenn die Frucht ihn beschwert
und Regenschauer des Lenzes: also sank des
Jünglings Haupt, vom Helme beschwert."*
(Homer, Ilias)

Lahu und das Opium

Die Vegetation wurde dichter, der Pfad ein kaum
sichtbares Band durch immergrüne Vegetation. Ich
schwitzte und hatte kein Wasser mehr, war ausgelaugt,
hatte Kopfschmerzen und die Schnauze voll von Ur-
waldmärschen. Im schummrigen Grün peitschte mir ein
Ast, den Mei zurückschnellen ließ, ins Gesicht. Sie
schien noch gut bei Kräften zu sein, schlüpfte durchs
Buschwerk wie ein Fuchs in den Hühnerstall. Ich hörte
Vögel schreien und unbekanntes Getier kreischen. Es
roch nach Moder und Verwesung. Eine magische, unheimliche Atmosphäre umgab uns. Längst hatte ich jegliche Orientierung verloren. Wenn Porn und Mei in den
Sinn gekommen wäre käme mich zurückzulassen, ich
wäre verloren gewesen.

Wasser rauschte in der Ferne, dann standen wir vor
einer Schlucht. Vor uns eine Hängebrücke. Rechts ein
mächtiger Wasserfall. Wie Schlaftrunkene hangelten wir
uns über die schlingernde Brücke, die Füße auf wackeli-
gen Bambusbrettern, die Hände an glitschigen Lianen
festgekrallt.

Geschafft! Die wippende Leiterkonstruktion lag hinter
uns. Vorn wieder Wald. Und ich fürchtete zu fantasieren:
von Schlangen, großen Spinnen und haarigen Riesenrau-
pen. Die Schlingpflanzen griffen nach mir wie Kraken.
Verloren und kaputt ließ ich mich auf einen Baumstamm
fallen. Porn und Mei waren irgendwo da vorn und weit
weg. Ich brüllte in den Wald: „Porn, du Schinder, halt!
Mach langsam!" Angst kroch wie ein Untier an mir hoch

und besetzte meine Gedanken. War das der Beginn von Panik? Ich war jetzt sechs Stunden unterwegs, der Körper schmerzte, die Beine gehorchten nicht mehr. Porn, der mir eigentlich sympathisch war, entwickelte sich zu einem Dämon. Ich hatte nie herausgefunden was ihn eigentlich bewog mich zu diesem Urwaldtripp zu bewegen.

Er hatte mir eine Story über Bergvölker erzählt und mir diesen Waldmarsch schmackhaft gemacht. Warum? Ich hatte die Padaung erlebt, das war interessant, auf eine besondere Weise idyllisch. Warum kehrten wir nicht um? Ich fühlte, da lag nichts Gutes vor uns. Nur nagendes Verlangen nach Mei. In diesen Stunden war sie längst nicht mehr die begehrenswerte Akha-Thai. Sie hatte sich in ein fratzenhaftes Monster gewandelt. Eines, das mich hier ohne Erbarmen verfaulen ließ. Ich wünschte mir eine burmesische Patrouille, die mich aufgriff und dem ganzen verdammten Spuk ein Ende bereitete.

Keuchend erhob ich mich. Beschloss auf gut Glück nach Westen durch hüfthohes Farnkraut zu gehen. Im Westen läge das Dorf der Lahu, hatte Porn mal erwähnt. Die Kompassnadel zeigte, dass wir Richtung Westen liefen. Ich folgte ihr im blinden Vertrauen. Der Durst wurde schmerzhaft quälend. Im nassen Urwald an Durst zu Grunde gehen? Verrückt! Ich suchte Blattkelche, in denen sich Wasser gesammelt hatte und trank gierig. Angst vor Bakterien war mir abhanden gekommen. Der Körper brauchte Wasser, wollte er nicht verdursten, sonst nichts.

Mit der Macht und Stärke der Natur konfrontiert, schleppte ich mich weiter, wie im Rausch. Längst war klar, ich hatte mich völlig verlaufen. Im Urwald wird im Überfluss geboren und gestorben. Da umgibt dich schmatzendes Leben und Todesfäulnis. Und seltsamerweise blieb ich ruhig, mehr noch, eine ungeheure Lethargie ließ mich das Vorhandensein von Tod und Leben fast teilnahmslos ertragen. Doch diese wunderlich-gelassene Stimmung hielt nicht lange an.

Die Angst hatte mich in ihren Krallen. Wieder kämpfte ich gegen Panikschübe, die die Schwäche aus Durst und Hunger verstärkten. Plötzlich stolperte ich über etwas rundes, hartes. Ich trat zurück und legte einen Stahlhelm frei. Blut pochte in meinen Schläfen. Zivilisationsspuren. Hier waren Soldaten durch den Wald gestreift. Ich schwankte zwischen Frohlocken und Resignation. Burmesische Soldaten konnten auf dich schießen. Dich zumindest gefangen nehmen. Auf Spione steht die Todesstrafe.

Dann dachte ich mit Schrecken an die Kindersoldaten. Neben dem Kongo hat Burma die meisten Kinder unter Waffen. Sie werden entführt, unter Drogen gesetzt und zum Töten abgerichtet. Kindersoldaten sind der Horror und die Pest in der Auseinandersetzung von Staaten und in Bürgerkriegen. Rebellenführer rekrutieren Kinder, weil sie leicht zu verführen und zu begeistern sind, fanatisch und mit besonderer Grausamkeit kämpfen.

Jäh stieß ich auf einen lateritroten Weg, der durch eine breite Schneise geschlagen worden war. Ich schaute mich erstaunt um, marschierte nach links, nach West-Nord-West weiter, weil ich dort zwei Personen entdeckt hatte. Schnellen Schrittes kamen die Personen näher. Es waren Porn und Mei. „Noch mal Glück gehabt!“, empfing mich Porn, „der Wald hat so manchen *farang* für immer verschluckt.“ Gerade wollte ich mich aufregen, ihm entgegenschleudern, dass er weggelaufen sei, da meinte Mei besorgt und in aller Ruhe, dass ich gleich nach der Brücke verschwunden sein musste. Selbst ihr Zurücklaufen und Suchen habe nichts geholfen, ich sei wie vom Erdboden verschwunden gewesen.

Dieses Mal zogen wir in ein Dorf ein, das einen geradezu gespenstischen Eindruck machte. Anfangs nahm ich an, die Menschen seien geschlossen aufgebrochen um zu jagen oder Feldarbeit zu verrichten. Porn flüsterte mir zu, ich möge mich auf einiges gefasst machen. Der Schock kam in der Art eines tierischen Röchelns, das dicht hinter mir zu hören war.

Ich drehte mich um und schaute in ein Gesicht von grausamer Entstelltheit: große, kranke Augen, die wie

Lichter in einem Kürbis flackerten. Pergamentartige, graue Haut spannte sich um ein Gesicht, mehr eine Grimasse ohne Lippen, ohne Zähne, mit einem furchterregenden Grinsen. Aus der Höhle von Mund drangen diese unmenschlichen Laute, die etwas forderten, dass ich nicht verstand. Das Zerrbild des Mannes entsprach einer Vogelscheuche, bis auf die Knochen abgemagert.

Ein Leidensgenosse wankte dazu. Nein, es war kein Mann, eine Frau, deren Brüste wie Hautlappen vom Oberkörper hingen.

Mein Gott, wo waren wir gestrandet? Das Licht wurde milchig. Beißender Rauch hing über dem Dorf. Wir eilten zu einer Hütte, die wohl für Gäste gedacht war. Immer noch von den beiden Gestalten verfolgt. In der Hütte gewahrte ich träges Leben und da stand ein anderer ausgemergelter Zombi im Türrahmen. Ein blasser Europäer. Im Raum lagen ein Dutzend Weiße und Asiaten auf Matten herum. Ob sie schliefen oder etwas suchten, konnte ich in dem Rauch nicht erkennen. Nahm nur einen eigentümlichen Geruch wahr. Ich wich zurück und stieß an eine der uns verfolgenden Gestalten. Sie befingerte mich feucht und wollte mir kleine gelbe Pillen in die Hand drücken. Der Mund stieß: „Yabaa – Yabaa!" aus. Mit der anderen Hand rieb er sich über den Leib. Seinen Mundwinkeln entwich gelbe Flüssigkeit. Aus anderen Hütten stolperte in diesem Moment weiteres, nicht minder erschreckend aussehendes Strandgut.

Hörte ich richtig: Yabaa? Stand dieses ganze Lahu-Dorf unter Droge? Ein strapaziöser Tag lag hinter mir. Ich fand es hier abscheulich, doch ich konnte einfach nicht weiter. Porn wirkte nervös, fauchte die kaputten Junkies an und rief nach dem Chef, eilte die Dorfstraße hinunter.

„Was ist mit Porn los?", fragte ich Mei. Verschämt flüsterte die Schwester: „Es ist das Opium. Er riecht es in der Luft."

„Und?"

„Du solltest wissen, dass er mal *dag fin* war."

„Porn war süchtig?“

Kleinlaut gestand sie: „Er ist es noch – leider.“

Ach du liebe Zeit, dachte ich einigermaßen erschrocken, da rennst du mit einem Opiumsüchtigen durch den Dschungel, welch sträflicher Leichtsinn. Das wird in einer Katastrophe enden! Sagte aber nichts. Denn bittende Augen hielten mich davon ab.

„Porn wird sehr, sehr böse, wenn er erfährt, dass ich dir sein Problem verraten habe. Bitte behalte es für dich!“ beschwor sie mich. Neben Zuneigung verband uns jetzt auch noch ein Geheimnis. Die Situation war dadurch eher komplizierter geworden, in diesem Teufelsdorf.

Porn erschien mit einem Mann, der auf den ersten Blick keinen Affen schob und nüchtern wirkte. Dafür sah Porn gar nicht gut aus. Einer der europäischen Gäste hatte sich an ihn herangemacht, in der Hoffnung, dass Porn ihm ein Pfeifchen spendierte. Pongsak, sicher der Chef des erbarmungswürdigen Lahu-Krals, wies Mei und mir eine vom Wind reichlich ramponierte Hütte zu. Porn warf seine Umhängetasche in eine Ecke und verschwand in der Versammlungshütte, die längst eine Opiumhöhle geworden war.

Zwei Engländer, Anfang 30, erschienen. Sie waren schon seit drei Wochen hier und vom Opium dermaßen abgehoben, dass ich mir kaum vorstellen konnte, dass sie jemals wieder runterkommen könnten.

Später am Abend wurden die Mücken zur elementaren Plage. Ich rieb mich mit Autan ein, hockte mich auf die Terrasse und beobachtete das Treiben vor der Opiumhöhle. Durchs Dach drang weißer Rauch. Und es kam mir vor, als kokelte im Inneren ein Feuer. Ab und zu trat jemand heraus, rieb sich die Augen, reckte sich, ging an den Waldrand um zu pinkeln, dann strebte er zurück.

Pongsak setzte sich zu mir. Mit seinem spärlichen Englisch versuchte er ein Gespräch in Gang zu bringen. Zwischendurch spuckte er blutroten Betelsaft aus.

Wir schwiegen uns eine Weile an, dann griff Pongsak in einen Sarong und zauberte mehrere braune Kügelchen hervor. „Opium! Ganz billig!" Ich schüttelte den Kopf. Verständnislos steckte er das Zeug wieder ein. Nun holte er eine Handvoll rosa, gelbe und weiße Pillen aus seinem Rocksaum. Ich griff zwei aus seiner Hand, um das Zeug näher zu betrachten. Sie sahen richtig lustig aus, wie Smarties mit Eindrucken von Hasenköpfen, Fischen, einer Blume.

„Yabaa, Ecstasy – viel Freude. Du fühlen wie Rambo!"

„Kann ich mir vorstellen, Pongsak", sagte ich und gab ihm das Zeug zurück. Der Lahu, sichtlich verstört, ja ungehalten: „Warum hier, wenn kein Stoff? Du Spion?"

Das hatte mir gerade noch gefehlt. Pongsak war kein Dorfchef, er war ein Dealer, der eiskalt seine bisweilen tödliche Ware an den Mann bringen wollte. Gerade zur rechten Zeit trat Mei zu uns. Vermutlich erklärte sie ihm in seiner Sprache, dass ich weder Spion, noch User sei, sondern einfach auf der Durchreise. Zum Glück gab er sich damit zufrieden.

Ich versuchte, aus der Not 'ne Tugend zu machen, hatte die kühne Idee, den Dealer zum Informanten umzudrehen. Ich versprach ihm 50 Dollar, wenn er mir Fragen beantwortete und etwas über den Mohnanbau erzählen würde. Eigentlich wollte ich die Informationen über Porn bekommen. Doch der würde vorerst nicht ansprechbar sein, außerdem das Geschäft sicher nicht so gut kennen. Mei kapierte mein Ansinnen sofort und sie konnte Pongsak tatsächlich für Auskünfte gewinnen. Anfangs sehr zögerlich. Als er die Anzahlung in der Tasche hatte, war der Deal perfekt. Nach einer Weile der Beteuerungen, dass er von mir nichts zu befürchten hätte, er in Zukunft in dem Adlerhorst seinen (erbärmlichen) Geschäften nachgehen könne, fragte ich wo er mich hinführen könne. Fragte nach „Plantagen" die ich mir ansehen dürfe und wie der Zustand der Ernte sei. Vielleicht zu viel auf einmal? Er vertröstete mich auf Morgen. Das machte mich unruhig, da ich ahnte, er könne sich den „Handel" noch mal überlegen.

Bei stechender Sonne wanderten wir zunächst über Flächen gerodeten Urwalds. Zur nächsten „Plantage" führte der Fußmarsch zwei Stunden durch abwechslungsreiches Gelände. Über Mei, die uns begleitete, stellte ich eine Menge Fragen zum Opiumanbau. Zäh zogen wir ihm die Antworten aus der Nase. Ich merkte, dass ihm nicht ganz wohl in der Haut war. Meist heftete er seinen Blick auf den Boden. Manchmal blickte er schelmisch grinsend auf, in der Meinung, gerade ein Staatsgeheimnis preiszugeben.

Die Felder liegen versteckt, weil niemand weiß, was sich die Militärs einfallen lassen. Manchmal wird der Anbau gefördert, dann wiederum tauchen Hubschrauber auf und vernichten die Ernte aus der Luft. Die Bauern sind den Launen der Soldaten ausgeliefert. Das hängt mit den erzielbaren Preisen zusammen und mit den Befehlen von der Zentralregierung. Alle haben ihre schmutzigen Finger im Geschäft. Und die Waldbauern leiden.

Das 80 000 Seelen umfassende Volk der Lahu (auch Musoe genannt) war vor etwa 200 Jahren aus Tibet ins Shangebiet und nach Nordthailand gewandert. Haben dort in den Waldgebieten, in einer Höhenlage um 1000 Meter, kleine, verstreut angelegte Dorfgemeinschaften gebildet. Ihre landwirtschaftlichen Erzeugnisse sind von jeher Reis, Getreide und Opium gewesen. Die Opiumernte war streng reglementiert: 90 Prozent wurde verkauft, 10 Prozent durften die Alten konsumieren, um sich ihren Lebensabend etwas zu versüßen. Leider sind die Sitten verfallen. Traditionen gelten nichts mehr. Die andersartige, fremde Welt hat im Wald Einzug gehalten. Hat die gesellschaftlichen Bande gesprengt, hat junge Menschen in die Städte gelockt. Die Verbliebenen fielen skrupellosen Ausbeutern in die Hände, verarmten, entwurzelten sehr bald, gaben sich hemmungslos den Drogen hin, um ihr Elend ertragen zu können.

Man unterscheidet das Volk nach der vorherrschenden Farbe ihrer Kleidung: die roten, schwarzen, weißen und gelben Lahu.

Im Grunde handelt es sich um ein friedfertiges Volk, dessen ritenreiches Leben der Bitte um Wohlstand, Gesundheit und Kinderreichtum dient.

Wir hielten uns nun westlich. Pongsak schritt in Plastiklatschen behände voran, gefolgt von Mei, die die Umhängetasche ihres Bruders mit Wasserflaschen, Bananen, gekochtem Reis trug. Ich trabte als Schlusslicht mit Fototasche und Kamera. Es sah aus, als befände sich ein Minitrupp auf Safari. Wir kamen an Hängen vorüber, die von Brandnarben verunstaltet waren: verkohlte Baumstümpfe, gelber Savannenboden, rote abgeschwämmte Erde. Dort lag ein Rinderkadaver, an dessen offenem Bauch Vögel pickten. Aasgeruch umgab das tote Tier.

Pongsak beschleunigte sein Tempo. Auf einmal, ich konnte nicht einmal sagen warum, war mir bewusst, dass ich mich seit Tagen auf gefährlichem Terrain befand. In Rebellengebiet, schon eher Banditenterritorium, in dem Drogenhändler ihren Verschiebebahnhof hatten. Wahrscheinlich war es der Bursche vor uns, der mir die Situation vor Augen führte und dem wir restlos ausgeliefert waren.

Da waren sie, die Mohnfelder! Sie erstreckten sich die Hänge hinauf und hinab. Ein herrliches Farbenmeer! Die Pflanzen standen in voller Blüte: rot, weiß und lila. Der Schlafmohn wird bis zu eineinhalb Meter hoch. Er trägt oben auf dem kahlen Stängel seine Blüte, die in ihrer üblichen Farbe weiß, innen dunkelviolett leuchtet. In den Monaten Juni bis August entsteht daraus eine walnussgroße Kapsel mit einer Strahlenkrone. Wenn Fallwinde über das Feld strichen, wogte es als Farborgie wie ein Bild von van Gogh. Die „Plantage" stand kurz vor der Ernte. Ein anderes Feld an einem Südhang war weiter. Da sah ich blütenlose, herangereifte Kapseln. Einige darunter trugen frische Schnittwunden. Beim näheren Hinsehen waren Reste einer dunklen klebrigen Masse zu erkennen: Rohopium, von der Konsistenz älterer Kautschukmilch. Mitten im Feld stand ein Mann mit einem sichelförmigen Messer. Erstaunlich behutsam ritzte er die ein oder andere Kapsel an. Der Saft tropfte in ein Gefäß.

Die Griechen haben diesem mächtigen Extrakt den Namen Opium, das heißt „Saft" gegeben. Opium – diese älteste überlieferte Bezeichnung ist bis in unsere Zeit gültig geblieben.

„Wem gehören die Felder?", fragte ich.

„Unserem Dorf. Wenn die Ernte in vollem Gang ist, melken die Frauen. Der richtige Schnitt ist von großer Bedeutung."

„Warum?"

„Er wird von oben nach unten ausgeführt, darf die Kapselhaut nur leicht durchtrennen. Ein zu tiefer Schnitt lässt die Kapsel ausbluten. Der Saft quillt sofort heraus und geht verloren. Zu schwache Schnitte lassen die Frucht verhärten." Pongsak demonstrierte seine Erklärung mit einem Taschenmesser.

Ich kratzte etwas braune Masse mit dem Fingernagel von einer Kapsel und schnupperte daran. Herbe war der Geruch, wie Löwenzahnsud. Pongsak nickte eifrig und sagte: „Das ist das Rohmaterial für Heroin, das beste der Welt."

„Wo wird der Stoff veredelt? Habt ihr eigene Labors? Das Dorf produziert doch auch Pillen."

Fragen, die dem Dorfchef dann doch zu weit gingen. Er winkte energisch ab und verstummte.

In den „Küchen" der Opiumbauern wird das Rohmaterial weiterbereitet. Man schneidet die etwa zwei Kilogramm schweren „Kuchen" in kleinere Teile und erhitzt sie in Kupferkesseln. Der Sud wird gewalkt und zu Fladen geknetet, die man erneut auf 200 Grad Celsius erhitzt. Nach weiteren Behandlungsstufen lässt man den Teig oxidieren, wodurch er sein Aroma gewinnt. Das Endprodukt ist Rauchopium, auch *Chandu* genannt. In den Dörfern wird das *Chandu* von den Konsumenten selbst hergestellt. Sie kochen die Rohmasse in Wasser und filtern sie. Nach drei dieser Prozeduren wird das Opium sirupähnlich.

Um den Morphingehalt zu erhöhen, fügen die Dörfler

etwas *Dross*, wie die Opiumabfälle genannt werden, dazu.

Mei sammelte Material für zwei kleine Klumpen. Einen gab sie mir. Pongsak knabberte an der Masse herum und bedeutete mit einer Geste, es ihm nachzumachen. Mei schüttelte den Kopf. Wir ließen uns im Gras nieder und starrten in den Himmel und über die lustig bunten Mohnfelder. Alles war ruhig und friedlich, bis auf ein paar Grillen, die irgendwo im Unterholz zirpten. Die Situation war schon absurd! Was richtete Heroin für unsägliches Unheil an? Weltweit hatte der Stoff wie ein grimmiger Werwolf Millionen von Menschen in den Krallen und ließ sie nicht mehr frei. Und wir saßen im Rachen dieses Wolfes, dösten in der Sonne und um uns herum gab sich die Erde still und versöhnlich.

Mei horchte plötzlich auf. „Da kommt jemand!"

Tatsächlich bewegten sich drei Gestalten den Hügel herauf. Sie schauten erstaunt, aber völlig unaufgeregt herauf. Wir beobachteten sie erwartungsvoll. Pongsak erhob sich, rief etwas hinunter. Die Männer winkten kurz, lächelten, schlugen dann einen anderen Weg ein. Jetzt sah ich, dass von ihren Schultern Waffen baumelten, die ich als Kalaschnikows identifizierte.

„Was machen die hier?", fragte ich.

„Sie bewachen Dorffelder", sagte Pongsak.

„Wessen Felder?"

„Na, unsere!"

„Kann ich sie befragen?"

Mei runzelte sorgenvoll die Stirn. Pongsak sagte nach einer Pause „nein", weil ich keine guten Fragen stellte. Meine Fragen würden die Männer nervös machen und misstrauisch. Nervosität und Misstrauen könnten dazu führen, dass eine in dieser Stimmung geführte Befragung einen tödlichen Ausgang fände. Ich merkte, dass ich den Bogen allmählich überspannte und schwieg. Auch der Dorfchef war wortkarger geworden, als bereue er seine Auskunftswilligkeit. Als wir unser Dorf wieder erreichten, fielen mir Pfähle auf, an denen kleine Dinge aus

Bambus und Blattwerk hingen. Als hätten Kinder hier ihre Bastelarbeiten aufgehängt. Mei sagte, dies seien Zaubermittel, Fetische, sie sollen die bösen Geister dem Dorf fernhalten. Böse Geister fernhalten? Wie widersinnig! Im Dorf hatten sich längst die allerschlimmsten Geister eingenistet!

Pongsak führte uns durchs Dorf, einer großen Hütte zu, die ich zuvor nicht gesehen hatte. Ein hagerer Mann, leichenblass und teilnahmslos, trat auf die Terrasse. Er grüßte fahrig. Als er den Dorfchef erkannte, winkte er uns herauf. Versonnen und entrückt wirkte er. Doch auf eigentümliche Weise respekteinflößend. Er sah nicht wie ein Dörfler aus, hatte ein ovales Gesicht mit müden, dennoch intelligenten Augen. Im Inneren des Hauses herrschte ein ziemliches Durcheinander aus Kartons, leeren Säcken, Tauen, Gefäßen aus Plastik. Eine alte Balkenwaage stand in der Ecke. Hinter einem durchsichtigen Vorhang hantierte eine Frau.

„Das ist ein Ho-Chinese, ein Händler“, ließ mich Mei wissen. „Stelle jetzt keine dummen Fragen!“

Wo immer gekauft und verkauft wird, steckt ein chinesischer Händler dazwischen. Er hält die Verbindung zur übrigen Welt und legt die Preise fest. Typen, die die Dorfgemeinschaft im allgemeinen übervorteilen. Treiben sie es zu arg, werden sie erschlagen und verscharrt. Dann fällt ein äußerst brutales Aufräumkommando im Dorf ein, tötet den Dorfchef, einige andere Mittelsmänner, die mit dem Opiumverkauf zu tun haben und setzen einen anderen Zwischenhändler ein. Das Geschäft ist straff organisiert, wer aus der Reihe tanzt, wird liquidiert.

Dass ich dem Chinesen vorgestellt wurde, hatte seinen Grund. Um sich Ärger zu ersparen, informierte man ihn vorsorglich. Auch schien das Verhältnis zwischen ihm und den Lahu ungetrübt zu sein. Mei: „Von Typen wie diesen bekommen die Bauern üblicherweise um die 250 Dollar pro Kilo Rohopium. Der Süchtige in Hamburg, London oder sonst wo muss für das Endprodukt Heroin das über 1000-fache bezahlen. Doch diesem scheinen die

Lahubauern den Stoff umsonst zu überlassen, weil sie ihm ihren Kredit abbezahlen müssen. Wahrscheinlich versorgt er die Leute auch mit Pillen. Bei Chinesen musst du höllisch aufpassen. Sie sind wie Spinnen und immer auf der Jagd. Ehe du dich versiehst, zappelst du in ihrem Netz.“

„Wie dein Bruder?“

Mei blickte auf. „Ja, das ist richtig. Ein Chinese hat ihn mit *death wish* (besonders wirksames Heroin) in die Sucht getrieben.

Wir hatten uns auf der Veranda niedergelassen und schlürften heißen, grünen Tee, den die Frau des Chinesen serviert hatte. Wie in Zeitlupe erschienen Dorfweiber mit allerlei Krimskrams, den sie vor mir zum Verkauf ausbreiteten: Perlenketten, Armreife, bestickte Beutel, Westen aus Wolle, kleine Tischläufer und gefärbte Stoffe. Auf der Dorfstraße erkannte ich einen Mann, der mit ziemlicher Schlagseite auf uns zu hielt. Das könnte Porn sein, dachte ich. Als er näher kam stellte sich heraus, dass er es wirklich war. Er sah aus wie ausgekotzt. War nicht ganz bei sich. Dennoch stieg er zielstrebig die Veranda herauf. Ohne Gruß steuerte er auf den Ho-Chinesen zu und verschwand mit ihm im Lagerraum.

„Willst du ihn nicht abhalten?“ fragte ich Mei vorwurfsvoll.

„Sinnlos! Er ist Quartalsjunkie und fängt sich wieder. Vielleicht Morgen oder Übermorgen.“

Bei dem Gedanken, noch länger in diesem Gomorra zu weilen, stieg Wut in mir auf. Durch den Vorhang sahen wir Porn und den Chinesen, der einen dicken braunen Brocken in der Hand hielt und dem Thai ein Stück davon absäbelte. *Chandu*, Rauchopium. Das Stück wurde gewogen, dann wechselten Geld und Ware den Besitzer. Uns total ignorierend, latschte Porn die Dorfstraße zurück in Richtung der Lasterhöhle. Ich kannte den aufgeweckten, kenntnisreichen Touristenführer von Chiang Sean nicht wieder. Was da des Weges schlich war ein armes, trauriges Schwein, das einen Affen schob.

„Was sagt der Buddhismus zu Rauschmitteln?", fragte ich Mei.

„Sie sind eine Sünde und verboten!"

Nun erzählte Mei die Legende, nach der sich Buddha die Augenlider abschnitt, um nahe der Erleuchtung nicht immer einzuschlafen. Wo seine Augenlider auf den Boden fielen, sprossen die ersten Mohnpflanzen. Symbol und Warnung im trügerischen Frieden, vor dem sich ein Mönch auf der Suche nach der wahren Erleuchtung in acht nehmen muss.

Nach geraumer Zeit verspürte ich den Drang, ihm nachzugehen. Und an jenem Spätnachmittag stand ich dann vor dem Versammlungshaus. Mei war auf ihr Zimmer gegangen und Pongsak gab vor, etwas erledigen zu müssen. Ich trat ein, unsicher, da der Raum immer noch rauchig und dunkel war. Zur linken des Eingangs erkannte ich, nachdem sich meine Augen an die Dunkelheit gewöhnt hatten, Matten auf denen Personen lagen.

Opiumrauchen spielt sich in der Horizontalen ab. Und zwar in stabiler Seitenlage, wobei der Kopf auf einem Kissen aus alten Lumpen ruht. Hinten an der Wand lag ein zitternder Körper. Es handelte sich um einen Europäer, der auf der linken Seite lag und mit der Besessenheit eines Menschen, für den es um Leben und Tod geht, an einer Pfeife saugte. Zwischen den Typen lagen geschwärzte Opiumutensilien herum: Dochtlampen, Löffel, Nadeln, kleine rostige Messer. Ich erkannte Pfeifen mit Bambusstielen, etwa 20 Zentimeter lang mit kleinen, runden Metallköpfen.

Porn lag auf einer dünnen Matratze. Seinen Oberkörper hatte er auf die Ellenbogen gestützt. Er war dabei seine Opiumpfeife zu präparieren. Zunächst kratzte er Rückstände oxydierten Opiums von der vorangegangenen Session aus dem Pfeifenkopf. Behutsam löste er nun ein kleines Stück vom vorhin gekauften Klumpen. Im Schein der Öllampe hatte der Stoff die Farbe von Zwetschenmarmelade. Fast anmutig rollte er daraus ein erbsengroßes Kügelchen zwischen schmutzigen Fingern.

Dies steckte er auf die Spitze einer Metallnadel, um es sogleich vorsichtig über der Dochtflamme zu erhitzen. Wieder wurde das Kügelchen geknetet. Als es schließlich rauchfertig war, stopfte er es in den eisernen, flachen Pfeifenkopf und hielt diesen im 90 Gradwinkel über die Flamme. Nun zog er kräftig an dem Mundstück. Der Stoff brutzelte, brannte jedoch nicht. Porn inhalierte von neuem langsam einen tiefen, die Sinne vernebelnden Zug. Ich merkte eine leichte Übelkeit, die der Rauch der Opiumpfeife verursachte. Aus glasigen Augen blickte Porn auf – und erkannte mich. „Hau ab, Mann, was suchst du hier, wenn du nicht rauchst", krächzte er in den Raum. Andere fühlten sich gestört und grunzten wie 'ne Rotte Schweine. Ich huschte aus der Opiumhöhle zu meiner Hütte. Mei saß sinnend auf der Terrasse, wahrscheinlich dachte sie an ihren Bruder.

Sie sagte mehr zu sich selbst: „Nach drei, vier Pfeifen stellt sich absolute Entspannung ein. Du fühlst dich wie unter Wasser oder im schwerelosen Raum. Du wirst davongetragen, aus der Dunkelheit ins warme, schmeichelnde Licht. Du fühlst dich von allen Sorgen ..."

„... befreit", ergänzte ich und sagte: „Ja, das ist sicher schön, aber auch gefährlich, weil es dich beherrscht und zerstört."

„Auch Liebe kann dich beherrschen und zerstören", sagte Mei. Ihre Augen glänzten im Schein der Öllampe. „Porn sagte mir einmal: Das erste Mal, wenn du Opium rauchst, ist es, als blickst du in die Augen einer sehr schönen Frau und du weißt, dass du bedauern wirst, sie jemals kennen gelernt zu haben."

Ich schaute in sehr schöne Augen!

Mei: „Bei dem Hmong-Volk (in Thailand heißen die Leute Meo) erzählt man sich über den Mohn diese Legende: Einst verliebte sich ein Meo in eine Weiße, ein *farang*-Mädchen. Das Mädchen starb und aus ihrem Körper erblühte eine Mohnblume. Daraufhin sagte der Meo, der Saft des Mohns ist süß, wie sie es war. Der Saft des Mohns nimmt mir meine Sorgen, wie sie es tat."

Und da nahm eine ungeheure Verlockung Besitz von mir. Für einen Moment nur, doch mächtig stark: Es ist die Verlockung zwischen zwei Giften. Zwei gänzlich unterschiedlichen und doch ähnlichen Giften. „Jede gemeisterte Begierde entzündet eine neue Sonne!" Dummheit oder Tugend?

Eine Fledermaus torkelte durch die Luft. Irgendwo schrie ein Nachtvogel. Sie erhob sich. Ihre Hüfte streifte meinen Arm. Dann huschte sie in die Kammer unserer Hütte.

Rubinschmuggler

Das Dorfleben lief kontinuierlich nach gleichem Schema ab, geprägt von der Aufgabenfolge der Frauen: Kochen, Waschen, Stillen, Nähen, Weben, Getreide mahlen, Sieben ... ein Fortfahren ohne Plan oder Perspektive, ein allgegenwärtiger Kreislauf, wenngleich das Gift den Kreislauf in diesem Lahudorf empfindlich durchkreuzt hatte. Viele Männer und alte Leute hatten die Ahnen verraten und die Traditionen verworfen.

Um die Mittagszeit lag Porn schlaff im Schatten eines Busches. Er war auf Turkey. Gähnte fortwährend. Ihn fröstelte. Mei brachte ihm Tee. Er klagte wegen Gliederschmerzen und Muskelzittern. Mir gegenüber war er gereizt und aggressiv. Geraume Zeit sah ich nicht viel von Porn und Mei. Ich hielt mich von ihnen fern, nutzte die Zeit für Notizen, schrieb einige Gedanken nieder:

Je mehr ich über Thailand und Burma nachdenke, desto ratloser machen mich diese Länder. Wegen der gewaltigen Probleme? Ja, vielleicht. Aber die haben wir auch, doch es sind andere. Diese beziehen sich auf Drogen, Geld, Sex und Hexerei. Wie ist das möglich? Weil der Glaube, der Buddhismus und der Animismus durchsetzt sind von der Kraft dunkler Mächte. So wird es sein! Das gilt vom Topmanager in Bangkok bis zum Mohnbauern im Regenwald.

Trübe Überlegungen, die mich in eine nachdenklichdepressive Stimmung versetzten. Mir kam der Gedanke, benutzt und missbraucht zu werden, doch ich wusste nicht wie und wozu. Ich sollte nach dem großen Umweg meine Suche nach Klaus Schröder wieder aufnehmen, intensiv und rasch weiterführen und mich hier verabschieden. So rasch wie möglich. Doch diese Überlegung brachte mich in große Unruhe, weil ich nicht alleine aus dem Wald herauskäme. Ich war den beiden ausgeliefert. Und ich sollte ihnen auch dankbar sein. Wirklich! Hatten sie mir nicht Dinge gezeigt, die ich ohne sie nie hätte sehen und erleben können? So hin- und hergerissen, wusste keinen Rat – da kam Mei, nach drei Tagen, setzte sich zu mir und sagte: „Porn ist wieder okay, wir gehen."

„Wohin, in Gottes Namen?"

„Nach Mong Hpayak. Eine kleine Handelsstadt, einen Tagesmarsch entfernt."

„Mong Hpayak? Was soll das? Bei Kontrollen ..."

„Pongsak meint, Straßensperren oder Kontrollen gäbe es nicht."

„Ich will zurück, Mei, und zwar jetzt."

„Jetzt nicht, aber bald. Porn macht vorher noch Geschäfte."

„Verdammt – was für Geschäfte? Etwa Rauschgift? Heroin?"

„Das darf ich dir nicht sagen. Er weiß nicht ob er dir trauen kann."

Ich wurde wütend. „Er fragt sich ob er mir trauen kann?", rief ich, „er ist wohl verrückt geworden? – Ich will wissen was hier vorgeht!" Dabei packte ich Mei, wollte sie schütteln... Porn stand plötzlich mit seiner Umhängetasche neben uns. „Hol' das Gepäck, wir brechen auf!", sagte er bestimmt. Mir blieb nichts anderes übrig als zu folgen.

Der Wald war vom Zirpen und tausend anderen Geräuschen erfüllt. Schmetterlinge, der seltenen und bunten Art flatterten von Blume zu Blume, ließen sich todesmutig vor unseren Füßen nieder. Wir glitten durch das grüne Pflanzenmeer wie Segelboote durch Wasser. Porn ging mit einer Machete vorweg um den Weg freizuschlagen. Stunden rannen dahin wie Tautropfen vom Blattwerk. Ich kam mir vor wie ein Gekidnapter, wie ein Gefangener und zermarterte mir mein Gehirn mit Gedanken über Geschäfte, die Porn vorgab zu tätigen. Und, welche Rolle spielte ich dabei?

Mong Hpayak ist Endstation für den Burmesen. Für den Waldläufer aus dem Osten, der erste Handelsplatz. In diesen Ort reist man nicht um sich zu erholen. Dort macht man Geschäfte mit Schmuggelware, Jade und anderen Edelsteinen. Wie wir, allerdings aus einer anderen Richtung, waren Pakistani, Inder, Chinesen in den Ort gekommen, um Geschäfte zu machen. Sie wollten *Fe t'sui* (Federn des Eisvogels), das ist Jade aus dem *Kachin* Staat, im Norden Burmas, kaufen, die wertvollste Jade, die es gibt. Porn war nicht an Jade inte- ressiert. Er suchte im Kyi Liu Star House einen Chinesen mit vergoldeten Vorderzähnen auf, der mit einer zweiten Person bereits in einem karg ausgestatteten Raum wartete.

Liu Chin gab ich besser nicht die Hand, es könnten hernach einige Finger fehlen. Der Händler hatte ein diabolisches Grinsen im Gesicht, das einem kalte Schauer über den Rücken jagte. Als er kurz nach der Begrüßung in seine Jackentasche griff, überkam mich das Gefühl, Porn hatte sich mit ihm hier verabredet. Der zweite Typ war wohl eine Art Bodyguard. Chin entknotete einen walnussgroßen Stein aus einem Läppchen. Einen Rubin von rund 25 Karat. Der Wert, um die 200 000 Euro! Das war also das Geschäft, das Bruder und Schwester abzuwickeln hatten. Nur, welche Rolle spielte ich in der Angelegenheit?

Die Unterhaltung war kurz. Ich verstand nichts, merkte aber rasch, dass es sich um ein Auftragsgeschäft handeln musste. Ein sehr wertvoller Stein, wahrscheinlich ein Taubenblutrubin, gelangte direkt aus einer burmesischen Mine an den Chinesen, der die Ware einem wohlhabenden, einflussreichen Thai verkauft hatte. Porn fungierte lediglich als Überbringer, also Schmuggler. Edelsteine von Mong Hpayak außer Landes zu bringen, ist streng verboten. Allerdings extrem günstig, weil die Junta die Geschäfte mit hohen Aufschlägen nur in Rangun zuläßt.

Im Licht der Deckenlampe sah der Stein makellos aus. Man erkennt Taubenblutrubine an den blauen Reflexen, die im Rot des Steins aufblitzen. Porn ließ ihn auf seiner Handfläche rollen. Ich konnte das Feuer, das in dem Edelstein loderte, beinahe körperlich spüren. Der

Chinese gab dem Thai seine Lupe. Porn klemmte sich diese ans rechte Auge, schaute kurz durch, dann nickte er zufrieden. Langsam wurde der Rubin ins Läppchen gerollt. Neugierig fragte ich nach dem Preis. Der Chinese grinste noch breiter. Sagte aber nichts.

Edelsteine haben etwas faszinierendes – wie besonders schöne Frauen, was beides auch gefährlich macht. Ich fühlte mich lebhaft an die Zeit in Chanthaburi mit George und diesem Russen Kasmanow erinnert. Ob sie schon Minenbesitzer waren? Hatten sie schon Steine dieser Güte gefunden?

Das eingefrorene Grinsen kam dicht heran. Fragte in verständlichem Englisch: „An Steinen interessiert? Ich kann Ihnen helfen." Bevor ich geantwortet hatte, schnippte er mit dem Finger. Die Person in seiner Begleitung spritzte hoch und verschwand. Chin entwickelte unerwartet menschliche Züge. Es konnte natürlich auch ein Verkaufs- trick sein, als er von seiner schweren Kindheit als Minenarbeiter erzählte. Dadurch aber später ein Mann der Steine wurde, ein Spezialist, der mit einem Blick erkannte, was ein roher Rubin wert war, nachdem er aus der Erdkruste geschlagen worden war. Er wusste wie leicht Unkenntnis ruinieren konnte. Er, Chin, irrte nie. Weil sein Wissen Macht war. Macht, die die Junta argwöhnisch beobachtete. Längst wurde vermutet, das Chin am regierenden Militär vorbei Geschäfte machte.

Wiederholt hatte die Geheimpolizei versucht ihn zu liquidieren. Der Wachhund erschien mit einem Diplomatenkoffer. Wie in einer Miniaturvitrine lagen Rubine in verschiedenen Größen darin. Liebevoll strich er über Preziosen von unschätzbarem Wert, dann packten schnelle Finger ein schönes Exemplar und legten es in meine Hand. Der Stein leuchtete rot wie frisch auslaufendes Blut. Es war kein Taubenblutstein, aber dennoch ein edles Stück von 10 Karat.

„700 Dollar", sagte die verführerische Stimme des Chinesen und fixierte mich schelmisch. Der Stein hätte in Deutschland mindestens das zwanzigfache gekostet. Ich ergötzte mich an dem Blick durch die Lupe. Dann gab ich den Rubin zurück. Bei dem Gedanken, man würde mich bei einer Kontrolle mit dem Stein erwischen, bekam ich eine Gänsehaut.

„Tut mir leid, Mr. Chin. Ich habe kein Geld, bin nur ein armer Backpacker." Sichtlich unwirsch über sich selbst, da ihn seine Menschenkenntnis dermaßen verlassen konnte, klappte er das Köfferchen zu, zog mit dem Adjutanten ab.

„Lass uns das Guest House wechseln. Du weißt nie, ob die Wände Augen und Ohren haben", meinte Porn. Wir traten auf die Straße, schauten uns nach verdächtigen Personen um und eilten um drei Ecken ins Kang House. Noch an der Bar angelte sich Porn ein Mädchen und verschwand mit ihr im ersten Stock. Mei machte sich in einer Kammer zu schaffen, bis ich ihr klar machte, dass ich hundemüde sei und für den Rückmarsch fit sein müsse.

In der Stadt der Schieber, Schmuggler und Desperados schlief ich ausgesprochen schlecht. Mit dem Rubin in Porns Tasche waren wir höchst gefährdet und zum Objekt der Begierde von ganz Mong Hpayak geworden. Chin brauchte die Übergabe nur auszuplaudern und wir wären nicht nur den Stein los! Schlimme Vorstellungen tanzten ihren Reigen.

Angstschweißgebadet wurde ich von Mei geweckt. Wie gerädert schlüpfte ich in Hemd und Hose, dann stahlen wir uns vor Sonnenaufgang davon in den Wald in Richtung Osten. Porn schlug ein höllisches Tempo an. In drei Tagen wollte er an der Grenze sein. Einige Dörfer wurden weiträumig umgangen. Heute Abend sollte für Proviant und Wasser ein Akha-Dorf aufgesucht werden. Unerwartet drang hartes Tock ... Tock ... Tock an unsere Ohren. Reflexartig warfen wir uns auf den Boden, robbten ins Strauchwerk.

Verdammt, da wurde geschossen. Das war eine Schnellfeuerwaffe. Im Dorf war Militär eingefallen.

Eine Razzia? Wir beschlossen, zu bleiben wo wir waren und verbrachten eine grausame Nacht bei Ameisen und anderem beißenden Getier. Es hallten noch einige Salven durch den Dschungel, dann war Ruhe. Mit den Augen durchkämmten wir das Unterholz. Weder Akha-Dörfler noch Soldaten ließen sich erspähen.

„Du kannst dir nicht vorstellen, was die Akha erwartet, wenn sie aus dem Dschungel getrieben werden", flüsterte Mei. „Im Night Bazar von Chiang Rai kannst du viele Akha-Frauen halb verhungert betteln sehen, nachdem sie alles verkauft haben, sogar ihre Schmuckhaube, von der sie sich niemals trennen dürfen. Weil Akha seit Generationen Opium anbauen, betrachten sie die Thai als Junkies und die Mädchen sind Freiwild für sie."

In der Tat: Thais und Burmesen wollen das staatenlose Naturvolk mit Gewalt assimilieren, um ihren Lebensraum zu annektieren. Thailand präsentiert sich als moderner, aufgeschlossener Staat. Naturgesellschaften haben darin nichts zu suchen. Es gibt sogar eine Fernsehserie, die ihre animistische Tradition parodiert, ja das Bergvolk in Bausch und Bogen der Lächerlichkeit preisgibt. Akha werden als Untermenschen dargestellt, denen man ihre Existenzberechtigung abspricht.

„Ein Akha, der seine Berge verlässt, ist ein toter Akha", meinte Mei nachdrücklich.

Am dritten Tag, es muss in Grenznähe gewesen sein, vernahmen wir schweres Motorenbrummen. Wieder hieß es: volle Deckung. Wir durchquerten den Dschungel parallel zu einer unbefestigten Schneise und beobachteten, wie sich eine motorisierte Patrouille langsam über den Pfad schob. Vorweg ein Jeep, dann folgten drei Pickups, auf deren Ladeflächen MGs montiert worden waren. Ein Soldat hatte jeweils das Maschinengewehr im Anschlag, ein anderer saß auf einem Magazinkasten. Das Schlusslicht bildeten zwei vollbesetzte Jeeps.

„Thai Army", flüsterte Porn, „das ist 'ne Grenzkontrolle. Wir haben's geschafft!"

Das glaubte ich auch, als wir meine Maschine aus dem Verschlag schoben und auf der Landstraße in Richtung Chiang Rai brausten. Ungefähr 10 Kilometer vor der Stadt bildete sich ein Mordsstau. Äußerst zäh schob sich der Verkehr weiter.

„Die übliche Kontrolle", meinte Porn.

„Üblich? Die scheinen was zu suchen", sagte ich.

Nun rutschte der Thai merklich nervös auf dem Rücksitz herum. „Bei uns ist alles in Ordnung", beruhigte er sich. Ich dachte an den Stein und bekam feuchte Hände.

Wir waren dran. Ich reichte dem Polizisten sofort den aufgeschlagenen Pass mit dem Einreisestempel. Er blätterte weiter, entdeckte die 20 Dollarnote, drehte sich um, ließ den Schein in die Tasche gleiten. Porn und Mei ließ er absteigen. Den Inhalt ihres Gepäcks mussten sie auf die Straße schütten, dann die Taschen leeren.

Mir wurde heiß und kalt. Mein Herz jagte wie wild. Wenn der Stein gefunden wurde, war ich auch dran! Eine Polizistin, in kugelsicherer Weste, wurde herangewunken. Die nahm sich Mei vor. Mein Rucksack, mit einem Bündel von Fluggepäckzetteln stand unbeachtet am Straßenrand. Die Uniformierten tauschten sich aus. Etwas ratlos, wie mir schien. Endlich winkten sie uns durch. Uff!

„Alles in Ordnung, der *farang* kann sich entspannen", sagte Mei und wippte freudig vor mir herum.

Im Pintamorn Guest House wollte ich mich von Mei und Porn verabschieden. Mein Bedarf an Abenteuern war gedeckt. Die beiden gaben vor, in der Stadt den Erwerber des Steins zu treffen. Doch wo war der verfluchte Stein und warum bestanden die beiden darauf, mich auf mein Zimmer zu begleiten?

Kaum war die Tür ins Schloss gefallen, machten sie sich über meinen Rucksack her und wühlten darin herum. In Sekunden zog Mei das Läppchen mit dem Stein und eine Bonbondose mit vielleicht 3-400 Pillen hervor. Ich war so perplex, dass ich nichts herausbrachte. Keinen Fluch, kein Geschrei. Als sie sich jedoch aufrichtete und hämisch grinste, klebte ich ihr eine. Eine unrühmliche Affekthandlung, ich weiß, aber sie brachte Erleichterung.

Die Dose flog durchs Zimmer und das Teufelszeug

verteilte sich auf dem Boden. Beide rutschten auf den Knien herum. Gierig sammelten sie ihre Drogen zusammen. Jetzt riss ich die Tür auf, expedierte das Geschwisterpaar wutschnaubend hinaus. Wer lässt sich schon gern so schamlos missbrauchen? An die Folgen, erwischt worden zu sein, mochte ich gar nicht denken.

Das *Akha Hill House* und der Schamane

Am zweiten Tag nach dem Vorfall hatte ich mich wieder gefangen. Allein auf der Enduro, begab ich mich von Chiang Rai in Richtung Westen. Folgte dem Uferweg des Nam Mae Kok bis Pha Seat, dann einem schlüpfrigen Bergpfad bis nach Lisu. Mir ging die Zeit langsam aus. So machte ich mich wieder auf die Suche von Klaus Schröder.

Nach letzten Informationen soll er sich im *Akha Hill House* unweit von Lisu aufgehalten haben. Ich hatte das untrügliche Gefühl, meinem einstigen Freund endlich auf den Fersen zu sein.

Lisu, ein Dörfchen mit verstreut in einem gerodeten Waldgebiet stehenden Hütten, machte einen verwaisten Eindruck. Ich knatterte langsam über den einzigen Dorfweg und hielt nach Menschen Ausschau, die mir das *Akha Hill House* zeigten, zumindest die Richtung dorthin angeben könnten. Urplötzlich endete der Weg in einem Schlammloch. Und ich saß mittendrin. Zwanzig Meter weiter schlängelte sich ein Nebenfluss des Nam Mae Kok durch Sumpf und verschwand im Wald.

Lisu war hier definitiv zu Ende. Die Enduro steckte bis zum Motorblock im Morast und ich versuchte krampfhaft, die Maschine flott zu machen. Ein ziemlich aussichtsloses Unterfangen! Hilfe eilte aus einer Hütte heran.

Mit Gezerre gelang es freizukommen. Tweang hieß der Mann und Helfer in der Not. Ein freundlicher Dörfler, der seinen Einsatz offensichtlich als willkommenen Zeitvertreib auffasste. Das Hill House war ihm ein Begriff. Er schwang sich auf die Sitzbank. Nun dirigierte er mich ein Stück zurück, dann nach rechts, einen außerordentlich steilen, serpentinenreichen Pfad hinauf. An einem, in schwindelnder Höhe am Abgrund klebenden Pfahlbau stoppten wir.

„*Akha Hill House*", gab er zu verstehen. Grandios dieses Schwalbennest mit einem atemberaubenden Blick ins Tal, auf Terrassenfelder und undurchdringlichen Regenwald. Ein Ort um sich aller Sorgen zu entledigen. Ein Platz der inneren Einkehr. Ich erwartete, dass jeden Moment die Haustür aufging und ein verdutzter Klaus herausschaute, um sich nach der Ruhestörung zu erkundigen. Eine Weile tat sich gar nichts.

Die Tür öffnete sich dann doch, ganz zaghaft, heraus trat ein Muttchen. Auf dem Haupt, die mit Münzen besetzte Kappe, im Mund eine Pfeife. Eine Akhafrau aus dem Bilderbuch. Ich fragte: „Klaus Schröder?"

Sie lächelte und wiederholte: „Klaus Sch-öde-."

Der Name war ihr wohl geläufig. Doch sie schüttelte energisch den Kopf. Durch Assistenz meines Begleiters bekam ich nach zähem Nachfragen, endlosen Erklärungen, allerlei Pantomime heraus: Klaus war wirklich Gast dieser Hütte gewesen. Habe viel Opium geraucht, Pillen geschluckt und sich sonderbar benommen. Wenn er Stechapfel einnahm, musste man ihn festbinden, weil er sich ins Tal stürzen wollte. Allerdings stets mit großer Theatralik, so dass man ihn rechtzeitig davon abhalten konnte.

Stechapfel ist ein stark halluzinogenes Nachtschattengewächs, das die *Sadhus* Indiens benutzen, um sich ekstatische Visionen zu verschaffen. Anders als ein LSD-Trip, der in der Regel nach einem Tag abklingt, hält die Wirkung vom Stechapfel Tage, bisweilen Wochen an. Dies Zeug zu nehmen passte zu Klaus. Wahrscheinlich hatte er in Indien damit Bekanntschaft gemacht. Seine Persönlichkeit, mit der man hadert, kann auf diese Weise ausgeblendet werden.

Schröder sei eines Tages dann plötzlich, wie er erschienen war, auch wieder verschwunden. Ohne Gruß, ohne Erklärung sei er abgetaucht. Weil er Einzelgänger war, wusste auch niemand der übrigen Gäste was er vorhatte.

Ich erfuhr, dass das Hill House Gäste verschiedener

Nationalitäten beherbergte. So beschloss ich, wenigstens eine Nacht zu bleiben.

Als sich der erste Nebel im Tal sammelte und allmählich bis in unsere Höhe kroch, stapften die ersten Backpacker heran. Ein koreanisches Pärchen kam über einen Trampelpfad von einem Höhenzug. Drei Studenten aus England hatten sich aus dem Tal heraufgekämpft. Bevor die Nacht hereinbrach, tauchte ein Australier mit seiner Freundin auf. Man rauchte, trank Cola, stellte sich kurz vor, gab sich allerhand Tipps zu billigen Hotels, gemütlichen Kneipen, günstigem Stoff. Man berichtete über Orte, die besucht wurden und über solche, die man noch sehen wollte. Tweang hatte sich alles schweigend angehört. Als er Anstalten machte in sein Dorf zurückzukehren, ließ ich das Bild von Schröder kreisen. Kopfschütteln.

Doch plötzlich sagte der Australier: „Den kenne ich. Der haust vielleicht 15 Kilometer südlich von hier in einer Eingeborenenhütte. Ein Engländer – doch eher ein Deutscher, der gut Englisch spricht."

Tweang studierte das Foto aufmerksam, machte verständlich, dass das durchaus zutreffen könnte. „Das ist die Gegend von Wawi", sagte der Australier, „nicht leicht zu erreichen." Der Akha pflichtete bei, war bereit Morgen mit mir dorthin zu fahren. Er erhob sich, wandte sich dem Pfad zu und entschwand in der Nacht.

„Merkwürdig", murmelte der Australier, „Akha glauben an Geister und Dämonen, die nachts im Urwald spuken. Der schien überhaupt keine Angst zu haben."

Mit Sonnenaufgang holte mich Tweang vom Schwalbennest ab. Dichter, grauer Nebel hing immer noch im Tal und gab uns das Gefühl, oberhalb der Wolkendecke zu schweben. Rasch bezahlte ich meine Übernachtung, kaum zehn Dollar, spülte noch einen Becher Tee hinunter, dann gings ins Tal und auf holprigen, verwunschenen Pfaden in Richtung Wawi.

Wir passierten Lichtungen, dichte Waldareale, Furten, an denen Frauen in Grüppchen plauderten und Wäsche wuschen. Eine Gruppe Kinder tauchte schreiend auf und rannte ein Stück hinter uns her. Der Pfad wurde so steil und steinig, dass wir das Motorrad ins Buschwerk schoben und etwa einen Kilometer zu Fuß bergan schritten. Tweang hielt inne, wies nach vorn, auf eine windschiefe Kate aus Holzbalken, Bambusstangen und Wellblech zusammengeschustert: „Dort wohnt er!"

Ich klopfte an die Tür. Im Inneren blieb alles ruhig. Nach stärkerem Klopfen rumorte es in der Hütte. Ein Europäer öffnete den Verschlag, kratzte sich am Nacken und gähnte. Er war Mitte 30, ausgemergelt, unrasiert mit blondem Haarwuchs. Sein Oberkörper war mit einem schmutzig-grauen T-Shirt bedeckt, Beine steckten in zerrissenen Jeans. Klaus war das nicht.

Der Einsiedler, der, wie ich erfuhr keiner war, stellte sich als Ben aus Liverpool vor. Er lebte einige Monate in den Bergen, schrieb Lyrik, weil er es hier am besten konnte. Ging dann für zwei, drei Wochen nach Chiang Mai, um Stoffe, meist Seide und allerhand örtliche Souvenirs zu kaufen, die an einen Händler in England verschickt wurden. Von den Geschäften und seiner skurrilen Schreibe, die in einigen Magazinen erschien, konnte er schlecht und recht leben. Von Zeit zu Zeit verließ er Thailand um die Aufenthaltsgenehmigung zu erneuern.

In dem einzigen Raum der Hütte befand sich eine Kochecke, eine Schlafnische, ein Tisch mit drei Stühlen. Doch das Verblüffende waren Regalreihen mit einer Menge Bücher: Shakespeare, Milton, Graham Greene, Bruce Chatwin, auch Übersetzungen von Goethe, Schiller und einigen Philosophen.

Ich schob Ben das Foto über den Tisch.

„Klaus? – Ist das der durchgeknallte Typ aus Deutschland, der sich für Caruso hielt und in die Täler brüllte? Oder der, der mit seiner Gitarre die Dörfler verrückt machte? Halt, da gab's noch 'n Kraut, der seine Hütte ansteckte."

Ich sagte, er müsse um die 60 sein, intelligent, aber meist auf Stoff aus.

Ben überlegte nicht lange: „'N Affen schieben die

meisten Weißen hier. Egal, welcher Klaus es war, jedenfalls sind die weg.“

„Weg? Wohin?“, fragte ich nach.

„Was weiß ich. Einfach weg, Mann.“

Wieder im Akhadorf Lisu: Ich war ehrlich gesagt de-
primiert. Hatte mir große Hoffnungen gemacht. Stand ich
jetzt vor dem endgültigen Aus? Alle Spuren waren im
Sand verlaufen. Alle Fäden gerissen. Ich sah keine Möglichkeit sinnvoll weiterzusuchen. Klaus‘ Leben endete im
Dschungel Thailands. Ich musste das akzeptieren. Schade! Wie gern hätte ich Licht in sein Leben gebracht. Ihn
heimzubringen, das war gewiss ein zu frommer Wunsch.

Ich wunderte mich über meine Traurigkeit, jetzt am
Ende ergebnisloser Recherchen. Wahrscheinlich lag es
am Eingestehen der Niederlage. Wer als Journalist durch
die Welt reist, will den Dingen auf den Grund gehen.
Akzeptiert keinen unerledigten Auftrag, um so weniger,
wenn er sich den Auftrag selbst gestellt hat.

Wir hielten vor Tweangs Hütte, wollten uns verabschieden, weiterfahren, wohin? Nach Chiang Rai, Bangkok, endgültig nach Hause? Auf seine Weise war der
Akha ein feinfühliger Mensch. Er hatte längst bemerkt
was mich bedrückte. Anstatt sich zu verabschieden, hatte
er einen merkwürdigen Einfall. Er führte mich zu einer
abseits gelegenen Hütte, die sich auf sonderbare Weise
von den übrigen unterschied. Die Wände bestanden aus
aneinander gesteckten Bambusstäben mit Zwischenräu-
men, so dass Licht in den fensterlosen Raum dringen
konnte. An einer schwelenden Feuerstelle saß ein Mann
undefinierbaren Alters. Er trug eine turbanähnliche
Kopfbedeckung, hielt einen Tonkrug in Händen und war
in sich vertieft. Betete er? Er war entrückt. Kommunizierte er mit Geistern und Göttern?

Es war der Dorfschamane, der Zauberer und Wahrsager der Akha von Lisu. Auch Medizinmann oder Witch
Doctor genannt. Tweang sprach mit dem Mann, der weder aufblickte noch Notiz von uns nahm, lediglich etwas
unverständliches murmelte. Mir wurde angedeutet vor

ihm Platz zu nehmen. Endlose Minuten geschah nichts. Ich wurde ungeduldig. Ungeduld ist eine Unart vieler Europäer. Ich besann mich und wartete ab.

Medizinmänner erleben eine Renaissance, nicht nur in Südostasien. Grund ist die Zunahme von Depressionen und Geisteskrankheiten, ausgelöst durch die gnadenlose Konfrontation mit der westlichen Zivilisation, der Verstädterung, dem Bruch mit Tradition und Familienbanden, dem Tourismus mit seiner Scheinwelt – all das wird von vielen Entwurzelten, der Bergvölker nicht verkraftet. Neurosen, Persönlichkeitsspaltung, Wahnvorstellungen lassen die Menschen zur Droge greifen, die das psychische Leiden nur verschlimmert. Auch die technische Schulmedizin der Weißen vermag nicht zu helfen.

Dämonen, die nach der Vorstellung der Bergvölker die Harmonie von Seele, Körper, Umwelt und Kosmos zerstört haben, können am Ende nur Schamanen mit Magie und einem starken Zauber vertreiben.

Nach einer Ewigkeit war der Schamane aus seiner Versunkenheit erwacht, er richtete seine Augen, sehr wache, sehr listige, durchdringende Augen auf mich. Ich wurde eingehend begutachtet. Der Mann stocherte im Feuer, schien etwas aus der Asche zu lesen. Er wollte meine Handflächen sehen, die er mit einem glimmenden Stock überfuhr. Ganz dicht, so dass es heiß wurde. Zu meinem Erstaunen sagte er aus heiterem Himmel: „Der *farang* sucht einen *farang*.“ Aus seinen wohlbedachten Worten schloss ich, dass Tweang ihn informiert hatte und sicher war ich nicht der erste Weiße der ihn konsultierte.

„Ich kann dir einen Rat geben, aber das beansprucht Zeit“, fuhr er geheimnisvoll fort. Tweang malte 20 Dollar in die Asche und machte mir verständlich, ihm den Betrag zuzustecken. Da ich ohnehin nicht weiter wusste, war mir das kleine Sümmchen das Experiment wert. Der Schamane wollte jetzt das Bild sehen. Er hielt es vor seine Augen, als versenke er sich in die Person Klaus Schröder. Tweang gab er eine Anweisung. Der verschwand prompt. Nach einigen Minuten war er wieder im Raum. An den Flügeln hielt er ein flatterndes, gackerndes Huhn. Ich befürchtete das Schlimmste. Was auch eintraf.

Vor der Hütte schauten mittlerweile Kinder und Erwachsene dem Treiben im Inneren zu. Hinein wagte sich niemand. Mit einem brutalen Schraubengriff seiner rechten Hand riss der Schamane dem Huhn den Kopf ab. Blut spritzte auf das Foto und über meinen Schoss. Das Huhn wurde losgelassen. Es überschlug sich, rannte gegen die Wandstäbe. Dort blieb es verendet liegen. Mit knöchrigen Fingern verschmierte der Medizinmann das Blut auf dem Foto. Aufs neue vertiefte er sich in die Person. Nach geraumer Zeit schliefen mir die Beine ein. Der Hintern schmerzte. Ich wollte mich bewegen, aufstehen, herumgehen. Tweang wies mich an auszuharren. Die Meditation dürfe auf keinen Fall gestört werden.

Eine weitere Viertelstunde später war ich drauf und dran den Humbug abzubrechen. Der Wahrsager und Schamane schien ohnehin längst eingeschlafen zu sein. Ich fühlte mich von dem Waldmenschen kräftig auf den Arm genommen...

Wie von einer langen Reise aus einer anderen, fernen Welt zurückgekommen, regte sich der Hexenmeister plötzlich. Erst nur durch ein Zucken, durch sanftes Bewegen der Hände und Arme, schließlich öffnete er die Augen. Sein Mund sprach: „Den *farang* findest du an einem Ort fern von hier. An einem Ort im Süden, an dem sich Menschen um kranke Menschen kümmern. Aber du wirst den *farang* nicht finden wie du es dir vorstellst."

„Wie heißt der Ort?"

Der Schamane schwieg.

„In welchem Zustand ist der *farang*?"

Schweigen.

Die Sitzung war beendet.

Tweang geleitete mich hinaus, vorbei an den vielen neugierigen Dörflern. Ich war wie benommen, schwang mich aufs Motorrad und fuhr nach Chiang Rai. Im Pintamorn Guest House erzählte ich dem Chinesen Fuh

Mantu von meiner Sitzung mit dem Lisu-Akha-Schamanen. Er hörte aufmerksam zu, dann sagte er mit verblüffender Bestimmtheit: „Klaus Schröder findest du bei Mönchen in Tham Krabok. Einem Kloster bei Saraburi, das liegt 150 km nördlich von Bangkok."

„Ist das ein besonderes Kloster?"

„Durchaus. Es kümmert sich um suchtkranke Menschen."

Suchtkranke? Ich schlug mir an den Kopf. Natürlich! Hatte nicht Sami in Surat Thani von einem Mönch namens Chamroon Parnchand gesprochen und sogar ein Bild von dem finster blickenden Robenträger in ihrem Haus? Doch ich war blind, erkannte keinen Zusammenhang zwischen ihm, dem Kloster, Süchtigen und Klaus. Mein Ziel war klar. Noch am selben Tag brach ich auf.

Sie alle, die glauben durch
die Pforte des Vergnügens in den
Tempel des Glücks gestiegen
zu sein, sie bezahlen ihr
Augenblicksglück mit dem
Leib und ihrer Seele.
Sie wandern rasch durch die
Pforte des Unglücks in die
Nacht des Nichts.
(Louis Lewin, 1924)

Im Kloster

Engel vor der Hölle

„Obwohl der Körper stirbt, kann der Geist, der im Nirwana weilt, nicht sterben!", sprach Luang Phoo Tscharoen, Abt des Klosters. Sein Froschgesicht umspielte ein Versenkungsgrinsen. Mitleidig schaute er durch mich hindurch. Ich verstand nichts. Wohl aber erfasste ich etwas Seherisches in den Worten. Spürte eine fast körperliche Spannung, die sich des Klosters bemächtigt hatte.

Mönche eilten mit eingezogenen Köpfen ihren Klausen zu, wie verschreckte Marabus. An der imaginären Klostermauer hatten mich zuvor Polizisten nach Drogen und Waffen gefilzt. Welch eine Last liegt auf Tham Krabok? Tham Krabok, das muss erklärt werden, ist die Wortschöpfung des berühmten Abts Luang Phoo Tscharoen, Mitbegründer des Klosters und bedeutet „Höhle der Lehre". Manche Thais sagen einfach „Bambus-Höhle".

Ahnungslos war ich in das Kloster eingezogen. Klaus Schröder würde ich hier finden weissagte der Akha-Schamane verschlüsselt. Und der Chinese Mantu gab mir die Erklärung. Auch sollte das Kloster für einige Zeit meine Oase sein. Ich erhoffte, nach Wochen der Angst im Goldenen Dreieck Ruhe zu finden und Einblicke in die Welt suchtheilender Mönche.

War Tham Krabok die Endstation von Klaus? Noch wusste ich es nicht. Was ich fand waren Abgründe unsäglichen Leids. Die Auswirkungen skrupelloser Drogenbosse, in deren Schattenreich ich, kaum 700 Kilometer nördlich von hier, gewesen war.

Meine Klause war ein drei mal drei Meter nackter Raum mit einem zementierten Fußboden. Aber ich war glücklich, aufgenommen worden zu sein. Braucht der Mensch mehr?

An schroffen Felswänden vorbei, vor denen mächtige, schwarze Buddhastatuen aus Lava ruhten, führte der Weg zum Haupttempel. Links davon befindet sich das Herzstück des Klosters: der vergitterte Schlafsaal, die Intensivstation.

In den letzten Hahnenschrei und das heisere Gekläff der Hunde mischte sich Stöhnen, Wimmern, Jammern, Gebrüll gekrümmter Körper. Menschlicher Körper im eigenen Schmerz eines verpfuschten Lebens. Wracks in der Station vor der Hölle. Doch vor der Hölle stehen Engel, die den letzten Schritt verwehren wollen.

Thailand hat rund 800 000 Süchtige. Noi, Pim, Kitiya ..., die meisten waren Thais. Sie gaben nur ihre Spitznamen preis. Jungs und Mädchen, Männer und Frauen. Aber auch Amerikaner, Australier und Europäer: George aus Londons Soho, Mike aus der Bronx von New York, Karl aus der Schweiz, Jan aus Hamburg. Wo war Klaus Schröder? Keine Antwort. Mönche sind verschwiegen.

Jan, nur noch ein 50 Kilo Elend mit Einstichen ohne Ende in einem Körper, der einer zerschossenen Ruine glich, hatte Gelbsucht und acht Jahre Knast auf dem Buckel. Den Rest seines Lebens schleppte er in einer schmutzigen Plastiktüte mit hierher. Der Ansteckungsgefahr wegen, wurde er etwas abseits betreut. Kollektiv lechzten alle nach Linderung, dem Lebenselexier ihrer letzten Jahre: Heroin, Yabaa, Crack, Alkohol und was sonst so Körper und Seele zerstört.

In der Suchstation von Tham Krabok haben die Patienten eines gemein: eine sehr lange Drogenkarriere. Irgendwann gab es ein letztes Aufbäumen, man schleppte sich, bisweilen auf allen Vieren, in dieses Kloster am Fuße hoher Kalkfelsen und geheimnisvoller Grotten, 130 Kilometer nördlich von Bangkok, 25 Kilometer von Saraburi entfernt.

Das Jammern wurde fordernder, ja bedrohlich. Der Beginn eines üblichen Tages. Entzugsschmerzen übersteigen alles Erträgliche. Noi schleuderte sich hin und her, riss Augen und Mund auf wie ein Fisch ohne Wasser. Sie rollte von ihrem Lager gegen Mike, der sich schluchzend in den Arm biss.

Pim schob einen nicht minder geilen Affen, schrie röchelnd nach Stoff und torkelte im Wahn an die Wand, um den wirren Schädel dagegen zu schlagen. Nun schritten zwei Mönche ein. Pim wurde zurückgehalten. Auf besonders Leidende wurde behutsam eingewirkt.

Noi fantasierte im Wahn, ihre „Schießleiste“ reichte über die Venen beider „Avokado“-Arme, die sich violett verfärbt und deformiert hatten.

Betroffen stand ich da. Als Ankömmling. Phra Thoung spürte meine Bestürzung und sagte: „Noi hat sich vorgestern noch unter die Zunge gespritzt. Die ersten drei Tage sind die schlimmsten. Der Kreislauf droht zusammenzubrechen.“

„Den brutalen, den kalten Entzug überleben alle?“ Der Mönch blickte mich verwundert an: „Mir ist kein Todesfall bekannt. Von Methadon halten wir nichts.“

Phra Thoung widmete sich wieder seinen Schützlingen. Bei ihnen hatte er auch die Nacht verbracht.

Harter, abrupter Entzug wird auch anderswo auf der Erde praktiziert, doch nirgends so erfolgreich wie hier im Kloster Tham Trabok, der „Höhle der Lehre“. Die Lehre der Befreiung von Körper und Seele von dem Dämon: Sucht. Bis zu 3000 Drogendesperados werden jährlich wieder seelisch und körperlich zusammengesetzt und aufgebaut. Seit Einführung des Entgiftungsprogramms für Abhängige 1959 sind es rund 150 000 Kranke. 75 Prozent verlassen das Kloster als geheilt, werden nicht mehr rückfällig. In europäischen Entzugsanstalten ist der Heilungserfolg umgekehrt: 75 Prozent kehren an Nadel, Pille oder Flasche zurück. Wie ist das möglich? Durch das Zusammenwirken von Glaube, Schmerzen, Ekel und Demut!

Im offenen Vorraum des großen Tempels saß der Abt und betrachtete mit schneidender Eindringlichkeit eine Gruppe Kniender vor sich. Auch dies war eine alltägliche Szene. Endlich fragte er: „Ihr seid bereit, euer Leben zu ändern, radikal und für immer?“

„Ja“, antworteten sechs junge Thailänder im Chor.

„Gut, wenn dem so ist, müsst ihr es schwören.

Es ist ein Schwur für alle Zeit. Wer ihn bricht, wird selbst zerbrechen wie ein trockener Halm im Wind. Nichts und niemand wir euch auffangen! Auch dieser Ort wird euch auf alle Ewigkeit verwehrt bleiben. Der Tod wird eure einzige Erlösung sein. Habt ihr das verstanden? Seid ihr bereit?

„Wir haben verstanden und wir sind bereit.“

Abt Phoo Tscharoen sprach mit eindringlicher Stimme vor: „Ich schwöre bei allem was mir heilig ist, bei Buddha, dem Himmel, der Erde, den Verstorbenen, den Lebenden, niemals mehr werde ich Drogen, die da sind: Heroin, Kokain, Haschisch, Marihuana, Ecstasy spritzen, schnupfen, schlucken noch sonst wie meinem Körper zuführen! Niemals mehr Alkohol trinken oder sonst wie zu mir nehmen. Und niemals dieses Gelübde brechen!“

Während der hohe Mönch die Gelübdeformel vorsprach, fixierten seine Augen die sechs Kranken. Er wusste , dass er für die Underdogs das allerletzte Angebot war. Auf den, der es ausschlug, warteten Hölle und Tod. Die Last der Verantwortung trug Tscharoen mit dem Gleichmut eines Erleuchteten. Für Menschen, die sich wie Müll fühlten, war der Schwur ein Hilferuf aus tiefster Not. Sie spürten, da nahm uns jemand ernst, vielleicht zum ersten und letzten Mal. Urvertrauen regte sich. Niemand wollte ihn enttäuschen, den bulligen, gütigen Glatzkopf, der da raumfüllend hockte wie ein monströser Ochsenfrosch.

Drei Räucherkerzen ließen kräuselnden Rauch steigen, der als duftender Nebel den Tempel schwängerte.

„... Ich schwöre und gelobe es!“ sprachen die Probanden nach, mit brüchigen Stimmen. Unterlippen zitterten. Das Grundwasser der Seele, Tränen, liefen über Wangen. Junkies haben einen weichen Kern. Das Leben im Rinnstein oder Knast hat ihr Inneres freigelegt.

Siripo wurde von einem Weinkrampf geschüttelt. Ohne äußere Regung führte Phra Tscharoen das Gelöbnis zu Ende. Bedächtig segnete er die Knienden.

Noch hatte sich Siripo nicht beruhigt. „Ich bin aus

dem Gefängnis entlassen worden ...“, schluchzte er, „... und gleich hierhergekommen.“

Abt Tscharoen zog den Mann an seine Brust. „Ich weiß es. Du wirst stark sein und das Böse besiegen.“

Allmählich fasste sich der Junkie, gesellte sich zu den anderen. Alle wussten, dass schon bald der Teufel in ihren Körpern einen ganz entsetzlichen Reigen tanzen würde. Jetzt wartete die Intensivstation auf die Neuen. Doch zuvor gaben sie ab, was sie an Habseligkeiten mit sich führten. Für Mittellose ist die Kur gratis. Von Eltern, die ihre gestrauchelten Kinder der klösterlichen Obhut übergeben, wird eine Spende erwartet.

Phra Gordon ist Mönch auf Lebenszeit und im Kloster Dampfbademeister von Kessel eins, außerdem PR-Mann und Spendensammler. Ich erfuhr von dem Klosterbruder, der eigentlich Gordon Baltimor heißt und als farbiger Amerikaner aus Harlem stammt, außerdem lebhaft an den Sprinter Jesse Owens erinnerte, dass die Finanzierung der Therapie eine teure Angelegenheit ist.

Das Kloster braucht 30 000 Euro pro Monat. Öffentliche Gelder, doch besonders private Zuwendungen dankbarer Eltern und Geheilter, die wieder zu Lohn und Brot kamen, halten, neben bescheidenen landwirtschaftlichen Erträgen, Tham Krabok am Leben.

Gordon warf einen Holzscheit in den Ofen. Aus dem Kessel quoll heißer Dampf, der intensiv nach Zitronengras roch. Während jetzt Patienten in kleinen Gruppen aus dem Schlafsaal direkt in die Sauna marschierten, legten die gerade Vereidigten den *Pakomah*, ein buntes Hüfttuch, die Arbeitskleidung, an um sich in Begleitung von zwei dürren Mönchen vorerst auf die Station zu begeben. Für sie wurde gerade ein zweiter Kessel geheizt. Das tägliche Dampfbad gehört zur Therapie. Es ist ein Element der Entgiftung.

Längst hatte sich die Sonne in den Zenit geschoben. Die Hitze waberte wie Flüssiggas. Unerträglich. Ich flüchtete in den Schatten.

An einem nahen Steinbruch zerschlugen Ex-Fixer

Felsbrocken. Die Steine wurden von einer anderen Kolonne, die ebenfalls die schlimmste Phase des Entzugs überstanden hatte, an die große Buddha-Baustelle gebracht.

In der Ebene verrichteten tiefgebeugte Menschen Plantagenarbeit. Harter Dienst, 10 bis 12 Stunden pro Tag, gehören nach der Entgiftungswoche zum Programm.

Gott sei Dank, Sonne und Hitze verloren allmählich ihre Kraft. Die Schatten wurden länger, aus allen Richtungen kehrten ausgelaugte Ex-Junkies in die Klosteranlage zurück. Aus dem nahen Hmong-Dorf störte dröhnende Musik aus Lautsprechern den Frieden.

Das Dorf, hatte es etwas mit der bedrohlichen Spannung zu tun, die, einer Glocke gleich, über Tham Krabok hing? Warum sprach niemand darüber?

Wir Neuen horchten auf. Plötzlich wurden Trommeln und Gongs gerührt. Zu dumpfen Schlägen mischten sich helle Zimbelklänge. Die Instrumente wurden von monotonen Weisen musizierender Mönche begleitet. Das wichtigste Ritual wurde eingeläutet.

Wächter hatten die Patienten mit freundlichem Druck aus der Station an eine Betonrinne gedrängt. Die Neuen starrten erwartungsvoll, die Ex-User mit ekelverzerrten Gesichtern auf große, randgefüllte Wassereimer, wo Aluminiumbecher wie Korken tanzten. Von Mönchen eskortiert nahte der Abt. Aus Flaschen gossen die Geistlichen nun einen schwarzen, dickflüssigen Extrakt in Gläser: Es ist ein übel riechendes und noch übler schmeckendes Gebräu aus einer Unzahl geheimer Kräuter des Dschungels.

Jedem der Hags (Abhängigen) wurde ein volles Glas gereicht, das bei manchem augenblicklich Brechreiz auslöste. Ich hatte das Gebräu unter der Nase: Schauderhaft!

Auf Kommando wurde der Spezialtrank auf ex durch die Kehle gewürgt. Konpuh übergab sich auf der Stelle. Poot, ihm gegenüber, würgte trocken und verdrehte die Augen. Schweiß perlte auf Rücken und Stirn. Der zwanzigjährige Moe presste seinen Leib, als hätte ihn ein Krampf geschnürt. Ein Mönch hielt ihn fest, damit er nicht in den Eimer stürzte.

Nach einer Weile wurde mit lauwarmem Wasser gespült. In unvorstellbaren Mengen, vier, fünf Liter, die Mönche ermunterten zu trinken bis die Bäuche schwollen ...

Ein schauriges Würgen setzte ein. Kehlen und Rachen entstürzte ein kolossaler Schwall schmutzig-brauner Brühe. Wieder und wieder brach der Dreck aus dem Innersten der Körper. Das Würgen übertönte Trommler und Zimbelschläger. Es durchfuhr den Nachmittag wie Gebrüll hungriger Löwen.

An dieser Rinne hatte jeder Süchtige gestanden. Nach geleistetem Schwur hatten alle eine Woche lang und täglich den Horrorsaft getrunken und sich die Sucht aus dem Leib gekotzt. Zu essen gab es in dieser Woche nichts.

Mönche und deren Helfer, meist Ex-Fixer, die schwere sieben Tage des Entzugs hinter sich hatten, spülten Erbrochenes in die Betonrinne. Schnüffelnde Köter wurde verscheucht, weg von dem Unrat der Kranken ...

Es war 20.30 Uhr. „Zeit für das Gebet", raunte Phra Hans.

Ich begab mich mit ihm in Richtung Sala, wie die große Meditationshalle genannt wird.

Hans Hübner ist Schweizer aus Luzern. Seit über vier Jahren Mönch in Tham Krabok. Der 58-jährige wirkte wie ein gütiger Oberlehrer. Die Güte kehrte erst im Kloster ein. Tatsächlich verlief sein Leben wie eine Achterbahn: Gewalt, Angst, Hass, Halluzinationen, Selbstmordversuche, Flucht in die Fänge von Schamanen des Amazonas ...

„Tscharoen Pandschan war mein Retter, er ist mein *Luang Phoo*, mein 'verehrungswürdiger Vater'. Er wies mir das Licht am Grund eines tiefen, schwarzen Lochs", verriet er.

Mit dem Verhallen des großen Gongs betraten wir den Saal, knieten mit 100 anderen Robenträgern auf einer

Empore, hinter dem Vorbeter und ranghohen Mönchen, nieder, fielen ein in den murmelnden Sprechgesang. *Chanten* buddhistische Texte.

Die hellen Stimmen vor uns rührten von zwanzig kahlköpfigen, weiß gekleideten Nonnen (*Tschih*). Eine Besonderheit! Herrscht in den übrigen Klöstern Thailands doch strenge Geschlechtertrennung. Im Wat Tham Krabok werden Strenge und Toleranz zugleich praktiziert.

Strenge symbolisiert die braune Kutte. Sie unterscheidet die frommen Männer hier von den übrigen 400 000 Mönchen und Novizen in safrangelben Gewändern in über 30 000 Klöstern. Das Gelübde des Ordens, die *Satya* (Wahrheit), regelt auch eine strenge Nahrungsaufnahme und den Umgang mit Verkehrsmitteln. Während sich Thailands gelbgekuttete Jünger auf morgendliche Speisebettelgänge begeben und sich gegen Mittag abermals stärken dürfen, dann wie selbstverständlich in Autos, Bussen oder Bahnen sitzen, essen Buddhas Jünger der Bambushöhle nur einmal gemeinsam in der Versammlungshalle morgens um 7.30 Uhr.

Aufs Nachtlager begeben sie sich mit knurrenden Mägen. In der Mittagshitze darf nur Wasser oder etwas ungesüßter Tee eingenommen werden. Das Benutzen von Transportmitteln ist verboten. Kein Fahrrad, kein Bus, erst recht kein Flugzeug oder Schiff dürfen benutzt werden. Selbst der Ochsenkarren ist tabu.

Wie ernst der Orden diese Regelung nimmt wurde 1975 offenbar, erzählte Phra Hans: „Luang Phoo Tschamruhn, Bruder des jetzigen Abts und Mitbegründer des Klosters erhielt für die Heilung Suchtkranker den *Ramon Magsaysay Award*, im asiatischen Raum eine Auszeichnung, die mit unserem Nobelpreis vergleichbar ist. Die Ehrung fand vor einem internationalen Komitee in Manila auf den Philippinen statt. Abt Tschamruhn ließ wissen, dass ihm das Erscheinen unmöglich sei. Kurz entschlossen reiste das hohe Gremium nach Saraburi an den Rand des Regenwalds ins Kloster am Fuß der Kalkfelsen. Das war eine Sensation!"

Eine besondere Übung des Klosters ist der *Thudong*, eine Wanderung. Geschlossen ziehen die Mönche im Gänsemarsch im Juli für mehrere Wochen auf eine Art Pilgerreise durchs Land. Neben ihrer Robe ist ein weißer Sonnenschirm ihr einziges Gepäck. Nahrung und Getränke werden ihnen von der Bevölkerung übergeben. Thailänder empfinden die Versorgung der Mönche nicht als überreichtes Almosen, sondern als Ehre, dass ihre Gaben angenommen werden. Der *Thudong* ist eine Erinnerung an die Klostergründer, die einst als Wandermönche durch den Wald gezogen waren.

„Was war Luang Phoo Tschamruhn für ein Mensch?" wollte ich wissen.

„Ein Buddha!" sagte Hans ohne zu zögern. Luang Phoo Tschamruhn starb vor drei Jahren. In jungen Mannesjahren hatte er verschiedene Berufe ausgeübt. Unter anderem als Polizist in Bangkok Fixer und Dealer gejagt. Das war während seiner Zeit im Rauschgiftdezernat. Irgendwann sah er in seiner Arbeit keinen Sinn. Er wollte helfen, nicht stellen. So beschloß er sich als Mönch ordinieren zu lassen. Als Wandermönch zog er dann über Land und durch die Wälder.

Die Region nordöstlich von Saraburi entdeckte er 1956. Ein Jahr später gründete er mit seinem Bruder Phoo Tscharoen, der bereits Mönch war und seiner Tante, Mien Pandschan, die spätere Luang Paw Yaai, an den Kalkfelsen das Kloster Tham Krabok. Dazu verließen die Brüder ihr angestammtes Kloster Klong Mau, zogen in die Kalksteinhöhlen, wo sie sechs Jahre lebten und meditierten. Allmählich wurden die ersten Holzhäuser gebaut.

Einen großen Einfluss auf die Entwicklung des Klosters hatte die Nonne Paw Yaai, eine einfache Frau, die hart arbeitete und mit spirituellen Welten in Kontakt stand. Tscharoen bezeichnete seine Tante als „sprechende Bibel", Bruder Tschamruhn als eine „große Visionärin."

Tham Krabok verdankt ihr die Beherbergung von

Mönchen und Nonnen in einem Kloster und die Lehre von *Lokuttara*, der Überwindung des Weltlichen zum Zwecke der geistigen Befreiung. 1959 startete die Klosterleitung mit ihrem Drogenentgiftungsprogramm. Von nun an wurde Süchtigen aus der ganzen Welt und aller Glaubensrichtungen geholfen.

1970 starb Luang Paw Yaai. Tscharoen begab sich auf eine 15 Jahre während Pilgerreise durch die Wälder Westthailands, wo er auch die Ingredienzen für den Brechtrunk sammelte. Tschamruhn leitete in dieser Zeit Tham Krabok als Abt.

Eines Nachts hörte Tscharoen die Stimme seiner verstorbenen Tante, die rief, er möge ins Kloster zurückkehren, um seinem Bruder bei der Betreuung Suchtkranker zu helfen. Tscharoen folgte der Stimme, das Umherziehen hatte ein Ende. Das Kloster bekam einen *Ajahn*, einen großen Lehrer, einen Mann mit phänomenalem Wissen über Natur- und Heilkunde.
Seine Kenntnisse über Steine grenzte ans Unheimliche. Seinen Steingarten in Tham Krabok nannte er „offene Universität." Dort forschte er, empfing seine Schüler, Mönche und interessierte Laien.

Zur Herstellung von Lava erfand er ein spezielles Verfahren. Kolossale Lavaskulpturen, Statuen und Buddhaabbildungen aus Lava zieren Areale des Klosters. Nach seinen Anweisungen wurde ein Hochofen gebaut.

Eine weitere Erfindung Tscharoens sind so genannte Zwischenglasmalereien. Diese werden geschaffen, indem zwischen zwei Glasplatten Farbe und Steinwasser gespritzt wird. Aus so ausgelegten Bildern kann ein kreativer Künstler wahre Kunstwerke entstehen lassen. Tscharoens Steinwasser kombiniert heilende, gesunde und erhaltende, also konservierende Wirkungen. Angeblich lassen sich organische Substanzen unendlich lang in seinem Steinwasser lagern.

Die Toleranz im Umgang mit dem weiblichen Geschlecht ist eine Huldigung an die Nonne Paw Yaai, Mitbegründerin des Wallfahrtsortes für Menschen, die

die Welt aufgegeben hat. Sie ist weit über die Klostermauern hinaus berühmt und wird wie eine Heilige verehrt.

Darf doch ein buddhistischer Mönch anderen Orts nicht einmal eine Schüssel Reis von einer Frau empfangen, geschweige denn ein weibliches Geschöpf berühren, wird im Wat Tham Krabok gestrauchelten Männern wie Frauen geholfen.

In der *Sala* verstummte nach zwei Stunden des *Chantens* und Meditierens das Gemurmel sanskritische Texte. Der große Gong holte die Entrückten ins Diesseits zurück.

Im Lichtkegel einer Taschenlampe strebte ich mit Hans durch die Dunkelheit den Klausen zu. Und erfuhr ganz beiläufig, dass Phra Klaus vor einem Jahr an einem Virus gestorben sei. Ich war wie vom Donner gerührt.

„Klaus Schröder aus Hamburg?“

„So ist es. Er kam vor einigen Jahren als ein Haufen Scheiße, wie er sich selbst beschrieb. Er war drauf und dran sich den ‘Goldenen Schuss’ zu drücken. Im Kloster wurde er von seiner Suchtklammer befreit. Aus Dankbarkeit blieb er als Mönch Klaus und ebnete so manchem Junkie aus Europa den Weg hierher. Er wurde 59 Jahre alt.“

Wir spähten in die Nacht. Dies war das Ende der Reise. Das Geheimnis war ergründet.

Meine Gedanken kreisten um den Tod des Gesuchten. Ich hatte den Ort seines Wirkens gefunden, aber er war nicht mehr da. Nach all den Wochen des Suchens überfiel mich auf einmal eine große Traurigkeit und Leere. Zwar hatte ich alle rational begründete Hoffnung aufgegeben ihn je zu finden. Und was hatte ich schließlich zu finden gehofft?

Einen Menschen, der mit seiner Weisheit am Ende ist, einen Menschen, der alles erkundet, alles verworfen hatte? Einen Menschen, der schließlich alle Hüllen abgestreift hatte, der sich auf das Wesenhafte beschränkte und für immer von dannen ging. Es ist die unverrückbare, unbeeinflussbare Endgültigkeit des Todes, die uns Angst macht.

Die Suche nach der Wahrheit, nach der Gewissheit – es ist in Wirklichkeit immer dasselbe: Das Gesuchte kann letztlich nur gefunden werden dadurch, dass man das Suchen aufgibt. Und in diesem Zustand des Nichtfindens, taucht für einen Augenblick die Trostlosigkeit der Gegenwart herauf, die wahre, die unveränderliche Natur menschlichen Leidens.

„Wo hat er seine letzte Ruhestätte?"

„Er wurde verbrannt, seine Asche liegt am Fuße der Felsen."

Am Fuße der Felsen. Namenlos. In einem fremden Land. Ein Leben wie der Hauch einer Erinnerung.

„Wenn ich ein Fels wäre und nicht wie eine Wolke, würde mich mein Denken, das wie der Wind ist, verlassen." Das müssen Klaus' Gedanken sein!

Da war sie wieder, die undefinierbare Spannung. Sie schlich sich vom Dorf her, wurde getragen von aggressiver Musik aus Lautsprechern.

„Die Hmong sind für das Kloster ein Problem geworden", murmelte Hans in die Nacht.

Auf einmal wurde mir klar: die Gefahr ging vom Dorf aus. Nur einer wusste darum im Kloster!

„Der Abt sprach vom Sterben. Im Kloster herrscht eigentümliche Gedrücktheit. Wie erklärst du dir das?" fragte ich.

„Luang Tscharoen hat seherische Kräfte", orakelte der Mönch.

Nach einer Weile erklärte er: „Vor mehreren Jahren haben sich Hmong, Angehörige einer staatenlosen Minderheit aus dem Norden, mit Drogenproblemen am Rand des Klosters angesiedelt, um kuriert zu werden. Die Menschen stammen aus dem Bergland des Goldenen Dreiecks und sind traditionell Mohnbauern.

Solange die familiären Bindungen intakt waren, stellte das Ernten des Rohopiums keine Gefahr dar. Die Zeit des

Tourismus und die mit den neuen Eindringlingen einhergehenden Konsumgelüste haben Familienbande zerstört. Immer häufiger nehmen sich junge Hmong das Privileg der Dorfältesten heraus und verfallen den 'süßen Träumen', rauchen Opium am helllichten Tag, spritzen sich gar Heroin oder geben sich die Pille. Mittlerweile zählt unser Hmong-Dorf 20 000 Seelen. Es ist ein Auffanglager für Gestrauchelte, aber auch ein geheimer Spitzel- und Dealerhort. Er steht unter dem Patronat Tham Kraboks."

Im Morgengrauen wummerte die Erde. Ein Beben? Hochgeschreckt eilte ich zur Klause von Hans Hübner, um zu erfahren, was passiert sein könnte.

Die Nonne Suganya stürzte auch in sein Haus. „Im Hmong-Dorf ist eine Paketbombe explodiert. Ein Toter, mehrere Verletzte!" Atemlos ergänzte sie: „Eigentlich sollte die Bombe unserem Luang Phoo Tscharoen gelten."

Phra Hans wurde blass.

Das Attentat bewies die kriminelle Energie im Dorf, aber mit der hinterhältigen Tat entlud sich die lähmende Ungewissheit der letzten Tage. Nicht ausgeschlossen, dass die chinesischen Triaden oder Wa-Agenten aus Burma den Abt töten wollten, um das verhasste Kloster samt Drogenapostel zu beseitigen.

Die ranghohen Mönche wahrten Gelassenheit. Wie an jedem Morgen trafen sich die Frommen in der *Sala* zum einzigen gemeinsamen Essen. Schweigend glitten die Hände in Reistöpfe, Gemüseschalen, Obstteller. Ich saß dem Abt gegenüber. Stumm mahlten unsere Kiefer.

Endlich brach ich das Schweigen und fragte in der uns eigenen Direktheit: „Welch' schlimmes Ereignis! Was werden Sie unternehmen?"

Der Abt gab mir mit den Augen zu verstehen, dass ich ihm meine Tasse reichen möge, damit er mir Tee einschenken könne. Ich hielt ihm die Tasse hin. Er goß immer noch ein, obwohl die Tasse längst überlief. Schließlich bemerkte er beiläufig: „Du bist voll wie diese Tasse, wie kannst du die Wahrheit begreifen?"

Für konkrete Antworten blieb nur Phra Hans. Er war der Erleuchtung noch fern. „Das Reinigungsgebräu, woraus setzt es sich zusammen?"

„Das weiß nur Phoo Tscharoen. Er mixt es alle sechs Monate nach einer geheimen Rezeptur. Es heißt, dass der Sud aus über 100 pflanzlichen Zutaten bestehe, der aufgekocht und in Flaschen abgefüllt wird. Dabei darf niemand zusehen. Erst auf dem Sterbebett wird er das Geheimnis seinem Nachfolger verraten. Pharmakonzerne boten eine Menge Geld für das Rezept", sagte Hans, „töricht zu glauben, dass die Tinktur helfe ohne Schwur, Glaube, Schmerzen und Demut!"

Ich begab mich ins tägliche Dampfbad. Auch ein wichtiges Element der Entgiftung. Phra Gordon freute sich, seinem neuen Probanden „die Hölle" so richtig heiß zu machen.

Unter den lächelnden Buddhastatuen hatten sich wieder Hilfesuchende eingefunden. Nervös warteten sie auf den Abt und auf das, was mit ihnen geschehen würde.

Ein blauer Pkw fuhr vor. Parkte direkt neben dem großen Rad des Lebens. Rad und Buddhaskulpturen wirkten wie ein Kraftwerk. Vater und Mutter Katarai empfingen ihre Tochter, die 16-jährige Mha. Die Eltern waren misstrauisch-reserviert. Schließlich hatte Mha die Familie in die Verzweiflung getrieben.

„Habe vier Jahre Age (Heroin) gedropped (konsumiert). Um ans Geld zu kommen in den Straßen von Bangkok geklaut und geackert (mich prostituiert). Mit Flashbacks (Halluzinationen) wurde ich im Rinnstein aufgegriffen", outete sich die Tochter. Mit einem dankbaren Blick hinauf zu den lächelnden Buddhas verkündete sie selbstbewusst: „Ich bin clean!" Dann verließ sie mit ihren Eltern das Kloster ...

„Im Kloster am Wege beim
Mönch ich verweile.
Oh, kurze Musse im Leben
voll Eile. "
(Feng Meng-hung)

Aufgenommen

Ich saß vor meiner Klause. Die Mittagshitze flimmerte. Versonnen blickte ich hinüber zum Hmong-Dorf, das uns in Angst und Schrecken versetzt hatte. Gäbe es die besonnene Ruhe des Abts nicht, das Kloster wäre in Panik geraten.

Und dann fragte ich mich: was mache ich hier? Ich war am Ziel. Das Geheimnis war gelüftet. Warum begab ich mich nicht auf die Heimreise? Irgend etwas Starkes hielt mich an diesem mystischen Ort. Gab es noch etwas aus dem Leben von Klaus zu erfahren? Wusste ich alles über das Kloster? In der Hoffnung mehr zu erfahren, wollte ich tiefer eintauchen in die Welt der Mönche. So entschloß ich mich zu bleiben, mich dem Rhythmus anzupassen, als wäre ich ein Teil des Klosters, einer der Mönche...

Vor zwei Tagen war ich mit dem Bus nach Saraburi gelangt. Hatte mich von dem Ort mit einem Motorradtaxi an die knapp 25 Kilometer entfernten Kalkfelsen und diesen heiligen Boden hier bringen lassen.

Ohne viel Aufhebens wurde ich willkommen geheißen. Man hatte mir eine Schüssel mit Früchten gegeben und mir eine *Kuti* (Klause) zugewiesen. Ich erwähnte mein Bedürfnis. Die Mönche schwiegen, hatten mir dann aber doch vieles zum Kloster und den Aufgaben erzählt und gezeigt.

Phra Hans kam des Weges. Ich trat zu ihm: „Ich möchte einige Zeit bei euch bleiben, an eurem Leben teilhaben."

Hans meinte: „Gut. Ich spreche mit dem Abt."

Ich zog mich in meine Klause zurück und wartete. Meine Unterkunft war zuvor einem Engländer zur Verfügung gestellt worden. Einem „schlechten Menschen", wie ich erfuhr. James aus Liverpool hatte am Entgiftungsprogramm teilgenommen, fühlte sich clean und geheilt, wollte sicherheitshalber noch einige Monate im Kloster verweilen. Im Vertrauen auf seine Versprechen erhielt er diese Hütte, die er mit Diebesgut aus dem Hmongdorf anfüllte. Kurz vor der Verhaftung entwischte er.

„Er wird sterben", versicherte man mir oder auf ewig als ruheloser Geist durch den Wald irren." Vielleicht erschien er auch wieder um sein Gepäck, zumindest gute, neue Wanderstiefel zu holen. Seine Hinterlassenschaft lag in einer Ecke der Hütte.

Nach einer Stunde erschien Hans und sagte, dass ich im Kloster bleiben könne so lange es mir beliebt. Aber ich müsse mich den Regeln unterordnen. Dieses Unterordnen müsse ich mit einem offiziellen Versprechen vor der Klosterleitung bekräftigen. Ich war einverstanden. Nun gab mir Hans einen Umschlag.

„Deine Unterkunft, dein Essen sind frei aber du kannst dem Kloster etwas spenden." Ich verschwand und holte einige Scheine, die ich in das Kuvert legte. Bevor es Hans einsteckte sagte er: „Die Gabe hast du dir überlegt? Sie ist für dich ein Baustein für dein Seelenheil. Was du geben willst, gib gern. Lieber wenig von Herzen, als viel widerwillig." Er schaute mich prüfend an. Ich nickte. Der Umschlag wurde mit meinem Namen versehen und zugeklebt. Eine braune Kutte wurde mir ausgehändigt, dazu zwei Flaschen Wasser. Wieder verschwand ich um meine Kleider abzulegen. Das Glatzescheren blieb mir erspart, wohl auch, da es auf meinem Schädel ohnehin nicht viel zu rasieren gab. Auch die Augenbrauen wurden mir nicht entfernt. Über den Dispens war ich nicht unzufrieden, zumal Novize Noorong, der gestern rasiert wurde, wie schlecht gerupft aussah.

Seinen blutigen Schädel zierten Hackstellen, die von einem stumpfen Messer herrührten. Geübte Mönche bewerkstelligen das Schädelbarbieren, einmal monatlich vor Vollmond, selbst.

Und warum? Es bedeutet das Ablegen aller Eitelkeiten, unterstreicht das demütige Erscheinungsbild und hat nicht zuletzt hygienische Gründe. Also blieb ich der einzige Mönch, der irgendwann verlausen wird.

Gemeinsam mit Phra Hans, der Nonne Suganya und Phra Gordon unternahm ich einen ausgiebigen Rundgang durch das Klosterareal. Wir schritten an Dampfbädern, dem Steingarten und dem Haus des Abts vorbei, passierten die offene Klosterküche, die große Halle (*Sala*) in der in der Frühe einmal gegessen, ansonsten gebetet wurde. Die monumentalen, schwarzen Lavabuddhas schauten gütig auf uns herab. Immer wieder beeindruckend wirkte das mächtige „Lavasteinrad des wiederkehrenden Lebens".

Die Zone der Patienten folgte, die Anlage des goldenen Buddhas mit der luftigen Vorhalle. Ein idyllischer Fischteich mit Wasserrosen schloss sich an, dann die Schreinerei und die Schlosserei. Etwas weiter südlich gelangten wir an ein Denkmal zur „Verständigung" zwischen dem Thai- und dem Hmong-Volk. Es schloss sich der Ort des Bergvolkes an. Infolge des Ereignisses hielten wir uns diskret zurück.

Das quirlige Dorf ist planquadratisch angelegt worden. Holzhäuser säumen unbefestigte Straßen, in denen Geschäfte des täglichen Bedarfs und Wohnungen untergebracht sind. Die Menschen wirkten ernst, beschäftigt, aber durchaus freundlich. Hier wurden Karren mit großen Rädern gezogen, dort knatterte ein Uraltlieferwagen vor einem Gemüsestand. Trotz des quadratischen Grundrisses der Anlage, bilden die in sich verschachtelten Gebäude ideale Verstecke für Störenfriede. Die Polizei wird Probleme haben, Attentäter in diesem Gewusel zu finden. Falls sie sich überhaupt noch im Dorf befanden.

Hinter meiner Klause erhoben sich steile Kalkfelsen

mit bewaldeten und kahlen Flanken. Am Fuße der Felsen führten verschlungene Pfade zu geheimnisvollen Grotten und Höhlen. Gerade schritten wir durch einen Höhlendom, an dessen Decke abertausend schwarze Säckchen hingen: Fledermäuse, die auf ihren Nachteinsatz warteten. In kleineren, verwunschenen Grotten und Kalktunneln kauerten Mönche, mit Blumen und Obst geschmückten Buddhafiguren, tief in ihre Meditation versunken.

Das schummrige Paraffinlicht mit den glimmenden Räucherkerzen und den entrückt Betenden gaben der Szene etwas Orphisch-ergreifendes.

Unser Weg führte zurück zum Steingarten des Abts, dem sich ein Gebäude anschloss, in dem eine Badewanne in zwei Meter Höhe aufgebockt worden war. Meine Begleitung betrat den Raum mit besonderem Respekt.

„Vielleicht darfst du einen Blick in die Wanne werfen“, flüsterte Hans

Phra Gordon stieg mit einem wachhabenden Mönch die Treppe hinauf. Gemeinsam zogen sie eine Plane zurück und gaben mir ein Zeichen heraufzusteigen. Da oben schwamm ein menschlicher Körper im klaren Wasser der Badewanne. Der Körper hatte die Farbe brauner Erde, war aber gut erhalten, zeigte nicht die geringsten Verwesungsmerkmale. Das den Körper umspülende Wasser roch wie fruchtbarer Waldboden.

„Da liegt Luang Phoo Tschamruhn im Steinwasser“, sagte Gordon.

„Seit seinem Tod?“ fragte ich.

„So ist es. Das Becken wurde extra für ihn gebaut. Wir wollen ihn nach einem geheimen Verfahren versteinern, damit er für die Ewigkeit erhalten bleibt.“

„Das ist ein langer Prozess“, gab ich zu bedenken.

„Abt Tscharoen hat die Konservierung mit Steinwasser entwickelt. Er sagt, dass die Versteinerung, die in der Natur Jahrmillionen dauert, mit seinem Verfahren auf 100 Jahre zu reduzieren sei.“

Hans starrte immer noch ergriffen ins Becken, in dem

Tschamruhn schwebte, vollkommen entspannt, wie angekommen im Nirwana. Die Mumie auf dem Weg zur Versteinerung. Etwas höchst Besonderes. In Thailand werden die Menschen nach dem Tod verbrannt. Mönche auf Lebenszeit können sich allerdings auch beerdigen lassen. Doch die Konservierung eines verstorbenen Abts im Wasser ist einmalig.

„Luang Phoo Tscharoen will dich sprechen", sagte Gordon als wir den Rundgang beendet hatte. Gemächlichen Schrittes zogen wir an einem roh gemauerten Ofen vorbei. Über dem Feuer stand eine Eisenschüssel mit brodelndem Wasser. Dort machten sich drei Mönche zu schaffen. Sie färbten Roben (*Ti-civaras*). Rauch hüllte sie ein Flammen leckten am Rand der Schüssel. Die Mönche fütterten das Wasser mit Holzspänen des Jackfruit-Baums. Aus den Schnipseln lösten sich Pigmente, die dem Stoff die rostbraune Färbung verliehen. Dem Sud wurden auch schwarze Waldbeeren hinzugegeben. „Gegen die Mücken", erklärte Gordon.

Unser Weg endete vor dem Tempel mit dem goldenen Buddha. In der offenen Halle saß der Abt im Lotussitz. Man wies mich an, im Abstand von drei Metern auf dem gefliesten Boden Platz zu nehmen und zwar so, dass meine Füße nach hinten zeigten. Hans, Gordon und Suganya hatten mich eingerahmt.

Wieder wurde ich schweigend und durchdringend gemustert. Seine Hände ruhten auf den Knien. Für sein Alter saß er sehr gerade vor mir, als schien er auf Haltung bedacht. Ich war etwas ratlos. Konnte ich ihn einfach befragen oder wäre es schicklicher auf seine Worte zu warten? Ich studierte sein Gesicht: erstaunlich glatte Haut. Der gütige Ausdruck vermochte die grobe Robustheit eines harten Arbeiters nicht verheimlichen. Die Augen schauten ruhig, dennoch ungemein aufmerksam und fesselten mit besonderer Faszination. Auf seinem Schädel und über den Augen sprossen ganz kurze, graue Haare. Es hielt mich vieles davon ab, in dieses ernste, nachdenkliche und so weise Gesicht platte Fragen zu stellen.

Und dann vernahm ich, wie von weither, leise, aber bestimmte Worte.

„Mit den Wäldern verschwinden die Pfade der Weisheit. Wir vergessen, dass unser Leben nur eine Reise ist. Die Welt um uns herum ist belanglos. Eine Täuschung, wie das eigene Ich. Unser Ich ist eine Illusion und das Leben ein Traum aus Leid und Begehren. Der große Weg ist klar und allumfassend. Auf ihm ist nichts leicht und nichts schwer. Manchmal zweifeln wir und werden unsicher, weil wir nur einen Teil des Weges sehen."

Worte, die mich ratlos machten. Wie fast alle Buddhisten in Thailand gehörte auch er mit seinem Kloster der Tradition des *Theravada* an, einer ursprünglichen Form der Lehre Buddhas. Mehr als alle anderen Strömungen betont sie die Vergänglichkeit aller Erscheinungen. Nichts ist ewig. Kein Ding, kein Bewusstsein, nicht einmal die Seele. Das Nirwana, die Erlösung aus dem Kreislauf der Wiedergeburten, kann im Theravada-Buddhismus nur ein Mönch erreichen.

Wie verhält sich dies Glaubensbild mit dem Bruder, der im Steinwasser auf ewig erhalten bleiben soll? Und wie mit der neuen Lehre des Buddhasa Bikkhu, der da verkündet: „Erleuchtung hat nichts mit Einsicht oder Weisheit zu tun. Erleuchtung ist *thammada*, die vollkommene Verschmelzung mit der Schöpfung. Und: Der wahre Einsiedler lebt in dieser Welt!"

Mönch Bikkhu gründete in dem verfallenen Tempel Suan Mokh den „Garten der Erlösung", eine buddhistische Erneuerungsbewegung, die inzwischen zahllose Schüler und den Theravada-Buddhismus in Thailand belebt hat, mit dem Aufruf: Weg von der Weltflucht, hin zu den Menschen!

Ihm ist auch das neue Umweltschutzbewußtsein zu verdanken, dass von der Landbevölkerung ins „verwerfliche" Gewinndenken der Konzernmanager getragen werden soll.

Als die Holzfäller der Einschlagskonzessionäre vorrückten um den Gemeindewald abzuholzen, ließ Phra

Kru Udompathanakorn kurzerhand die gesunden Baumriesen ordinieren und legte ihnen safrangelbe Roben an mit dem Hinweis: Wer sich an diesen Bäumen vergreift, legt Hand an einen Mönch. Das ist im Buddhismus eine der schwersten Sünden. Phra Kru hatte die Lehre Bikkhus erfolgreich umgesetzt.

So diskret wie es mir möglich war, konfrontierte ich Phoo Tscharoen mit meinen Informationen. Die Nonne Suganya übersetzte, sicher mit fernöstlichem Diplomatengeschick, denn der Abt lächelte verbindlich, nickte und gab seine Antwort in ruhiger, fließender Stimme. Doch sie waren schwer zu verstehen. Die Antworten, zeigten sich in Gleichnissen oder hatten keinen Zusammenhang. Ich war oftmals mit seinen Erklärungen unzufrieden und geneigt nachzufassen. Bohrendes Fragen stand mir nicht zu, ließ die Nonne wissen.

Plötzlich geschah etwas Unerwartetes. Der Abt erhob sich, winkte mir zu, dann der Nonne, forderte uns auf, einen Spaziergang in den Wald, hinter dem Tempel zu machen. Er ging leichtfüßig, ohne Anstrengung, selbst auf dem von Felsbrocken durchsetzten Waldboden. Man merkte ihm an: das war nicht nur ein erfahrener Wandermönch, vielmehr auch ein Vertrauter des Waldes. Wir wandelten auf dem „Weg des Schweigens, Mitfühlens und Vergebens", so hatte der Abt den Pfad einst benannt.

Wenngleich das Schweigen durch rege Konversation gebrochen wurde.

„Das Nirwana, was ist das?", fragte ich den Abt, der seine Stirn in Falten legte und erklärte: „Der Meister Tsau-Schan betrat die Sala und sagte zu seinen Schülern: 'Alle Begrenzungen in allen Richtungen haben aufgehört zu sein. Nirgendwo ein Tor. In absoluter Reinheit erstrahlt alles und nichts mehr, was greifbar ist.' Darauf verließ er die Sala." Amüsiert betrachtete mich Tscharoen, wohl in der Annahme, ich habe nichts verstanden.

Meine Nirwana-Definition war: Stadium der Befreiung von jeglicher Verstrickung. Ausscheiden aus dem Kreislauf der Wiedergeburten. Endgültige Erlösung das

Verschmelzen mit dem Absoluten. Wie wahr. Spinoza sagte einst: „In der Analyse stirbt die Leidenschaft – sicher auch die Spiritualität.“

Ich erfuhr, dass Tscharoen durchaus nicht weltfern dahinsinnierte, vielmehr von der neuen Geisteshaltung erfahren hatte. Und Buddhasa Bikkhu in seinen Umweltgedanken durchaus beipflichtete.

„Ein Wandermönch ohne Wälder ist tot wie ausgestorbenes Wild.“ Er wusste, dass es im Nordosten des Landes Mönche gab, die Robentücher um Bäume schlagen und sie so vor der Säge retteten. Allerdings ginge ihm Bikkhus „buddhistischer Sozialismus“ etwas zu weit in die Gleichmacherei. Auch sei dieser kein Messias der religiösen Erneuerung Thailands. Lediglich ein wichtiger Vordenker.

Wat Tham Krabok, so erfuhr ich, sei kein reines Waldkloster, wenngleich es zur Hälfte von Wald umrahmt sei, vielmehr verstehe sich der heilige Ort als Sanatorium und Laboratorium für Naturphänomene. Das Wissen der Klosterleitung auf dem Gebiet der Heilkräuter und Mineralogie sei einzigartig. Die Versteinerung des Bruders im Steinwasser diene der Forschung, nicht der Konservierung vergänglicher Hüllen.

Im 13. Jahrhundert kam der Buddhismus über das heutige Sri Lanka nach Thailand, wo die Herrscherhäuser der Khmer den hinduistischen Anspruch des Gottkönigtums übernommen hatten. Der König verstand sich als Inkarnation Wischnus. Als sich die Herrscher von Sukkothai der „Aufklärung“, dem Theravada-Buddhismus verschrieben, entstand eine Melange aus Hinduismus und Buddhismus. Bikkhu war nun der erste Mönch, der den Tempel verließ, sich der gestelzten, unverständlichen Ritualsprache entledigte, statt dessen mit den Worten des Volkes kommunizierte. In gewisser Weise ein Martin Luther.

Ein Kloster ist in Thailand nichts Besonderes. In den Städten gibt es mehrere, in fast jedem Dorf steht eines. Die Zahlen schwanken, doch wird es sicherlich 30 000 im Land geben. Es gehört zum guten Ton, dass jeder Thai wenigstens eine Regenzeit lang in einem Kloster gedient haben sollte, was bedeutet, dass die Schar der Mönche, Nonnen, Novizen und Novizinnen rund eine halbe Million zählt.

Waldklöster sind allerdings etwas Spezielles und was die strengen Ordensregeln anbetrifft, ist Tham Krabok ein Waldkloster: kein Lebewesen verletzen oder gar töten, kein Geld außer Spenden, keine weltliche Zerstreuung, keinen Sex. Ein Leben gestreng der *dhutanga*, die Buddha selbst vorgelebt hatte. Einfachste Behausung, nur eine Tagesmahlzeit, kaum Besitz auf der Suche nach jenem Ort, an dem es kein Ich gibt, keine negativen Gefühle, kein Begehren, keinen Neid, keinen Hass, nur die reine, strahlende Leere, endgültig und ewig, das Nirwana ...

Den Blick auf den Pfad geheftet, setzten wir Fuß vor Fuß. Die Waldluft war feucht, das Blattwerk dampfte. Baumkronen bauten ein Dach, ich hatte das Gefühl, in einem Tunnel zu verschwinden, angefüllt mit dem Summen von Käfern, Bienen und Mücken. Wassertropfen glitzerten in Blumenkelchen. Falter torkelten von Blüte zu Blüte. Mönche zogen sich in ihre *Kutis* zurück, kleine Hütten am Waldrand. Auf dem Pfad lastete die Hitze des tropischen Nachmittags.

Und ich fragte – der Abt antwortete mit unendlicher Geduld. Alles drehte sich um die Theravada-Tradition, die ursprüngliche Form der Lehre Buddhas. Sie hat zu tun mit den Wanderungen Buddhas selbst und damit, dass er sich in den Wald von Uruvilva zurückzog, um die Erleuchtung zu finden. Der Waldtempel *wat pa* ist nicht nur eine Einsiedelei für Mönche. Es ist auch ein Ort des Studiums, des Trainings bestimmter Meditationstechniken. Der Aufenthalt in ihm dient dazu, inneren Frieden und die Achtsamkeit zu finden. Im Wald lernt man die drei Körbe buddhistischer Erkenntnis: den Korb der Disziplin, den der Predigten, den der Wahrheit.

Wat pa ist auch der Ausgangspunkt langer Pilgerreisen zu Fuß. „Im Wald", meinte Ajahn Tscharoen, „lernst du nicht nur aus Büchern und Schriften. Du lernst von der Natur und von den Notwendigkeiten des Lebens und Sterbens. Der Wald ist nicht nur der Tempel, er ist auch dein Lehrer. Und Tham Krabok ist unser Kraftfeld, unser Zentrum. Unser Kloster ist ein Flughafen zum Nirwana.“

Ein Kloster mit einem Flughafen zu vergleichen, kam mir sehr weit hergeholt, sehr tiefsinnig vor. Nach längerer Zeit jedoch, verstand ich den Vergleich: Auf dem Flughafen lassen sich ja tatsächlich allerhand Dinge und Menschen beobachten. Es gibt dort Personen, die nur herumhängen. Es gibt Besucher, die das Besondere eines Flughafens erkunden wollen oder nur einen Gast abholen und schließlich die, die dort arbeiten. Ferner gibt es dort die Piloten, mit den Fluggästen, die das Transportmittel besteigen um ihr Ziel zu erreichen.

„Was bietet dieses Kloster?“ fragte ich um zu erfahren wie es der Abt formulieren würde. Verwundert musterte er mich, Dann erkannte er den Sinn meiner Frage und erklärte mir mit weisem Lächeln:

„Die totale Entgiftung des Körpers. Diese wird unterstützt durch die *Sadscha*, das Gelübte. Die *Kathaa*, das Instrument des Willens, die Meditation zur Findung der inneren Ruhe und Stärke. Das Kloster bietet die besondere Ruhe und die notwendige Distanz, um von der bestehenden Vergangenheit Abstand nehmen zu können. Wir aktivieren die Eigenverantwortung, zusammen mit dem verschütteten Selbstwertgefühl. Als Handlung gelten Gedanke, Wort, Tat. Absicht und Wille sind dabei entscheidend. Die körperliche Entgiftung macht nur einen kleinen Teil im Heilungsprozess aus. Den weitaus größten muss sich der Patient selbst erarbeiten, indem er die Chance bekommt sich wieder zu erkennen und neu zu orientieren. Wir haben mit Bedacht den 'kalten Entzug' gewählt. Dieser ist der wirkungsvollste, weil er die Ausdauer und den Durchhaltewillen auf eine harte Probe stellt. Unsere Patienten werden existenziell herausgefordert. Es gibt Phasen, da möchten unsere Abhängigen lieber sterben als weiterleben. Wir wissen diesen kritischen Situationen zu begegnen. Sind die Probanden bewusst durch ihr persönliches Jammertal geschritten, bildet sich Tag um Tag wachsend, ein fester, starker Wille, aus dem neue Perspektiven keimen, sich Lebensziele entwickeln und festigen."

Ich war von den entschlossenen und so klaren Worten des Abts berührt. Wir traten aus dem Wald heraus und verweilten vor dem „Kraftrad des Lebens" aus Lava. Schwer und düster hob es sich vom Himmel ab. „Das ist das achtspeichige Rad der Lehre", erklärte Phoo Tscharoen, „der buddhistische Weg zur Erlösung erfordert Vervollkommnung in acht Disziplinen: Erkenntnis, Entschluss, Rede, Handeln, Lebenserwerb, Anstrengung, Achtsamkeit, Sammlung."

Und es war, angesichts des „Rads der Lehre" wie eine Offenbarung, die mich auf einmal ganz ruhig, ganz gelassen werden ließ. Es war keine Lehre, die ich empfand, es war eine ungeheure Zufriedenheit mit allem was mich umgab. Nirgends sonst verspürte ich einen dermaßen starken Einklang mit dem Ich und der Umgebung. So empfand ich die Worte des Abts auf starke Weise bestätigt, die mir doch auf anschauliche Art erklärt hatten, was das Kloster bot. Bevor ich mehr über den Buddhismus erfahren wollte, glaubte ich, dass die Zeit reif sei, ihn nach Klaus Schröder und sein Wirken an diesem Ort zu fragen.

„Phra Klaus war ein zerstörter, dem Tode geweihter Mensch, aber ein selbstloser Mönch, der in unserem Kloster viel Gutes getan hat."

„Was hat er getan? Wie hat er gelebt? Woran ist er gestorben? ..." Ich wollte so vieles wissen und alles möglichst genau.

Anstatt auf die Fragen zu antworten sagte er: „Klaus besaß ein gutes Karma. Er war sehr weit gekommen. – Lass dir Zeit. Vielleicht kommt für dich der Tag, an dem du mehr über unseren Bruder erfährst."

Damit war alles gesagt worden zum Thema Klaus Schröder. Doch über den Buddhismus war er bereit zu erzählen und ich vermochte aus seinen Worten zu entnehmen:

Die Geburtslegende beginnt mit einem Engel, der in Gestalt eines weißen Elefanten ohne Schmerzen zu bereiten in die Seite der Mutter Buddhas eindringt. Die Vorstellung einer „unbefleckten Empfängnis" ist also nicht singulär. Nach zehnmonatiger Schwangerschaft gebiert Maya, die Gattin des Fürsten Shuddhodana, ihren Sohn aus der linken Hüfte. Am fünften Tag seines Erdendaseins erhält er den Namen Siddhartha („Der das Ziel erreicht hat"). Der Beiname Gautama geht auf einen Brahmanen zurück, der dem Fürsten ein treuer Berater war. Buddha, der kleinwüchsige Fürstensohn aus Nordindien, reifte heran und schuf vor 2500 Jahren die Glaubensschule des Buddhismus.

„Der Wind kann keinen Berg umwerfen. – Versuchung kann einen Mann nicht rühren, der wach, stark und bescheiden ist." Wer war dieser Buddha? Ein Prophet? Ein Gott? Ein Mensch? Ein Lehrer und ein Asket!

Siddhartha Gautama, der historische Buddha lebte als verwöhnter Twen in den Palästen seines Vaters bis es zu den berühmten „vier Ausfahrten" kam, auf denen der Fürstensohn einem Greis, einem Kranken, einem Toten und einem Asketen begegnete und dabei die Vergänglichkeit und das Leid allen Lebens erkannte. Er beschloss mit 29 Jahren allen Pomp abzulegen und als einfacher Mönch zu leben.

Siddhartha ging nicht den Weg üblicher Bettelasketen, vielmehr den der Meditation. Sechs Jahre dauerte es, bis er unter einem Pappelfeigenbaum in tiefer Versenkung die Erkenntnis über das Wesen der Welt erfuhr. Allen Teufeln widerstehend, wurde Siddhartha unter dem „Bodhi"-Baum Buddha, der „Erleuchtete". Und der Prediger.

Er verkündete die „Vier edlen Wahrheiten" und das „Achtspeichige Rad der Lehre". Die erste Wahrheit: Alles Leben ist Leid, die zweite: Ursache des Leidens ist die Gier, die dritte: Aufhebung des Lebensdurstes nach

Gier bewirkt die Aufhebung des Leids, durch die restlose
Vernichtung des Begehrens. Die vierte Wahrheit: Der
Weg zur Aufhebung des Leids ist der edle Pfad der
Selbstzucht, der aus acht Verhaltensweisen besteht, sym-
bolisiert am Rad der Lehre.

„Wie der große Ozean nur einen einzigen Geschmack
hat, den des Salzes, so ist meine Lehre nur von einem
Geschmack durchdrungen, dem der Erlösung." Es ist die
Erlösung vom Leid der Welt.

„Die Welt hat keinen Anfang und kein Ende, es gibt
keinen Schöpfer und keine Schöpfung. Alles ist ewig im
Wandel, alles ist vergänglich. Wer das verinnerlicht, an
nichts festhält, der geht den Weg der Erlösung ins „Nirwana", der „seelischen Leere".

Buddhas Lehre ist die der Selbsterlösung. In damali-
ger Zeit, die geprägt war vom Hindu-Glauben, einem
Kastensystem und der Vorherrschaft der Brahmanen, ei-
ne revolutionäre Lehre. Aber Buddha war kein Eiferer.
Fanatismus und Dogmatismus waren ihm fremd. Der
Buddhismus hat die hinduistischen Götter nie zum Tem-
pel hinausgejagt, ihnen vielmehr den vertrauten Platz im
Leben der Bevölkerung gelassen.

Buddhismus ist tiefe Frömmigkeit auf dem Niveau
hoher Philosophie und für die meisten schlichten Frommen zu anspruchsvoll. Der Buddhist genießt Glaubensfreiheit. Kein Bischof oder Papst, kein Imam wacht über
die Einhaltung von Glaubensfragen. Nur Mönche mit
priesterlichen Aufgaben haben die 227 Gebote zu beach-
ten, die übrigen müssen nur wenige Regeln befolgen. Ein
Kloster können sie jederzeit wieder verlassen.

Wie im Hinduismus, existiert in der Glaubenswelt
Buddhas der Kreislauf der Wiedergeburt. Als was die
Person wiedergeboren wird, hängt vom Karma ab und ist
somit geprägt von ihrem Lebenswandel. Für den Buddhisten ist alles vergänglich, folglich gibt es für ihn auch
keine unsterbliche Seele. Mit dieser Vorstellung haben
viele Gläubige Schwierigkeiten. Denn, ist es nicht die
Seele, die in einer anderen Hülle wiedergeboren wird?

Phoo Tscharoen erklärte mir den scheinbaren Widerspruch im Garten der Steine. Über einen Kalkfelsen huschte gerade ein Kakerlak. „Siehst du diesen Käfer? Meditation wirkt wie ein Mikroskop. Betrachtest du dieses hässliche Tier durch ein Vergrößerungsglas, verändert es sich vollkommen. Es löst sich in lauter Details auf, die du ganz erstaunlich findest. Der Ekel verschwindet. So ist Reinkarnation zu verstehen. Wiedergeburt findet jeden Augenblick statt. Schau, wenn jemand wütend wird, stirbt der Mensch, der er vorher war. Wenn er fröhlich ist, ist der wütende tot. Ständig werden wir neu geboren, weil es uns nur als Veränderung von Geist und Materie gibt.“

„Und was geschieht nach dem Tod?“

„Niemand weiß es. Was vom Menschen überlebt und wiedergeboren wird. Keiner weiß es.“

„Und das Ich? Das Karma?“, möchte ich wissen.

Wieder lächelt der Abt. „Sie verhalten sich wie zwei Kugeln, die aneinanderstoßen. Einmal in Bewegung gesetzt, wird die Energie von der einen auf die andere Kugel übertragen. Stelle dir die Seele als geistige Energiekugel vor, die in einem Prozess immerwährender Veränderung von einer Existenz auf die andere übergeht.“

Ich war verblüfft. Moderne naturwissenschaftliche Philosophie des Westens und das buddhistische Denken des Ostens kommen sich sehr nahe. Sinn und Frieden im Dasein erfährt nur der, dem es gelingt sich als Individuum in das Ganze einzufügen. Nach den Worten des Physikers und Philosophen Carl Friedrich von Weizsäckers: „Wenn das Ich sich nicht als die letzte und unbedingt zu behütende Wirklichkeit, sondern als ein Organ im umfassenden großen Organismus erfährt.“

Der gläubige Buddhist weiß, dass nur gutes Karma im Diesseits ihn ins erlösende Nirwana bringen kann.

Im Garten der Steine wurden die Schatten länger. Die letzten Sonnenstrahlen suchten sich den Weg durchs Blattwerk und ich fragte ihn: „Wäre ich frei von Angst, bräuchte ich einen Gott?“

„Eine alte Frage", sagte der Abt, wendete seinen Schädel ins Licht und fuhr fort: „Du bräuchtest weder einen Gott noch eine Religion – nur, wer ist frei von Angst? Niemand! Deshalb brauchst du einen Gott – Buddha. Seine Lehre ist die einzige, die die Angst nicht schürt, weil er über die Verängstigten nicht herrschen will."

Rund 400 Jahre nach Buddhas Tod begannen die unterschiedlichen Strömungen im Buddhismus. Aus der ursprünglichen Lehre *Hinayana* oder Theravada (Pali: Schule der Ältesten), entstand *Mahayana*, eine Lehre, die karmische Verdienste übertragbar macht. Beide großen Gruppen kennen noch mehrere Unterschulen, praktiziert im Kirchenfürstentum Tibet bis hin zum Zen-Buddhismus in Japan, der die hohe Kunst der tiefen geistigen Versenkung pflegt.

Warum kennt eine Religion, die Selbstzucht, Zurückhaltung, Respekt vor dem Anderen, Harmonie mit dem Ganzen lehrt, so brutale Auseinandersetzungen wie sie einst in Kambodscha und immer noch in Burma stattfinden? Die Schattenseiten der Lehre erwachsen aus Konflikten, die nicht ausgetragen, sondern vermieden und umgangen werden. Auseinandersetzungen und Kritik sind unerwünscht. Es gibt keine Streitkultur. So besteht die Gefahr, dass eine auf Harmonie bedachte Gesellschaft jäh und unkontrolliert in Gewalt umschlägt. Das gibt es bei Individuen, wie in Familien und Staaten. Ist das Maß voll, explodiert der Kessel, die allzu lang unterdrückte Gewalt wird entfesselt.

„Wird in der Sala gebetet oder gechantet, so ist beides für den thailändischen Laien unverständlich. Wie ist das zu verstehen?"

„In der katholischen Kirche wird die Messe in Latein gehalten. Unsere Kirchensprache ist Pali. Pali heißt eigentlich 'der Text' oder 'die Zeile'. Es ist eine mittelindische Sprache, die aus dem Vedischen stammt, somit ist sie ein Verwandter des klassischen Sanskrits. Pali war nie Umgangs-, sondern stets Literatur- und Sakralsprache."

362

„Wie ist Buddha aus der Welt geschieden?" wollte ich wissen.

„Im Alter von 80 Jahren. Der Buddha hielt sich in Kushinagara, dem heutigen Kashia auf, wo er sich wahrscheinlich an Pilzen vergiftete und starb. Sein Leichnam wurde verbrannt und es heißt, um seine Asche stritten sich acht Regenten. Ein Brahmane riet zur Teilung der Asche. So wurde diese weit von einander getrennt, unter acht Hügelgräbern beigesetzt.

45 Jahre, bis zu seinem Tod zog Buddha predigend durch das nördliche Indien. Er gewann immer mehr Anhänger. Seit jener Zeit ist das Erkennungszeichen der neuen Mönchsgemeinschaft der kahlrasierte Kopf, haarlose Augenbrauen, die Robe und das dreimalige Rezitieren der Zufluchtsformel: 'Ich suche meine Zuflucht beim Buddha. Ich suche meine Zuflucht beim *dharma* (der Lehre). Ich suche meine Zuflucht beim *sangha* (der Gemeinde)'.

Nach seinem Tod war seine Gemeinde fest etabliert und konnte ohne ihren Meister bestehen, sich weiterentwickeln, getreu seiner Lehre zur Heilsgewinnung auf dem 'Achtfachen Pfad'."

Mönche genießen nicht nur in Thailand höchstes Ansehen, was sich auch darin ausdrückt, dass sie sich für Gaben nicht zu bedanken haben. In Verkehrsmitteln stehen Frauen auf, wenn sich ein Mönch neben sie setzt. Sie könnten ihn versehentlich berühren.

Die Ideale des Mönchstands sind hoch angesiedelt. Doch ist der buddhistische Mönch nur ein Mensch mit seinen Schwächen und Unzulänglichkeiten. So gibt es auch Kuttenträger die sich schwerer Verbrechen schuldig gemacht haben. Sie fallen besonders tief im Ansehen der Bevölkerung. Die thailändische Presse berichtet unnachgiebig in einer Rubrik über die Vergehen „heiliger" Männer, insbesondere sollten sie sich des illegalen Porno-, Waffen- oder Drogenbesitzes schuldig gemacht haben.

Besonderes Interesse finden Verfehlungen gegen das

Sexualtabu. Ich las neulich über die Eskapaden eines Mönchs, der unter seiner Robe eine gestohlene Militäruniform trug. Abends stülpte sich der „fromme" Mann eine Perücke über den kahlen Schädel. In seinem Auto, einem Mercedes Benz, den er sich als Gelegenheitsdealer leistete, legte er die Robe ab und betrat als Offizier die nächste Karaoke-Bar um gleich mehrere Mädchen für die Nacht „aufzureißen". Der Frevler wurde wie üblich umgehend des Mönchsstands enthoben. Ein Gerichtsprozess wird ihn viele Jahre hinter Gitter bringen. Bisweilen deckt auch die Mönchspolizei Missstände auf, bevor der Schaden den Ordensstand in Misskredit bringt. Schwarze Schafe suchen bisweilen Unterschlupf bei den Frommen um unterzutauchen. Vom *Sangha*, dem buddhistischen Aufsichtsrat wird erwogen, ein Auswahlverfahren für die Aufnahme einzuführen, in der Hoffnung das Gute vom Bösen rechtzeitig zu trennen.

Abt Tscharoen ist das Problem wohl bekannt, schließlich hat er es alltäglich mit einstmals schweren Jungs der Drogenszene zu tun. Um ihnen zu helfen, gewährt er ihnen Asyl, was die Polizei argwöhnisch beobachtet. Ohne seine einzigartige Reputation wäre der Spagat zwischen Hilfe, Verfolgung und Verurteilung undenkbar.

Der Abt erzählte von der Wandlung von Böse und Gut, die Buddha selbst erfahren musste: Devadatta, sein Vetter missgönnte Siddhartha die schöne, junge Frau Yashodhara, mit der er auch einen Sohn hatte. Das war bevor er sein Elternhaus verließ. Devadatta war ein vom Neid zerfressener Mensch. Mit Hilfe von Verschwörern trachtete er Buddha mehrere Male nach dem Leben. Doch alle Anschläge misslangen. Am Ende seines Lebens bereute Devadatta seine Niedertracht. Er rief Buddha mit drei Sätzen um Hilfe. Und zwar mit jenen Zufluchtsworten, die bis heute bei Mönchsweihen gesprochen werden."

Glockenschläge kündigten die Abendmeditation an. Tscharoen erhob sich, zupfte seine Robe zurecht und schritt ohne Hast in Richtung *Sala*.

Suganya und ich folgten ihm in gebührendem Abstand. Auf dem Weg dorthin erreichte mich Phra Hans, um mitzuteilen, dass ich nach dem Abendgebet im Tempel erscheinen möge, wo mir der stellvertretende Abt das Gelübde abnehmen werde.

Vibrierende Stille herrschte in der Sala. Man vermochte das Atmen der Meditierenden hören. Manchmal öffnete ein Mönch die Augen, doch der Blick war auf einen fernen Punkt gerichtet.

Was mich betraf, war an Meditation und innere Versammlung nicht zu denken. Ich war aufgeregt. Was kam da auf mich zu? Gelübde? Der Reinigungstrunk? Die Zeremonie eigens für mich, einen Ungläubigen?

Ich war erleichtert als der Abt zu flüstern begann, *Sutren* rezitierte und das *Chanten* einsetzte. Alles kreiste um die Auslöschung des Ichs. Doch ich befand mich so fest im Hier und Jetzt, dass mich Zweifel erfassten ein würdiger Proband zu sein. Ich erwischte mich sogar dabei nach einer Mücke zu schlagen, die mir gerade in den Arm stach. Wie jämmerlich war meine Beherrschung! Schließlich verstummte der Sing Sang. Die Mönche meditierten noch im Hinausgehen mit gefalteten Händen, der eine mit geschlossenen, der andere mit offenen Augen. Sie gingen bei gesenktem Kopf im Gänsemarsch, nein wie eine Prozession von Ameisen in Trance mit einer Sicherheit von Schlafwandlern, umschwärmt von Mückenwolken.

Ich strebte zum Tempel, hielt besorgt nach Phra Hans Ausschau. Er trat aus dem Schatten des goldenen Buddhas. „Du kannst das Gelübde nachsprechen. Für dich lässt Phra Siripono das Abschwören auf Alkohol weg", flüsterte er noch rasch.

„Gott sei Dank!"

Ich ließ mich im Lotussitz auf den polierten Fliesen nieder. Dort, wo vorher viele, viele Verzweifelte gesessen hatten. Zwei Meter vor mir hatten Mönche ein Podest geschoben. Ungeduldig wartete ich. Eine Hausmaus lenkte mich ab. Sie versuchte auf rasend flinken Füßen

die Halle zu durchqueren. Die Glätte der Steine ließ sie
bäuchlings im Kreis rutschen...

Phra Siripono, der Stellvertreter, erschien. Sein Gesicht war zerknirscht. Erst nahm ich an, dass er meinetwegen etwas unwirsch sei, da ich ihn außer der Reihe vom Meditieren abhielt. Nein, er hatte sich gestern bei Holzarbeiten in den Daumen gesägt. Der Abtvertreter griff aus einem Strauß Räucherkerzen vier heraus, diese steckte er links und rechts der Empore in ein mit Sand gefülltes Gefäß und entzündete sie. Der Rauch kräuselte sich spiralförmig in die Höhe, wo er sich duftend verteilte. Es roch wie Weihrauch.

Ebenfalls im Lotussitz ließ er sich nieder und betrachtete mich schweigend. Sein starrer Blick wurde mir alsbald unangenehm. Aus heiterem Himmel fragte er auf Englisch: „Rauchst du?" War das nun eine Fangfrage oder wollte er Zigaretten? Ich verneinte. Ich hatte den Eindruck bei ihm eine gewisse Enttäuschung zu spüren. (Später war zu erfahren, dass Rauchen nicht dem Gelübde unterliegt).

„Du gelobst keine Drogen zu nehmen?", erkundigte er sich.

„Ja."

„Gut, dann sprich den Schwur nach."

„*Upanishaden*" heißt das zu Füßen sitzen.

Ich saß Phra Siripono zu Füßen und vernahm den Text des Gelübdes in Pali. Er hätte diesen auch in Thai oder Chinesisch rezitieren können. Ich verstand nichts. Da ich seine Worte aber nachsprechen musste, murmelte ich, was ich zu hören glaubte. Der Schwur war unendlich lang. Wie mir Hans später erklärte ging es um das Einhalten der Klosterordnung und um all die Dinge, die nicht getan und nicht gegessen oder nicht getrunken werden durften.

Der „Vertreter" zählte alle möglichen Drogen auf, ich wartete auf das Wort „Alkohol" im Zusammenhang mit geistigen Getränken wie Wodka, Whisky, Rum. Nichts dergleichen wurde erwähnt. Das beruhigte. Anderenfalls hätte ich den Schwur unterbrochen. Ich bin weder drogenabhängig noch Alkoholiker. Einem Gläschen Wein wollte ich schon gar nicht abschwören! Aber ich wollte das Wat Tham Krabok von innen, als Mönch erleben und das war nur über diese Prozedur möglich.

Meine Hände ruhten auf meinen Knien, in einer Haltung die mir Siripono vormachte. Seine Worte rieselten herab wie ein kleiner Wasserfall. Seine Sätze wurden immer länger, mein Nachsprechen immer konfuser. Ich kam mir vor wie ein Kleinkind, das vor sich hin brabbelte.

Seine Stimme senkte sich. Zu Ende? Auf Englisch wies er mich an, vier neue Kerzen anzuzünden und in ein Sandgefäß vor einer winzigen Buddhafigur zu stecken. Dann kroch ich wieder vor ihn. Er schloss die Augen, legte die Handflächen aneinander und betete. Ich tat es ihm nach. Es war der Rest des Schwurs, verbunden mit einem Gebet in Pari-Sprache ...

Endlich konnte mein Gebrabbel verhallen.

Er erhob sich. Ich sollte noch etwas verharren und dann ins Büro zur Aufnahme hinübergehen. Nach einer kurzen Sammlung erschien ich im Büro, einem kargen Raum mit einem Stuhl, einem Schreibtisch, auf dem ein Computer stand. Phra Siripono saß bereits am Tisch und schob mir Papier und Bleistift zu. Ich schrieb Namen, Alter und meine Anschrift auf das Blatt. Er studierte meine Zeilen, dann hämmerte er sie in den Computer in Thai und Englisch. Zur Kontrolle zeigte er mir das Getippte. Die akribische Administration überraschte mich, weil dasselbe nochmals in ein großes, liniertes Buch eingetragen und mit meiner Unterschrift versehen wurde. In einer feierlichen Geste überreichte Siripono ein Zettelchen mit einem einzigen langen Wort in Thai-Buchstaben. Er las es mir langsam und eindringlich vor. Ich schrieb, was ich hörte darunter:

„REE/SE/TINA/GI/WA/NA/SHA/SE.“

„Das ist dein persönlicher, dein heiliger Lebensspruch in Pari. Denke an ihn, wenn du meditierst oder sprich ihn in Situationen der Trauer, Niedergeschlagenheit oder Verzweiflung. Seine Bedeutung ist sehr, sehr stark, er wird dir in allen Lebenslagen von Nutzen sein."

„Was bedeutet er? Übersetze mir die Worte."

„Sie haben eine heilige Bedeutung. Die Worte verlieren ihre Kraft, wenn ich sie erkläre."

Draußen wurde ich vom Abt, Phra Hans und weiteren Mönchen in Empfang genommen. Wir marschierten hinüber zur Kotzrinne, einem langen Betontrog, der mich lebhaft an eine Urinierrinne erinnerte. Der Abt trug eine Flasche mit einer schwarzen Flüssigkeit bei sich. An der Rinne hielt er inne, füllte einen Zahnputzbecher voll mit dem zähflüssigen Extrakt. Und reichte mir den Becher. Ekel erregender, scharfer Gestank drang mir in die Nase. Hans sagte: „Den Becher musst du auf einmal leer trinken. Darfst dir dabei die Nase zuhalten."

Ich setzte an und trank das Zeug. Eine Tortur. Ich war sicher, gequirlte Hundescheiße schmeckt besser! Wenn man mir heute einen Becher davon in Sichtweite platzieren würde, ich müsste mich augenblicklich übergeben. Doch im Moment lief mir die Nase, mir wurde etwas schwindelig, dann hatte ich kalten Schweiß auf der Stirn.

Es würgte jetzt im Magen und Hals. Ich konnte mich einfach nicht übergeben. Das trockene Würgegefühl wurde heftiger. Der ganze Körper zitterte, krampfte und brodelte.

„Trink Wasser, Mönch, trink Wasser!", rief ein Besorgter meiner Equipage."

Hans meinte trocken: „Da mussten wir alle durch."

Der mir Unbekannte, der mich als einen seinesgleichen ansprach, hielt mir eine große Wasserschüssel hin. „Du musst jetzt viel trinken, mindestens drei Liter, damit du dich übergeben kannst und aller Unrat deinen Körper verlässt."

Ich trank bis mir der Bauch anschwoll. Schüttelfrost und ein eigentümlich wirres Gefühl befielen mich. Übergeben konnte ich mich immer noch nicht. Was die Probanden täglich wiederholen mussten, absolvierten die

Mönche je nach Lust und Laune – tranken, um sich zu reinigen.

Heute Abend wollte man mich nicht allein leiden lassen. Der hilfreiche Mönch schluckte die Medizin. Schüttete sich Wasser durch den Hals ohne zu schlucken. Augenblicklich kotzte er Kaskaden. Fühlte sich hernach pudelwohl. „Hier, trink mehr, vielmehr, sonst leidest du die ganze Nacht", meinte er.

Es ging auf 22 Uhr. Der Abt hatte sich das Ritual schweigend angesehen, dann meinte er: „Die Medizin sollte den Körper verlassen. Trink warmes Wasser."

Von einer Feuerstelle wurde ein Eimer warmes Wasser herangetragen. Nach einem zusätzlichen Liter der lauwarmen Brühe machte sich heftiges Aufstoßen bemerkbar. Ich steckte den Finger in den Hals. Eine Ladung blassbrauner Flüssigkeit ergoss sich in Eruptionen. Im Mund blieb ein grauenhafter Geschmack. Mir ging's erbärmlich. Zu viel von dem Satanstrunk war noch im Magen.

An der Spuckrinne erlosch das Licht. Die Mönche verschwanden, bis auf Hans und den freundlichen Helfer. Jäh prasselte ein Tropenregen nieder. Unheimlich heftig, doch nur einige Minuten lang. Hans wollte mich etwas ablenken, wrang seine Kutte aus und meinte: „Der Regen war gut für unsere Wassertanks. Wir trinken nur Regenwasser. Das schmeckt und ist gesund."

Die beiden Mönche rahmten mich ein und brachten mich zur Klause. Unterwegs musste ich mich zwei Mal übergeben. Fühlte aber, dass das noch lange nicht alles war. An der Tür verschwand Hans mit einem kurzen Gruß. Der Hilfsbereite, er nannte sich Phra Peer, klopfte mir auf die Schulter, dann sagte er in etwas merkwürdigem Deutsch: „Wird schon gut gehen." Und tauchte ins Nachtdunkel, bevor ich ihn fragen, mich nach ihm erkundigen konnte ...

Ich legte mich auf die Bastmatte, versuchte Schlaf zu bekommen, was nicht gelang. Vom See her randalierten Ochsenfrösche, Hunde heulten, ein Nachtvogel kreischte.

Geheimnisvolle Laute drangen durch Fenster und Türen. Auf dem betonharten Lager fand ich keine Ruhe.

Da, der Scheinwerfer einer Taschenlampe vor der Tür. Gebannt schaute ich auf den Türschlitz. Draußen schlürfende Geräusche. Fußtritte? Halluzinationen? War der Engländer wieder gekommen? Wollte er mich bestehlen? Legte da jemand eine zweite, eine andere Bombe, um durch den Tod eines *farang* noch mehr Aufmerksamkeit zu erlangen?

Der Morgen graute. Ich wälzte mich vom Lager, übergab mich und schlich in die *Sala*, um beim gemeinsamen und einzigen Essen präsent zu sein, ohne jedoch einen Bissen hinunter zu bekommen.

Beim anschließenden Gebet, das in Meditation überging, fehlte mir die Konzentration, weil ich einfach nur litt.

Das Vermächtnis

Gegen zehn Uhr schickte mich Phra Siripono in die Reisfelder, um beim Pflanzen zu helfen. Dort traf ich Phra Peer. Ich hatte den Eindruck, dass er bereits auf mich gewartet hatte. Knietief standen und wateten wir im Matsch. Nassreis pflanzen ist keine angenehme Arbeit! Im stehenden Schlammwasser tummelt sich allerlei Getier: Blutegel, Wasserschlangen, Lurche, Stechmücken und vieles mehr. In der Pause schleppten wir uns in den Schatten von Bananenstauden. Peer erzählte, dass er Däne und vor fünf Jahren ins Kloster gekommen sei. Klaus Schröder habe er gut gekannt. Sie seien sogar Freunde geworden. Ich erzählte Peer, dass ich kreuz und quer durch Thailand und Nordburma gereist sei um Klaus zu finden. Und ich erwähnte meine Beziehung zu ihm. Sagte, dass ich seinen alten Eltern berichten wollte.

„Ich habe damit gerechnet, dass sich eines Tages jemand nach Phra Klaus erkundigen würde", sagte Peer.

„Erzähle mir aus seinem Leben. Er wird dir doch manches anvertraut haben."

„Das brauche ich nicht. Auf seinem Sterbebett hatte er mir etwas hinterlassen."

„Etwas übergeben? Was denn?"

„Warte es ab."

Am Nachmittag zogen wir hinüber zu den Lavaöfen und schlugen Lavaskulpturen aus der Form. Arbeiten in einem Steinbruch sind nicht schwerer.

Nach der Meditation saß ich mit Per vor seiner Klause.

„Klaus hast du nicht gefunden, aber vielleicht sein Leben", damit gab er mir fünf dicke Schulhefte. Ich blätterte darin. Es handelte sich um eng beschriebene Tagebücher.

„Für mich?"

„Ja, nimm sie mit. Die Eltern sollen die Hefte lesen.

Vielleicht sehen sie ihren verlorenen Sohn hernach in einem anderen Licht."

Ich war gerührt. Mit dem für mich aufregenden „Fund" zog ich mich in mein *Kuti* zurück und las beim Licht einer Öllampe im Vermächtnis von Phra Klaus. Ich las die ganze Nacht und wieder glomm sein Bild in mir auf: Sein gutes Aussehen, seine bemerkenswerte Erscheinung, seine sportlichen Leistungen, die ihm alle Schulpreise eintrugen. Einmal hielt er auf einer Feier unseres Gymnasiums eine Rede auf lateinisch, die selbst unser Lateinpauker für außerordentlich und reif einstufte. Schüler seiner Klasse, später Studenten seines Semesters suchten seine Nähe, hingen an seinen Lippen. Er war ein Idol voll unwiderstehlichen Zaubers – bis er kam, der große Bruch mit dem Bürgertum, mit den Eltern, mit allem was dem Establishment heilig ist.

Klaus stammte aus einer wohlhabenden Unternehmerfamilie. Vater Schröder sah in Klaus seinen Nachfolger, der nach dem BWL-Studium in der Firma schlitzohrige Verhandlungstaktik, erbarmungslose Härte gegen sich und andere und das Gespür für's Geldmehren erlernen sollte. Und zwar rasch, um die Geschäfte seines Vaters zu übernehmen, der gerade seinen zweiten Herzinfarkt kuriert hatte.

Als Klaus nicht Betriebswirtschaft, sondern Philosophie studierte, erlag Vater Schröder keinem dritten Infarkt, sondern ließ seinen Sohn die Eiseskälte seines angeschlagenen Herzens spüren. Was Klaus besonders weh tat: selbst die Mutter stempelte den Sohn zum schwarzen Schaf. Allein seine Schwester verstand ihn, hielt zu ihm. Bis zu ihrem Tod. Sie wollte Künstlerin sein. Was sie wurde, war Bohemien und landete im Milieu, wo sie auf mysteriöse Weise umgebracht wurde.

„Vater und Mutter hatten nie Zeit. Früh musste ich funktionieren. Liebe wurde durch Geld und Geschenke ersetzt. Schon als Kind schlug ich aus Verzweiflung den Kopf gegen die Wand", lautete eine Eintragung vom 12. September 2004.

Klaus hatte das Tagebuch als Retrospektive angelegt und erst im Kloster begonnen. Er war, was ich immer vermutete, der ewig Heimatlose, der rastlos Suchende, der doch nicht findet und schließlich sich selbst verliert.

„Mein ganzes Leben war ich auf der Suche nach Liebe und Wahrheit – in Kilometern ausgedrückt, war es eine Strecke von mehr als zehnmal um die Erde. Von Deutschland über die Türkei, Afghanistan, Pakistan, Indien, bis Afrika - rauf wie runter. Alaska bis Feuerland und zurück, bis ich endlich Thailand kriechend wie ein Reptil durchmaß. Ich war Philosoph, überzeugter Kommunist, vom Wind getriebener Hippie, Christ, Atheist, Muslim, Hinduist, schließlich Buddhist. Dreiviertel meines Lebens lebte ich in der tödlichen Welt der Drogen. Viele Male war es nur ein kleiner Schritt in den Abgrund. Und ich schämte mich, zu schwach zu sein für diesen letzten, befreienden Schritt. Statt dessen flüchtete ich weiter vor meinen Eltern, Menschen, die es gut mit mir meinten, vor mir selbst. Es war ein Weg voller Hass und Verderben direkt in die Hölle.

Als Großmutter starb, war es, als warf man einen Strauß verblühter Schnittblumen in die Tonne. Als der Schäferhund sein Leben beendete, waren Vater und Mutter krank vor Trauer.

Bei meinen Eltern herrschte Sprachlosigkeit. Als klar war, dass ich mich eher vor den Zug werfen würde als Unternehmer zu werden, hörte ich von Mutter und Vater kein Wort der Verständigung. Die Stimmung war boshaft, gedrückt. Belanglosigkeiten bestimmten den Tagesablauf. 'Klaus ist zu dumm um einen Nagel einzuschlagen', hieß es lapidar. Schulische Erfolge waren nichts wert, weil ich für Vater ein Träumer war. Wenn etwas nicht nach seinem Geschmack geriet, gab's Prügel. Vater tobte sich an dem „missratenen" Sohn aus. Aber ich wollte Anerkennung in Worten, Gesten und Taten erfahren. Was ich bekam waren Abneigung, Häme, Kälte.

Eines Abends bei Tisch hieß es: ‚Reich mal die Butter!' Ich reagierte nicht. Mutter vorwurfsvoll: ‚Wieder zu

viel Sokrates gelesen, Bursche?' Vater: ‚Wir sind wohl
nicht intellektuell genug für deinesgleichen?' Es war
kaum auszuhalten. Ich fragte: ‚Was sagte Archimedes als
seine Häscher ihn gefangen nehmen wollten?'

Die Eltern glotzten blöde. Meine Schwester starrte
verschämt auf den Teller. Sie hatten keine Antwort. Es
war mein letzter Versuch der Öffnung. Ab jetzt wurde allein entschieden, verheimlicht, gelogen, gestohlen. Die
Einsamkeit im Alkohol ertränkt, dann mit Drogen bekämpft.

Ich machte die Tür auf, schlug sie zu und ging von zu
Hause weg. Meine Schwester warf sich in den Weg.
Vielleicht verstand sie mich, aber das reichte nicht in der
Notgemeinschaft gegen die Diktatur des Vaters, gegen
die gefühlskalte Mutter. Und so trug ich die Trauer mit
mir herum wie eine Tätowierung auf der Seele. Ich lebte
auf den Straßen, in schäbigen Buden, landete in Gefäng-
nissen. Mein Verlangen waren Liebe, Verständnis, Anerkennung, was ich fand waren Sex, Gewalt, Drogen. Ich
hatte den Käfig mit der Bestie geöffnet, die ich in mir
trug.“

In Bangkok holte ihn eine Prostituierte aus der Gosse.
Dazu merkte er an: „Miteinander schlafen – ja, Liebe –
nein. Treue – ja, Zukunft – nein. Wenn du mir wehtust,
verschwinde ich. Wenn ich dir wehtue, gehört das zum
Spiel. Es ist meine Aufgabe dir wehzutun, weil mein
Schmerz heraus muss. Liebe verbindet sich für mich mit
meiner toten, blutenden Mutter und dem Gelächter der
Mörder, die ihre Leiche tragen. Wenn mit uns, Muaya,
die Vergangenheit mit der Zukunft schläft, kann der Lie-
besakt nur Verzweiflung zeugen.“

Die fast unendliche Odyssee von Klaus las sich wie
ein alptraumhaftes Jammertal ohne Licht oder Hoffnung
– es war die Vita eines Minus-Mannes, eines verlorenen
Sohnes, der, einem toten Blatt glich, das der Wind in den
Gossen herumfegte, bis es sich irgendwann, irgendwo
aufzulösen schien. Ein Hoffnungsschimmer glomm auf
als Klaus in Kalkutta Mutter Teresa aufsuchte.

Die große Schwester der Armen sollte auch ihm, dem Verzweifelten, helfen. Beim ersten Besuch drückte sie ihm ein Gesangbuch in die Hand und schaute ihn aus runzeligem Gesicht mit ihren strahlenden Augen so gütig an, dass Klaus in Tränen ausbrach. Schluchzend folgte er der Morgenandacht. Mit einem Schlag wusste er, warum die Menschen in Indien sie eine Heilige nannten. Mutter Teresas Seele strahlte aus, was Klaus so unmittelbar noch nie erlebt hatte: Liebe und Wärme. Und sein verkrampftes, totes Herz wurde in eines aus Fleisch und Blut gewandelt.

Beim zweiten Besuch fragte sie ihn nach seinem Namen und hielt seine Hand. „Sie war eine wirkliche Mutter der Armen – zu den ärmsten zählte ich mich. Und in diesem Moment war sie auch meine Mutter. Wieder rannen mir die Tränen über das Gesicht.

'Was machst du in dieser Stadt?', fragte sie. 'Ich suche Liebe und Wahrheit', antwortete ich. Sie lächelte gütig, schloss mich einfach in ihre Arme und sagte: 'Dafür brauchst du nicht nach Kalkutta zu kommen.' Sie hielt mich noch im Arm, löste sich etwas und klopfte mit ihren Fingern auf mein Herz. Da drin musst du suchen. Dort sind Liebe und Wahrheit! In ihren einfachen Worten steckte eine wundervolle Kraft, die mich in diesem Moment als Glück durchströmte.

Schon war sie wieder da, die Angst, das bisschen Glücklichsein zu verlieren. Ich traf Mutter Teresa noch weitere Male. Eines Tages sagte sie: 'Komm zu mir, Klaus und öffne deine Hand.' Ich tat es und sie strich mit ihrem Zeigefinger über die Handlinien. 'Schau, in der Hand eines jeden Menschen kannst du ein 'M' herauslesen. Denke an Maria, die große Beschützerin, sollte es dir wieder einmal schlecht gehen.'

Ja, ich spürte einen Strom positiver Energie auf mich einwirken. Mutter Teresa war durchdrungen von positiver Energie, an der sie andere teilhaben ließ. – Dankbar verließ ich Kalkutta. Irrte durch den Urwald westlich von Madras, um allein zu mir zu finden. Ich fand mich nicht.

Zu tief war ich von blinden, heuchlerischen Christen verletzt worden. Zu mächtig zerrissen Drogen Körper und Geist. Depressionen und Angst umtanzten mich wie unbesiegbare Dämonen!"

Es folgten weitere Jahre des Herumirrens. Er durchlebte schier unglaubliche Strapazen und Abenteuer, immer als Gratwanderer, mit einem Bein im Hades ...

Bis wieder einmal Thailand durchirrt wurde. Im Goldenen Dreieck ging es ihm besonders dreckig. Von Tham Krabok hatte er schon gehört, jedoch es fehlte die Kraft, der Entschluss. Klaus hatte alle Hoffnung aufgegeben je Hilfe zu erfahren. Wie sollte ihm, dem ewigen Verlierer, im Kloster geholfen werden?

Und doch lag er eines Tages zu Füßen des Luang Phoo Tscharoen. Der Abt erkannte seine Verzweiflung. Und er schenkte ihm sein Vertrauen, die Entgiftung durchzustehen. Unter unsäglichen Schmerzen gelang es ihm, den Dämon Droge, der ihn 30 Jahre beherrscht hatte, zu besiegen. Stolz, aber auch Dankbarkeit verliehen Klaus Lebensmut. – Endlich!

„Aus Dankbarkeit wollte ich bleiben. Kein Ort erschien mir geeigneter, die große Hilfe, die ich erhielt, an Hilfe suchende weiterzugeben. Wat Tham Krabok gab mir, was ich ewig suchte: Wahrheit, Liebe, Lebensinhalt. Im Kloster wurde ich verstanden, das machte mich ruhig, zufrieden, vielleicht sogar glücklich. Ich möchte mich den Menschen und dem Buddhismus widmen. Und es ist herrlich zu haben, was ich nie hatte: ein Ziel, das Nirwana. Ich werde es nie erreichen, aber der Weg dorthin ist mein Ziel und der Pfad kein dunkler Tunnel, sondern eine leuchtende Straße!"

Neben dem Abt war es Phra Peer, der Klaus auf seinem Weg begleitete. Aber auch andere Mönche nahmen sich des Deutschen an. Das Besondere am Buddhismus ist, dass sich der Mensch selbst erlösen, sich selbst vom Ungemach zu befreien hat. Es gibt keinen Gottvater, keinen Gottes Sohn, keine Maria, die anzuflehen sind.

Was es gibt, ist das Selbst. Das ist schwierig und

schön zugleich. Schwierig, weil die vermeintlichen, himmlischen Helfer nicht existieren. Buddha ist kein Gott, der anzubeten ist. Schön, weil das selbst Erreichte ungeheuer befriedigt. Buddhas Weisung kurz vor seinem Tod lautete: „Sei dir selbst eine Leuchte."

Klaus verlor allmählich durch die Meditationen seine Zweifel, den Zorn, die Lust, Hass, Neid, alle Laster, die ihn immer beherrscht hatten. Er wurde frei auf dem Weg zur „Leere". Freiheit, die Kraft entfaltete.

Dann beschrieb Klaus seinen ersten *thudong*, die Fußwanderung der Mönche. Im „Gepäck" lediglich: Bettelschale, Schirm und Kutte. Phra Klaus ging hinter Mönch Peer. Nach dem Bettelgang mit anschließendem Morgenmahl marschierten sie außerhalb des schützenden Waldes stundenlang durch sengende Sonne. Die Luft flimmerte, Schweiß rann in Strömen, Durst quälte. Weit und breit keine Siedlungen, kein Wasser, kein Schatten, nur vorbeirasende Fahrzeuge.

Für Klaus wurde die Situation kritisch. Die Zunge klebte am Gaumen, der Rachen brannte, Kopfschmerzen und Schwindel warnten vor einem nahenden Hitzschlag. Er glaubte, jeden Augenblick in den Straßengraben zu fallen. Doch er ging weiter, im Kopf sein Lebenswort, die starke Meditationsvokabel. Stoisch schritten die Mönche barfuß durch die Hitze. Er wäre der einzige, der zusammengebrochen wäre, damit hätte er die Wanderung aufgehalten.

Doch Klaus fiel nicht! Zur Nacht zog der Trupp in eine alte Ruine auf einen Hügel außerhalb der Stadt und schlief unter freiem Himmel. Skorpione und Schlangen raschelten im Laub und Gras. Außerdem kreischten Affen, die sich in ihrer Nachtruhe gestört fühlten.

In der folgenden Nacht wurde Klaus mal wieder von einem heftigen Malariaanfall gepackt. Von Peer und Gordon untergehakt, schleppte er sich weiter. Drei Tage schüttelte ihn hohes Fieber. Doch die Karawane zog dahin, barfuß auf brennenden Sohlen, mit knurrenden Mägen.

1200 Kilometer gingen die Mönche auf dem Pilgermarsch, bis das Kloster sie wieder hatte.

Zehn Monate vor seinem Tod, genau am 3. Januar, wurde Klaus einer großen Versuchung ausgesetzt. Der Abt schickte ihn nach Lop Buri, in die 40 Kilometer nördlich von Tham Krabok gelegene Kreisstadt. Er möge für ihn einige Boten- und Behördengänge erledigen. Natürlich war die Strecke zu Fuß zurückzulegen. Klaus könne im ehrwürdigen Kloster Phra Si Ratana Mahathat nächtigen.

„Bis heute weiß ich nicht, ob der Abt mich mit seinem Auftrag hinsichtlich meiner Zuverlässigkeit prüfen wollte", notierte Schröder, der inzwischen recht gut Thai lesen und schreiben gelernt hatte.

Also machte er sich zum Ort auf, der für Thailänder eine wichtige Bedeutung hat: In Lop Buri ausgegrabene Artefakte weisen auf eine Besiedlung in der Jungstein- und der Bronzezeit hin. Im 6. bis 11. Jahrhundert, in der Davarati-Epoche, zog Lop Buri als religiöses Zentrum, die Gelehrten des Umlands an und 200 Jahre später, in der Hochzeit der Ankor-Könige, wurde sie Provinzhauptstadt. Als Siam mit der Hauptstadt Ayutthaya unabhängig wurde, entwickelte sich Lop Buri zur zweitwichtigsten Stadt im Königreich.

Die Blüte erlebte die Stadt zwischen 1657-1688, zur Zeit der Regierung von König Narai. Damals hieß der Ort Lavo. Er wurde von vielen europäischen Missionaren anschaulich beschrieben, als internationale Drehscheibe für Händler aus Holland, Portugal, Spanien, Italien, Frankreich, England, Indonesien und China. Chevalier de Chaumont, Gesandter von König Ludwig XIV., übergab König Narai, in Lavo, der schwülen Sommerhitze Ayutthayas entflohen, eine Depesche, die für die Beziehungen zum französischen Hof von außerordentlicher Bedeutung war.

Wie erwähnt, ernannte König Narai den Griechen Konstantin Phaulkon (Chao Phya Vichayen) zum Premierminister. Damit war dem Herrscher kein friedvolles

Ende beschieden. 1688 putschte einer seiner Generäle. Dem isolierten Narai blieben nur noch zehn treue Pagen. Allen drohte der Tod. Um die Männer zu retten, rief er einen buddhistischen Abt zu sich, der seine Getreuen als Mönche ordinieren sollte. Den Sutta-Sawan-Pavillon bot Narai dem Orden als Gegenleistung an.

Im 19. Jahrhundert belegte König Mongkut die Begebenheit, weil er den Lop-Buri-Palast zurückhaben wollte und dem Orden als Ersatz für den Pavillon Land zur Verfügung stellte.

Phra Klaus durchwanderte Lop Buri. Verweilte an den Mauern von Prang Sam Yod („Tempel der drei Turmspitzen"), am König-Narai-Palast, vor den Mauern der Dusit-Maha-Prasad-Halle und schritt an den Palastruinen Konstantin Phaulkons vorbei. Kein Wunder, dass sich der Ausländer den Unmut der Priesterschaft und Regierungsbeamten zuzog. Sein pompöser Wohnsitz stand dem Königspalast um nichts nach.

Im Affentempel verweilte er, um die Anmut der vier Tempeltänzerinnen zu genießen, die im prächtigen Ornat zu einem Glockenspiel tanzten. Hingebungsvoll schwebten sie barfuß über den Teppich. Ein Versenkungstanz. Schön und erhaben, bar jeglicher Anzüglichkeit.

Nach den Tagebuchaufzeichnungen war Klaus von der einstigen Pracht und Bedeutung Lop Buris sehr beeindruckt. Die Neustadt interessierte ihn weniger. An den Warenhäusern ging er schnellen Schrittes vorüber. Konsumgelüste kannte er schon lange nicht mehr.

Der Abend nahte. Seine Besorgungen hatte er getätigt. Klaus war im Begriff, das Kloster Si Ratana Mahathat aufzusuchen. Als er am Garten einer Karaoke-Bar vorbei eilte, sprachen ihn zwei Mädchen an, am seitlichen Gartentor, das im Schatten großer Plantanen uneinsichtig lag.

„Ihr seht doch, dass ich Mönch bin, was fällt euch ein mich zu belästigen", sagte ich. Sie ignorierten meinen Tadel. Schauten mich nur ruhig an. Ich erkannte im Schein des Neonlichts, dass sie schlank, gut gewachsen und außerordentlich hübsch waren. „Du bist ein Mönch, aber zuallererst ein Mann, der uns helfen kann", meinte die Ältere, ihre Absicht schien mir verwirrend.

Wahrscheinlich kamen beide aus Isaan, im Nordosten, dem Armenhaus Thailands und waren Töchter Not leidender Bauern. Hier lebten sie ohne Aussicht auf eine ordentliche Arbeit von der Gelegenheitsprostitution. Jeder Westler bedeutete für sie Hoffnung auf Geld und ein besseres Leben. Trotz Glatze und Kutte hatten sie mich als Europäer ausgemacht. Ich nahm das Zölibat ernst, hatte als Mönch selten einen Gedanken an Frauen und Sex verschwendet. Wenn es über mich kam, half die Meditation.

Die Konfrontation mit den beiden Mädchen irritierte mich. „Komm' mit uns nach Hause", bat die Ältere, in meinen Ohren klang es wie Sirenen. „Versteh' uns richtig, Mönch. Wir bitten um den Segen Buddhas und Beistand in der Meditation." Was für ein Ansinnen? Ich war sprach- und ratlos. Mir trat der Schweiß aus allen Poren. Die Ältere hauchte mir ihren Namen, 'Tama', ins Ohr. Beide hakten mich ein und zogen mich in eine unbeleuchtete Seitenstraße.

Ich bekam es mit der Angst zu tun, war aber nicht in der Lage sie abzuschütteln und wegzulaufen. War wie gelähmt und schwach als Opfer in einem bösen Traum. Bilder von Morden in dunklen Gassen tauchten auf. Sollte ich gleich ein Messer in den Rücken gerammt bekommen? Wollte man mich chloroformieren, dann umbringen? Ich kämpfte mit mir und gegen meine Besorgnis. Schließlich siegte die Neugierde. Ich ging das Risiko ein, ließ mich willig abführen.

Selbst heute, da ich das Erlebte niederschreibe, weiß ich nicht warum ich mitging. Es war wie ein Drang, dem zu folgen war. Vielleicht tröstete ich mich einfach mit der Absicht der Mädchen nur beten zu wollen mit einem Mann des Seelenheils.

Wir hielten vor einem Mehrfamilienhaus mit mehreren Appartements ohne Namen. Tama kramte einen Schlüssel aus ihrem Täschchen. Im dritten Stockwerk gingen wir einen tristen Gang entlang. Sie öffnete die Wohnung 312 und schob mich hinein. Die Situation war so skurril, dass ich sie nicht wahrhaben konnte.

Verlegen stand ich in dem Einzimmer-Appartement, in dem es ein großes Bett, zwei Stühle, eine Kochnische, ein Duschkabäuschen mit Toilette und einen Austritt zu einem schmalen Balkon gab. In der rechten Wandecke entdeckte ich einen liebevoll dekorierten Altar. Mittendrin stand eine Buddhafigur aus Plastik, von Lotusblumen umrankt. Mau, das jüngere Mädchen, warf Handtasche und Jacke aufs Bett und begab sich zum Altar. Dort zündete sie eine Wachs- und zwei Räucherkerzen an.

„Wir wollen beten und meditieren“, sagte Tama. Mit ihrer Freundin kniete sie nieder und legte die Handflächen aneinander. Auch ich hatte ein großes Bedürfnis, durch Meditation meine Geister um Hilfe zu bitten. Setzte mich mit verschränkten Beinen zu den Mädchen und legte meine Handflächen nach außen gekehrt, auf die Knie. So verharrten wir eine Stunde.

Ich suchte die gedankliche Leere. Doch mein Sinnen kreiste um den Abt, den ich um Rat bat. Irgendwann hatte ich telepathischen Kontakt zu ihm und mir war, als hörte ich seine Stimme, die ganz deutlich sagte: „Schäme dich deiner Begierde nicht, wenn sie da ist, tue was du tun musst!“ Und die Stimme erschreckte und beruhigte mich gleichermaßen – in meinen frivolen Gedanken an die Mädchen. Gedanken, die auf einmal stark und mächtig wurden.

Noch nie hatte ich Mädchen so inbrünstig beten erlebt, schon gar nicht Mädchen ihres Gewerbes. Sie merkten, dass ich unruhig wurde. Oh Niedertracht! Ein Mönch, der Stunden, Tage – es gibt Brüder, die Wochen, ja Monate in der Versenkung verharren, ließ sich auf banalste Weise ablenken – durch Fleischeslust!

Mau und Tama erhoben sich, beugten sich mit einem Wai zu mir. Wie aus einem Munde sagten sie: „Wir danken dir Phra, du hast sehr geholfen unser schreckliches Karma zu verbessern. Dann erzählten sie. Es war eine

Beichte aus ihrem kaputten Leben. Schließlich wich das Lächeln aus ihren anmutigen Gesichtern. Ekel stand in ihren Augen, als sie Einzelheiten über ihre Arbeit berichteten. Doch mussten sie es tun, weil sie und ihre Familien im fernen Udon Thami überleben wollten. Ich wurde von einem Gefühl aus Mitleid, Angst und tiefer Erregung geplagt.

Die Mädchen hatten mich missbraucht. Während sich vielleicht ihr Karma verbesserte, fiel meines in alle Abgründe. Mein Weg ins Nirwana führte in dieser Absteige geradewegs zu Luzifer. Ich spürte drohendes Unheil, ohne es verhindern zu können. Tama hantierte jetzt an der Pantry. Sie kochte Reis mit Hähnchen. Curryduft zog in meine Nase. Ich durfte nichts mehr essen, doch aß ich. Und es tat gut.

Tama zog mich sanft aufs Bett. Ihre Hand glitt unter den *ti-civara*. Ich schloss die Augen und ließ es geschehen. Tama beugte sich über mich und küsste sacht mein Gesicht. Mein Gott, stöhnte ich, warum ist Sexualität in den Religionen so geächtet. Das Natürlichste der Welt belegt die Menschheit mit Fesseln, Tabus, Dogmen. Es geht um Macht und Beherrschung. Religionen wollen abhängig, deren Vertreter Gläubige ängstlich, durch Einschüchterung gefügig machen.

Nein, nein, dass sind frevelhafte Gedanken. Die Menschheit braucht eine Ordnung, Religionen schaffen Ordnung. Zur Ordnung gehören Menschen, die entsagen, vorleben können. Zur Ordnung gehört Liebe, dann Sexualität. Ich war im Begriff die – nein es war nur meine Ordnung, zu zerstören. Und das machte mir Angst. Ich wusste nicht wie ich das Chaos überstehen konnte.

Mit einem Mal verlor ich alle Befangenheit. Das Verlangen war übermächtig. Bei ihrem Lächeln bekam ich eine Gänsehaut und warme Schauer. Mau und Tama glitten aus ihren Kleidern. Jasminduft raubte mir die Sinne. Die *ti-civara* schlug ich auf, lag entblößt da und es war schlimm – ich genoss ein längst tot geglaubtes Gefühl der Lust. Ich hatte vergessen wie sich Frauen anfühlen.

Jetzt verlangte ich um so mehr danach, weiche, zarte Haut, feste Schenkel den warmen, feuchten Schoss zu spüren. Meine Hände legten sich um ihre Brust, die jetzt auch Erregung zeigte. Tama hauchte Worte der Dankbarkeit. Etwa weil ich, weil ein Mönch sich ihrer erbarmte? Sie küsste mich mit steigender Wildheit. Maus lange Haare lagen wie schwarze Seide auf meinem Leib. Zarte rhythmische Bewegungen ließen meinen Körper mit heißer Wonne durchfluten. Oh Herrlichkeit, oh... allmählich ebbte die Lust ab. Für eine Weile lag ich ganz entspannt da.

Kühle Abendluft strich durch den Raum. Vor dem gütig lächelnden Buddha glomm noch die Räucherkerze Ich schaute hinüber und hoffte, dass er mir meine Schwäche verzeiht. Mau rollte von mir herunter.

Tama massierte meine Lenden mit geübten Fingern. Als sie es für angebracht hielt, setzte sie sich auf mich und ritt wie ein kleines Teufelchen. Die jüngere Frau schob sich über mein Gesicht. Ich spürte ihre festen Brüste, dann ihren würzig duftenden Schoss.

Meine Hüfte tanzte. Plötzlich bäumte sich Tama auf. Wand sich und keuchte. Mit mir, entwich ihr ein gurgelndes Stöhnen. Wellen stoßhafter Lust durchfuhr unsere Körper. Über mir pendelte das Becken Maus, in duftender Feuchtigkeit, wie die der Seemuschel. Ihre Bewegungen wurden konvulsiv, als wollte sie die letzte Frucht vom Baum reißen ... Bis ihr dann ein unterdrückter Schrei entwich.

Eine Zeit lang saß Mau ganz still, als genoss sie die ausklingende Erregung. Nun glitt sie herab und schob sich neben mich. Sie öffnete ihre Schenkel und forderte mich auf. Ich drehte mich zur Seite. Beide fielen wir in einen harmonischen, sanft stoßenden Gleichklang. Ich spürte, wie sich ihr warmer Bauch und ihre weichen Brüste gegen mich pressten, wie ihr Inneres mich umschlossen hielt.

Noch nie zuvor in meinem Leben hatte ich eine so sinnliche Mischung von körperlichen und seelischen

Empfindungen verspürt wie in diesem Moment. Gleichzeitig ereilte uns der 'kleine Tod'.

Mau schmiegte sich zufrieden an mich, legte den Kopf auf meine Schulter. Tama war hinter mich gekrochen und massierte mit Zärtlichkeit meinen Nacken bis auch diese Flut der Lust verebbt war. Es war unmöglich meine so lange unterdrückten Gefühle in Worte zu fassen. Es war, als würde ich von einer großen Flutwelle fortgetragen und drohte zu ertrinken.

Unsere Körper waren in Schweiß gebadet. Dennoch blieb der süße Geruch mit dem herben Rauch der Räucherstäbchen im Raum. Ein betäubender Odem. Die jungen Frauen schmiegten sich liebevoll an meine Seite und ließen den für sie heiligen Akt langsam verklingen. Sie hatten die Augen geschlossen. Vielleicht schliefen sie schon, während ich grübelte. Die Schuld lastete schwer wie ein Mühlstein auf meinem Gewissen.

Dennoch blieb ich noch einen Tag und dieser zweite Tag mit der Nacht waren noch schöner, noch lustvoller als der erste. Noch nie hatte ich Sexualität befriedigender empfunden. Die Mädchen sagten, ich solle bei ihnen bleiben. Sie fühlten sich gut in meiner Gesellschaft, beschützt und nicht so ausgestoßen und verdorben. Sie würden gut für mich sorgen. Ihre Arbeit, der sie weiter nachgehen müssten, die bräuchte mich nicht zu stören. Ein Mönch gäbe ihrem sündhaften Treiben Vergebung, vielleicht sogar etwas Legitimation.

Die Ansichten überwältigten mich, schmeichelten mir gar. Wie war es möglich, dass ein Mönch, noch dazu ein *farang*, einen solchen Einfluss ausüben konnte? Ich stutzte oder war mir der Satan in Gestalt dieser beiden Mädchen erschienen? Sollte ich vernichtet zurück in die Hölle geworfen werden, aus der ich doch kam?

Ich riss mich los und trat den langen Heimweg an. Mein wahres Zuhause war das Kloster und Tham Krabok sollte es bleiben – aber, konnte mir je verziehen werden?

Angekommen, suchte Klaus den Abt auf. Der erwartete ihn schweigend, den Blick an ihm vorbei, auf das große Rad gerichtet. Klaus fiel vor ihm auf die Knie.

„Luang Phoo (ehrwürdiger Vater) ich habe mein Versprechen gebrochen."

„Hast du Drogen genommen, Phra Klaus?"

„Ich konnte der Droge Lust nicht widerstehen."

„Du hast dich mit einer Frau eingelassen?"

„Ich habe mich mit zwei Frauen eingelassen, aber keine Drogen genommen."

„Das ist schlimm. Wenn du aber keine Drogen nahmst, so hast du dein Versprechen, doch nicht deinen *Sadscha* (Schwur) gebrochen. Reinige dich von außen und innen. Nimm ein Dampfbad und den Trunk. Gehe in dein *Kuti* und meditiere, bis du dich befreit, rein und stark fühlst. *Abatt*, unser Ritual der Reinigung, kennst du. – Du darfst bei uns bleiben. Schäme dich nicht, du hast deinen Pfad verlassen, doch du wirst ihn wiederfinden!"

„Ich tat wie mir geheißen und war glücklich aufgenommen zu bleiben.

In meiner Klause betete und meditierte ich drei Tage und Nächte ohne Unterbrechung. Ich sollte immer beten, weil das die Anerkennung von Kräften ist, die außerhalb uns selbst existieren. Phra Peer schaute am vierten Tag nach mir. Seinen Besuch wertete ich als Akt der Freundschaft. Einige Brüder wussten von meinem Vergehen. Auch sie verziehen mir."

Ich legte das vierte Tagebuch zur Seite und dachte nach. Klaus Schröder erschien mir in einem anderen Licht. Tham Krabok war sein Anker geworden. Mit Hilfe Luang Phoo Tscharoens konnte der Anker sein Fixpunkt auf dem steinigen Weg in eine bessere Welt werden. Klaus war dankbar, diesen Anker gefunden zu haben, blieb bis zu seinem Tod im Kloster und konnte vielen gestrauchelten, süchtigen und verzweifelten Europäern den Weg aus dem Jammertal weisen und ihnen helfen, wie ihm geholfen wurde.

Ich blätterte weiter und las seine letzten Eintragungen:

„Seit mehreren Tagen bin ich matt und krank und ich fühle, dass es ernster ist als einer jener sich wiederholen-

den Malariaschübe. Manchmal denke ich es sei die Strafe
für meinen Fehltritt in Lop Buri. Doch Phra Peer meint,
dass sei nicht so, ich hätte einen Tropenvirus, der im
Hospital von Saraburi oder Lop Buri sicher rasch zu erkennen und zu kurieren sei.

Ich bin wieder zuversichtlich. Morgen, spätestens
übermorgen, werde ich mich ins Spital begeben. Unser
Abt hat es auch befürwortet. Für alle Fälle möchte ich
nicht versäumen, mich bei Menschen zu entschuldigen,
die ich enttäuscht habe, denen ich Unrecht tat, die ich be-
trog oder sonst wie schädigte. All jene möchte ich um
Verzeihung bitten.“

Ahnte Klaus sein Ende?

Es folgte eine lange Liste vieler Namen. Ich überflog
die Seiten. Einige Personen kannte ich aus unserer gemeinsamen Zeit. Andere sagten mir nichts. Auch mein
Name tauchte in der Aufzählung auf. Dann las ich:
„Luang Phoo Tscharoen, der Abt, dem ich alles verdanke, der mir eine zweite Chance gab und der stets an mich
glaubte, ihm gilt mein größter Dank. Er möge mir meine
Schwäche verzeihen.“

Die letzten Zeilen erwähnten seine Eltern: „Vater
zeigte Verachtung, weil er ein starker Mann war, der kein
Verständnis für meine Schwächen haben konnte. Mutter
liebte mich nicht, weil sie nicht lieben konnte. Ich habe
meine Eltern tief enttäuscht. Ich bitte sie um Vergebung
und wünsche ihnen Frieden mit ihrem einzigen Sohn, der
ihnen ihre Hoffnungen zerstörte.“

Die letzten Sätze waren kaum lesbar. Wie unter großen Mühen geschrieben worden. Und auf der Seite ganz
unten stand noch schwach und aus den Zeilen gerutscht:

*„Wenn ich ein Fels wäre und nicht wie eine Wolke,
würde mich mein Denken, das wie der Wind ist ... “*

Es schien mir, als habe Klaus Schröder in diesem
Moment das Leben verlassen. Das ganze Blatt war über-
sät mit getrockneten Wassertropfen. Tränen?

Bewegt klappte ich das letzte Heft zu. Die Tagebücher waren ein Legat.

Ich werde sie den Eltern übergeben, in der Hoffnung,
dass auch sie ihrem Sohn verzeihen.

Abschied

In den folgenden Tagen arbeitete ich mit Phra Peer auf den Feldern und dachte an Klaus. Auch beim Meditieren ging mir Klaus nicht aus dem Sinn. In der kurzen Freizeit sprach ich über sein Leben mit Peer, der das Tagebuch auch gelesen hatte. Phra Peer berichtete: „Als ich am nächsten Tag nach dem Gebet zu ihm ging – ich wollte ihn ins Hospital begleiten – lag er ganz entspannt auf seinem Lager. Ich dachte er schläft. Doch er war ungewöhnlich bleich und sein Mund stand ein wenig offen. Ich berührte seine kalte Hand und wusste, Phra Klaus hatte seinen Frieden gefunden.“

So sah ich, in frommer Ergebenheit auf der Suche nach sacca dharma, der „absoluten Wahrheit“, die Tage dahinrinnen. Nie werde ich diese „absolute Wahrheit“ erfahren, doch ich war durchdrungen von der erhabenen Einfachheit der Dinge, auf dem weiten für mich unerreichbaren Pfad ins reine Nichts, in den Ich-losen Raum. Tham Krabok hatte nur ein winziges Stück auf diesem Pfad dorthin zeigen können – und ich fühlte mich sehr verbunden.

Meine Zeit im Kloster ging dem Ende zu. Am Morgen als ich aufbrechen wollte, suchte ich den Ajahn, den Abt, um mich von ihm zu verabschieden. Seine *Kuti* war leer. Auf einem Tisch lag ein aufgeschlagenes Buch. Es handelte sich um ein Sammlung Buddhas Predigten, der *sutra*, in Thai. Ein Satz sprang mir in die Augen, da er unterstrichen war. Nonne Suganya, die mich begleitete, fragte ich nach der Übersetzung des Markierten.

Sie sagte: „Um auf dem Pfad reisen zu können, musst du der Pfad werden.“

Die Bedeutung konnte ich für mich so klar interpretieren, dass ich fast erschrak. Hatte der Abt mir absichtlich diese stumme Botschaft hinterlassen? War ich nicht auf einem langen kehrenreichen Pfad durch Thailand gereist um Klaus zu finden? – Ich war auf meinem persönlichen *thudong* (Bettel- und Pilgerwanderung) unterwegs gewesen – und doch wäre ich nie in der Lage 'der Pfad' zu werden. Denn je länger ich im Kloster weilte, desto klarer wurde mir, wie endlos weit dieser Pfad tatsächlich ist. Wie töricht ich war zu glauben, das Ende des Pfades je erreichen zu können. Eins werden mit dem Pfad hat mit einem in Kilometern gemessenen Weg nichts zu tun. Es ist der weite Weg zu sich selbst.

Ganz still, wie aus dem Nichts, stand der Abt hinter uns und lächelte. Er hatte vernommen, dass ich mich für Buddhas Worte interessierte.

„Du wirst uns verlassen. Und ich frage mich, ob Tham Krabok dir etwas Wichtiges mitgeben kann?"

„Die Wochen bei euch waren von großer Eindringlichkeit. Niemals möchte ich sie missen!"

„Komm auf die Veranda. Ich möchte dir noch etwas sagen."

Wir setzten uns. Die Nonne stand im Hintergrund. Luang Phoo Tscharoen schlug seine *ti-civara* um die Hüfte. Der Saum war nass, vom Tau des Grases. Die Sonne kletterte über die Wipfel der Mangobäume und blendete. Der Abt sagte, dass er von Anfang an wusste, wen ich suchte. Er hatte auch vernommen, dass Phra Klaus Tagebuch führte und meinte, dass es für seine Therapie gut gewesen sei, sich die Probleme von der Seele zu schreiben.

Für meine Reise heim wünschte der Abt mir viel Glück und *sabai jai* (ein leichtes Herz zu tun was für richtig erachtet wird). Doch bevor wir uns erhoben, erzählte er mir folgendes:

„Da gab es einen jungen Mann, der endlich eine wichtige Prüfung bestanden hatte und im Begriff war, eine Stelle als Beamter in der Hauptstadt antreten zu können. Seine Freunde kamen herbei, um sich von ihm zu verabschieden. Der letzte Besucher schärfte ihm ein: ‚Es gibt etwas, was du nie vergessen darfst, wenn du Beamter geworden bist – immer Geduld haben!'

Der neuernannte Beamte versprach, den Rat getreulich zu befolgen. Dreimal wiederholte der Freund diesen Rat und dreimal nickte der künftige Beamte zustimmend. Als nun der Freund zum vierten Mal mit dem Ratschlag aufwartete, wurde der angehende Beamte ärgerlich und rief: ‚Du hältst mich wohl für einen Idioten! Wozu wiederholst du diese Binsenwahrheit denn immer wieder?‘

‚Schau‘, meinte der Freund, ‚Geduld ist schwer zu erlernen, ich habe meinen Rat nur wenige Male wiederholt und schon bist du in höchstem Maße ungeduldig!‘"

Der Abt stand auf, lächelte spitzbübisch und ließ mich mit den Worten allein: „Die tausend Meilen weite Reise beginnt mit dem ersten Schritt".

Ich saß noch eine Weile da, wusste nicht, was diese Worte bedeuten mochten. Stand die Geschichte mit dem letzten Satz im Zusammenhang. War beides auf mich gemünzt? Oder auf die Unrast der Europäer? Eine tiefe Wahrheit steckte im Gesagten. Buddhistische Botschaften sind versteckt, schleichen sich aus dem Hinterhalt ins Bewusstsein. Als ich die Interpretation für mich gefunden hatte, schnürte ich mein Bündel und verließ Tham Krabok.

Begegnung

Bisweilen schlägt das Schicksal merkwürdige Kapriolen. Weil ich nicht gleich den Bus nach Bangkok nahm, zum Flughafen fuhr, um den nächsten Flieger nach Hause zu besteigen, geschah es, dass ich George, den Unternehmer nochmals traf. Eigentlich war es das Treffen einer tiefen Enttäuschung. Dank meiner ersten Schritte auf der tausend Meilen weiten Reise, die ich mir nach Tham Krabok vorgenommen hatte zu gehen, war das Wiedersehen kein trauriges Erlebnis, mehr eine lehrreiche Begegnung.

Über dem Asphalt der Straße nach Lop Buri tanzten Luftspiegelungen. Es war Ende September und heiß. Die Nationalstraße 1 ging über in die 311. Gerade hatte ich den Ort Phuttabat durchschritten, als ich merkte, dass ich mit dem Inhalt meiner Wasserflasche wohl kaum Sa Lamyai erreichen konnte. Ich war kein Mönch mehr, dem man dankbar Speis und Trank anbot. Ich war ein belächelter Backpacker, der sich um sein Wohl gefälligst selbst zu kümmern hatte. Also kehrte ich in den Ort zurück, erwarb Wasserflaschen, die ich mir an die Schultern hängte und schritt kräftig aus. Lop Buri lag 15 Kilometer vor mir.

Es gab keinen besonderen Grund dort zu verweilen. Doch ich tat es, um Abstand zu nehmen von dem Erlebten und dem so ganz anderen Leben vorher. Es war wie ein langsames Sich-Gewöhnen an die laute, schrille Welt da draußen. Ich war der Meinung, dass ausgiebiges Wandern für die Anpassung am bekömmlichsten sei.

Nach einer Rast am Fuße der im Khmer-Stil erbauten alten, roten Gemäuer von Si Rattana Mahathal und der

Nacht im *Lop Buri Inn*, wanderte ich an den Mae Nam. Träge schob der Fluss sein Wasser nach Süden, wo es schon bald durch Bangkok fließt, bis in den Golf von Thailand.

Ich wendete meine Schritte nordwärts. Nach vier Tagen und 130 Kilometern hatte ich Nakhon Sawan erreicht und war stolz, die ersten 100 000 Schritte auf der Lebensreise getan zu haben. Am Zusammenfluss von Yom und Ping saß ich am Ufer und kühlte meine blasengeschundenen Füße im gurgelnden Wasser. Mein Blick verfolgte einige kleinere Teakholzflöße, die in Strommitte vorbeizogen. Als der Umschlagplatz Nakhon Sawan noch Paknampoh hieß, spielte der Edelholzhandel eine wichtige Rolle.

In den Wäldern des Nordens vertäuten die Holzfäller Baumstämme zu riesigen Flößen für die Weiterverarbeitung. Flöße, die bis Bangkok zwei, drei Jahre unterwegs waren. Heute ist der Teakeinschlag praktisch verboten. Die Wirtschaft hat sich andere Betätigungsfelder gesucht.

Allmählich stellte ich mich gedanklich auf meine Heimreise ein. Wollte mich noch etwas treiben lassen, als würde die Zeit wie Körnchen durch eine Sanduhr rieseln.

Ein herrlicher Platz ist der See Bung Boraphet. Ich war dort hin gewandert, um einige Tage an seinen Ufern auszuruhen.

Der Himmel war mein Zelt. Ich angelte Karpfen, die eine Garküche mit Freude grillte, weil sie, bis auf eine schmackhafte Mahlzeit für mich, den übrigen Fisch verkaufen konnte. Morgens wurde ich vom Schnauben der Wasserbüffel geweckt.

Es waren friedliche Tage der Sammlung bis zu einem letzten Abstecher nach Chiang Mai. Von dort wollte ich in Mae Sot Abschied nehmen vom Wilden Westen Thailands.

Schwitzend, schmutzig erreichte ich Chiang Mai. Im *Teng Nueng* traf ich alte Kameraden, die intellektuellen Kneipenhocker von einst. Und sie fragten, ob ich den untergetauchten Klaus gefunden hätte. Ich bejahte es, hielt mich jedoch reserviert. Jim, Nikolaus oder Marcel würden doch nur mit abfälligen Sprüchen über den Junkie herziehen.

Nachmittags setzte ich mich in einen x-beliebigen Massage-Salon in der Thaphae Road am Rande der Altstadt. Der Nacken war verspannt und schmerzte, im Kopf hämmerte es wie bei einem Migräneanfall. Rois zierliche Hände waren weich, dann wieder hart und ruppig wie eine Stahlbürste.

Nach einer Stunde fühlte ich mich wie neu geboren. Mein Anflug von Tropenlethargie war wie weggeblasen. Ich war auf der Suche nach Thailands berühmtestem Produkt: Seide. Meine Frau liebt Seide. Also wollte ich mich beraten lassen und Meterware Mudmee für ein langes Kleid erwerben. Mein schönstes Geschenk, die schwarze Naturperle, ruhte im Geheimfach meines Rucksacks.

Der Seidenexperte war ein Inder. Hinter seinem Stoffladen betrieb er im Garten eine kleine Seidenfarm. So als Hobbyist. Als er merkte, dass ich nicht nur Stoff kaufen wollte, sondern mich für das ganze Drum und Dran interessierte, ging er mit mir nach hinten in seine Farm und hielt einen faktenreichen Vortrag:

„Die Maulbeerseide oder Echte Seide wird von Raupen des Maulbeerspinners beim Verpuppen erzeugt. Der Seidenspinner produziert einen feinen glänzenden Faden. Die Kokons sind weiß, manchmal auch gelb und fingerhutgroß. Sie erinnern an pelzige Weidenknospen. Sie sind leicht zu sammeln. Schütteln Sie die Kokons, können Sie die Puppen hören. Ein Kokon ist aus etwa 3000 Metern Faden aufgebaut, davon sind 1000 Meter der Mittelschicht abhaspelbar. Äußere und innere Fadenschichten sind wirr und unregelmäßig. Für ein Kilogramm Rohseide benötigt man etwa acht Kilogramm getrocknete Kokons. Vor dem Abhaspeln wird die Puppe bei 60° C getötet, um ein Schlüpfen des Schmetterlings, also des Seidenspinners, mit dem lateinischen Namen *Bombyx mori*, zu verhindern.

Anderenfalls würde ja der Kokonfaden zerstört werden. Nun werden die Kokons in heißem Wasser eingeweicht und in dieser Trommel mit rotierenden Bürsten von der wirren Außenfaserschicht befreit."

Demonstrativ ließ der Inder die Trommel kreisen.

„So gebürstete Kokons gibt man in die Seidenhaspel. Dort werden bis acht Kokonfäden zusammengefasst, über Glaswalzen gekreuzt und auf einen Holzrahmen gezogen. Roh- oder Bastseide heißt das gehaspelte Produkt, an dem noch Seidenleim haftet. Die Rohseide ist weißlich, hell- oder dunkelgelb, orange oder auch grünlich, je nach Raupenart. In den Handel kommt sie als Strang in Zopfform."

Der Seidenhändler reichte mir einen solchen Zopf. Erstaunt wog ich ihn in den Händen: „Ist der schwer!", bemerkte ich.

Er lachte: „Noch ja. Für die weitere Verarbeitung wird die Rohseide in einer heißen Seifenlösung vom *Sericin* befreit. Wir sagen entbas- tet. Danach ist die Seide bis zu 30 Prozent leichter, erhält eine reinweiße Farbe, den weichen Griff und den schönen, typischen Glanz. Je nach Entbastung unterscheiden wir Cuite- und Souple-Seide. So ein Seidenfaden ist ein Wunder der Natur: Es hieße nämlich, ein 15 mm starker Faden besäße eine Zugfestigkeit von 50 kp pro mm² bei einer Reißlänge von 40 Kilometern.

Aus einem Magazin zog der Inder eine Spule, die er mir als Andenken schenkte. Auf dem Weg zurück in seinen Laden fragte ich ihn nach den Anfängen der Verarbeitung. „Die Seidengewinnung dürfte in China bis in das 3. Jahrtausend vor Christus zurückgehen", sagte er. „Es gibt eine Legende, die schreibt die Erfindung der Frau des Kaisers Huang-Ti zu. Doch die frühen Funde von Seidengeweben stammen dagegen erst aus der Han-Zeit.

Eifersüchtig wahrten die Chinesen ihr Monopol. Auf die Ausfuhr von Seidenraupen stand die Todesstrafe. Als 555 nach Christus zwei christliche Mönche die Eier der in Europa so begehrten Raupe in ausgehöhlten Wanderstäben außer Landes geschmuggelt hatten, war das Monopol gebrochen. Die chinesische Seidenstraße verlor an Attraktivität. Von China aus verbreitete sich nun die Seide rasch über Korea nach Japan und auf dem Landweg über Indien nach Persien und Zentralasien. Chinesische Seide wurde nach wie vor in Richtung Westen, vor allem über die Seidenstraße exportiert, allerdings jetzt zu wesentlich moderateren Preisen. Auch in Thailand war die Seidenspinnerei verbreitet und geschätzt, dann aber im internationalen Wettbewerb bis in die Bedeutungslosigkeit abgeglitten. Erst der Amerikaner Jim Thompson verhalf der Thai-Seide zu neuem Glanz."

Wieder in seinem Geschäft, stand ich an einer Wand, an der sich Stoffballen aller erdenklicher Farben und Qualitäten bis an die Decke türmten. So viel Seide macht verwirrt und ratlos. Der Inder bemerkte es und zog aus der Vielfalt einen Ballen Rohseide heraus. Ein faszinierender Ton der Farbe kupferrot. „Ich empfehle Ihnen diese Farbe und dieses Material. Königin Sirikit trägt es am liebsten."

Wenn das keine Empfehlung ist! Ich kaufte sieben Meter und unterließ nach den profunden Informationen hartnäckiges Handeln.

Mae Sot ist kein Ort für Touristen. In den äußersten Westen an der burmesischen Grenze reist man nicht zum Vergnügen. Hier werden Geschäfte mit Edelsteinen und anderer heißer Ware getätigt. Auf den Straßen begegnete ich einem bunt gemischten Völkchen und in den Geschäften war Thai, Burmesisch, Englisch und Chinesisch zu vernehmen. Zumindest glaubte ich diese Sprachen herauszuhören. Bis auf einen reich verzierten burmesischen Tempel mit feuerrotem Ziegeldach bedeckt, das sich in Stufen gen Himmel reckte, waren keine eindrucksvollen Gebäude zu besichtigen. Im Tempel stieß ich allerdings auf vier sehr alte eindrucksvolle Buddhastatuen.

Eine mit Goldschmuck am Ohrläppchen, eine andere

erinnerte mich mit ihrem hintergründigen Lächeln an etwas anderes. Ich setzte mich vor die Figuren und betrachtete sie, während meine Gedanken zurück ins Kloster Tham Krabok glitten ... Natürlich, es war das Lächeln einer Lavastatue auf dem Platz mit dem großen „Rad der Lehre", es war auch das Lächeln des Abts, als er mir den Beginn einer tausend Meilen weiten Reise erklärte und mich dann verließ. Hier war es wieder, das Lächeln Erleuchteter.

Mein Hotel, das *Lai Nun*, lag an der Hauptstraße. Ich saß auf der Terrasse bei einem Singha-Bier und beobachtete das Markttreiben gegenüber. Die Warenflut aus Küchengeräten, Geschirr, Bettenzubehör, elektronischen Apparaturen, Sonnenbrillen, T-Shirts oder Thermoskannen war für den burmesischen Schwarzhandel bestimmt. Wie in allen Schmugglerstädten wimmelte es auch in Mae Sot von unzähligen japanischen Fahrzeugen: Motorräder, Jeeps, Limousinen, Pick-ups und großen Lastkraftwagen.

Die Sonne des Mittags tauchte den Ort in seltsames Licht, das sich melancholisch auf die Seele legte. Die Melancholie konnte auch mit meiner Abschiedsstimmung zu tun haben. Morgen werde ich den Bus nach Bangkok nehmen und zurück nach Hause fliegen.

Ich zückte meinen Notizblock, um diese besondere Stimmung festzuhalten, die mich in diesem Moment gepackt hatte:

So marschiere ich auf meiner tausend Meilen weiten Reise und ich frage mich, warum und wohin ich gehen muss oder was ich tun werde, wenn ich ankomme – sollte ich ankommen und ich fürchte das Ziel mehr als jedes nur vorstellbare Ungeheuer. Die Tage sind zerronnen, ich marschiere. Habe ich Angst vor dem Weitergen, Angst vor dem Stehen bleiben? Ich bewege mich fort, weil Fortbewegung besser ist als Verweilen, denn wenn ich verweile, würde ich vielleicht nie wieder aufbrechen ...

Wie zum Trost in gefährlicher Situation, notierte ich

die Geschichte vom Fuchs und dem Tiger, die mir Luang Phoo Tscharoen auf einem unserer gemeinsamen Waldspaziergänge erzählt hatte. Sie war mir fast entfallen:

Eines Tages fing bei seiner Jagd nach Beute ein Tiger einen Fuchs. „Du darfst mich nicht töten", rief der Fuchs, „Buddha hat mich nämlich zum Herrn über alle Tiere ernannt. Frisst du mich, so verstößt du gegen sein Gebot und wirst hart bestraft."

Der Tiger stutzte und war ratlos. „Wenn du mir nicht glaubst, so kannst du mir ja folgen und sehen, wie die Tiere, die meiner ansichtig werden, fliehen, weil sie vor ihrem Herrn größten Respekt haben."

Der Tiger wollte das bewiesen haben und willigte knurrend ein. Sie zogen gemeinsam los.

Tatsächlich stürzten alle Tiere ängstlich davon. Der Fuchs war gerettet, denn der Tiger ahnte nicht, dass sie doch nur vor ihm Angst hatten.

Ich sah auf, schaute wieder über den Markt und entdeckte einen Mann im schlottrigen, grauen Leinenanzug, der sich an einem Gemüsestand umsah. Zuerst hielt ich ihn für einen großen, hageren Chinesen, dann für einen x-beliebigen Europäer. Doch als er zahlte, kamen mir seine Bewegungen bekannt vor. Als der Mann sich umdrehte und in meine Richtung blinzelte, erkannte ich ihn. Es war George Patton, „Manager der großen Geschäfte". Herr- je, was macht das alte Haus in Mae Sot?

Ich pfiff durch die Zähne und winkte. George kniff die Augen zusammen, benötigte einige Zeit, bis er sich meiner erinnerte, erwiderte dann meinen Gruß und trat schweren Schrittes über die Straße. Seine Lockerheit hatte ihn irgendwie verlassen. Lag es an dem big business? Eine Hand hielt die Plastiktüte mit dem Gekauften, die andere hatte er unter den Riemen seiner Schultertasche geklemmt. Als wir uns begrüßten, huschte ein müdes Lächeln über sein Gesicht.

„Da ist er ja wieder, der Mann, der Rubine für einen Junkie verschmähte!"

„Aber, aber, George, du wolltest mich zum Schürfer machen – das ging aber nicht.“

„Und hast du ihn und deinen Frieden gefunden?“, spöttelte er.

„Setz dich und lass uns ein Bier trinken“, schlug ich vor. Er war einverstanden. Wir tranken gemütlich einige Schlucke.

„Seit wann bist du hier?“, fragte er.

„Seit gestern. Morgen geht’s in die Heimat. – Klaus Schröder habe ich gefunden – tot. Ich hab’ auch noch etwas gefunden, was Besonderes und Wichtiges. Noch kann ich es nicht beschreiben, aber es ...“

Ich merkte, dass George mein Erklärungsversuch überhaupt nicht interessierte. Er war viel zu sehr mit sich selbst beschäftigt.

„Was hat dich nach Mae Sot geführt?“

Seine Antwort war ausweichend.

„Was macht Sami?“

Seine Augen wurden klein, der Blick hart. „Sie ist weg!“

„Weg?“

„Zum Teufel noch mal, sie ist abgehauen - mit dem Russen.“

„Mit Kasmanow, deinem Partner?“

George sah auf einmal alt und eingefallen aus. Gedankenverloren spielte er mit dem Bierglas.

„Das Schwein hat mich reingelegt, ausgebootet. Dann hat er sich meine Frau geschnappt.“

Ich sagte nichts. Das Bild der smarten Sami erschien mir. Sicher hatte sie die Nase voll von dem ewigen Loser und für den Russen war George, der Möchtegern Entrepreneur, ein Happen zum Frühstück. George der Verarschte! Der Meister der geplatzten Coups. Um George hatte sie sich stets Sorgen gemacht. Doch er hatte ihre Stärke unterschätzt.

„Katzen springen aus großer Höhe und landen sicher auf den Beinen. Du hattest eine Tigerfrau, mein Lieber und deine Chance anständig vermasselt!“

„Ja, verdammt – ich weiß.“

„Und nun? Ich meine, was machst du hier?“

„Frag nicht so dumm, Mann. Was ich immer mache, Geschäfte!“

Hastig zog er an seiner Zigarette.

„Ich hab’ nachher noch eine Verabredung, ein sehr wichtiges Meeting. Es geht um das schönste, was Burma zu bieten hat.“

„Aha“, sagte ich, „interessant.“

„Willst du wissen worum es sich handelt?“

„Du wirst es mir sagen, wenn du mich einweihen willst.“

Er dachte nach. „Nun ja, ich treffe mich mit einem Chinesen aus Kachin State. Das liegt oben, ganz im Norden von Burma. Der Mann heißt Tong Song. Er hat Zugriff auf eine Mine, die völlig heruntergekommen ist – zur Zeit nicht fördern kann. Song sucht einen Teilhaber und jemanden, der ihm den Markt im Süden zugänglich macht. Ich renne dem Knaben schon seit Wochen nach. Jetzt scheint es endlich mit einem Treffen zu funktionieren. Für mich die Chance!“

„Was soll die Mine fördern?“

„Bist du schwer von Begriff! Jade, Mensch. Die beste der Welt. Die Chinesen sind verrückt nach Jade!“

„So, so. Und du willst die Produktion finanzieren?“

„Natürlich, mit ‘n paar Partnern. – Je mehr ich darüber nachdenke, desto besser gefällt mir die Idee: dich hat der Himmel geschickt! Genau, bei meiner Überzeugungsarbeit kannst du mir etwas zur Seite stehen, helfen sozusagen.“

Ich hätte sofort kategorisch ablehnen, den ganzen Jadezauber als Hirngespinst abtun sollen. Statt dessen obsiegte meine Neugierde und der Wunsch, dem ereignislos dahintreibenden Tag etwas Spannung zu verleihen. So zum Abschluss noch etwas über das Jadegeschäft zu erfahren.

„Den reichen Onkel aus Germany spielen, oder was?“

„So ähnlich.“ Er lachte.

„Morgen reise ich ab, George.“

„Klar doch. Und heute überzeugen wir Song.“

Mit der Jademine musste es sich um ein ganz spezielles Geschäft handeln. Ich erinnerte mich, dass George
immer vor Chinesen gewarnt hatte, unten in Surat Thani.
„Mit denen lasse ich mich nie ein. Hinter jedem Chinus
steht das Mitglied einer Triade, das dir bei passender Gelegenheit den Garaus macht.“

„Es gibt noch ‘ne Kleinigkeit“, meinte George, „bin
gerade erst eingetroffen, habe noch kein Zimmer.
Wohnst du hier im ‘Lai Nun’?“

„Ja, wenn du willst, nehmen wir das Zimmer gemeinsam, es hat sogar getrennte Betten“, bot ich ihm ohne
nachzudenken an. Schließlich hatte ich seine und Samis
Gastfreundschaft in Surat Thani genossen. Wir tranken
noch einige Gläschen Mekong Whisky. Dabei heiterte
sich Georges Stimmung merklich auf.

Gegen vier Uhr klopfte er auf die Tischkante. „Es
wird Zeit, wir sollten uns auf den Weg machen.“

Wir arbeiteten uns durchs Gedränge des Marktes zu
einem eher unauffälligen Juwelier in einer versteckten
Gasse. Ein Glöckchen ertönte als wir eintraten. Ge-
schwind erschien ein junger Thai. Wahrscheinlich ein
Verkäufer.

„Sie werden erwartet“, sagte er auf Englisch und geleitete uns in die hinteren Räume des Hauses. Diese waren, erstaunlich edel, mit geschnitzten Teakholzmöbeln
eingerichtet. Zwei Herrn saßen an einem ebenfalls mit
Schnitzereien verzierten Tisch beim Tee. Der Chinese
namens Tong Song, etwa vierzig Jahre alt, mit hohen
Wangenknochen, vollen schwarz glänzenden Haaren,
steckte in einem dunkelblauen Seidenanzug, der tadellos
saß. Ich kam mir wie ein Almbauer auf einem Senats-
empfang im Hamburger Rathaus vor.

George besaß keinerlei Hemmungen. Er eilte auf den
Chinesen zu und schüttelte ihm die Hand.

„Ich heiße George Patton.“

Mich stellte er als Partner aus Deutschland vor, mit

internationalen Kontakten zur Finanzwelt, besonders zur deutschen. Song schaute ungläubig, dann mochte er sich gedacht haben, dass die europäische Finanzwelt sich augenscheinlich in kolossalem Understatement übt. Zumindest waren seinem Pokerface die wahren Gedanken nicht anzumerken. Man tauschte eine Reihe Höflichkeiten bei frischem grünen Tee aus. George bedankte sich für das Erscheinen des vielbeschäftigten Mr. Song.

Zur Einleitung fürs Geschäftliche erwähnte „mein Partner" seine Kontakte zu Jadegewährsleuten in Bangkok. Dabei fielen Namen, die Song wohl auch kannte, weil er eifrig nickte. Innerlich amüsierten mich Georges vertrauensbildende Maßnahmen. Hoffte nur, dass sie nicht ins Leere führten. Dem ewigen Loser gönnte ich eine Glückssträhne.

„Ich verfüge über Mittel und Wege, Ihnen den Jadehandel nach Bangkok, Hongkong und Singapur zu öffnen", sagte George im Brustton der Überzeugung.

„Sie verfügen über Kontakte im Edelsteingeschäft, habe ich erfahren", sagte Song.

George rutschte etwas verlegen auf seinem Stuhl herum und lächelte. „Ich bin seit Jahrzehnten im Geschäft. Mein Name hat im Markt Gewicht." Dabei warf er mir einen Blick zu, der bedeutete: hoffentlich hat Mr. Song nichts über meine Pleiten erfahren.

Der junge Thai schenkte Tee nach.

Tong Song musterte George eindringlich, schließlich sagte er: „Nun ja, Mr. Patton, die Zeit ist günstig für Geschäftsanbahnungen. Wir benötigen Kapital, um die Mine zu aktivieren und zu modernisieren. Außerdem benötigen wir außer China weitere Märkte, um den Abbau rentabel zu machen."

„Wir könnten ein Joint Venture vorsehen", schlug George vor und ich war absolut sicher, dass er keine Ahnung von einem solchen Gemeinschaftsunternehmen hatte.

„Mit welcher Summe könnten Sie sich beteiligen, Mr. Patton?"

Eine heikle Frage, die George elegant umschiffte. „Das hängt ganz von der Qualität Ihrer Jade ab. Haben Sie Proben dabei?“

„Selbstverständlich.“ Er stand auf, griff nach einem Koffer, der in der Zimmerecke stand und entnahm diesem zwei Jutesäcke. Aus diesen Säcken zog er mehrere Gesteinsbrocken. Jade im Rohzustand.

Ich hatte so etwas noch nie gesehen. Beugte mich vor und wurde bereitwillig mit dem Stein vertraut gemacht. Song musste schließlich annehmen, dass auch meine Einschätzung von Bedeutung sei. Die Rohjade war nicht grün, sondern rotbraun. Erdklumpen und andere kleine Steine hafteten ihr an.

George nahm den größeren Stein in Augenschein. In seiner Mitte erkannte ich eine kleine, geschliffene Fläche. Dieser widmete er seine ganze Aufmerksamkeit. Ein kräftiges Dunkelgrün zeigte sich hier.

„Das Jade-Fenster“, sagte George und zeigte mir diese, für Jade typische smaragdgrüne Schlifffläche. „Beim Rohjade-Kauf hast du nur dieses kleine Fenster zur Beurteilung der Qualität zur Verfügung. Es ist der Blick ins Herz des Steins. Nur der Kenner vermag zu beurteilen welcher Wert sich unter der 'Haut' verbirgt.“

Nach einer Weile legte er den Stein wieder zu den anderen auf den Teaktisch und betrachtete die Proben schweigsam, doch mit besonderer Konzentration. Er ließ die Steine zu sich sprechen.

Mr. Tong Song verstand diese Art von Begutachtung. Er ließ George gewähren, ohne ihn zu bedrängen.

Wieder berührte er den großen, dann die weiteren Steine. Dabei legte er den Daumen auf die „Fenster“ und nickte zustimmend.

„Hier, fühl’ selbst mal. Echte Jade muss sich immer kalt anfühlen.“

Ich legte meine Finger auf die abgeschliffenen Felder. Tatsächlich bemerkte ich eine angenehme Kühle, die im Inneren des Steins herrschen musste.

„Ein schönes Stück Jade“, sagte George, „hier haben

Hammer und Keil angesetzt, um es aus der Ader zu brechen. Was du im Fenster siehst, ist mindestens eine Million Jahre alt. Die Farbe ist fein."

Song pflichtete bei: „Das ist feinstes Jadegrün, der Kategorie *mja yay*. Sollten Sie den Smaragd-Buddha in Bangkok gesehen haben, dann kennen Sie die hervorragende Qualität von Myanmar-Jade."

Über Jade wusste ich, dass es zwei chemisch unterschiedlich zusammengesetzte Arten gibt. Nephrit und Jadeit. Ich wog den großen Stein und fragte, ob es sich um Jadeit handelte. George war erstaunt über meine Frage. Song erklärte: „Jade aus Myanmar ist Jadeit. Der Grünanteil resultiert aus dem Chrom, wie übrigens auch das Grün des Smaragdes."

„Also *Fe t'sui*", sagte ich versonnen.

Der Chinese stimmte zu.

George nahm mir den Stein aus der Hand, zog ein ansehnliches Springmesser aus der Jackentasche und fragte Song, ob er ritzen dürfe. Der Chinese stimmte zu. Nun kerbte George die „Haut" etwas ein. Auf der grünen Steinfläche versuchte er Kratzer zu hinterlassen, was nicht möglich war. Der Stein hatte den Schnelltest bestanden.

Mineralogen benutzen die Mohs-Skala als Härtemaß. Jadeit befindet sich auf dieser Skala bei 6,5 bis 7. Üblicher Stahl besitzt die Härte 6. Also darf die Klinge keine Kratzer hinterlassen. Die Jade verschwand in den Säckchen, wurde in den Koffer Songs zurückgelegt. Der Chinese fixierte George aus schmalen Augen.

„Um die Ernsthaftigkeit Ihres Interesses zu bekunden, müssen Sie meiner Gesellschaft für eine Probelieferung eine Anzahlung leisten. Wir verpflichten uns im Gegenzug keine weiteren Gespräche mit anderen Bewerbern zu führen."

Spätestens jetzt müsste George Farbe bekennen. Ich war überzeugt, dass er kein Scheinchen in der Tasche hatte. Statt dessen antwortete er: „Selbstverständlich Mr. Song. An welchen Betrag dachten Sie?"

„Fünf bis zehntausend Dollar. Zahlung bei Lieferung, wenn Sie wünschen Morgen Nachmittag.“

„So rasch?“

„Die Ware steht jenseits der Grenze bereit.“

George schaute mich an. Ich verzog keine Mine. Hätte ihn am liebsten angebrüllt: „Lass die Finger von dem Geschäft, wenn du kein Geld hast. Mit Chinesen lässt man sich nicht ein!“

„Mr. Song – auf eine gute Partnerschaft! Ich werde das Geld bereitstellen.“

Bei weiteren Tassen Tee wurde ganz entspannt noch etwas über Jade geplaudert, die bei den Chinesen so verehrt und geliebt wird.

Das Bergvolk der Kachin hat seit Jahrhunderten in den Bergen von Kachin State Jade geschürft. Es heißt, sie hätten Jade in den Adern, also grünes Blut. Und die Chinesen postierten ihre Aufkäufer direkt in den örtlichen Minen. Der Handel verfolgte zwei Wege. Zum einen wurde in die Stadt Mogaung geliefert, wo die Regierung rund 30 Prozent kassierte. Zum anderen schmuggelte man die Ware direkt über die Grenze nach China. In China leben die Jadeschnitzer, die aus dem unansehnlichen Rohstoff Meisterwerke herausschälen. Bei der Ausübung der alten, geheimen Kunst wird weniger geschnitzt, vielmehr geduldig geschliffen. Um die Schleif- und Poliermittel kreisen die abenteuerlichsten Legenden, da jeder Schleifer sein geheimes Rezept wie seinen Augapfel hütet.

Auf jeden Fall handelt es sich um eine bestimmte Mischung aus Korund und feinem, scharfen Sand, der sorgfältig gewaschen wurde. Kanton, Peking und Schanghai sind die wichtigsten Zentren der Jadeschleifkunst.

Jademann Song war dem mystischen Zauber des Steins erlegen. Ich fühlte es, als er die „fünf Tugenden“ der Jade erläuterte:

Sein Glanz ist der Pfad der Güte.

Seine Natur ist der Pfad der Rechtschaffenheit.

Sein Ton ist der Pfad der Weisheit.

Seine Form ist der Pfad der Tapferkeit.

Seine Kanten sind der Pfad der Reinheit.

Die Sonne war untergegangen. Im Raum wurde es schummrig. Wir tranken noch eine Tasse Tee. Alles schien im Lot und harmonisch. Schien! Wäre da nicht George mit seinen ewig unsoliden Geschäften gewesen. Mit seinem gefährlichen Hang, mit einem einzigen Schritt das große Geld zu machen. Ich wollte nicht wissen wie das Geschäft ausgeht, weil es mich belastet, wenn sich Menschen so zu Grunde richten.

Ich nutzte den Augenblick, als Beobachter etwas zu sehen und zu erleben, was anderen verborgen blieb. Zwar muss ich gestehen, dass ich viel sah, doch nur wenig verstand. Allein die Anwesenheit erlaubte einen Blick durchs Jade-Fenster. Damit einen flüchtigen Blick ins Herz der Dinge?

Flackernde Kerzen tauchten den Raum in warmes Licht. Der junge Thai erschien mit dampfendem Reis, Gemüse und Geflügelfleisch. Zum Essen wurde Reiswein gereicht. Ich genoss meinen letzten Tag im „wilden Westen Thailands", der hier so ungeahnt friedvoll ausklang.

Aufbruch. Höflich bedankten wir uns für die Gastlichkeit. George kannte sich in Mae Son aus. Der direkte Weg zu unserem Hotel führte wieder über den Markt. Die Luft war schwül und lastete noch immer wie eine heiße Glocke über der Stadt.

„Lass uns noch einen Absacker auf der Terrasse nehmen", meinte George, „die Sache lief doch hervorragend!" Ich antwortete nicht. Der Kellner stellte eine kleine Flasche Mekong Whisky auf den Tisch. Wir verdünnten das Zeug mit Wasser. Jeder hing schweigend seinen Gedanken nach.

Plötzlich griff George an die Stirn. Dann wischte er sich mit einem Taschentuch übers Gesicht. „Mir ist verflucht schlecht", stöhnte er, „ich brauch 'ne Tablette, bin gleich wieder da." Leicht wankend verschwand er im Haus. Magenbeschwerden? Malariaanfall?

George ließ man in solchen Situationen am besten allein.

Nach einer Viertelstunde wurde ich doch unruhig. Zahlte und stieg die knarrende Treppe in den ersten Stock hinauf. Zimmer 14 war nicht zu öffnen. Ich klopfte. Etwas rumorte.

„George? Mach auf. Ich bin's." Wieder ein Geräusch, als würde ein quietschendes Fenster geöffnet werden. Hastig zog ich meinen Schlüssel. Der Raum war nicht abgeschlossen, aber verbarrikadiert. Ich stemmte mich dagegen. Ein schwerer Gegenstand gab nach, glitt vor. Ich drückte mich ins Zimmer. Schlug auf den Lichtschalter.

Mit einem Blick versuchte ich die Situation zu erfassen: Auf dem Bett lag mein ausgeschütteter Rucksack. Der Inhalt verstreut und durchwühlt. Das Fenster geöffnet, George im Begriff hinauszuspringen. Ich stürzte hin und riss ihn zurück. Drückte ihn an die Wand. Wut verleiht ungeahnte Kräfte. Er rutschte in sich zusammen. Als er hochschnellte, hatte er das offene Springmesser in der Faust.

„Geld! – rück' - dein - Geld - raus!" Sein Kopf war hochrot. Seine Worte kamen stoßweise.

„Okay, George. Bleib ruhig. Im Rucksack ist ein Geheimfach." Ich drehte mich langsam um.

„Mach es auf – und her damit!"

Ich riss den Verschluss auf. Hatte den Handgriff für solche Fälle wieder und wieder geübt. Sprang herum und schoss George eine kurze, heftige Ladung Pfefferspray ins Gesicht. Er torkelte zurück, ließ das Messer fallen und griff sich an die Augen. Heulte tierisch auf. Ich bückte mich nach dem Messer, drückte die Klinge in den Griff. Äußerlich gelassen, ließ ich mich in den einzigen, verfilzten Sessel fallen. In Wirklichkeit hämmerte das Herz vor Aufregung wie einen Amboss. Mein Puls raste.

Etwas schlug gegen die Tür. Ich stand auf, schob den Schrank auf den alten Platz. Einen ängstlich hereinschauenden Gast beruhigte ich, dass alles in Ordnung sei.

Nur eine kleine Meinungsverschiedenheit. Ob er mich verstand weiß ich nicht. Zumindest zog sich der Thai, mit den Händen wild wedelnd, zurück.

Was war in mich gefahren? Wäre es nicht normal gewesen „Hilfe“ zu brüllen – nach einem solchen Überfall nach der Polizei zu rufen?

Ich betrachtete den wimmernden George Patton, den Mann fürs big business.

„Geh ins Bad und wasch dir die Augen aus. Blind kannst du davon nicht werden.“

Jetzt brannten auch mir die Augen. Die Nase tropfte.

Als er wieder erschien, wirkte er gebrochen und uralt. Ein Häufchen Elend!

„Ich bin am Ende Mann, etwas Geld wäre meine letzte Chance“, flüsterte er.

„Mein Gott George, dafür bestiehlt man doch keinen Kumpel oder droht, ihn abzustechen.“

„Ich bin durchgedreht. Die letzte Zeit – das war zu viel.“

Ich stand auf, zog das Geheimfach meines Rucksacks auf. „Da, nimm die 100 Dollar, das ist, was ich entbehren kann.“

Er traute seinen Augen nicht, kam heran, umarmte mich. Als er mich losließ, sah ich, dass das Nasse in seinen Augen kein Wasser, sondern Tränen waren.

„Warum tust du das?“, fragte er.

Ich steckte ihm den Schein in die Jackentasche.

„Als wir uns trafen, hast du mich gefragt, ob ich meinen Frieden gefunden hätte. Ich sage dir ja, ich habe ihn gefunden und ich verrate dir, der hat nichts mit Geld und irdischen Gütern zu tun.“

„Ich werde gehen“, sagte George, „meine Schuld ist groß. Ich muss mich entschuldigen. Schlimm – meine Tat. Wie kann ich dir danken?“

„Ich bedanke mich bei dir!“ Er blieb verwundert in der Tür stehen.

„Ich begreif’ dich nicht. Wie kannst du so etwas sagen, nach dem, was ich dir angetan habe?“

„Du hast mich an Dinge geführt, die ich sonst nie erlebt hätte, und du hast mich auf meiner 1000 Meilen weiten Reise ein großes Stück vorangebracht.“

Kopfschüttelnd wendete er sich ab. Schlurfte den
Gang entlang, dem Treppenhaus zu.

Ziemlich erschöpft warf ich mich aufs Bett. Allmählich kam ich zur Ruhe. Ich ließ die lange, intensive Zeit
noch einmal vorüberziehen, dachte über die Ereignisse
und die starken Momente nach und beschloss, diesen
letzten Tag in Thailand zu einem der wichtigsten der
Reise zu machen. Auf einer sehr weiten Reise, die noch
lange nicht zu Ende ist.

Buddhismus in Stichworten

Aus dem Leben des Buddha

Die Lebenszeit ist nicht eindeutig. Seine Geburt um 560 vor Chr. in Lumbini (südlich des Himalajas), sein Tod um 480 vor Chr. in Kusinara (nördlich des Ganges) sind Annahmen.

Die Jugend verbrachte er als Siddhartha Gautama in Kapilavastu, der Hauptstadt des Shakya-Volks. Als Raja-(Fürsten)Sohn lebte er in gut situierten Verhältnissen. Mit 16 Jahren wurde er mit einer gleichaltrigen Kusine verheiratet, die ihm mit 29 Jahren einen Sohn schenkte. Kurz darauf gab Siddhartha das angenehme Leben, das Zuhause, Familie und Heimat auf.

Die Begegnung mit dem Leiden bewog ihn auf seine gesicherte Existenz zu verzichten. Auf vier Ausfahrten machte der Fürstensohn sein Leben beeinflussende Beobachtungen: Beim ersten Mal erlebte er einen Greis, der sich dahinschleppte und erfuhr das Alter als unabwendbares Schicksal. Auf der zweiten Ausfahrt begegnete er einem schwer Kranken. Auf der dritten sah Siddhartha einen Toten. Und er erkannte, dass Alter, Krankheit und Tod unausweichlich sind.

Auf der nächsten Ausfahrt wurde er eines Bettelmönches ansichtig, der in heiterer Gelassenheit allem irdischen entsagt hatte. Dieser Mönch wies Siddhartha den Weg aus der traurigen Erkenntnis vom Leiden der menschlichen Existenz. Mittellos, nur mit der Mönchsrobe gewandet, begab er sich auf die Suche nach einem Lehrer.

Er fand keinen geeigneten und zog in strenger Enthaltsamkeit weiter, bis er schließlich erkannte, dass es für ihn keinen rechten Meister gab.

Er gelangte schließlich in die Nähe des heutigen Orts Bodh-Gaya, setzte sich am Ufer eines Flüßchens unter einen Feigenbaum und verharrte in Meditation.

In tiefster Versunkenheit wurde ihm die ersehnte Erleuchtung offenbart. Seither ist er Buddha, der Erleuchtete. Als ein solcher (Bodhisattva) wanderte er nach Benares, wo er seine erste Predigt hielt. Diese beinhaltete die Lehre von den „Vier Edlen Wahrheiten" und dem „Mittleren Weg", dem zwischen Genusssucht und Selbstzucht. Es war eine neue, eine fast revolutionierende Lehre, die für alle Menschen, über die Kastengrenzen hinaus, galt. Buddha war zum Zeitpunkt der Erleuchtung 35 Jahre alt. Bis zu seinem Tod zog er 45 Jahre lang durch den nördlichen Teil Indiens und gewann eine wachsende Anhängerschaft. Ihre Erkennungsmerkmale sind bis heute: geschorener Kopf und enthaarte Augenbrauen, die gelbe Robe und das dreimalige Rezitieren der Zufluchtsformel. Der 80-jährige Buddha starb in Kushinara, wie es heißt, an einer Pilzvergiftung. Nicht er stellte sich in den Mittelpunkt, sondern es war seine Lehre, die Jünger und Gläubige befolgen mögen, nämlich, den „Achtfachen Pfad" zur Heilsgewinnung.

Der Achtfache Pfad symbolisiert das achtspeichige Rad der Lehre, an dessen Ende das Nirwana steht:
- rechtes Verstehen
- rechtes Denken
- rechtes Reden
- rechtes Handeln
- rechtes Leben
- rechtes Streben
- rechtes Gedenken
- rechtes Sichversenken.

Die acht Regeln sind eine Anweisung, deren Befolgung für den Buddhisten verpflichtend ist. Sie sollen stets als Einheit gesehen werden.
Der Achtfache Pfad wird in drei Bereiche unterteilt: Rechtes Verstehen und rechtes Denken gehören zur Weisheit.
Rechtes Reden, rechtes Handeln und rechtes Leben zur

Ethik und rechtes Streben, rechtes Gedenken, rechtes Sichversenken zur Meditation.

Die fünf Verpflichtungen
sind keine Gebote, da es im Buddhismus keine außermenschliche Instanz gibt, die die Verpflichtungen verordnet hätte und über die Einhaltung wacht. (Die 10 Gebote des Alten Testaments gelten als von Gott erlassene Normen):
1. Kein lebendes Wesen darf getötet werden.
2. Man soll nichts nehmen, was nicht freiwillig gegeben wird.
3. Die Sinneslust ist zu beherrschen.
4. Es ist zu vermeiden, die Unwahrheit zu sagen.
5. Man soll keine berauschenden Getränke zu sich nehmen.

Der Buddhist richtet sein Handeln nach den fünf Verpflichtungen aus, weil er darin eine Möglichkeit sieht, auf dem Weg der Erlösung weiterzukommen.

Die Vier Edlen Wahrheiten
Die gemeinsame Grundlage für alle Buddhisten, die Lehre (Dharma) spricht von den Vier Edlen Wahrheiten:
– die Art des Leidens
– die Entstehung des Leidens
– die Überwindung des Leidens
– der Weg, der zu dieser Überwindung führt.
Ein entscheidender Unterschied zwischen Buddhismus und Hinduismus besteht in der Ablehnung des Buddhismus jeglichen substanziellen Seins, die Seele eingeschlossen.
Nach der Formel des „abhängigen Entstehens" kennt der Buddhismus zwölf miteinander verbundene Seinsmomente:
1. Nichtwissen
2. schicksalbestimmende Kräfte
3. Bewusstsein

4. körperliche und geistige Elemente des Menschen
5. sechs Sinnesorgane (dazu gehört auch das Denken)
6. Berührung der sechs Sinnesorgane mit der Außen-
    welt
7. Empfindungen, die durch die Berührungen mit der
    Außenwelt verursacht werden
8. Lebensdurst (Sexualtrieb)
9. streben nach Lebenszielen
10. erzeugen von Karma (als Verursacher einer neuen
    Existenz)
11. Wiedergeburt
12. Alter und Tod

Diese zwölf „Momente" sind wie eine Kette miteinander verbunden. Im Zusammenwirken entsteht, was der Mensch als Wirklichkeit erlebt.

Ein Rad mit fünf Speichen symbolisiert die Daseinsbereiche, in die der Mensch so lange hineingeboren wird, bis er Hass, Gier, Verblendung überwunden hat. Daseinsbereiche, die auch als Segment der Taten, der unbefriedigten Begierden, der ständigen Qual, der Furcht und des Genusses verstanden werden.

Im buddhistischen Verständnis ist der Mensch kein einheitliches Ganzes mit eigener Persönlichkeit – anders im christlichen Weltbild – er setzt sich vielmehr aus den fünf „Skandhas" (Körper, Empfindung, Wahrnehmung, Treibkraft, Bewusstsein) zusammen. Im Zusammenspiel der Skandhas wird das illusionäre Empfinden des Ichbewußtseins erzeugt.

Wiedergeburt (Samsara)

Menschen wie alle empfindungsfähigen Wesen, sind in einen Kreislauf unbefriedigender Wiedergeburten eingebunden. Wann und in welcher Form die Wiedergeburt erfolgt, hängt von dem Karma (Tat, Arbeit, Aktion) eines Menschen ab. Das Karma ist die Summe aller guten und schlechten Taten, Handlungen, Gedanken im Laufe eines Lebens.

Nirwana

Buddhisten betrachten das Nirwana (Ausblasen, Verlöschen einer Flamme) als den einzig wahren Ausweg aus dem Samsara. Das Nirwana ist ein Zustand, den nur jene erfahren, die das Selbst in sich getilgt haben. Buddha definierte den Begriff: „Der Friede. Das Absolute. Das Ende des Konstrukts der menschlichen Persönlichkeit. Das Ende jeder Spur, die wiedergeboren werden könnte. Der Tod der Sehnsucht. Loslösung. Auslöschung."

Erleuchtung (Bodhi)

Wird abgeleitet von „erwachen". Es handelt sich um die höchste Erkenntnis, die es dem Menschen erlaubt, Verkettungen von Ursache und Wirkung zu erkennen und zu durchbrechen.
Ein Bodhisattva hat die höchste Stufe, die Erleuchtung erreicht. Er verzichtet jedoch auf den sofortigen Nirwana-Eintritt, um allen Lebewesen zu helfen. In seinem Mitleid lädt er das Leid anderer auf sich.

Meditation (Dhyana)

Buddha wurde in der Meditation erleuchtet. Und da die Auflösung des Ich-Bewusstseins nicht ohne die Praxis der Versenkung möglich ist, hat die Meditation im Buddhismus eine zentrale Bedeutung. Sie ist eine der „Sechs Vollkommenheiten" des „Mahayana" und unerlässliche Tugend um Buddha zu werden.

Mantra

Magische Formel. Eine oder mehrere Silben, die während der Meditation wiederholt werden. Wie ein Mandala (Kreis, magische Fläche) auf der bildlichen Ebene, drückt die Silbe eines Mantra ein Segment der kosmischen Kräfte oder eines Buddha aus. Das bekannteste Mantra des tibetanischen Buddhismus heißt: „Om Mani

Padme Hum" (frei übersetzt: Juwel der Lotusblüte)

Mandala
Bildmuster, das der Meditation dient. Ein Mandala ist ein Diagramm, das mit geometrischen Mustern und Symbolen Gottheiten in ihrer geistigen oder kosmischen Relation zeigt.
Stupa
Kuppelförmiger buddhistischer Reliquienschrein. Ursprünglich wurde der Stupa als Grabmal für die sterblichen Überreste des Buddha errichtet. Er entwickelte sich zu einem der wichtigsten Symbole des Buddhismus. Der kubische Unterbau steht für das Element Erde und die Grundlagen des Bewusstseins. Im gewölbten Mittelteil sind die Votivgaben eingemauert. Dieser Teil repräsentiert auch das Element Wasser und den Geist der Erleuchtung. Die konische Spitze, mit den 7 bis 13 Ringen darüber, stellt die verschiedenen Erleuchtungsstufen dar. Ein kleiner Schirm bildet mit einer Mondsichel, in der die Sonnenscheibe ruht, den baulichen Abschluss.

Die beiden Hauptrichtungen des Buddhismus
Theravada (der Weg der Alten) erhebt den Anspruch, Buddhas Lehre unverfälscht erhalten zu haben. Seine Schriften sind im Pali-Kanon gesammelt. Statt Theravada wird bisweilen auch der Begriff Hinayanal („das kleine Fahrzeug") verwendet. Ursprünglich galt dieser Ausdruck, von Anhängern des Mahayana („das große Fahrzeug"), als abwertend. Ihre autoritativen Schriften sind die Sutren (Leitfaden, Lehrreden). Sie sollen wörtlich auf Buddha zurückgehen. Mahayana will die gesamte Menschheit ans Heilziel bringen, während der Hinayana einen so genannten „Heilsegoismus" pflegt.
In Sri Lanka, Thailand, Laos, Burma, Kambodscha fand der Theravada –, in China, Tibet, Nepal, Japan, Vietnam, Korea, der Mahayana – Buddhismus seine Verbreitung.